개정판

새 미래의 행정

박영수 · 구형회 · 김명환
김영옥 · 이종수

도서출판 대영문화사

개정판 머리말

2008년 세계 경제를 파국으로 몰고 간 월가(Wall Street)의 금융시스템 붕괴는 정부와 시장의 관계에 대한 신자유주의 이념을 근본적으로 되돌아보게 만들었다. 특히 이 사건은 자유자본주의의 본산인 미국과 영국에서조차 금융시장 재규제의 필요성을 주창하는 '정부의 귀환(the return of the state)'이 공공연하게 회자(膾炙)되게 만들었다. 21세기의 문명사적 변화는 정치－행정 관계의 근본적 재정립을 요구한다. 1688년 명예혁명 이후 서구 사회에서 확립되어 온 원칙, 즉 왕권으로 상징되는 '행정권'을 국왕으로부터 빼앗아 '민주화된 정치(의회 또는 대통령)'의 통제 아래 둬야 한다는 원칙이 재검토돼야 할 것이다. 다른 말로 하면, 정치・행정이 민주화된 오늘날 행정의 합리화를 위해서는 포퓰리즘의 때가 묻은 정치의 올가미에서 행정을 해방시켜야 마땅하다고 하겠다. 따라서 제2장 제3절 '정치와 행정'의 내용을 수정・보완하고, 제18장 제2절 '자본주의 체제의 진화 및 국제기구와 다국적 기업의 역할 강화에 따른 개별국가 행정의 약화'를 신설한 이유가 바로 여기에 있다.

미국의 행정학 및 정부학 관련 대학원 과정에서는 최근 정부와 시장, 정부와 시민사회의 관계를 다루는 강좌들이 늘고 있다. 하버드대학교 대학원의 Public Policy 및 Political Economy and Government 분야에서는 경제적 규제정책(economic regulatory policy), 경제와 정치(economics and politics) 등 정부와 시장의 관계에 관한 과목이 다수 개설되고 있다. 그리고 시라큐스대학 맥스웰행정대학원에서는 세계화와 거버넌스(Globalization and Governance)를 비롯하여 NGO 관련 교과목이 다수 개설되고 있다. 또한 이들 대학의 상당수 교수들의 관심 분야도 'public regulation of private infrastructure providers', 'public policy dealing with externalities and other marker failures' 등 정부와 시장의 관계에 초점을 두고 있음을 확인할 수 있다. 미래의 행정을 중심 주제로 삼고 있는 이 책은 행정학 및 정부학 분야의 이러한 연구 경향을 반영했고, 특히 정부와 시장, 정부와 시민사회의 관계에 초점을 두어 논의를 전개했다.

앞으로도 저자들의 연구와 강의를 통해 학생들과의 소통에서 미비한 점을 보완하고, 행정학 분야의 새로운 변화를 꾸준히 반영해 갈 것이다.

2019년 7월

저자 일동

초판 머리말

21세기 들어 인류 사회에는 문명사적 변화가 일어나고 있다. 정보기술을 중심으로 한 기술혁명은 사회의 물질적 기반뿐만 아니라 인간의 사회적 관계까지 가속적으로 재형성하고 있다. 경제적 측면에서는 정보와 지식의 가치와 비중이 상대적으로 커지게 되고, 사회적으로는 디지털 언어와 쌍방향 통신의 발전으로 사회적 관계와 문화가 근본적으로 바뀌며, 또한 세계화가 추진되면서 전 세계적 경제체제가 상호 의존적이 되고 있다. 이러한 시대적 변화는 오늘날 정부의 역할과 기능, 정부조직의 구조와 일하는 방식 등에 큰 영향을 미친다. 특히 2008년 세계 경제를 파국으로 몰고 간 월가(Wall Street)의 금융 시스템 붕괴는 정부와 시장의 관계에 관한 신자유주의 이념을 근본적으로 되돌아보게 만들었다. 이 사건은 특히 자유자본주의의 본산인 미국과 영국에서조차 금융시장 재규제의 필요성을 주창하는 '정부의 귀환(the return of the state)'이 공공연히 회자(膾炙)되게 만들었다.

미국의 행정학 및 정부학 관련 대학원 과정에서는 최근 정부와 시장, 정부와 시민사회의 관계를 다루는 강좌들이 늘고 있다. 하버드대학교 대학원의 Public Policy 및 Political Economy and Government 분야에서는 경제적 규제정책(economic regulatory policy), 경제와 정치(economics and politics) 등 정부와 시장의 관계에 관한 과목이 다수 개설되고 있다. 그리고 시라큐스대학 맥스웰행정대학원에서는 세계화와 거버넌스(globalization and governance)를 비롯해 NGO 관련 과목(managing NGOs in transitional and developing countries 및 nonprofit management and governance)이 다수 개설되고 있다. 또한 이들 대학의 상당수 교수들의 관심 분야도 'public regulation of private infrastructure providers', 'public policy dealing with externalities and other market failures' 등 정부와 시장의 관계에 초점을 두고 있음을 확인할 수 있다. 미래의 행정을 중심 주제로 잡고 있는 이 책은 행정학 및 정부학 분야의 이러한 연구 경향을 반영해서 특히 정부와 시장, 정부와 시민사회의 관계에 초점을 두어 논의를 전개하고자 한다.

이 책의 제1편에서는 논리 전개의 기초를 이루는 국가와 사회, 정부 그리고 행정의 개념을 고찰해 봤다. 제2편에서는 공공성과 공공재의 개념 및 특성을 살펴보고, 행정이 추구하는 가치로서 공익 및 공직자의 윤리문제를 고찰했다. 제3편에서는 변화하는 행정환경을 가늠해 보고, 새로운 행정 패러다임으로서의 탈관료제 모형, 뉴거버넌스, 신공공관리론, 신공공서비스론 그리고 포스트모더니티 행정이론 등을 살펴봤다. 그리고 제4편에서는 정부·시장 관계와 정부의 경제적 존재 이유를 고찰하고, 제5편에서는 세계화·정보화·민주화가 행정에 미치는 영향을 살펴봤다. 마지막 제6편에서는 사회민주주의와 신자유주의의 변증법적 통합으로서 제3의 길에 관한 논의와 아울러 미래 정부의 과제와 모습을 모색해 봤다. 이 책의 또 다른 특징 가운데 하나는 행정이론을 구체적인 행정 현상과 연결시켜 이해하는 데 도움을 주기 위해 각 장의 뒤편에 '생각해 보기'를 충실하게 싣고 있다는 점이다.

미래 사회의 행정을 다룬 이 책의 내용이 행정학도는 물론 행정 실무를 담당하는 공무원과 정치인 그리고 공공문제에 관심을 가진 일반인의 사고의 폭을 넓히고, 이들이 미래의 도전에 슬기롭게 대처할 수 있는 아이디어를 얻는 데 조금이라도 도움이 되기를 기대한다.

2010년 봄

칼바위능선 자락에서 宇林 識

차례

개정판 머리말 / 3
초판 머리말 / 5

PART 1 정부와 행정

Chapter 01 정부와 행정 17

제1절 사회와 국가 그리고 정부 ······ 17
1. 사회 / 17
2. 국가 / 19
3. 정부 / 20

제2절 정부의 기능 ······ 22
1. 정부 기능의 의의 / 22
2. 정부 기능의 변천 과정 / 26
3. 한국 정부의 기능 변천 과정 / 30

Chapter 02 행정의 의의 34

제1절 행정의 개념 ······ 34
제2절 행정의 기능 ······ 37

제3절 정치와 행정 ········ 43
1. 정치와 행정의 관계 / 43
2. 정치 · 행정 관계의 이론 모형 / 44
3. 정치 · 행정 관계의 주요 이슈 / 47
4. 한국의 정치 · 행정 맥락 / 53
5. 행정에 대한 정치적 통제 원칙의 재검토 / 54

PART 2 공공성과 공익

Chapter 03 공공성과 공공문제 61

제1절 공공성 ········ 61
제2절 공공문제 ········ 64

Chapter 04 공공재 66

제1절 공공재의 의의 ········ 66
제2절 공공재의 특성과 유형 ········ 68
1. 공공재의 특성 / 68
2. 공공재의 유형 / 70

제3절 공공서비스의 적정 규모 ········ 73
1. 공공서비스 규모 확대 원인으로서의 사회경제적 구조 변화 / 75
2. 공공서비스 규모 확대 원인으로서의 정치 · 경제사상의 변화 / 76
3. 공공재 규모 확대 원인으로서의 관료제 정치 / 77

Contents

Chapter 05 행정이 추구하는 가치와 공직자 윤리 86

제1절 행정이 추구하는 가치 …… 86
제2절 행정의 본질적 가치로서의 공익과 형평성 그리고 정의 …… 90
제3절 공공윤리와 공직자 윤리 …… 92

PART 3 변화하는 환경과 행정학 패러다임의 변화

Chapter 06 변화하는 행정환경 101

제1절 민주화 …… 102
제2절 정보화 …… 105
제3절 세계화 …… 106
제4절 지방화 …… 109
제5절 행정학 패러다임의 변화 …… 110

Chapter 07 관료제와 탈관료제 모형 112

제1절 전통적 관료제 …… 112
제2절 탈관료제 모형 …… 116
1. 탈관료제론의 개관 / 116
2. 관료제의 대안모형으로서의 탈관료제 모형 / 117
3. 관료제 모형과 대안적 국정운영 모형의 비교 / 127
제3절 관료제 모형에 대한 재성찰 …… 130

1. 탈관료제 모형에 대한 비판적 고찰 / 130
2. 관료제를 위한 변호 / 135

Chapter 08 뉴거버넌스론 140

제1절 뉴거버넌스의 의의와 특징 ······ 140
제2절 국정관리체계의 변화 과정과 뉴거버넌스의 전망 ······ 144

Chapter 09 신공공관리론 147

제1절 신공공관리의 의의 ······ 147
1. 신공공관리의 개념과 이론적 배경 / 147
2. 신공공관리의 특징과 원칙 / 151
제2절 신공공관리의 행정개혁 전략 ······ 152
제3절 신공공관리론에 대한 비판 ······ 153
제4절 신공공관리론의 변증법적 극복: 탈신공공관리론의 대두 ······ 158
1. 탈신공공관리의 의의 / 158
2. 탈신공공관리의 주요 아이디어 / 159
3. 신공공관리와 탈신공공관리의 전망 / 162

Chapter 10 신공공서비스론 165

제1절 신공공서비스론의 의의 ······ 165
제2절 신공공서비스론의 대두 배경 ······ 166
제3절 신공공서비스론의 지적 뿌리 ······ 167

제4절 신공공서비스론의 특징 ······ 169
1. 신공공서비스론의 기본 원칙 / 169
2. 신공공관리론과 신공공서비스론의 비교 / 170
제5절 신공공서비스론의 함의 및 결론 ······ 171

Chapter 11 포스트모더니티 행정이론 173

제1절 포스트모더니즘의 의의와 지적 특성 ······ 173
제2절 파머의 반관료제론 ······ 176
제3절 폭스와 밀러의 담론이론 ······ 179
제4절 포스트모더니티 행정이론에 대한 종합적 논의 ······ 181

PART 4 정부 · 시장 관계와 정부의 경제적 존재 이유

Chapter 12 정부와 시장의 관계 185

제1절 정부 · 시장 관계의 변화 ······ 185
제2절 시장실패와 정부 개입의 논거 ······ 190
1. 공공재의 과소 공급 / 191
2. 외부성 / 193
3. 불완전 경쟁 / 195
4. 불완전 정보 / 196
5. 분배의 불평등 / 197
6. 경제 안정의 확보 / 198
7. 거래비용 / 199

Chapter 13 정부의 경제적 존재 이유 205

제1절 시장경제의 조건 ······ 205
1. 사유재산제도 / 206
2. 계약제도 / 206
3. 독점 금지 및 경쟁 체제의 유지 / 207
4. 안정된 법적 구조 / 208

제2절 정부의 경제적 역할 ······ 208
1. 시장 질서의 유지 발전을 위한 경제적 하부구조의 마련 / 211
2. 공공재의 공급 / 212
3. 경제안정화 및 경제 발전 / 212
4. 사회적 불평등의 해소 / 214
5. 경쟁 체제의 유지를 통한 효율성의 확보 / 215
6. 외부효과의 조정 / 216
7. 거래비용의 감축 / 217
8. 경제집단 간의 갈등 조정 / 218

제3절 시장경제의 정신 ······ 219

PART 5 세계화 · 정보화 · 민주화의 행정적 함의

Chapter 14 세계화와 행정 225

제1절 세계화의 의의 ······ 225
1. 세계화의 개념 / 225
2. 세계화의 원인 / 227

제2절 세계화의 행정적 함의 ······ 229

Chapter 15 정보화와 행정 235

제1절 지식정보사회의 의의 ······ 235
1. 지식정보사회 / 235
2. 지식정보사회의 특징 / 239
3. 지식정보사회의 역기능 / 245
제2절 지식정보화의 행정적 함의 ······ 247
제3절 행정정보화와 전자정부 ······ 252
1. 행정정보화 / 252
2. 전자정부 / 253
3. 지식정부 / 256

Chapter 16 민주화와 행정 258

제1절 시민사회의 등장과 민주화 ······ 258
1. 근대 시민사회의 형성 과정 / 258
2. 시민사회의 의의 / 260
3. 시민사회를 보는 관점의 다양성 / 262
제2절 시민사회 등장의 행정적 함의 ······ 264
제3절 정부와 NGO ······ 267
1. NGO의 의의 / 267
2. NGO의 등장 배경 / 272
3. NGO의 행정적 함의 / 274

PART 6 제3의 길 및 미래 행정의 모색

Chapter 17 제3의 길의 모색 283

제1절 정부실패와 시장실패의 경험 ······ 283
제2절 제3의 길: 사회민주주의와 신자유주의의 변증법적 통합 ······ 285

Chapter 18 미래 행정의 모색 292

제1절 행정환경의 변화와 도전 ······ 292
제2절 자본주의 체제의 진화 및 국제기구와 다국적 기업의 역할 강화에 따른 개별국가 행정의 약화 ······ 294
제3절 미래 정부의 과제와 모습 ······ 296

참고 문헌 / 303
찾아보기 / 325

PART

1

정부와 행정

제 1 장 정부와 행정
제 2 장 행정의 의의

Chapter 01 정부와 행정

제 1 절 사회와 국가 그리고 정부

정부의 개념을 좀 더 명료하게 인식하기 위해서는 관련 개념으로서의 '사회(society)'와 '국가(state)'[1]의 개념을 살펴볼 필요가 있다.

1. 사회

국가와 정부의 개념이 범위 면에서 비교적 분명한 경계를 지니는 데 비해, '사회'의 개념은 논자에 따라 각기 다르게 규정돼 사용됨으로써 적지 않은 혼란이 초래되고 있다. 사회는 일반적으로 "인간들이 모여 상호 관계를 맺으면서 살아가는 공동체"로 규정할 수 있을 것이다.

사회의 개념은 포괄 범위를 기준으로 세 범주로 나눠 정의할 수 있다. 가장 넓은

1) 'state'라는 개념은 군주의 신분적 지위를 가리키는 'status'에 어원을 두고 있으며, 근대국가의 형태가 나타난 르네상스 시기의 이탈리아에서 처음 사용되기 시작했다.

의미의 '사회'는 '국가'를 포괄하는 큰 개념이다. 즉, '국가'를 '사회' 안에서 생성되고 존재하는 특수한 공동체로 규정할 때, 사회는 국가보다 큰 개념이라고 할 수 있다. 그러나 중간 및 좁은 의미로 규정될 때 사회는 국가체제의 하위체제로서의 '시민사회(civil society)'를 가리키는, 국가보다 좁은 개념이다. 즉, 국가체제를 공공부문(public sector)과 민간부문(private sector)으로 나눌 때 '사회'는 중간적 의미에서 '민간부문'을 지칭하는 개념으로 규정될 수 있다. 그리고 민간부문을 다시 '경제적 시민사회'와 '비경제적 시민사회'로 나눌 때 '가장 좁은 의미의 사회'는 '비경제적 시민사회'를 가리키는 개념으로 이해될 수 있다.

사회라는 개념은 논자에 다양하게 정의되고 분류된다. 매키버(MacIver, 1917)는 사회를 공동사회(community)와 결사체(association)로 구분해, 공동사회는 공통적·전체적 이익을 목적으로 공동생활을 하는 사회로 규정하고, 결사체는 특정한 집단 또는 부분적 집단의 이익을 목적으로 조직된 기능적 사회로 규정한다. 또한 퇴니스(Tönnis, 1955)도 게마인샤프트(Gemeinschaft)와 게젤샤프트(Gesellschaft)로 구분해, 게마인샤프트는 공동사회로 본질의사(Wesenwille)에 입각한 생활공동체며, 게젤샤프트는 선택의사(Kurwille), 즉 이익을 목적으로 하여 결합된 이익사회로서의 결사(結社)를 뜻한다고 규정했다. 국가를 '사회 내에 존재하는 정치체제'로 규정할 경우의 '사회'는 자연발생적으로 형성된 공동사회로서의 전체사회를 의미한다고 하겠다.

사회와 국가의 관계에 대해 립슨(Lipson, 1965)은 국가라는 실체는 외부 환경으로서의 '사회' 내에 존재한다고 규정하면서, 사회를 모든 인간관계와 집단들을 포괄하는 가장 넓은 개념으로 보고 있다. 또한 국가를 '정치적으로 조직화된 사회'로 보는 파슨스(Parsons, 1966)는 정치체로서의 국가를 '사회의 제1차적 하위체제(a primary functional subsystem of a society)'로 규정한다. 한편 힌츠(Hintze, 1968)도 사회는 국가에 의해 형성된 것이 아니며 또한 국가는 사회체계가 발전한 결과도 아니라고 주장한다.

이러한 관점에서 볼 때, 국가는 사회구성원들 간의 정치적 권력관계가 집중되는 사회 속의 하나의 특수한 제도적 장치라고 할 수 있다.

2. 국가

국가의 개념은 일반적으로, "일정한 영토에서 물리적 강제력을 합법적으로 행사하는 인간공동체"로 정의된다(김운태, 1992: 182). 구영록 외는 국가를 "일정한 영토와 주민들을 기초로 해서 성립되는 특정한 사회체제의 구성원들에 대해 포괄적인 통제력을 행사하면서 그 사회체제의 유지와 재생산을 총괄하는, 지속력을 지닌 강권적 권력체"로 규정한다(구영록 외, 2001: 73).

사회구성원으로서의 개개인의 생활에 가장 강력한 영향을 미치는 제도적 사회는 국가다. 국가는 가장 강력한 권력기구로서, 그것이 발하는 명령에 의해 모든 개인의 생활이나 사회활동이 통제된다. 따라서 모든 인간의 생활은 국가의 영향으로부터 이탈할 수 없으며, 개인의 소중한 인권과 자유, 그리고 자아의 인격 실현도 국가 없이는 성취될 수 없다. 그러나 오늘날의 선진 민주국가에서는 국민 개개인의 자유가 폭넓게 인정되며, 국가의 통제력은 한정돼 있다는 생각이 일반화돼 있다(김명, 1995: 42).

국가의 궁극적 목표는 국가공동체 속의 모든 구성원의 생존과 발전을 위해 노력하는 데 있다. 국가는 이러한 목표의 수행을 위해, 국가 속의 모든 개인 및 사회집단에 대해 보호·규제하는 활동을 수행한다. 좀 더 구체적으로 살펴보면 국가는 국민의 생존과 발전을 위해 외적의 침범을 방지하고 치안 질서를 유지하며 국리민복을 위한 다양한 경제·사회적 기능을 수행한다. 대내적으로 볼 때 국가는 공공의 안녕을 해치는 범죄행위를 단속하고 공정한 거래 질서를 흩트리는 불공정 경제행위를 규제하며, 국민의 건강을 위협하는 공해를 단속하는 등 사회구성원들의 여러 행위를 통제하고 규제한다. 안게르만(Angermann, 1976: 112)은 국가의 기능과 관련해 국가를 "…… 관료제적으로 훈련되고, 내부의 질서와 외부로부터의 안보를 책임지며 최고의 권위가 부여된 신시대의 조직국가"로 정의한다.

그런데 국가 기능의 범위와 관련해서, 개인과 국가 가운데 어디에 초점을 두느냐에 따라 견해가 크게 대립된다. 개인주의적 국가관 또는 자유주의(libertarianism)는 국가를 개인의 자유와 보호를 위한 법적 조직체에 불과한 것으로 인식한다. 본래 자유주의는 권력화된 종교 질서와 권위적 국가로부터의 해방을 주장했다. 이에 반해 국가주의(statism)는 국가를 해당 사회 전체를 지배하는 최고의 조직으로 간주해 그 속의 모든 개인은 국가의 지배를 적극적으로 수용하고 국가에 봉사해야 한다는 사상이다.

역사의 진행 방향이라는 큰 흐름에서 볼 때, 근세 이후의 국가관은 국가주의 또는 전체주의적 국가관에서 점차 개인주의적 국가관으로 이행, 국가 기능의 제한을 지향해 왔다고 할 수 있다. 그러나 미시적 관점에서 볼 때, 정치사상은 두 국가관 사이에서 시계추처럼 진동(振動)해 왔다고 할 것이다. 즉, 근세 이전의 절대주의 국가관에서 18~19세기의 자유주의 국가관으로, 다시 20세기의 복지국가관으로, 그리고 1980년대 이후의 신자유주의 국가관으로 변동해 온 것이다. 그러나 두 국가관은 시간이 흐르면서 양 극단점에서 균형점을 향해 진폭이 점차 잦아들면서 수렴되고 있다. 그러한 경향성의 예로, 세기의 전환점에서 주창된 '제3의 길(the third way)'과 '좋은 사회(good society)'[2]론을 들 수 있다.

'좋은 사회'를 추구하는 에치오니(Amitai Etzioni)는 자유주의나 국가주의가 아니라 그 중간에 위치한 공동체주의(communitarianism)를 제안한다. 공동체주의는 자유주의와 달리 개인의 자유보다는 평등의 이념, 권리(right)보다는 책임(responsibility), 가치중립적 방임보다는 가치판단적 담론을 중시한다(Etzioni, 2000; 김태수, 2007: 9).

3. 정부

정부(government)는 국가의 통치구조를 말한다(Laski, 1957). 국가의 개념을 "정치적 지배의 제도화된 장치"나 "물리적 강제력(physical coercion)을 합법적으로 독

2) '좋은 사회'의 개념은 가치 함축적 용어로 누구에 의해서도 명백하게 정의된 것은 없다. 그러나 복지·평등과 자유·능률의 조화, 복지국가의 재설계, 복지사회 비전과 복지전략의 재검토, 거시경제학에서 구조적 정책으로의 이행, 공격적이고 신국가주의적인 노동복지의 구현, 복지를 통한 사회적 연대 및 시민의식의 회복, 민주적 거버넌스의 실현, 협력적 민주주의(associative democracy), 다양한 가치의 조화 등을 실현한 사회를 좋은 사회라고 보는 흐름이 있다(Bent, 2000; 김태수, 2007: 10). 이러한 관점에서 본다면, '좋은 사회론자'들은 국가주의의 한 유형으로서 복지국가관과 자유주의 국가관의 조화를 꾀하는 '제3의 길'을 모색한다고 할 수 있다.

점하는 강권적 권력체"로 규정할 경우, '정부'는 정치적 지배 또는 물리적 강제력의 합법적 독점체로서의 '국가기구' 또는 '국가장치'로 이해될 수 있을 것이다.[3] 즉, 정부는 국가를 관리 · 운영해 가는 총체적 기구를 말한다. 국가의 불가결의 구성 요소로는 일반적으로 영토, 국민, 주권(국가권력)의 세 가지가 제시되나, 오늘날 국제법상으로는 통치기관으로서의 정부[4]가 추가된다.

정부를 의미하는 'government'의 개념은 제도에 초점을 둘 경우 '정부'로 번역되지만, 기능에 초점을 둘 경우 '통치'로 번역된다.[5] 제도로서의 정부는 통치와 관련된 '공직의 총체(collection of offices)'를 의미한다. government의 어간을 이루는 govern은 그리스어 kubernan과 라틴어 gubernare에 그 어원을 두고 있다. kubernan(to steer, guide, govern)이 '방향을 잡다', '안내하다'는 의미를 지닌다는 관점에서, 정부는 국가공동체의 방향을 제시하고 이끄는 역할을 수행하는 제도 또는 통치 기능을 의미한다고 하겠다. 오스본과 게블러(Osborne & Gaebler, 1992)가 정부의 역할을 규정하면서 전통적인 관료제 정부의 역할을 노젓기(rowing)로 규정한 반면에 '기업가적 정부'의 역할을 '방향잡기(steering)'로 규정했듯이, 그리스 시대의 초기 정치학에서도 정부의 일과 '방향잡기'가 유사성을 지니는 것으로 인식돼 왔다(Deutsch, 1980: 7-8).

일반적으로 정부 형태는 광의와 협의의 두 가지 형태로 나눌 수 있다. 광의의 정부(government)는 입법부, 사법부, 행정부를 모두 포함한 총체적인 국가 통치기구를 의미한다. 반면에 협의의 정부(the executive)는 입법부 및 사법부와 대비되는 '행정부'만을 지칭하는 의미로 사용된다. 미국 등 대통령제를 채택하고 있는 국가에서 정부의 개념은 입법부 · 행정부 · 사법부를 모두 포괄하는 광의의 의미로 사용되나, 의

---

3) 립슨(Lipson, 1965)에 따르면, 정부는 국가의 이름으로 권위 역할을 수행하는 권위 당국자를 의미한다.

4) 국가를 대표하는 정부가 없는 상태가 장기간 지속될 경우 국가가 와해된 것으로 봐야 한다는 의미에서, 현대 국가학에서는 국가의 구성 요소로 정부를 포함시키고 있다(김명, 1995: 73).

5) 거버넌스의 개념을 소개하면서 흔히 인용되는 'from government to governance'라는 경구는 '통치에서 공치(共治)로'라고 번역될 수 있을 것이다. governance의 개념은 그냥 거버넌스로 음역해서 사용되기도 하나, 정부에 의한 일방적 '통치'와는 대비되는 '민 · 관의 파트너십'을 강조한다는 측면에서 공치(共治)로 번역해서 사용되기도 하며, 일부 학계의 번역을 따라 협치(協治)라는 용어를 사용하는 학자들도 있다(이종수, 『행정학사전』 참조).

회제를 채택하고 있는 영국 등에서는 정부의 개념이 구체적 내각을 지칭하는 가장 좁은 의미로 사용된다. 일반적으로 대부분의 국가에서는 정부의 개념을 주로 집행부(행정부)와 그 부속 행정기관을 가리키는 의미로 사용하고 있다(Duchacek, 1973; 구영록 외, 2001: 131).

국가와 정부의 관계에 대한 인식은 논자의 관점에 따라 각기 다르다. 정부는 국가의 대리기관이라는 입장에서 국가와 동일시되기도 하나, 일반적으로 국가는 하위체제로서의 정부를 포괄하는 것으로 이해된다. 앨퍼드와 프리들랜드(Alford & Friedland, 1985: 1)는 "국가는 정부보다 더 근본적 개념이다. 왜냐하면 특정 시점에 집권하고 있는 특정 체제뿐만 아니라 체제의 권위, 합법성의 기초 그리고 대중 지지와 관련되기 때문이다"라고 주장한다. 또한 스테판(Stepan, 1978)도 국가는 정부 이상의 것으로 고려돼야 한다고 주장한다. 즉, 국가는 정치체(polity)에서 시민사회와 공권력 간의 관계를 구조화할 뿐만 아니라 시민사회 내에서 여러 중요한 관계를 구조화하려고 기도하는 지속적인 행정적, 법적, 관료적 및 억압적 체계라는 것이다.

이 책에서는 '국가의 제도적 기구'로서 정부의 개념과 국가의 개념을 맥락에 따라 혼용해 사용하고자 한다.

제 2 절 정부의 기능

1. 정부 기능의 의의

정부의 기능은 시민과의 관계라는 측면에서 정부를 어떻게 규정하느냐에 따라 그 범위가 달라질 수 있다. 정부를 보는 기본 관점은 크게 두 가지로 나눌 수 있다. 첫 번째 관점은 형이상학적 전체주의(metaphysical holism)의 입장에서 정부를 하나의 유기체적 실체(unitary being)로 보는 관점이며, 두 번째 관점은 방법론적 개체주의(methodological individualism)의 입장에서 정부를 정치적 과정에 참여하는 주민들의 집합체로 파악하는 관점이다.

정부를 유기체적 실체로 파악하는 관점은 정부를 개인 선호의 집합체로 보기보다는 정부 스스로의 선호를 가지고 그 선호를 구현하기 위해 노력하는 하나의 실체로 간주한다. 이때 정부의 선호는 사회적 효용(social utility)을 극대화하는 것이라고 할 수 있다. 이에 반해 후자는 사회적 효용과 개인적 효용(individual utility)이 전혀 별개의 개념이 아니라는 입상에서 구성원 개개인의 효용을 중시하는 입장이라고 할 수 있다. 전자는 공익을, 사익을 초월한 실체적·규범적·도덕적 개념으로 파악하는 공익의 실체설과 연결되며, 후자는 사익을 초월한 별도의 공익이란 존재할 수 없으며, 공익은 사익의 총합이거나 사익 간의 타협의 산물이라는 공익의 과정설과 연결된다. 개인의 효용을 중시하는 개인주의적 관점은 또한 정부 기능의 축소를 주장하는 정부기능제한론자 또는 시장주의자들의 주장과 연결되며, 전체주의적 접근 방법은 정부기능의 확대를 지향하는 적극정부론자 또는 개입주의자들(interventionists)의 주장과 논리적으로 연결된다.

정부의 기능과 구조는 사회경제적 환경의 변화에 따라 복잡하게 변화·확대돼 왔다. 정부의 주요 기능을 활동 영역별로 살펴보면, 국방 및 외교 기능, 법과 질서 유지 기능, 경제적 기능, 사회적 기능, 교육·문화적 기능으로 나눠 볼 수 있다.

정부의 가장 기본적인 기능은 국방 및 외교 기능이라 할 수 있다. 국방 및 외교 기능은 주권적 기능 가운데 하나로 국민의 생명과 재산을 외적으로부터 보호하고 외국과 외교 관계를 유지하는 기능을 말한다. 국방부, 외교통상부, 통일부, 국가안전보장회의 등이 이러한 기능을 수행한다.

정부는 또한 국민의 생명과 재산을 내부 구성원으로부터 안전하게 보호하기 위한 법과 질서 유지 기능을 수행한다. 법과 질서 유지 기능은 공동체 생활이 기본 질서를 유지하기 위해 필요불가결한 정부의 제1차적 공공서비스라고 할 수 있다. 행정안전부, 법무부, 국가정보원, 검찰청, 경찰청 등이 이러한 기능을 수행한다.

정부는 그리고 국민이 더 나은 경제적 삶을 영위할 수 있도록 경제적 기능을 수행한다. 성장의 기반을 마련하기 위한 사회간접자본 및 과학기술·정보 분야 등에 대한 공공투자, 경기를 안정시키기 위한 통화 관리, 경쟁을 촉진하고 소비자를 보호하기 위한 정부의 제반 활동 등이 경제적 기능에 속한다. 기획재정부, 지식경제부, 국토해양부, 농림수산식품부, 공정거래위원회, 금융감독원 등이 이러한 기능을 수행한다.

정부는 한편 사회적 약자집단을 보호하기 위한 사회적 기능을 수행한다. 국민기초생활보장제, 국민건강보험제도, 공공주택제도 등과 같은 각종 사회보장제도가 여기에 속한다. 보건복지가족부, 노동부, 국가보훈처 등이 이러한 기능을 수행한다.

정부는 아울러 교육을 장려하고 국민들의 예술 및 문화활동을 보호·장려하는 교육·문화적 기능도 수행하는 바, 교육과학기술부, 문화체육관광부 등이 이러한 기능을 수행한다.

정부 기능의 범위에 대해서는, 앞서 살펴봤듯이, 개인의 자유를 보장하기 위해 그 활동 범위를 엄격하게 제한해야 한다는 정부기능제한론과, 사회·경제적 목적 달성을 위해 정부의 적극적 역할을 받아들여야 한다는 적극정부론이 부딪친다.

근대 시민혁명기에는 국가권력의 확대가 개인의 자유를 제한한다는 논거에서 정부 기능을 강력하게 제한해야 한다는 고전적 자유주의 사상이 지배적이었다. 이러한 관점은 정부의 기능이 구성원의 생명, 신체 및 재산의 안전을 도모하기 위한 국방 및 치안 질서 확보라는 최소한의 임무에 그쳐야 한다는 야경국가관(夜警國家觀)과 연결된다. 이러한 자유주의적 국가관의 전통을 따르는 근대국가에서는 국가의 초월적·절대적 권위가 부정되고, 개인의 기본적 권리 및 자유의 보장이 국가권력 행사의 목적이라는 인식이 보편화되고 있다.

로크(John Locke), 루소(Jean J. Rousseau) 등으로 대표되는 계몽주의 사상가들은 국가의 성립을 인간의 상호 계약에서 찾고 개인을 국가 존립의 전제 조건으로 본다. 로크는 1689년 출간한 「시민정부론(*Two Treatises on Civil Government*)」에서, 정부를 탄생시킨 계약의 본질적 성격은 개인의 생명과 자유 그리고 재산을 보존하는 데 있기 때문에 정부의 자의적 권력 행사가 억제돼야 한다고 주장했다. 이와 같은 자유주의적 사회계약론은 1688년의 영국의 명예혁명(Glorious Revolution), 1776년의 미국의 독립혁명, 1789년의 프랑스대혁명을 계기로 보편화됐다.

미국의 독립선언문을 기초한 제퍼슨(Thomas Jefferson)도 "최소의 정부가 최선의 정부(That government is best which governs least)"라는 주장을 통해 정부권력을 제한할 것을 주창했다. 이러한 정부기능제한론은 시민사회 영역에서의 자유 신장을 의미하는 바, 좀 더 구체적으로는 밀(John S. Mill)이 「자유론(*On Liberty*)」에서 지적한 것과 같이 언론, 출판, 집회 및 결사의 자유의 확보를 의미한다고 할 수 있다(구영록 외, 2001: 136). 그러나 일반적으로 오늘날의 정부기능제한론은 민간경제 및 시민사회 영역에 대한 정부의 간섭 범위와 관련돼 논의된다. 이 문제는 제3편과 제4편에서 자세히 고찰하기로 한다.

20세기에 강조된 적극정부론은 사회공동체의 사회경제적 목적 달성을 위해 그리고 시장실패를 교정하기 위해 정부 기능이 적극적으로 작용해야 한다고 주장한다. 다시 말하면, 자본주의적 시장 질서를 공정하게 유지하기 위해, 자본주의적 경쟁에서 낙오한 사회적 약자를 공동체의 일원으로 편입시킴으로써 사회적 안정을 확보하기 위해, 그리고 시장에서 과소 공급되는 공공서비스의 적정 수준을 확보하기 위해 정부가 민간 영역에 적극적으로 관여할 것을 주장한다. 이러한 관점은 20세기의 적극국가(positive state), 행정국가(administrative state), 케인스주의 복지국가(Keynesian welfare state) 및 혼합자본주의(mixed capitalism) 체제론과 연결된다.

한편 20세기 말 적극정부론의 반명제(antithesis)로 제기된 신자유주의 이념은 고전적 자유지향주의(libertarianism)를 재강조한 것이다.

정부의 기능을 다른 관점에서 본다면, 공공정책을 통해 사회적 가치를 권위 있게 배분하는 것(authoritative allocation of social values)이라고 할 수 있다. 인류의 역사는 공동체사회를 영위해 온 이래 권력 · 부 · 명예와 같은 사회적 가치의 분배를 둘러싼 갈등의 역사라고 할 수 있을 것이다. 동서고금의 무수한 사상가들은 사회적 가치 배분의 합리적 원칙을 찾기 위해 고심해 왔으며, 역사적으로 발전해 온 여러 정치 · 경제 · 사회적 제도는 이러한 사회적 가치 배분의 원칙을 제도화한 것으로 이해할 수 있다. 사회적 가치는 이러한 여러 사회적 제도와 정부정책을 통해 배분된다.

그런데 공공정책은 편익과 비용을 모든 구성원에게 평등하게 배분하는 것이 아니라 일정한 기준에 따라 불평등하게 배분하는 성질, 즉 부분이익 선택성(policy selectivity)을 갖고 있기 때문에 구성원의 사회경제적 지위에 큰 영향을 미친다. 예를 들어, 대표적인 재분배정책 가운데 하나인 국민기초생활보장제를 생각해 보자. 이 제도의 수혜자를 200만 명, 수혜액을 1인당 연 250만 원으로 산정할 때 이 제도의 비용은 5조 원이 된다. 이 비용을 4,800만 명의 국민 가운데 수혜자 200만 명을 제외한 4,600만 명이 고루 분담한다고 하면 1인당 연 108,696원의 비용을 부담해야 한다. 이를 4인 가족의 가구 단위로 얘기하자면 한 마을의 23가구가 매년 가구당 434,782원씩의 특별성금을 갹출해 불우이웃 한 가구에 대해 1천만 원씩을 지원하는 셈이 된다. 물론 이러한 재분배 과정은 검은 상자(black box)라고 할 수 있는 복잡한 정책과정을 거쳐 이뤄지므로 국민 개개인이 느끼는 직접적인 비용부담감은 크지 않을 수 있다.

자유방임주의자와 같은 정부기능제한론자는 정부정책의 이러한 가치 배분 기능을 줄여 시장기구에 맡기자고 주장하는 데 반해, 복지경제학자 등 적극정부의 주창자들은 공동체의 건전한 유지·발전을 위해 정부의 가치 배분 기능을 확대할 것을 주장한다.

그러나 지식정보화, 세계화, 시민사회화가 진행되는 21세기의 정부관은 단순히 큰 정부냐 작은 정부냐의 관점을 벗어나야 할 것이다. 공익을 보호하고 증진하는 데 어떤 정부가 더 바람직할 것인가 하는 더 나은 정부(better government)의 관점이 돼야 한다. 직접적인 서비스 제공과 규제보다는 방향타를 잡아 주는 정부, 시민의 권리와 시민 참여를 보장하는 정부, 시민의 삶의 질을 보장해 주는 정부가 돼야 할 것이다.

2. 정부 기능의 변천 과정

정부 기능은 시대와 환경의 변화에 따라 크게 바뀌어 왔다. 공공부문은 산업혁명을 거쳐 20세기 들어서면서 크게 팽창됐다. 공공부문의 팽창은 정부의 서비스 활동이 그만큼 늘어났기 때문이다. 그러나 다른 한편에서는 니스카넨(William A. Niskanen)의 예산극대화(budget maximization) 가설에서와 같이 공공서비스의 과잉 공급 경향성이 정부 팽창의 원인으로 지적되기도 하며, 정부의 시장에 대한 과잉 개입에서 그 원인을 찾기도 한다. 앞에서 살펴봤듯이, 거시적 관점에서 볼 때 정부 기능의 변화는 주로 정부와 시장의 관계를 둘러싸고 전개돼 왔다. 시대별로 보면 19세기의 자유방임주의(laissez-faire) 국가와 20세기의 복지국가(welfare state), 그리고 1980년대 이후의 신자유주의(neo-liberalism) 국가 간에 정부 기능상의 큰 변화가 있었으며, 20세기 말부터는 신자유주의와 정부간섭주의(interventionism)의 새로운 균형과 조화를 추구하는 제3의 길(the third way)이 활발하게 모색되고 있다.

야경국가(Nachtwächterstaat) 또는 입법국가(legislative state)[6]로도 불리는 자유방임주의 국가는 민간부문의 경제활동의 자유를 강조했다. 행정국가(administrative state)[7]로도 불리는 20세기의 복지국가에서는 국가가 민간부문의 경제활동에 적극적으로 간섭하는 간섭주의를 지향했으며, 20세기 말의 신자유주의 국가는 다시 경제활동의 자유를 지향, 정부규제의 완화와 감축관리를 강조하고 있다.

좀 더 자세히 살펴보면, 18~19세기의 유럽에서 전형적으로 찾아볼 수 있는 자유방임주의 국가에서는 국가의 기능이 법과 질서 유지 및 국방·외교 기능에 한정되고, 경제생활의 자유가 강조된 값싼 정부(cheap government) 또는 작은 정부(small government)의 이념이 추구됐다. 즉, 정부의 역할보다는 '보이지 않는 손(invisible hands)'으로서의 시장의 자율적 기능을 중요시해, '최소의 행정이 최선의 정부'라는 인식이 널리 퍼졌다.

스미스(Smith, 1776; 김동건, 1988: 68)는 이러한 자유방임 사상을 대변해 바람직한 정부활동으로 다음과 같이 네 가지를 열거했다.

첫째, 자기 나라를 다른 독립된 사회의 침략으로부터 보호하는 의무, 둘째, 모든 사회구성원들을 다른 사람들의 억압과 불법행위로부터 보호하는(to protect every member from oppression and injustice by other members of society) 의무, 셋째, 유익한 공공시설이나 공공토목사업을 확충하거나 유지하는 의무, 넷째, 주권을 유지

6) 입법국가는 국가 기능 가운데 입법 기능이 중시된 야경국가 시기의 국가를 의미한다. 즉, 국가가 시민의 안전과 질서 유지에 필요한 최소 한도의 기능만을 수행해야 한다고 주장되던 시기에는 법률을 어떤 형태로 제정하느냐 하는 것이 가장 중요했지, 제정된 법을 어떻게 집행하느냐 하는 것은 2차적인 문제였다는 점에서 이 시기의 국가를 입법국가로 부르게 된 것이다.

7) 행정국가는 행정부가 입법부·사법부에 비해 중추적 국가 기능을 수행하게 된 복지국가 시대의 국가를 지칭한다. 즉, 20세기 들어 야경국가가 복지국가로 바뀌게 되면서 국가 기능이 대폭적으로 확대·강화된 바, 이러한 국가 기능이 대부분 행정부에 집중하게 된 것이다.

하는 데 필요한 경비를 충족하는 의무 등이다. 요컨대 국가의 의무는 ① 국방, ② 사법제도, ③ 공공토목사업(도로, 교량, 항만 등)의 유지, ④ 주권 유지를 위한 재정권의 행사에 국한시켜야 한다고 스미스(Adam Smith)는 주장하면서, 국가 경비는 비생산적 경비이므로 가능한 한 '값싼 정부'를 유지해야 한다고 주장했다. 자유방임주의는 정치적으로는 민주주의적 정치 질서를 지향하고, 경제적으로는 자본주의로 발전하게 된다.

현대 정부의 가장 큰 특징 가운데 하나는 행정 기능이 양적으로 확대되고 질적으로 전문화되고 있다는 점이다. 행정 기능이 20세기 들어 크게 팽창한 것은 주로 산업사회의 진보에 기인한다. 산업화 · 도시화에 필요한 여러 공공서비스를 제공하는 한편 산업화 · 도시화가 야기하는 공중보건의 확보와 빈곤 퇴치 등 사회적 문제를 해결하기 위해 정부 기능은 급격하게 팽창된 것이다. 산업혁명을 거친 서구 사회는 생산기술의 고도화로 생산력을 현저하게 높이게 됐으나, 동시에 여러 가지 사회적 · 경제적 문제를 야기하게 됐다. 특히 20세기 들어 사회적 강자에 의한 독점과 착취 등 시장실패(market failure) 현상이 대두되고 자본주의 사회의 어두운 측면이 드러나자 시장에 대한 정부의 적극적 간섭이 강조되는 '적극적 정부'가 추구됐다. 즉, 자본주의적 경쟁에서 낙오한 사회적 빈곤층을 복지국가의 테두리 안에서 사회 속에 편성시키기 위해 서구 국가들은 복지 프로그램을 확대하고 이 분야의 재정 지출을 증대함으로써 정부 기능이 확대 · 강화된 큰 정부를 지향하게 된 것이다.

한편 개발도상 국가들에서는 정부 주도에 의한 경제 성장 전략이 추진되면서 정부의 역할이 크게 강화됐다. 서구가 16~18세기의 초기자본주의 시절 채택했던 중상주의적 국가 발전 전략을 개발도상국이 20세기에 '국가 주도에 의한 경제개발 정책'으로 재현하게 된 것이다. 산업화, 수출 주도형 경제체제, 보호무역주의 등의 특징을 지니는 개발도상국의 신중상주의 경제정책은 '국가의 주도적 역할'이라는 측면에서 고전적 중상주의와 공통점을 지닌다. 그러나 개발도상국들의 이러한 신중상주의 정책은 20세기 말 세계무역기구(World Trade Organization: WTO) 체제의 출범으로 상징되는 세계화(globalization)의 물결 속에서 자유무역을 가로막는 불공정행위로 견제받게 됐다.[8)]

1970년대의 1, 2차 석유위기를 겪은 서방 국가에서는 1980년대 이후, 방만한 복지 정책과 '큰 정부(big government)'에 따르는 재정위기를 극복하고 정부실패(government failure)를 교정하기 위한 필요에서' '작은 정부(small government)'를 강조하는 신자유주의(또는 신보수주의)의 이념이 확산됐다. 신자유주의 이념에 따라 각국 정부는 공무원의 인력을 감축하고 정부 지출을 삭감하는 '감축관리(cutback management)'를 지향하고 정부규제를 완화하며, 고객 중심적 행정서비스의 제공을 강조하는 시장 지향적 정부혁신을 추구하고 있다. 신공공관리론(new public management)에 입각해 광범한 정부혁신을 추진한 영연방 국가들과 레이건 행정부 이후 추구된 미국의 행정개혁이 대표적으로 이러한 예에 속한다.

신공공관리론은 민관 공동생산(coproduction) 방식에서 보듯이, 공공서비스의 생산·제공에 대한 민간부문의 적극적인 역할 분담 및 공공-민간부문 간의 협력적 활동(partnership)을 강조하는 접근 방법이다. 또한 기업 경영의 논리와 기법을 공공부문에 도입·접목해서 행정의 성과를 향상시키고, 관리자의 개인적 책임 확보를 강조하는 이론이다.

이처럼 1980년대 중반 이후 규제 완화와 민영화가 확산되면서 공공서비스 제공 시에 정부부문의 독점성이 파괴되고, 따라서 정부도 공공서비스 공급의 한 경쟁 주체로서 민간부문과 동등한 입장에서 경쟁해야 하는 상황이 전개되고 있다. 이와 같이 민·관 공동생산, 민간부문과 공공부문 간의 협력적 네트워크 구축, 신공공관리론 등을 속성 개념으로 하여 국가와 사회 그리고 시장의 관계를 새로운 관점에서 재규정한 이론이 뉴거버넌스(new governance) 이론이라 하겠다. 이러한 행정학 패러다임의 변화에 대해서는 제4장에서 자세히 고찰했다.

20세기 말, 정부와 시장 관계의 새로운 대안으로 모색되고 있는 제3의 길 및 사회적 시장경제(social market economy, Soziale Marktwirtschaft) 체제에 대해서는 제4편 및 제6편에서 고찰한다.

---

8) 선진국의 세계화 전략은 자신들이 선진국의 고지에 오르기 위해 이전 세기에 활용했던 정부 주도의 성세 성장 정책을 개빌도상국들이 활용하지 못하도록 하는 '사다리 걷어차기(Kicking Away the Ladder)' 전략이라고 반(反)세계화의 주창자들은 비판한다.

3. 한국 정부의 기능 변천 과정

다음에서는 우리나라 정부 기능의 변천 과정을 살펴보고자 한다.

한국 정부는 1940년대와 1950년대에는 독립에 따른 국가기구의 정비, 농지 개혁, 귀속재산의 처분·관리, 한국전쟁으로 인한 피해 복구 기능 등을 주로 수행했다. 1945년 독립 후 1948년 정부 수립 이전까지 미군정기의 정부 기능은 좌우 이념 대립으로 인한 극심한 사회 혼란을 극복, 치안 질서를 확보하고 절대 부족 상태의 생필품을 공급해 민생문제를 해결하는 데 집중됐다. 해방 직후의 통치 공백 상태는 미군정의 경찰권 장악 이후에도 지속된 바, 특히 좌우 이념 대립으로 인한 사회의 혼란상은 1946년의 대구 10·1사건 이후 전국적으로 확산됐다.

경제정책 측면에서 볼 때 미군정은 시장 원칙과 정부 개입 원칙을 혼용했다. 당초 시장 원리에 기반을 두는 자본주의 경제체제의 확립을 지향했던 미 군정당국은 생필품의 절대 부족으로 인한 극심한 인플레이션에 직면하면서 군정 초기의 자유시장화 정책을 포기하고 '국가비상 시기의 선언'을 통해 미곡을 강제 수매하는 등 통제경제로 전환했다.

1948년 정부 수립 후 4·19혁명까지 지속된 이승만 행정부의 정부 기능은 주로 독립 후의 국가기구의 정비 및 치안 질서의 확보와 한국전쟁으로 인한 피해 복구 기능을 수행하는 데 집중됐다. 즉, 제1공화국 정부의 기능은 국방과 치안 질서 유지라는 가장 고유한 정부 기능을 수행하는 데 초점이 두어졌다고 하겠다. 그리고 경제정책은 건국 후의 민생경제 확립과 전쟁 복구사업에 치중했다. 개별적인 주요 경제정책을 보면, 이승만 행정부는 집권 초기 토지개혁을 통한 사회구조의 개편과 경제발전의 토대를 구축하기 위해 '유상몰수·유상분배'의 원칙에 따라 1950년에 농지개혁을 단행했다.

경제체제 측면에서 이승만 행정부는 자유시장 체제와 정부 간섭이라는 이중적 태도를 견지했다. 1953년 채택된 '합동경제위원회 협약'에서 이승만 행정부는 자유기업의 원칙을 천명했으며, 1954년의 헌법 개정을 통해 자유기업주의가 법제적으로 확립됐다(김대환, 1981: 234). 이승만 행정부는 그 밖에도 시장경제 체제 확립을 위한 여러 제도적 장치를 마련했다. 1950년 행정부에 대해 독립성을 지닐 수 있도록 보장한 '한국은행법'의 제정과 '은행법'의 제정, 1955년의 증권거래소 창설, 그리고 금융기관의 민영화 등이 그 예에 속한다.

그러나 민영화된 금융기관들이 6·25 전쟁을 치르면서 자율적으로 운영되지 못하고 전후 복구와 정치적인 목적을 위해 주로 이용됨으로써, 실제적으로 경제체제는 정부의 통제 아래 운영돼 왔다고 할 수 있을 것이다. 이승만 대통령 개인적으로도 환율과 원조경제의 관리, 대일(對日) 경제 등 주요 경제부문에 직접 개입해 자신의 자의적인 독단이나 편견을 경제 원리에 우선시켰다(송인상, 1970: 526; 강인재 외, 1998: 74).

한국 정부는 1960년대와 1970년대에는 경제 성장을 위한 각종 지원과 조정 및 규제 기능, 국토의 효율적 개발과 이용을 위한 건설 기능, 사회복지의 기반 조성을 위한 기능, 자주국방 태세 확립을 위한 기능 등을 주로 수행했다. 특히 제3·4공화국 정부는 경제 성장 제일주의를 표방하면서 강력한 정부 주도형 경제체제를 확립했다. 즉, 정부가 경제 발전을 주도적으로 이끌기 위해 경제개발 5개년계획을 수립, 수출주도형·외자주도형 전략과 중화학공업 육성정책을 강력하게 추진했다.

개발연대 동안 한국 정부는 은행 융자와 차관의 도입을 실질적으로 정부의 관할 아래 두고, 내외 차관을 모두 정부가 원하는 부문에 배분하는 등 강력한 권한을 행사했다. 이와 같이 금융배분권을 장악하고 있던 정부는 고도 성장을 위해 자본과 판매의 독과점을 통한 규모의 경제를 지향하며, 대기업의 육성과 비호를 공공연한 정책 기조로 내세웠다. 이 당시 한국 정부는 수출기업에 대한 관세환급제와 조세 감면, 그리고 수출우대 금융의 제공 등 다양한 재정·금융정책을 통해 민간경제를 일정한 방향으로 유도하면서 자원배분에 직접 관여하고 물가를 통제하는 등 강력한 통제경제 체제를 구축했다.

1980년대에 한국 정부는 민주화와 민간부문의 자율성 제고, 경제 안정 및 국제화 시대에 따른 개방화 정책 추진, 복지 확충 등의 정책을 추구했다. 1980년대에 들어 경제 규모가 커지고 복잡성이 증대됨에 따라 행정이 과거와 같이 명령통제 방식으로 국민경제의 모든 부문에 깊숙이 개입하는 것이 어려워졌고, 오히려 비효율성과 부작용을 유발하게 됐다. 특히 정부에 대한 신뢰가 크게 줄어들면서 시장실패를 줄이기 위해 등장하는 정부부문이 오히려 새로운 비효율과 불공정성을 창출할 수 있다는 사실이 인식되기 시작했다(박세일, 2000: 734-735). 이러한 경제적 여건의 변화에 따라 1980년대 이후부터는 작은 정부와 민간 주도 경제로의 전환이 시도됐고, 각종 정부규제가 완화되거나 폐지돼 왔다. 또한 민간부문에 정부가 개입하는 경우에도 과거와 같이 직접적인 명령통제 방식에 의존하는 것이 아니라 여러 가지 유인제도를 통해 민간부문을 일정한 방향으로 유도하는 간접적인 방식이 점차 확대돼 왔다(이종수 외, 2005: 96). 그러나 민간 주도 체제로의 실질적 전환은 크게 미흡했는데, 경제부문에 대한 정부의 영향력은 강력하게 유지됐으며, 권위적이고 자의적인 경제 운용으로 정경유착이 심화되는 등 정부 우위적 경제체제로 인한 적지 않은 부작용이 초래됐다.

1990년대에 한국 정부는 세계화와 WTO 체제에 대응한 통상외교, 지방자치 실시에 의한 자치 기반 조성, 정보화를 위한 정보 기반 구축, 사회간접자본 투자, 사회안전망 확대 등의 기능을 수행했다. 1990년대 이후의 경제체제는 정권별 특성에 따라 약간의 차이가 있으나, 기본적으로 신자유주의적 시장체제의 구축 및 시장 기능의 복원이라는 기본 방향에 입각해 민영화와 민간위탁, 규제 완화 등의 정책을 추구해 왔다. 그러나 1998년 출범한 김대중 행정부와 2002년 출범한 노무현 행정부는 복지 확대 등 진보주의적 정책을 표방하면서 정부 기능의 확대를 지향하는 경향성을 나타냈다. 한편 2008년 출범한 이명박 행정부는 '작은 정부-큰 시장' 정책을 표방하면서 경제규제 완화, 법인세 인하 등 기업친화적 정책을 추구했다. 한편 '증세 없는 복지'를 내세운 박근혜 행정부는 집권 초부터 국가정보원의 대선 개입 의혹, 2014년 4월 발생한 세월호 사건 등에 시달려 오다, 2017년 3월 헌정사상 최초로 탄핵되었다. 최순실 국정 농단 사건 등을 규탄하는 '촛불 시위'의 여파로 임기가 중단, 탄핵된 박근혜 대통령의 뒤를 이어 집권한 문재인 행정부는 소득주도 성장 정책 등 다양한 진보 정책을 추진하였으나 탈원전 정책 등 현실과 괴리된 정책을 추구한다는 등의 비판에 직면했다.

생각해 보기

정부-시장 관계에 초점을 두어 정부 기능의 한계에 대해 생각해 봅시다.

공익 보호를 위한 정부의 역할

타이 정부가 강력한 비국 제약업계에 도전장을 던졌다. 일부 에이즈(AIDS)와 심장병 치료약에 대해 지적재산권자의 승인 없이 특허기술을 사용할 수 있도록 '강제실시권'(합리적 조건으로 사용 허가가 나지 않는 경우나 비상사태 때, 공공의 이익을 위한 비영리 목적의 경우에 승인 없이 특허기술을 쓰는 개념)을 도입한 것이다. 공공의 이익을 내세운 이 조처는 약값을 70% 가까이 떨어뜨려 지금보다 훨씬 많은 국민에게 건강을 가져다줄 것으로 기대된다.

타이 정부의 정책은 의약품 자유무역에 희망을 불어넣고 처방약 연구 재원에 대한 새로운 접근법을 제시한다. 공중보건과 경제 성장에 관심 있는 이들의 지지를 받을 만한 아주 중요한 본보기다. 모든 나라가 이를 따른다면, 특허료로 신약 연구 재원을 마련한다는 낡은 시스템은 제조법을 공개해 연구를 촉진하는 오픈소스 방식으로 바뀔 수 있다.

그간 소비자들은 특허 독점을 휘두르는 제약사들 때문에 건강과 생명에 필수적인 약을 비싸게 살 수밖에 없었다. 하지만 특허권 보호가 없으면 사실상 모든 약품 가격을 낮출 수 있다. 타이 제약업체들한테 주어진 강제실시권에 따라 복제약 제조업체들은 특허권자에게 판매가의 5%만 주면 된다.

미국과 유럽 제약업계는 격노하고 있다. 다른 나라들까지 타이를 따르면 자신들의 이익률이 크게 떨어질 것이기 때문이다. 이윤 감소가 결국 신약 개발 능력을 떨어뜨릴 것이라는 게 미국과 유럽 제약업계의 주장이다. 물론 미국을 비롯한 모든 나라가 타이 모델을 채택하면 현재의 연구 시스템 지속이 불가능할 수 있다. 미국 터프츠대의 조사 결과를 보면, 신약 연구비는 매년 7% 이상 늘고 있다.

복제약 제조사들은 기존 약품 기능을 본뜬 제품을 개발하는 데 막대한 돈을 쓴다. 제약업계 집계로는 70% 가까운 연구비가 복제약 개발에 들어간다. 획기적인 신약 개발과 기존 약품 개선은 뒷전일 수밖에 없다.

특허 독점을 추구하지 않더라도 연구비를 조달할 방법은 있다. 미국 정부는 생물의학 연구에 연간 300억 달러를 투입한다. 미국 제약사들은 자신들이 연간 400억 달러의 연구개발비를 쓴다고 주장한다. 각국 정부는 세약업세가 대지 못하는 비용을 메울 수 있다. 공적 자금으로 연구가 진행되면 특허는 공공재가 될 테고, 신약은 쉽게 복제·판매될 수 있다. 이에 따른 소비자 혜택은 연간 3000억 달러로 추산된다. 비싼 약값 탓에 생명과 직결되는 약을 못 구하는 사람은 크게 줄 것이다

(한겨레신문, 2007.03.27).

*기고자: Dean Baker, Co-director of the Center for Economic and Policy Research

Chapter 02

행정의 의의

제 1 절 행정의 개념

행정(public administration, Verwaltung)의 개념은 논자의 관점에 따라 다양하게 정의된다.

행정(administration)이라는 말은 관리(management)라는 용어와 의미가 유사해서 일반적으로 혼용되기도 하나, 관리자(manager)가 행정관(administrator)과 다른 역할을 수행한다는 차원에서 의미론적으로 양자를 구분해 사용하는 학자들도 있다. 라틴어 minor와 ministrare에 뿌리를 둔 administration은 '봉사하다(to serve)'는 의미와 '통치하다(to govern)'는 의미를 지닌다. 이에 반해 라틴어 manus(hand)에 어원을 둔 management는 '손으로 통제하다(to control by hand)'는 뜻을 지닌다.

휴즈(Hughes, 2003: 6)와 같은 신공공관리론의 주창자들은 행정(administration)보다는 관리(management)라는 용어가 훨씬 더 포괄적이라고 주장하면서, 공공행정(public administration)이라는 용어가 공공관리(public management)로 바뀐 것은 단순한 용어의 변화가 아니라 이론적 · 기능적으로 큰 변화가 이뤄진 것을 의미한다고 주장한다. 그는 행정은 본질적으로 단순한 '지침의 수행(following instructions)'과 관련이 있는데 반해, 관리는 '결과의 성취'와 '결과 성취에서의 관리자의 개인적 책임'과 연관돼 있다고 주장한다. 그는 나아가 공공행정은 공중(public)에 봉사하고 의회 등 다른 곳에서 만들어진 정책을 집행하는 활동으로, 지침을 단순히 따르고, 절차를 중시하며, 정책을 집행하고 사무관리를 하는 일 등에 주된 관심을 갖는다고 주장한다. 그에 반해 관리는 조직 목표 성취에 최고의 능률성 확보와, 결과에 대한 전적인 책임(genuine responsibility for results)과 연관돼 있다고 주장한다.

한편 호지킨슨(Hodgkinson, 1978: 4-5)과 같은 학자들은 administration과 management의 의미를 전혀 다르게 정의해 사용하고 있다. 그는 administration은 조직의 상위계층에서 수행하는 일로 가치(value), 정책의 형성(policy), 전략(strategy)과 관련돼 있는데 반해, management는 조직의 하위계층에서 수행하는 일로 사실(fact), 정책의 집행(execution), 전술(tactics)과 관련된 개념이라고 주장한다. 여기서 우리는 휴즈(Owen E. Hughes)가 초기의 행정관리론자와 같이 행정을 단순한 '지침의 수행(following instructions)'으로 정의하고 있는데 반해, 호지킨슨(Christopher Hodgkinson)은 행정을 정책 형성과 관련된 포괄적 의미로 폭넓게 해석하고 있음을 확인할 수 있다.

국내 학계에서는 administration이라는 용어를 그냥 '행정'으로 번역해서 사용하기도 하나, 공행정(public administration)과 사행정(private administration) 혹은 경영(business administration)으로 굳이 구분해서 사용하는 학자들도 있다. 구미 학계에서는 19세기 후반의 과학적 관리(scientific management) 운동에서부터 오늘날의 신공공관리론(New Public Management: NPM)에 이르기까지 공공 영역에서조차 management라는 용어가 administration보다 더 선호되는 경향이 있다.

행정의 개념은 조직 일반에서 이뤄지는 관리활동(management)에 초점을 맞춰 정의되는가 하면, 정부관료제를 중심으로 이뤄지는 활동에 초점을 두어 정의되기도 한다. 조직 일반에서 이뤄지는 관리활동에 초점을 둘 경우, 행정은 "고도의 합리성을 수반한 협동적 인간 노력의 한 형태"로 정의될 수 있다. 이때 행정은 공공기관은 물론, 기업체, 학교, 종교단체 등 여러 형태의 다양한 조직에서 찾아볼 수 있다. 학교행정, 군대행정, 목회행정, 인사행정, 재무행정 등의 용례에서 찾아볼 수 있는 행정의 개념이 관리활동으로서의 행정을 의미한다.

행정의 개념이 "정부관료제를 중심으로 이뤄지는 활동"으로 정의될 때도 그 구체적 의미는 논자에 따라 다양하게 규정된다. 이 경우에도 행정이 "국가 목적을 실현하기 위한 사람과 물자의 관리"(White, 1926)로 규정되기도 하며, 정책 결정과 집행에 초점을 두어 "행정은 공공정책의 집행을 위해 공동 노력을 조정하는 것"(Pfiffner & Presthus, 1955: 5)으로 정의되는가 하면, 한국의 박동서(1998)는 행정을 "정치권력을 배경으로 공공정책 형성 및 구체화를 이룩하는 행정조직의 집단행동"으로 규정한다.

최근의 행정 개념은 공공문제의 해결과 이를 위한 정부 외의 공사조직들의 연결망을 강조하는 경향이 있다. 이러한 행정 개념은 '거버넌스(governance)로서의 행정' 개념을 의미한다. 거버넌스 개념에서는 정부의 일과 민간의 일이 엄격하게 구분되는 것으로 보지 않고, 공공(public)이라는 개념을 통해 양자 모두를 포함하려고 한다(정용덕, 2002).

이러한 여러 학자의 관점을 포용해 이 책에서는 행정의 개념을 "행정은 공익을 증진시키고 공공문제를 해결하기 위해 공공정책을 형성하고 집행하는 공공부문의 활동"으로 정의하고자 한다. 행정의 이와 같은 정의 속에는 다음과 같은 속성 개념이 들어 있다.

첫째, 행정은 공익을 증진시키고 공공문제를 해결하기 위한 활동이다. 국가안보와 치안 질서를 유지하고, 시장의 공정거래 질서를 유지시키며, 환경오염을 감시하고, 도로・항만의 건설과 같은 사회간접자본을 확충하며, 각종 복지정책을 펴는 정부의 여러 활동은 공익을 보호・증진하고 공공문제를 해결하기 위한 데 근본 목적이 있다. 이와 같은 의미에서 공직자의 공적 책무(public obligation)는 기본적으로 공익을 수호・증진하는 데 있다고 할 것이다.

둘째, 행정은 공공정책을 형성하고 집행하는 활동이다. 행정학의 발달 과정을 보면, 19세기 말 정치행정이원론(politics－administration dichotomy)에서는 '정책의 집행' 기능에 초점을 두어 행정의 개념이 '관리(管理, administration)활동'으로 정의됐으나(行政管理說), 1930년대 이후에는 정책의 집행뿐만 아니라 형성 기능까지 포괄하는 것으로 개념화되고 있다.

행정의 정책 형성 기능 속에는 각 부처의 구체적인 정책 입안 활동뿐만 아니라, 의회에서 제정될 법률안의 초안을 작성하고 각종 시행령과 규칙, 규정을 만드는 활동이 포함된다. 1930년대 이후 대두된 정치기능설(政治機能說)에서는 정치행정일원론의 입장에서, 행정을 정책 집행뿐만 아니라 정책 형성 기능까지를 함께 수행하는 통치 과정의 일부로 보고 있다.

셋째, 행정은 공공부문에서 이뤄지는 활동이다. 국가사회는 공공부문과 민간부문으로 크게 나눌 수 있는데, 행정은 공공부문에서 공공재와 공공서비스를 생산해 소비자로서의 국민에게 제공하는 일을 주로 수행한다. 이러한 공공부문에는 정부부처 등 정부부문과, 정부산하기관 · 공기업 등 준정부부문이 포함된다. 행정의 개념을 좁게 정의할 경우 정부부문의 활동에만 국한할 수도 있을 것이나, 민관 공동생산(co-production) 등의 형태로 민간부문도 공공서비스 생산에 참여한다는 관점에서, 최근에는 공공부문과 민간부문의 영역을 엄격하게 구분하지 않는 뉴거버넌스의 개념이 강조되기도 한다.

제 2 절 행정의 기능

행정의 기능은 거시적 관점과 미시적 관점으로 나눠 논의할 수 있다. 여기서 거시적 관점이란 대외적 환경과의 관계를 말하며, 미시적 관점이란 대내적 관리 기능에 초점을 둔 관점이라 하겠다.

거시적 관점에서 본 행정의 기능은 제1장에서 살펴본 '정부의 기능'이 곧 '행정의 기능'이라 하겠다. 다시 말하면, 정부의 기능을 국방 및 외교 기능, 법과 질서 유지 기능, 경제적 기능, 사회적 기능, 교육 · 문화적 기능으로 나눠 볼 수 있는 바, 이러한 정부의 기능이 곧 거시적 관점에서 본 행정의 기능이라 하겠다.

미시적 관점에서 본 행정의 기능은 관리주의(managerialism)로 축소 · 환원된 행정의 기능을 말한다. 19세기 말 미국에서 현대 행정학이 정치학과의 경계를 획정하면서 행정학의 기본틀은 이러한 미시적 관점에 초점을 둔 대내적 관리(management)로 그 영역을 한정했다. 관리주의로 환원된 행정은 인사, 조직, 예산 등 사업 수행의 각 영역에서 어떻게 하면 최고의 능률성을 확보할 수 있는지에 주된 관심을 기울인다. 그러나 행정조직 내부의 관리만을 주된 연구 대상으로 삼아온 전통 행정학의 관점은 행정 기능이 정책의 집행뿐만 아니라 정책 결정 기능까지 포괄하는 것으로 인식하는 정치행정일원론 이후 그 적실성을 상실한 것으로 봐야 한다.

행정의 기능은 또한 활동 과정의 성질에 의해 규제 기능, 조장 및 지원 기능, 중재 및 조정 기능으로 나눠 볼 수 있다.

규제 기능은 공익을 수호·증진하기 위해 정부가 개인 및 집단의 사회적·경제적 행위를 제한하거나 금지하는 기능을 말한다. 환경오염과 관련된 규제, 독과점 규제, 공공요금 규제, 기업활동 규제 등이 여기에 속한다. 규제 기능은 정부의 가장 기본적인 기능 가운데 하나다. 가장 넓은 의미의 규제 기능은 정부의 모든 활동을 그 속에 포함시킬 수 있다. 정부규제를 "정부가 편익이나 제재를 부과하는 모든 활동", 또는 "사기업의 경영이나 일반 국민들의 생활에 무엇인가 영향을 미치는 정부의 활동"이라고 정의하는 경우(Dubnick, 1979)가 여기에 해당된다. 그러나 정부규제를 좁은 의미로 정의할 경우에는 정부활동 가운데 특정 유형의 것만을 정부규제로 규정한다. 예를 들어 베른슈타인(Eduard Bernstein)은, 비록 경제적 규제에 한정된 것이지만 정부규제를, (1) 시장체제의 효과성을 증진시키기 위한 '경쟁 촉진 프로그램', (2) 경쟁 원리가 성립하지 않는 '공익사업 프로그램', (3) 금융기관과 일반 국민들 사이의 기본적인 신용 관계를 유지시키기 위한 '화폐금융 프로그램', (4) 경제집단 간의 이해관계의 균형을 유지시키기 위한 '균형 프로그램' 등으로 규정하고 있다(Bernstein, 1961: 329-346; 정용덕, 2002: 1005).

정부의 규제활동은 경제적 규제(economic regulation)와 사회적 규제(social regulation)로 나눠 볼 수 있다. 경제적 규제는 독점의 금지와 경쟁의 유지, 공정한 거래 질서의 확보, 시장의 안정성 확보, 형평성에 대한 배려, 포획행위(capture)[1)]와 지

1) 포획행위는 국민 일반을 특정 산업 또는 이익집단의 부당행위로부터 보호하기 위해 설치된 정부

대추구(rent seeking)[2]의 방지 등을 위해 정부가 경제활동 주체들의 구체적 행위를 금지하는 기능을 말한다. 시장에 대한 정부 개입의 범위는 20세기 들어 크게 확대돼 왔다.

사회적 규제는 사회구성원의 삶의 질(quality of life) 향상을 위해 정부가 개인 및 기업의 사회적 행동을 규제하는 것을 말한다. 즉 환경오염, 근로자의 보건 및 안전에 대한 위협, 소비자 권익의 침해 등 사회적 영향을 야기하는 기업의 사회적 행동(social conduct)에 대한 규제를 특히 사회적 규제라 한다. 20세기 들어 특히 정부의 사회적 규제 기능이 확대되면서 큰 정부, 적극적 정부가 보편화됐다.

이와 같은 정부규제 기능의 확대에 대해 시장주의자들은 규제기관과 규제관료들이 공익보다는 사적 이익의 추구를 위해 규제를 과다하게 하는 경향이 있다고 하면서, 정부규제를 극소화해 시장 기능에 맡길 것을 주장한다.

정부의 지원 및 조장 기능은 특정 분야의 사업이나 활동을 정부가 적극적으로 지원하고 조장하는 기능을 말한다. 예를 들어 수출기업에 대해 재정·금융 지원을 제공하고, 오염물질 정화장치를 가동하는 업체에 대해 재정·금융 지원은 물론 기술지원을 제공하는 정부의 활동이 여기에 속한다. 정부의 이러한 지원 및 조장 기능은 개발연대 동안 우리나라의 경제 개발을 추진하는 과정에서 중요한 역할을 수행했다.

정부의 중재 및 조정 기능은 사회 내의 이해당사자 간에 분쟁이 발생했을 때, 정부가 그 이해관계를 조정하고 양측의 합의를 이끌어 내어 중재하는 기능을 말한다. 예를 들어 노사분규가 발생했을 때 정부가 쟁의를 중재하거나, 의약분업 과정에서 의사집단과 약사집단의 이해 갈등을 조정하고, 환경 분쟁에서 당사자들의 이해 갈등을 조정하는 경우가 여기에 해당된다. 이러한 중재 및 조정 기능은 민주화가 진행되는 과정에서 각종 이익집단의 이익 표출이 심해질 때 특히 요구되는 기능이다(이종수 외, 2008: 48).

기관이 오히려 이들의 포로가 돼 특정 산업 또는 이익집단의 이익을 옹호하는 도구로 기능하는 현상을 말한다.

2) 특정 경제 주체가 면허 취득 등을 통해 독과점적 지위를 얻게 되면 아무런 노력 없이 많은 이익, 즉 지대와 같은 초과소득을 얻을 수 있다. 각 경제 주체들이 이와 같은 지대를 얻기 위해 정부를 상대로 경쟁을 벌이는 행위를 지대추구행위라 한다.

생각해 보기

행정의 기능에 초점을 두어 '관료 주도 체제'의 효용과 한계를 생각해 봅시다.

일본의 관료주의에 첫 메스 댄 하토야마 정권

54년 만에 집권한 일본 민주당의 하토야마 유키오(鳩山由紀夫) 정권은 여러 분야에서 개혁을 단행하고 있다. …… 일본 민주당이 최우선 과제로 '관료주의(官僚主義)' 개혁에 나선 것이 외신을 통해 전해지고 있어 우리도 주목할 필요가 있다. 이른바 '일본병'의 주요인인 '가스미가세키(霞が関: 일본 도쿄의 관청 밀집지역) 권력'에 첫 메스를 들이댄 것이다. 압도적인 국민의 지지로 정권을 탈환한 민주당의 서슬 퍼런 자세로 혁명적인 개혁에 나서자, 관가도 일단 머리를 숙였다. ……(중략)

우리처럼 일본의 엘리트주의의 산실인 관가는 과거 개발우선 시대에는 산업화의 1등 공신이었다. '비대 관료화된' 권력으로 오히려 국가 발전을 가로막아 왔다는 비판이 비등했다. 장관은 총리가 임명하는 정치인 몫이나 실제 모든 권력은 관료 출신 차관들이 쥐고 흔들어, 사실상 장관의 역할이 유명무실할 정도다. 행정 관료가 국가정책 결정을 좌지우지함으로써 민의의 수렴과 반영이 제대로 될 수 없었다.

세계적 미래학자인 토플러(Alvin Toffler)는 저서인 『부의 미래』에서 '관료주의 시스템의 붕괴'를 예견했다. 대기업은 시속 100마일, 정부는 30마일, 교육은 20마일이라 새로운 부의 창출을 가로막는다고 지적했다. 공공기관이 갈수록 다양화·전문화하는 시대 흐름에 역행, 그 어느 부문보다도 효율성이 떨어진다. 관료제가 지배하는 국가와 관청은 법규만능·비밀주의·획일주의·창의 결여·독선주의·권위주의 등 관료주의 특색이 나타나게 마련이다.

관료주의는 출발부터 '관존민비' 사상이 그 바탕에 깔려 있었다. 관리는 높고, 귀하며 백성은 낮고 천하다는 사고방식이다. 권위주의는 어떤 일을 처리할 때 권위에 의지, 군림하려는 자세다. 직접 집행이 불가피한 것도 가능한 한 정책 결정과 집행 업무를 분리하는 방안을 강구해야 한다. 중앙행정기관보다는 지방행정기관에서 처리하는 지방분권이 꼭 시행돼야 한다.

관료제 패러다임, 적합하지 않아

우리는 반세기 만에 압축 성장과 압축민주화를 하다 보니 곳곳에서 소화불량증 같은 현상이 나타났다. 세계화, 정보화 시대에 관료제 패러다임은 더 이상 적합하지 않다. 정부 업무도 반드시 정부가 관료제 조직을 통해 집행까지 직접 수행하던 방식을 지양, 기업이나 비영리기구 등 민간조직을 활용, 집행을 대행시키는 방식이 좋다. 여기서 중요한 것은 시장경쟁 원리가 적용되도록 하는 것이다. 관료사회가 쇄신되지 않는 한 개혁은 어렵다.

(경남일보, 2009.10.02)

일본 관료제도의 양면을 만들어 낸 인물 오오쿠보 도시미치

Prologue: 일본 관료의 특징들

관료제도와 그것이 만들어 내는 관료의 의식 상태는 한 국가의 제도와 문화에 많은 영향을 끼친다. 일본 관료의 경우 강한 엘리트 의식과 책임감이 있다. "우리가 주도하지 않으면 일본은 잘 될 수 없다"는 식의 생각은 긍정과 부정의 양면성을 갖는다.

일본인들은 무슨 사건이 일어나면 '관공서는 무엇을 하고 있었는가', 혹은 '공무원이 더 자주 감독하지 않으면 안 된다'라는 이야기를 한다. 이는 한편으로는 매우 긍정적이다. 그들의 사회적 책임과 역할에 대한 정당한 의미 부여이고 또한 공무원 스스로 그것을 당연하게 받아들인다. ……(중략)

보호받는 일본의 공급자들

또 하나 살펴봐야 할 것은 관료기구의 역사와 기능이다. 일본 관청의 상당수는 각 분야의 인재나 기업을 기르는 근대 기능 육성기관을 자임해 왔다. 그것도 단지 육성하는 것만이 아니라고 각 분야마다 협조체제를 만들어 내 규격 기준을 철저히 가르치려는 의욕과 권력에 대한 불타는 지향도 함께 가지고 있었다.

이러한 체제는 한편으로 관공서의 각종 규제로 인해 신규 시장 진입자들이 저지당하게 되고, 경쟁으로부터 업계의 이익을 지켜주는 꼴이 된다. 당연히 규제 완화를 하려고 하면 모든 사업자가 일제히 이를 반대하게 되는 것이다.

관료들이 특히 강하게 주도했던 분야는 교육, 의료, 건설, 운수, 통신 등이다. 이 분야들은 외국과의 경쟁에 노출된 위험이 거의 적다. 그러니 관공서와 사업자의 합의 하에 얼마든지 고비용구조를 유지할 수 있다는 이야기다.

또한 자동차, 전기 등의 제조업도 비록 국제 경쟁이 격화되는 상태였지만 유통의 규제로 인해 상당한 혜택을 받아온 것이 사실이다. 결국 그간 일본은 '소비자보다 공급자를 우선시하는' 제도가 이어져 왔고 이는 메이지(明治) 시대에 만들어진 공급자 우선의 관료제도 때문이라고 할 수 있다. 물론 이는 당시 오쿠보 도시미치(大久保利通)가 만들어 낸 관료 시스템이 그 핵심이라고 할 수 있겠다.

서른, 비상이 시작되다

오쿠보 도시미치는 에도(江戶) 말기인 1830년에 현 가고시마(鹿兒島)현에서 부사 출신의 집안에서 태어났다. …… 그는 에도막부 시절 회계를 담당하면서 관료 세계에 뛰어 들었고 개혁에도 열심이었다. 그 후 메이지(明治) 정부가 들어서고 신정부가 생기면서 그는 1871년 드디어 재무대신이 될 수 있었다.

오쿠보의 재기 발랄한 국가 건설 계획

그가 메이지 시대에 원했던 것은 외국에 침략당하지 않고 업신여김도 당하지 않기 위해서 일본의 산업을 일으키고 나라 경제를 활성화하는 것이었다. 하지만 어떤 방식으로 일본을 발전시킬 것인가는 고민일 수밖에 없었다. 에도막부 말기 당시 외국의 함선이 일본에 들어오면서 드디어 외국과의 소통의 길이 열렸다.

하지만 대부분의 정보는 영국으로부터 시작되어 네덜란드를 경유해서 들어오는 것들이었다. 소통은 있었지만 어느 정도의 한계가 있었다는 이야기다.

그러던 중에 유럽에 가게 된 오쿠보는 패기에 불타는 신흥 제국인 독일을 볼 수 있었다. 당시 독일은 영국의 근대화에 대해 잘 아는 엘리트 관료와 대학교수를 모아 규격을 정하고 지도를 하면서 산업화를 주도했다. 이른바 '관료 주도형 계몽주의'가 독일제국의 기본이 되고 있었던 것이다. 오쿠보는 이를 목도하고는 '바로 이것이다'라고 무릎을 쳤다.

이런 식으로 서서히 형성되기 시작한 메이지의 관료제도에 의해 '관료는 아는 것이 많고 훌륭하다'는 인식이 퍼지는 것과 동시에 관료들 사이에서는 '국민은 무지하다. 그러니 우리가 보호해 주지 않으면 안 된다'라는 생각이 싹텄다. 관료는 기술을 가르쳐 주고 민간인은 그 손발이 되면 좋다는 것이다. 따라서 제품의 종류나 규격, 시설의 기준, 노동시간이나 고용제도 등 모든 것은 공무원이 결정하게 된다.

이렇게 일으켜진 근대 산업은 이제 하나의 시스템을 이루기 시작했다. 주민들이 악랄한 상인으로부터 착취당하지 않도록 관료나 부·현지사가 설치되고 범죄를 단속하기 위해 사법경찰이 생겼다. 일본이 근대 공업국가로 탈바꿈하는 순간이자 근대적인 행정체제를 갖춘 국가로 변하는 시기였다.

나 아니면 안 될 텐데……

그런데 오쿠보가 채용한 독일형 관료제도는 많은 이점과 함께 중대한 결함도 함께 가지고 있었다.

관료를 통제할 수 있는 거물 정치인이 사라지면 제각각 자기 주장만을 하기 시작했기 때문이다. 문부성은 교육만을 생각하고 통산성은 산업 육성만을 생각한다. 농림수산성, 건설성, 후생성, 모두 자신의 업계만을 생각해 상호 조정을 할 수 없는 상황이 생긴 것이다.

특히 관료들은 누구보다 일을 열심히 했기에 그들의 열정을 막는 것도 쉽지 않았다. 또한 관료들의 자부심은 하나의 폐해가 되기도 했다. '내가 하지 않으면 안 된다', '민간에게는 맡길 수 없다'라는 의식은 자신들의 권한을 늘리게 하고 규제를 강화하게 된다.

그뿐만 아니라 관료들은 늘 극단적인 소수의 예를 통해 규제를 하기 때문에 일반적인 편리는 사라지고 효율이 높아지지 않는다. 국민들에게는 자꾸만 세상이 불편하고 불쾌하게 느껴지는 것이다.

오쿠보 도시미치는 일본의 관료제도의 기초를 쌓아 전반적인 산업 발전에 큰 기여를 했다. 그러나 지금의 일본인들이 불편해하는 많은 것이 그의 시대에 만들어진 것도 사실이다. 규제가 많으니 선택의 자유가 없는 것이다.

'국가는 부유해져도 개인은 행복해질 수 없는 일본'을 만든 것이 또한 그이기도 하다. 오늘날 일본의 좋은 점에서도, 혹은 나쁜 점에서도 오쿠보는 그 중심에 위치하고 있다고 할 수 있다. (http://innippon.net 2009/08/26에서 발췌한 것임).

제 3 절 정치와 행정

1. 정치와 행정의 관계

프랑스혁명 이후 서구에서는 행정에 대한 정치적 통제의 원칙이 확립돼 왔다. 즉, 왕권으로 상징되는 행정의 영역을 국민의 대표로 구성되는 정치의 영역이 통제함으로써 민주주의라는 정치적 가치를 구현하고자 한 것이다.

이러한 원칙은 19세기 말 미국 행정학의 건학자들에 의해 더욱 정교하게 개념화됐다. 이들은 정치의 영역에서는 국민의 의사를 수렴해 정책을 결정하고 행정은 정책을 단순히 집행하는 것으로 인식했다. 이른바 정치행정이원론으로 불리는 정치·행정 분립모형(politics－administration dichotomy model)에서 가정하는 정치·행정의 관계다. 그러나 1930년대 들어 가우스(John M. Gaus), 화이트(Leonard D. White), 디목(Marshall E. Dimock), 애플비(Paul H. Appleby) 등은 현실 속의 행정은 정책결정 기능도 수행한다는 논거에서 정치와 행정은 하나라는 정치행정일원론을 제기했다. 한편 1960년대의 발전행정론자들은 기존의 정치우위론과 대비되는 행정우위론의 입장에서 새 일원론을 제기했다.

정치와 행정의 관계는 그것을 보는 관점이 정치행정이원론에서 정치행정일원론으로 바뀌어 왔듯이, 그 접점에서 서로의 영역을 확장하기 위한 끊임없는 갈등을 지속해 왔다. 행정관들은 자율의 영역을 확장, 끝없는 제국건설(empire－building)을 시도하는가 하면, 정치가들은 '관료제에 대한 전쟁(warfare)'을 선포하고 '포토맥 강을 학살된 관료들의 피로 붉게 물들이겠다'는 의지를 공공연히게 표명하는 등 직업공무원에 대한 통제의 확대를 지속적으로 추구해 왔다.

정치·행정 관계에 관한 논의의 초점은 정부의 대응성과 능률성을 어떻게 균형화시킬 것인가에 놓여 있다. 민주주의 체제는 대응성 확보를 위해 관료제가 국민으로부터 직접 권력을 부여받은 정치권력의 통제를 받도록 조직화됐다. 전통적인 베버－윌슨식 행정관(行政觀)은 행정의 능률성 확보를 위해 관료제의 자율성과 정치적 중립 그리고 신분 보장을 확보해 줄 것을 처방한다. 그러나 행정이 능률성만을 지나치게 추구할 경우 대응성의 가치가 희생될 우려가 있으며, 다른 한편 행정에 대한 정치적 통제의 강화는 행정의 안정성과 능률성을 희생시킬 우려가 있다. 오늘날의 대의정부(representative government) 체제의 핵심적 딜레마 가운데 하나는 유권자로부터 직접 권력을 부여받지 않았으나 행정권력을 행사하는 임명직 관료들에게 어느 정도의 자율성을 부여하고 어떻게 책임성과 대응성을 확보하느냐 하는 문제라고 할 수 있다.

2. 정치 · 행정 관계의 이론 모형

정치와 행정의 관계에 관한 이론 모형 가운데 체계적으로 정리된 것은 별로 많지 않다. 정치 · 행정 관계의 이론 모형으로는 정치 · 행정이원론으로 알려진 '정치 · 행정 분립모형'과 정치 · 행정일원론에 해당된다고 볼 수 있는 스바라(Svara, 1999: 676–680)의 '정치 · 행정 상보모형(politics–administration complementarity model)'을 들 수 있다. 그에 의하면, 윌슨(Thomas W. Wilson) 이후의 초창기 문헌에서부터 나타나고 있는 상보모형은 정치와 행정의 역할 구분의 필요성을 인정한 바탕 위에 행정관과 선출직 공무원 사이의 상호의존성, 상호 영향, 그리고 광범한 상호 작용을 강조한다.

다음에서는 스바라(Svara, 2006)가 제시한 '정치 · 행정 관계 모형'과 아버바크와 퍼트남 그리고 로크만(Averbach, Putnam, & Rockman, 1981)이 제시한 '관료 · 정치인 이미지 유형'을 살펴보고자 한다(이종수, 2009a).

1) 스바라의 '정치 · 행정 관계 모형'

스바라(Svara, 2006)는 '선출직 공무원의 행정관료에 대한 통제 수준'을 세로축으로 삼고 '선출직 공무원과 행정관료 사이의 역할 분화 정도 및 거리'를 가로축으로 삼아, 정치 · 행정의 관계를 '역할 분리(separate roles) 모형', '자율적 관료(autonomous administrator) 모형', '대응적 관료(responsive administrator) 모형', '중첩 역할(over

표 2-1 스바라의 정치·행정 관계 유형론

		선출직 공무원과 관료 간의 거리 및 분화 정도	
		아주 높음	아주 낮음
관료에 대한 선출직 공무원의 통제 정도	아주 높음	소외된 관료	조작된 관료
		역할 분리 모형	대응적 관료 모형
	아주 낮음	지율적 관료 모형	중첩 역할
		관료정권	정치화된 관료

자료: Svara(2006: 956).

lapping roles) 모형'의 네 가지로 범주화한 '정치·행정 관계 모형'을 <표 2-1>과 같이 제시한다.

이들 네 모형의 특징은 다음과 같다(Svara, 2006; 이종수, 2009a에서 재인용).

첫째, '역할 분리 모형'은 행정관의 정치인에 대한 분명한 복속과, 역할 및 규범의 분리를 특징으로 한다. 이러한 '역할 분리 모형'은 앞서 살펴본 '정치·행정 분립모형'에 상응하는 유형이라고 할 수 있다.

둘째, '자율적 관료 모형'은 행정관의 영향력이 정치인보다 더 크거나 동일한 관계 모형을 말한다. 이 모형에서 행정관은 정책적 역할에 관여하나, 정치인은 행정적 역할로부터 분리돼 있다.

셋째, '대응적 관료 모형'은 행정관의 정치인에 대한 복속과 행정규범에 대한 정치적 규범의 지배를 특징으로 한다. 이 모형에서는 또한 정책 결정 과정에서 정치의 행정에 대한 침투가 이뤄지고 행정관이 정치적 규범을 채택하게 된다.

넷째, '중첩 역할 모형'은 선출직 공무원과 행정관 사이의 상호 영향력 행사와 역할 공유를 특징으로 한다. 이 모형에서는 분립 규범이 유지된다고 볼 수 있다.

<표 2-1>에서 각 모형의 극단적 형태는 또한 각각 '소외된 관료(isolated administrators)', '관료지배 체제(bureaucratic regime)', '조작된 관료(manipulated administrators)', '정치화된 관료(politicized administrators)'의 형태로 나타난다.

2) 아버바크 외의 관료 · 정치인 이미지 유형

아버바크 외(Aberbach, et al., 1981: 1-17)는 서구 민주국가에서의 관료와 정치인의 관계 유형을 네 가지 이미지로 범주화했다. '이미지 I'은 '정책/행정(policy/administration) 모형'으로 본질적으로 분립 모형(dichotomy model)이다. 즉, 정치인은 정책을 결정하고 관료는 그 정책을 단순히 집행하는 전통적 모형을 말한다. '이미지 Ⅱ'는 '사실/이익(facts/interests) 모형'으로 이 모형에서 정치인은 이익을 표출하고, 관료는 중립적 전문가로서 사실에 관한 지식을 제공한다. '이미지 Ⅲ'은 '에너지/균형(energy/equilibrium) 모형'으로 이 모형에서 정치인과 관료는 다 같이 정책 형성과 정치에 관여하지만, 정치가는 변혁의 의지로 에너지를 주고, 공무원은 정책의 안정성과 균형을 유지하는 역할을 수행한다. '이미지 IV'는 '순수 혼성(pure hybrid) 모형'으로, 이 모형에서는 관료의 정치화와 정치의 관료제화가 이뤄져 정치인과 관료의 역할이 상호 접근해 수렴된다.

정치와 행정을 엄격히 분리하는 '이미지 Ⅰ'의 모형은 유럽과 미국에서 각기 발전해 왔다. '이미지 Ⅱ' 속에서 정치인과 관료는 함께 정책 형성에 관여하는 것으로 가정된다. 그러나 그들의 역할은 분명하게 구분되는데, 관료는 중립적 전문가로서 사실과 지식을 가져오고 정치인은 이해관계와 가치에 관여한다. '이미지 Ⅲ'에서도 관료와 정치인은 둘 다 정책 형성 및 정치에 관여한다. 다만 정치인은 조직화되지 않은 개인들의 광범하게 흩어진 이익을 표출하는 데 반해 관료들은 조직화된 고객집단의 좁게 집중된 이익을 중개한다는 점에서 양자가 뚜렷이 구분된다. '이미지 IV'는 앞서 살펴본 세 이미지보다 정치인과 관료의 역할 중첩 정도가 더 두텁고 개념의 지적 기원(intellectual origins)이 더 최근의 것이라고 할 수 있다. 오늘날의 정치체제에서 정치인과 관료는 정책 형성 과정에서 더욱 긴밀하게 협동하고 상호 침투하는 혼합형의 관계를 형성한다. 결국 앞의 세 이미지는 점진적으로 '이미지 Ⅳ'를 향해 전진해 왔다고 할 수 있다.

각 이미지의 역사적 발전 과정을 보면, 가장 경직된 분립 모형인 '이미지 Ⅰ'은 19세기 후반에 등장했다. 관료의 정책 형성 역할을 어느 정도 인정하는 '이미지 Ⅱ'는 거칠게 말해 20세기 전반기의, 그리고 관료들에게 더 많은 '정치적' 역할을 양여하는 '이미지 Ⅲ'은 20세기 후반 수십 년간의 문헌에서 추출된 것이라고 할 수 있다. '순수 혼성 모형'인 '이미지 Ⅳ'는 정치인과 관료 간의 베버식 구분(Weberian distinction)이 사실상 사라진 20세기의 마지막 25년에 등장한 것으로 볼 수 있다.

3. 정치 · 행정 관계의 주요 이슈

정치와 행정의 관계와 관련해서는 다양한 이슈가 제기되고 있다. 정치우월성의 원칙과 관료제 통제 수단의 제도화 문제, 당파적 중립과 정책적 중립 등 중립성의 문제, 공무원 인사에 대한 정치의 관여 범위의 문제, 공무원의 신분 보장, 그리고 관료제와 민주주의의 딜레마 등이 그것이다. 그러나 이러한 쟁점들은 상호 분리된 것이라기보다는 서로 긴밀하게 연관돼 있는 쟁점들이라고 하겠다.

1) 관료제에 대한 정치적 통제 원칙의 제고

관료제에 대한 정치우월성의 원칙은 오늘날 대부분의 민주국가에서 보편적으로 받아들여지고 있는 원칙 가운데 하나다. 이러한 원칙은 1688년 명예혁명 이후 서구 사회에서 확립돼 온 원칙이다. 다시 말하면, 왕권으로 상징되는 '행정권'을 국왕으로부터 탈취해 국민 대표로 구성된 정치체로서의 의회 또는 대통령의 통제 아래 둬야 한다는 원칙이 확립된 것이다. 문제는 미국에서 최초로 고안된 대통령제에서의 '대통령'의 지위가 구체제(ancient regime)의 '국왕' 지위에 비유된 데서 여러 혼란이 초래된 것으로 볼 수 있다.

그러나 민주적 정치제도가 확고하게 정립된 오늘날 '행정에 대한 정치 통제의 원칙'은 근본적으로 재검토되고 재정립돼야 할 것이다. 특히 대의정부(representative government) 체제에서 유효했던 '정치 통제'의 원칙은 직접민주적 방식이 확산되고 있는 오늘날 '국민 통제'의 원칙으로 바뀌어야 할 것이다. 그것이 국민의 직접적인 통제가 됐건 시민단체에 의한 통제가 됐건, 행정의 실제에서 행정관은 한편에서는 정치적 지도자와 연계돼 있으며, 다른 한편에서는 공중(public)과 연결돼 있다.

실적제(merit system) 정착 이후 안정적으로 확립된 오늘날의 전문적인 관료체제를 단기적이고 무책임하며 불안정한 정치체제 아래 둬야 한다는 원칙은 결코 '합리적'이라 할 수 없다. 특히 관료체제를, 포퓰리즘 성향을 띠는 정치권력의 전적인 통제 아래 두는 것은 복지행정 수요 증대 공약을 통해 '재정의 장기적 안정성'을 크게 해치게 된다는 점에서 재고해야 할 것이다.

2) 정치적 중립과 정책적 중립

공무원의 정치적 중립 교의는 어느 정당이 집권하든 성실하게 봉사해야 하며, 부당하게 정파적 특수이익과 결탁해 공평성을 상실하거나 정쟁에 개입해서는 안 된다는 당파적 중립성을 의미한다. 공무원의 정치적 중립은 엽관주의제도가 실적제로 바뀌면서 행정의 공정성, 안정성, 일관성, 능률성을 확보하기 위해 공무원의 신분을 보장해 주는 대신 정치적 중립을 요구하게 된 데 의미가 있다. 오늘날 대부분의 민주국가는 공무원의 정치적 중립을 기본 원칙으로 채택하고 있다.

우리나라의 경우 정치단체 결성이나 특정 정당 또는 특정인에 대한 지지나 반대를 하는 등 공무원의 파당적 정치활동은 법적으로 엄격하게 규제되기에 논란의 여지가 적다고 하겠다. 그러나 정책 과정에서의 중립성 문제는 정부를 구성하고 있는 집권여당의 정책에 관료들이 현실적으로 헌신하지 않을 수 없다는 관점에서 상징적 의미를 지닐 뿐이다. 다시 말하면, 이론적 측면에서는 관료들이 베버(Max Weber)의 이른바 '영혼 없는 전문가(specialist without spirit)'로서 전문지식을 제공하는 것이 가능하나, 현실 속의 관료들은 결코 정치적으로 자유로울 수 없는 한계를 지닌다고 하겠다.

결론적으로 말해서, 관료들의 정치적 중립은 밖으로 드러나는 정치활동을 의미하는 '정당정치(partisan politics)'의 측면에서는 일정하게 확보될 수 있겠으나, '정책정치(policy politics)'의 측면에서는 현실적 한계를 지닐 수밖에 없다. 즉, 정책이라고 하는 것이 직·간접적으로 당파적 이익을 함축하고 있다는 점에서 결국 관료들의 정책적 중립성은 한계를 지닌다.[3]

그러나 정책 과정에서 당파적 이익의 추구에 노골적인 정치를 견제, 거시적 차원의 공익을 확보하고 정책의 합리성과 능률성을 확보하기 위해서는 관료들의 정책정치의 공간을 확대하고 정책적 중립성을 보장하기 위한 제도적 장치의 마련이 바람직하다고 하겠다. 아울러 공무원들이 정책적 신념 때문에 신분 불안정에 내몰리지 않도록 사회적 감시장치가 활성화될 필요가 있다.

3) 공무원 인사에 대한 정치의 관여 범위

정치–행정의 관계는 엽관주의와 실적주의의 기본틀 속에서 규정된다. 근대 서구에서의 인사행정제도는 정당에의 충성도를 관직 임용의 기준으로 삼는 엽관주의(spoils system)에서 임용 기준을 실적, 즉 개인의 능력·자격에 두는 실적주의(merit system)제도로 발전해 왔다. 두 제도는 모두 근대 민주제도의 발전과 그 궤를 같이한다. 정당정치의 발전과 밀접한 연관을 맺고 발전해 온 엽관주의는 국민의 요구에 대한 관료적 대응성을 향상시키고, 행정의 민주화에 기여하며, 집권당의 정책 실현을 용이하게 해 주는 등의 장점을 지닌다. 그리고 실적주의는 공직 취임에의 기회 균등을 보장하며, 공개경쟁시험 등을 통해 유능한 인재를 임용함으로써 행정의 능률성을 높일 수 있고, 공무원의 정치적 중립을 통해 행정의 공정성이 확보되고, 공무원의 신분 보장을 통해 행정의 안정성과 계속성을 확보할 수 있다는 장점을 지닌다. 오늘날 대부분의 국가에서는 양 제도를 적절하게 혼합해 운영한다. 즉, 집권자와의 정치적 이념을 공유해야 할 필요가 있는 상위직의 경우에는 엽관주의에 의한 임용을, 그리고 전문성을 필요로 하는 중하위직에는 실적에 의한 임용을 통해 행정의 능률성과 공정성, 안정성, 계속성을 확보하고자 하는 것이 일반적 현상이다(이종수, 2008: 393–397).

엽관주의와 실적주의의 관계는 공무원에의 입직 과정과 내부 관리 과정에서의 정

3) 직업공무원에게 요구되는 '중립적 역량(neutral competence)'은 정책 과정에서의 전문적 판단과 중립적 관점의 투입을 기대하는 '정책적 중립'의 의미로 해석돼야 할 것이다. 상보 모형에서 보듯이, 공무원의 정책 기능이 널리 인정되고 있는 상황에서 중립성의 규범은 '당파정치(partisan politics)'로부터의 중립을 의미하는 것이지 '정책정치(policy politics)'로부터 행정권을 배제할 것을 요구하는 것은 아닐 것이다(Overeem, 2005: 311 참조).

치적 관여 여부의 두 부분으로 나눠 살펴볼 필요가 있다. 오늘날 공무원의 입직 과정에서의 정치 관여 문제, 특히 직업공무원의 채용 과정은 온전히 실적주의에 입각해 이뤄지고 있다. 단지 정치적 임용이 가능한 별정직 공무원의 범위와, 공기업·준정부기관 등 공공기관 임원의 정치적 임명과 관련해서는 '낙하산 인사', '보은인사' 등의 논란이 그치지 않고 있다. 그리고 고위공무원단 소속 공무원 등 일부 고위직 공무원의 승진임용과 배치전환 과정에서 정치권력의 관여 문제는 우리나라 등 일부 국가에서 부분적 논란의 대상이 되고 있다.

4) 공무원의 신분 보장

공무원의 신분 보장은 공무원이 법에 정하는 사유에 의하지 않고는 자의적으로 퇴직 당하거나 신분상의 불이익을 받지 않는다는 것을 의미한다. 이러한 공무원의 신분 보장은 실적주의 인사행정의 수립과 더불어 인정되기 시작했는데, 오늘날 실적주의 인사 원칙을 근간으로 하는 대부분의 국가에서는 공무원의 신분을 법규를 통해 명시적으로 보장하고 있다.

우리나라의 국가공무원법 제68조는 "공무원은 형(刑)의 선고, 징계처분 또는 이 법에 정하는 사유에 의하지 아니하고는 그 의사에 반하여 휴직, 강임 또는 면직을 당하지 아니한다. 다만 1급 공무원은 그러하지 아니하다."고 규정, 직업공무원에 대한 신분 보장을 명시했다. 그러나 현실적으로는 공무원의 기강 확립을 위한 대량 숙정과, 정식 징계 절차를 거치지 않는 직위해제, 권고사직, 정실인사의 수단으로 활용되는 좌천 등 비공식적 징계 수단들이 공무원의 신분 보장을 크게 위협하고 있는 것이 사실이다.

공무원의 신분을 법적으로 보장하게 된 당초의 취지는 정권 교체와 같은 정치적 환경의 변화가 공무원의 신분을 위협, 행정의 능률성, 공정성, 안정성, 일관성, 봉사성을 해치는 것을 방지하는 데 있다. 그러나 공무원의 신분 보장 정도가 지나치면 무사안일을 조장하고 관료조직이 제도화된 자기 이익을 추구하는 장치로 타락하게 된다. 따라서 공무원의 신분 보장은 사회·문화적 특성에 따라 일정한 한계 속에서 이뤄질 수밖에 없다.

5) 관료제와 민주주의의 딜레마

오늘날의 사회는 국가관료제에 의해 관리되는 사회인데, 국가관료제는 근대 사회의 가장 효과적이고 탁월한 제도로 발전해 왔다. 19세기 말 실적주의제도가 확립된 이래 정치권력은 복잡한 사회를 관리할 때 실적제에 기반을 둔 국가관료제에 의존하지 않을 수 없는 상황에 놓여 있다. 이러한 의미에서 오늘날의 대의민주정치 제도와 근대 관료제는 함께 발전해 온 공생적 사회제도라고 할 수 있다.

그러나 관료제를 현대 사회에서 없어서는 아니 될 필요불가결한 제도로 만든 합리성과 관리기술적 측면에서의 수월성이 다른 한편에서는 민주주의의 위협 요소로 인식되고 있다. 관료제를 민주주의에 대한 위협적 존재로 보는 래스키(Harold J. Laski)는 현대 정부의 규모는 전문가, 즉 관료에 의한 행정을 불가피하게 만드는 바, 관료집단의 막강한 권한은 민주적 기구들이 통제할 수 없을 정도로 계속적으로 비대해진다는 점을 지적한다(Sayre, 1964: 219).

관료제가 민주주의에 대한 위협 요소가 된다는 다른 논거로는 관료제의 비밀주의적 속성이 제시되기도 한다. 전문성과 정보력으로 무장한 대리인(agent)이 자신의 이익을 위해 주인(principal)을 속이게 된다는 주인-대리인 이론을 들지 않더라도, 대리인으로서의 관료집단이 비밀주의를 내세워 주인으로서의 국회의 통제를 무력하게 만드는 사례를 어렵지 않게 만난다.

사실 관료적 조치의 중요한 국면을 공공 감시(public scrutiny)에서 벗어나게 하는 관료적 비밀주의(bureaucratic secrecy)는 민주주의를 위협하는 가장 큰 요인이 된다. '공공 기밀(official secret)'의 개념은 관료제의 특유한 고안품으로, 어떠한 것도 이보다 더 광적으로 관료제에 의해 방어되지 않는다. 시민들은 공식적으로는 관료들의 특정한 조치에 대한 불평을 정치인들에게 제기할 수 있다. 그러나 그러한 조치의 '비밀성'은 그 교정(矯正)을 어렵게 한다. 관료적 지배는 어느 정도까지는 선출된 대의기구에 의해 견제될 수 있다. 그러나 이러한 견제는 한계가 있다. 왜냐하면 관료집단은 의회를 상대로 해서도 비밀을 잘 유지할 뿐만 아니라, 정보를 얻으려는 의회의 어떠한 시도에 대해서도 저항을 하기 때문이다. 관료제가 그들의 정치적 주인에 대해서까지 권력을 행사함으로써 민주주의를 위태롭게 하는 정도는 상당 부분 관료제 그 자체에 달려 있다. 만약 관료제가 그 주인을 지배하기로 결정한다면 그것을 막을 방도는 없다. "관료제에 거역해서는, 통치자는 무력해질 수밖에 없기 때문이다(against the bureaucracy, the ruler remains powerless)"(Gerth & Mills, 1958: 232-5; Etzioni-Halevy, 1983: 33-34).

그리고 마지막으로 정치적 통제를 벗어나 자신의 제도화된 이익을 추구하는 관료제는 민주주의에 대한 본질적 위협이 된다고 하겠다. 베버에 따르면, 근대 관료제의 이념형은 정치권력 행사의 합리적 수단을 마련할 필요성에서 정당화된다. 그러나 현대 국가에서 정치권력의 관료의존성이 증대되면서 관료제는 자신의 제도화된 집단이익을 실현하기 위해 정치권력의 수단으로서의 성격을 벗어나는 현상을 나타내고 있다. 오늘날의 관료제는 정치권력 구조 내에서 작동함에도 불구하고 스스로의 논리를 지니고 있다. 이러한 현상을 개념화한 것이 관료제의 자율성(autonomy of bureaucracy)이다. 관료제의 자율성이란 정치권력이 자신에게 집행을 요구한 정책을 무능과 부패로 무산시키거나, 좀 더 적극적으로 관료제의 제도화된 자기 이익을 유지하기 위해 자기 이익 실현에 유리하도록 집행하는 현상을 말한다(Bendix, 1952: 130; 정승건, 1994: 60; 이종수 외, 2008: ch. 2).

강력하고 독립적이며 비정치적인 관료제는 민주주의를 위협에 빠뜨릴 수도 있지만, 또한 민주주의의 필수불가결한 요소다. 마찬가지로 민주주의는 관료제에 딜레마를 초래하기도 한다. 즉, 오늘날의 조화되지 않은 민주적 통치 아래서 관료제는 (정치에 대해) 독립적이면서 동시에 보조적 기능을 수행하고, 정치화되면서 동시에 비정치화될 것으로 기대된다. 따라서 관료제와 민주주의는 공생(共生)적이지만 불편한 공존(共存) 관계에 놓여 있다고 할 수 있으며, 역설적이거나 또는 자기모순적 관계에 놓여 있다고 하겠다. 즉, 관료제는 민주주의에 필요하지만, 동시에 끊임없는 갈등과 긴장을 일으키는 원천이 되기도 한다. 진정 관료제가 민주주의에 야기하는 긴장이 더 두드러지면 질수록, 관료제는 점점 더 강력해지는 것처럼 보인다(Etzioni-Halevy, 1983: 2).

결론적으로 말해서, 관료제는 그 합리성과 기술적 수월성으로 인해 현대 사회의 복잡한 문제들을 가장 잘 다룰 수 있는 제도로 발전했다. 관료제는 이러한 수월성을 바탕으로 널리 확산됐으며, 미래에도 그렇게 될 것이다. 그러나 관료제는 민주주의에 대한 위협이 되지 않도록 공식적·비공식적 외부통제를 적절히 받아야 한다.

4. 한국의 정치·행정 맥락

우리나라의 정치·행정 맥락은 관료적 권위주의(bureaucratic authoritarianism) 체제 시기와 민주화 이후의 시기에 큰 변화를 나타내게 된다. 즉, 관료적 권위주의 체제 시기의 정치·행정의 관계 유형은 '자율적 관료 모형'에 가까웠으나, 민주화 이후에는 '대응적 관료 모형'으로 그 성격이 변한 것으로 판단할 수 있다. 즉, 민주화 이후에 역할이 강화된 정치의 영역이 관료집단의 대응성을 강하게 요구하게 됨으로써 관료제의 특성이 '대응적 관료 모형'으로 바뀌게 됐다고 할 수 있다. 그러나 관료제에 대한 정치적 통제의 효율성은 전문지식의 한계와 관료제의 비밀주의적 속성 등으로 크게 미흡하다고 하지 않을 수 없다.[4)]

관료제에 대한 정치적 통제의 효율화를 위해서는 무엇보다 먼저 행정부가 의회에 대해 책임을 지는 대외적 책임 구조를 개선해야 할 것이다. 이를 위해서는 행정부에 대한 국회의 인사권과 재정권 그리고 조사권을 한층 더 강화할 필요가 있다. 그리고 '공공기관의 정보 공개에 관한 법률' 등의 개정을 통해 행정부의 의사 결정과 집행 과정 등 다양한 공적 활동이 정부 바깥으로 명확하게 드러나도록 하는 투명한 개방형 정부를 만들도록 노력해야 한다.

그러나 다른 한편 한국의 관료제가 '대응적 관료 모형'으로 바뀌어 감에 따라 '정책적 중립성'의 필요성은 더욱 커지게 됐다. 공무원의 정책적 중립성은 정부사업의 절약과 능률성의 확보를 위해 필수불가결한 요건이 되기 때문이다. 한국의 관료제가 미국의 관리예산처(OMB)와 같이 전문성과 비당파성의 요새(要塞)가 되기 위해서는

---

4) 2009년 8월 검찰총장 후보자에 대한 국회 인사청문회를 앞두고 국회의원들이 요구한 후보자 개인 관련 정보 요청에 대해 국세청 등 행정부의 여러 관련 부처는 이런 저런 핑계로 자료 제출을 거부했다. 심지어는 국정감사를 위한 의회의 사료 요구에 대해서도 행정부는 관련 사료를 갖고 있지 않다는 등의 이유로 제출하지 않거나 부실한 자료를 제출하는 사례가 적지 않다.

관료들의 정책적 중립성과 전문성이 사회적 정당성을 획득할 수 있는 메커니즘이 강화될 필요가 있을 것이다. 관료들의 정책정치 공간 확대를 위해서는 일정 규모 이상의 정부사업에 대한 사전타당성 검토 제도의 강화 등이 제시될 수 있을 것이다.

5. 행정에 대한 정치적 통제 원칙의 재검토

관료제에 대한 정치적 통제의 원칙은 1688년 명예혁명 이후 서구 사회에서 확립돼 온 원칙이다. 다시 말하면, 왕권으로 상징되는 '행정권'을 국왕으로부터 탈취해서 국민 대표로 구성된 정치체로서의 의회 또는 대통령의 통제 아래 둬야 한다는 원칙이 확립된 것이다.

근대 민주주의 정치체제를 구상하면서 선각자들은 압제자 국왕이 자의적으로 권력을 행사하는 것을 방지하기 위해, 인치(人治)가 아닌 법치(法治, rule of law) 제도를 만들고자 했다. 이때 확립된 원칙 가운데 하나가 "대표 없이 세금 없다!(No taxation without representation!)"는 원칙이다. 동시에 국왕이 장악한 행정권을 국민의 대표들이 통제・감시토록 하는 '정치에 의한 행정통제'의 원칙이 확립된 것이다. 행정부에 대한 의회의 예산통제권・인사동의권・국정조・감사권 등의 여러 제도는 이러한 원칙이 제도화된 것이다.

그러나 민주적 정치제도가 확고하게 정립돼 국왕의 압제가 사라진 오늘날 '행정에 대한 정치 통제의 원칙'은 근본적으로 재검토되고 재정립돼야 할 것이다. 특히 대의정부(representative government) 체제에서 유효했던 '정치 통제'의 원칙은 직접민주적 방식이 확산되고 있는 오늘날 '국민 통제'의 원칙으로 바뀌어야 할 것이다.

행정에 대한 정치통제의 원칙은, 행정이 전문화된 21세기적 상황에서 정부정책의 합리화를 위해서도 재성찰돼야 할 것이다.

생각해 보기

한국의 정치 · 행정 관계의 바람직한 균형화를 위해 필요한 제도적 개선책을 모색해 봅시다.

누가 영혼 없는 공무원을 만드는가?

국가공동체가 순탄한 진행을 못할 때, 그 탓을 공무원에 돌려 그들을 질타하는 것은 동서고금을 막론하고 하나의 유행이 아닌가 싶다. 공무원이 그만큼 만만한 것이다. 일찍이 루쉰(魯迅)은 그의 글 『눌함(訥喊)』에서 "오늘날 세상에서는 관료를 공격하는 것이 유행의 첨단으로 되어 있습니다. …… 하지만 관료는 태어날 때부터의 특별한 종족이 아니라 평민이 변화한 것뿐입니다"고 했다.

부끄러운 고백이지만 나 역시 한때 민주화투쟁의 기간에는 공무원이란 부당한 권력, 거대한 악에 기생·봉사하는 집단이라 생각했다. 그러나 비록 잠깐이었지만 정부에 들어가 일하면서 시각을 달리하게 되었나. 이 나라는 쿠데디로 집권한 정치군인의 무리와 그 잘난 역대의 지도자들이 있어 지탱 · 유지돼 온 것이 아니라, 어쩌면 공무원이 있어 이만큼이라도 나라꼴을 갖추게 된 것임을 알았다.

실제로 나는 1천 5백여 명에 달하는 전교조 해직교사를 복직시킬 때나, 2002년 월드컵을 유치할 때 공무원들의 우수한 능력과 그 성실성, 그리고 그들의 책임감에 놀랐다. 역사를 보면 관료들의 무능과 부정 · 부패 때문에 나라가 망하기도 하지만, 그들의 존재 때문에 나라의 명맥이 유지되기도 하는 것이다.

이명박 정권의 대통령직 인수 과정에서 이른바 '공무원의 영혼'이 사람들의 입에 오르내린 적이 있었다. 노무현 정권의 국정홍보처가 참여정부의 이데올로그 역할을 한 행태에 대한 비판이 일자 그에 대한 반론 비슷하게 '영혼 없는 공무원'이란 말이 나왔던 것으로 기억된다. 선출된 권력을 뒷받침해야 하는 공무원으로서는 자기의 영혼을 가지고 일할 수 없다는 자조가 그 말속에는 담겨 있었다. 1백 년 전 베버(Max Weber)가 관료제의 맹목성과 위험성을 간파했다는 그 통찰력이 한국에서 새삼스럽게 논란의 대상이 됐던 것이다.

최근 또다시 '공무원의 영혼'이 문제되고 있다. 이명박 정부에서 종합부동산세 완화작업을 주도하고 있는 기획재정부 세제실장은 지난날 참여정부 시절, 종부세 강화의 정당성을 주장하는 글을 국정 브리핑에 올린 사람이라는 것이다. 그는 입장을 바꾼 배경에 대해 "정권이 바뀌었으면 바뀐 방향에 따라 서포트해 주고 지원해 주는 것이 공무원의 책무"라고 강변했다고 한다. 바로 그 부처의 장관조차 "헌법과 국가공무원법에 규정된 공무원의 정치적 중립과 신분 보장의 정신은 국민에 의해 선출된 권력의 정책에 충실히 따르는 것"이라고 말했다고 한다. 두 사람의 말은 공무원에게는 영혼이 없는 것이 너무도 당연하다는 것으로 들린다.

과연 그런가. 나는 영혼이 있는 공무원을 보고 싶다. 영혼이 있는 공무원이 이 땅에도 있다는 것을 내 두 눈으로 확인하고 싶다. 공무원에게 영혼을 불어넣고, 불어넣지 않고는 권력이 할 일이다. 공무원을 영혼 없는 사람으로 만들지 않기 위해서는 먼저 시키는 쪽이 정당해야 한다. 그것이 시대정신과 공동선에 합치되고, 국가 백년대계와 국리민복에 합당한지를 심사숙고, 신중히 정책을 결정해야 한다.

누가 영혼 없는 공무원을 만들어 내는가. 권력의 무분별과 졸속, 아집과 편견이 영혼 없는 공무원을 만들어 내는 것이다. 국민적 합의를 먼저 구한다면 영혼 없는 공무원은 생겨나지 않을 것이다. 노무현 정부에서 이명박 정부로 넘어오면서 수많은 영혼 없는 공무원이 생겨나고 있으며, 좌우로 정권이 이동할 때마다 영혼 없는 공무원은 더욱 양산될 것이다.

그러나 무엇보다 공무원 스스로 영혼을 가지고 살려는 자구 노력이 선행돼야 한다. 영혼은 저절로 주어지거나 아무나 가질 수 있는 것이 아니다. 다산(茶山)은 『목민심서』의 봉공(奉公) 편에서 이렇게 말하고 있다. "윗사람의 명령이 공법에 어긋나고 민생에 해를 끼치는 일이라면, 마땅히 의연하게 굽히지 말고 확연하게 자신을 지켜야 한다"(唯上司所令 違於公法 害於民生 當毅然不屈 確然自守).

(글쓴이 / 김정남, 다산포럼 403)

생각해 보기

직업공무원들의 정책적 중립성을 확보하기 위한 제도적 개선책을 생각해 봅시다.

재정부 '종부세 의견' 두 달 만에 180도 뒤집었다
8월 "종부세 합헌" → 10월 "대폭 손봐야"

기획재정부가 종합부동산세 위헌 심판청구소송과 관련해 8월과 10월 헌법재판소에 제출한 의견서의 내용이 전혀 달라 논란이 일고 있다. 관료의 속성에 비춰볼 때 정권이 바뀌면 공무원들이 어느 정도 눈치를 보게 마련이지만 '정도가 너무 심한 것 아니냐'는 얘기가 나오고 있다. 23일 재정부가 국회 기획재정위원회에 낸 헌재 제출 의견서에 따르면 재정부는 8월 25일에는 종부세가 합헌이라고 주장했다. 하지만 두 달 뒤인 10월 22일에는 종부세를 대폭 손봐야 한다고 태도를 180도 바꿨다. 이 과정에서 두 의견서는 동일 쟁점에 대해 어떤 게 진실인지 헷갈릴 정도로 다른 근거를 내놓았다.

- 원본 잠식 논란 = 재정부는 8월 의견서에서 "원본의 침해 없이 소득만 과세하는 세금이란 있을 수 없다"며 "집값의 원본을 모두 잠식하기 위해서는 최고세율 3%를 적용해도 52.1년이나 걸린다"고 밝혔다.
  반면 10월 의견서에서는 "종부세를 20년 이상 과세하면 재산의 원본을 모두 잠식하는 과도한 세금 부담 수준이라는 게 학자들의 견해"라며 기존의 주장을 뒤집었다.
- 과도한 세율 = 8월 의견서에서는 "2007년 종부세 대상자의 주택분 보유세 평균 실효세율이 0.53%로 외국에 비해 높지 않다"고 주장했다. 다만 "정부가 매년 집값을 평가하는 한국과 외국의 부동산 평가 방법이 다르기 때문에 단순 비교는 무리"라고 덧붙였다.

하지만 10월 의견서에서는 국가 간 세율 비교는 실효세율이 아니라 명목세율을 기준으로 해야 한다고 기준 자체를 바꿨다. 명목 최고세율은 주택이 3.6%, 나대지는 4.8%에 이르기 때문에 1~2%대인 외국과 비교하면 매우 높다는 것이다.

- 세액 과다 = 8월에는 2007년 주택분 종부세 납부자 중 100만 원 이하가 37.4%, 300만 원 이하는 68.7%에 이른다는 점을 들어 세금 부담이 결코 크지 않다고 주장했다.
  그러나 10월에는 다양한 근거를 들어 반박했다.
  재정부는 "2007년 총조세 대비 재산 과세 비중은 12.8%로 경제협력개발기구(OECD) 평균인 5.6%보다 현격히 높다"고 설명했다. 또 "종부세 부담자의 총소득 대비 보유세 부담률이 서울의 경우 7~8% 수준으로 뉴욕(5.5%)과 도쿄(5%)보다 매우 높다"고 강조했다.
  재정부는 "1인당 국민총소득(GNI)이 미국의 40% 수준임을 고려하면 체감 세금 부담은 선진국보다 높다"고 밝혔다.

- 종부세의 징벌성 = 재정부는 8월에는 "종부세가 불필요한 부동산 보유를 억제해 집값을 안정시키고 국민 다수에게 쾌적한 주거공간을 제공할 수 있는 사회적 환경을 조성하는 측면이 있다"고 밝혔다.
  하지만 10월 의견서에서는 "종부세는 2%의 납세자에 대해서만 과도한 세금 부담을 지운다"고 비판했다. 재산세는 일정 규모의 재산을 갖고 있는 모든 국민에게 부과하지만 종부세는 특정 계층에만 과세하기 때문에 보편성의 원리에 위배된다는 것이다.

- 거주이전 자유 및 지방자치단체 권한 침해=재정부는 종부세 부담으로 기존 주택을 팔고 다른 곳으로 이사를 가야 한다는 주장에 대해 8월 의견서에서는 "재산권에 대한 제한이 수반하는 반사적 불이익에 불과하다"고 지적했다.
  반면 10월에는 "소득이 적은 연금생활자나 고령자는 종부세 부담이 과도해 주거생활의 안정을 저해한다"고 전혀 다른 얘기를 했다.
  종부세가 재산세처럼 지방세 성격을 갖고 있음에도 중앙정부가 국세로 걷는다는 지적에 대해서도 상반된 해명을 내놨다.
  8월에는 "수도권 집값이 오른 것은 1960, 70년대 중앙정부가 개발정책을 추진하면서 수도권에 상대적으로 더 많은 재원을 배분했기 때문"이라며 국세 징수의 정당성을 설명했다가 10월에는 "(종부세 등) 보유세는 지방정부가 제공하는 서비스 대가이기 때문에 지방세로 걷는 게 바람직하다"고 상반된 주장을 했다.

이에 대해 재정부 당국자는 "종부세와 관련한 정부 견해가 9월 23일에야 확정됐기 때문에 헌재의 요구로 낸 8월 의견서는 종전 방침대로 합헌에 무게를 둬야 했지만 10월에는 개편의 당위성을 제시할 수밖에 없었다"고 말했다.

한나라당의 한 당직자는 "노무현 정부에서 옛 재정경제부 간부 중 상당수는 사석에서 종부세의 부당성을 강조했지만 윗선에 올리는 보고서는 청와대 구미에 맞춰 작성했다"며 "갈대와 같은 관료들의 현실을 보는 것 같아 떨떠름하다"고 꼬집었다.

한국조세연구원 노영훈 선임연구위원은 "종부세를 처음 만들 때 옛 재정경제부에서는 반대 목소리를 낼 간부들은 회의 단계에서부터 배제했다는 말도 많았다"며 "이처럼 정치적 의도에 맞춰 정책을 짜내다 보니 정치권력이 바뀔 때마다 정책이 급변하는 현상을 낳고 있다"고 말했다.

(동아일보, 2008.11.24)

생각해 보기

우리나라 공무원의 신분보장의 문제점을 엽관주의와 실적주의의 원칙에 비춰 생각해 봅시다.

헌법 무시한 감사원장 교체와 전 원장의 처신

전윤철 감사원장이 사표를 냈다. 새 정부 출범 이후 전 방위적으로 진행돼 온 정부기관장 물갈이가, 헌법상 임기를 보장한 감사원장 교체에까지 이른 셈이다. 이명박 대통령과 코드가 맞는 인사의 등용을 위해 헌법까지 무시하는 것 같아 착잡하다.

그동안 청와대 핵심 인사들은 직·간접으로 전윤철 원장의 사퇴를 종용해 왔다. "새 정부가 들어선 만큼 정무직들은 재신임을 묻는 게 정치적 도의"(이동관 청와대 대변인)라는 게 그 이유였다. 정권이 바뀌면 주요 정무직을 새 대통령의 통치철학을 이해하는 사람들로 채워 일사불란하게 국정을 추진하는 게 바람직하다는 주장은 설득력이 있다. 그럼에도 몇몇 핵심 직위의 임기를 법으로 규정한 건 그만한 이유가 있어서다. 과거에는 대통령이 언제든지 교체할 수 있던 검찰총장·경찰청장 자리에 임기제를 도입한 건, 검찰·경찰이 정권의 손발이 되어 정치적으로 이용되는 걸 막으려는 뜻이 담겨 있다. 마찬가지로 감사원장 임기를 4년으로 헌법에 못박은 건, 감사원이 비록 대통령 직속기구이긴 하지만 청와대 입김에서 벗어나 엄정하게 행정부의 불법·비리를 감시하라는 취지에서다.

이명박 정부의 감사원장 교체는 이런 헌법정신을 정면으로 부정하고 있다. 청와대 주장대로 모든 정무직이 재신임을 묻는 게 도리라면, 우선 국회에서 임기제와 관련한 법 조항을 바꾼 뒤 교체하는 게 옳다. 명분이 없어 임기제를 철폐하자는 말은 못하면서 편법으로 임기제 기관장을 물러나도록 하는 건, 결국 그런 기관들을 정권 입맛에 맞게 활용하고 싶다는 뜻으로 해석할 수밖에 없다. 새 감사원장 후보로 떠오르는 인물들이 모두 이명박 정부 출범에 공이 큰 이들이란 점에서 더욱 그렇다.

감사원 독립이란 측면에서, 전윤철 원장의 처신도 매우 부적절했다. 감사원은 이명박 정부가 들어서자마자, 새 정부가 원하는 방향의 정책감사들을 앞다퉈 시행해 왔다. 이에 대해서는 '전 원장이 남은 임기를 보장받기 위해 먼저 알아서 코드를 맞춘다'는 분석이 지배적이었다. 그렇게 새 정부에 잘 보이려 애썼는데도 물러나게 됐으니 전 원장으로선 누구를 탓해야 할까? 고위공직자는 영혼이 없다는 우스갯소리도 있지만, 헌법기관의 수장마저 새 정부와 코드를 맞추려고 앞장서다가 결국 떠밀려나가는 모양새가 보기에 영 씁쓸하다.

(한겨레신문 사설, 2008.05.13)

PART

2

공공성과 공익

제 3 장 공공성과 공공문제
제 4 장 공공재
제 5 장 행정이 추구하는 가치와 공직자 윤리

Chapter 03

공공성과 공공문제

제 1 절 공공성

공공문제(public problems)를 다루는 행정에서는 공공(public)[1]과 공공성(publicness)이 핵심 개념을 이룬다. 공공의 개념은 어원적으로 볼 때, 이기적 관심 또는 사적 이익(self-interest)을 넘어 타인의 이익까지 고려하는 '성숙(maturity)'의 개념에 더해, '공동(common)'과 '배려(care with)'의 의미가 부가돼 있다. 국가사회라는 공동체를 함께 이루고 유지하기 위해서는 사적 이익을 넘어 타인의 이익까지 배려하는 구성원들의 관계가 중요한 의미를 지닌다.

프레데릭슨(Frederickson, 1989: 2-3)은 '공공(public)'의 의미가 어원적으로 두 출처에 뿌리를 두고 있다고 주장한다. 그 하나는 그리스어 'pubes'로, 성숙(maturity)을 뜻한다. 그리스어에서 성숙은 신체적, 정서적 또는 지적 성숙을 의미하며, 그 속에는 이기적 관심 또는 사적 이익(self-interest)으로부터 자기 자신을 넘어 타인의

1) public은 형용사로 '공공의'라는 뜻을 지니나, 명사로는 '공동체'의 의미를 지니기도 하며, '대중(mass)'과 대비해 '공민' 또는 '공중(公衆)'으로 빈역되기도 한다. 이때 공민은 국가 혹은 지방공공단체의 정치에 참여할 자격을 갖는 국민을 의미한다.

이익을 이해하는 것도 포함된다. 그것은 개인의 행위가 타인에게 미치는 결과를 이해하는 '능력'을 의미한다. '공공'은 어른의 상태로 성장하는 것을 의미하는 동시에, 개인과 타인과의 관계를 이해하며, 그 관계를 보는 능력을 의미한다.

'공공' 개념의 또 하나의 근원은 그리스어 'koinon'으로, 그에서 영어의 '공동(common)'이라는 어휘가 파생됐다. 그리스어 'koinon'은 또 다른 그리스어 'Kommois'에서 파생됐으며, 그것은 '배려(care with)'의 의미를 지닌다. '공동'과 '배려'는 둘 다 '관계(relationship)'의 중요성을 나타낸 것이다.

'성숙'이라는 개념에 '공동'과 '배려'라는 의미가 부가되면, '공공'이라는 개념은 타인과 함께 일한다는 것을 의미할 뿐만 아니라, 타인을 돌본다(looking out for others)는 의미까지 덧붙여져 훨씬 강한 뜻을 지니게 된다.

벤트리스(Ventriss, 1987: 37)는 이보다 좀 더 나아가, '공공'의 의미는 단순한 '능력'과 '성숙'을 나타내는 것 이상이라고 주장한다. 그는 '공공행위(public action)'는, 정의(定義)에 의해 상호 작용적이며, 다양한 공공적 영향을 초래할 수 있는 바, 따라서 '공민(public)'은 정책을 형성하고 심의하는 데 공공학습자로서 행동해야 한다고 주장한다.

이들 두 학자는 그러나 '공공'의 개념을 국가나 정부와 동의어로 가정하고 있지는 않다. 오히려 공공의 개념을 정치공동체(political community), 즉 그리스어의 'polis'와 관련된 것으로 이해하고 있다.

매튜스(Mathews, 1988: 52)에 따르면, '공공'은 다음의 특징을 지닌다. (1) 공동체와 국가의 방향을 정한다. (2) 정부활동에 필요한 공동 기반을 마련함으로써 정부에 정당성을 부여한다. (3) 주요 이슈의 조치에 필요한 정치적 의지(political will)를 형성한다. (4) 사적 개인을 공민 또는 시민으로 전환시킨다.

이와 같은 관점에서 볼 때 '공공'이라고 하는 것은, 사회적 · 정치적 이슈와 공동체의 실질적 상호의존성을 이해하려고 하는, 그리고 정부정책의 윤리적 함의에 대해 비판적 관점을 유지하는 시민공동체(community of citizens)라고 할 수 있다. 정치공동체가 형성 · 유지되기 위해서는 '사적 개인'이 공공성을 지닌 '공민(public)'으로서의 정체성을 지녀야 한다. 듀이(John Dewey)는 현대 사회에서의 가장 심각한 정치적 위기는 '공민의 상실(the eclipse of the public)'임을 지적하고 있다(Dewey, 1927; 김세균 외, 2005: 21).

'공공'의 개념에 접근하는 기본적 관점은, 제1장 제2절에서 언급했듯이, 공동체중심주의와 개인중심주의의 두 가지로 나눠 볼 수 있다. 첫 번째 관점은 형이상학적 전체주의(metaphysical holism)의 입장에서 정부를 하나의 유기체적 실체(unitary being)로 보는 관점이며, 두 번째 관점은 방법론적 개체주의(methodological individualism)의 입장에서 정부를 정치적 과정에 참여하는 개인들의 집합체로 파악하는 관점이다.

아리스토텔레스(Aristoteles)와 마르크스(Karl Marx)의 전통을 따르는 공동체중심주의자들은 형이상학적 전체주의의 입장에서 공공성의 개념을 파악한다. 즉, 공동체론자들은 사회구성원 개개인의 개별성보다는 개인을 둘러싸고 있는 사회적·역사적 환경을 더 중시하고 그 결과 개인을 공동체의 문화와 역사의 산물로 파악한다.

이에 반해 개인들의 사적 이익이 모여 공적 이익, 즉 공공성이 형성되는 것으로 본 로크(John Locke)는 공공성의 개념을 개인의 자연적 권리를 보호하는 것이라 주장한다. 즉, 로크에게서 공공성의 중심적인 속성 개념은 개인의 개별성이다. 스미스(Adam Smith)는 그의 저서 『국부론(*An Inquiry into the Nature and Causes of the Wealth of Nations*)』(1776)에서 자본주의 체제에서는 개인의 사적 이익의 추구가 공동체의 선, 즉 공익을 증대하게 되는 것(in a capitalist system an individual acting on his own good tends also to promote the good of his community)이라고 주장한다. 근대 유럽에서 형성된 이러한 개인 중심의 공공성 개념은 자유주의(liberalism)이 이념으로 정착돼 오늘날까지 이어지고 있다.

그러나 모든 개인은 결국 공동체의 구성원으로 존재하고 개인의 자유도 상호 의존적인 공동체의 틀을 벗어나서 주장될 수는 없으며, 공동체 또한 구성원들의 일정한 기여와 헌신이 없이는 유지될 수 없다는 점에서, 이 두 관점은 정도의 차이는 있을지언정 상호 배타적인 것으로 이해돼서는 안 될 것이다.

'공공'에 대한 이 두 관점은 결국 '전체주의적 국가관－복지국가론－적극정부론－개입주의적 국가관' 대 '개인주의적 국가관－시장중심주의 국가론－정부기능제한론

–자유방임주의적 국가관'과 각각 연결된다.

제 2 절 공공문제

행정은 공공문제(public problems)를 다룬다. 공공문제는 사적 문제와는 달리 사회구성원 다수의 이해관계가 관련된 사회적 관심사로, 사적으로는 충족될 수 없는 인간 욕구를 의미한다(Jones, 1977: 15). 일반적으로 사회적 문제(social problem) 또는 공공문제는 사회구성원 다수의 이익과 관련된다는 점에서 공공성을 지닌다. 인간의 욕구는 사회구성원의 사적 관계를 통해 충족될 수도 있으나, 일부 욕구는 공적 관계를 통해서만 충족될 수 있다. 국방·외교 및 치안 질서의 유지와 같은 주권적 기능은 주로 정부의 공적 활동에 의해 충족되는 대표적인 공공문제다. 물론 국방 기능과 치안 기능 가운데 일부는 사적 보안회사들에 의해 제공될 수는 있으나, 그러한 사적 서비스는 어디까지나 정부의 공적 기능을 보완하는 데 한정된다.

공공문제는 사회구성원들의 집합적 노력에 의해 해결이 시도된다. 일반적으로 공공문제는 국가 개입(state intervention), 즉 공공정책을 통해 해결이 시도된다. 다시 말하면, 공공문제는 정부의 직접적인 재정 지출에 의해 해결이 시도되거나 또는 정부의 조세와 보조금 등을 통해 가격 신호를 수정함으로써 간접적으로 민간 행위자들의 행동에 영향을 미쳐 해결하고자 한다. 아파트 가격 앙등과 같은 사회적 문제를 해결하기 위해, 정부는 임대주택 건설을 늘리고, 보유세와 양도세를 강화하며, 이자율을 높이고, 주택자금 융자를 억제하는 등의 정책을 펴게 된다.

그러나 공공문제의 개념 규정과 그 해결을 위한 국가의 역할은 시대에 따라 다르다. 20세기의 복지국가에서는 19세기의 자유방임주의 국가에서 사적 문제로 도외시했던 빈곤의 문제를 공공의 영역으로 끌어들여 공공부조를 통해 해결하고자 했다. 즉, 복지국가 시대에는 공공문제의 범위가 넓게 규정됐을 뿐만 아니라, 해결이 국가에 의해 주도적으로 이뤄졌다. 그러나 20세기 말의 세계화 추세 속에서 신자유주의 이념을 추구하는 대부분의 국가들에서는 공적 기능의 축소를 지향, 공공문제를 해결하는 과정에서 국가 역할의 비중 감소와 그 대신 시장과 시민사회의 역할 증대가 강조되고 있다. 민관협력에 의한 공공서비스의 생산 및 전달을 강조하는 뉴거버넌스로서의 행정이 대표적인 예에 속한다. 극단적인 시장주의자들은 1930년대의 대공황도 차라리 미국 정부가 뉴딜정책을 통해 시장에 개입하지 않았다면 훨씬 빨리 수습됐을 것이라고 주장하기도 한다.

Chapter 04

공공재

제 1 절 공공재의 의의

공공재(public goods)와 공공서비스(public service)는 공공기관을 통해 공급되는 유・무형적인 재화와 서비스를 말한다. 대표적인 공공서비스로는 국방・치안・소방과 같은 순수공공서비스와 유형적인 공공재로서의 도로・교량・항만・상하수도 시설과 같은 공공시설을 들 수 있다. 여기서는 공공재와 공공서비스를 엄격하게 구분하지 않고, 필요에 따라 공공재 또는 공공서비스를 혼용해 사용하고자 한다.

도로・교량・운하・항만과 같이 규모가 큰 사회간접자본은 사회적으로 꼭 필요한 공공재임에도 불구하고 자본이 많이 드는 데 비해 수익성이 적어 개인 또는 개별기업이 건설하기 힘들다. 즉, 공공토목사업은 외부경제(external economy) 효과가 크지만 외부효과[1]의 특징 때문에 시장의 가격 메커니즘을 통해서는 충분하게 공급되

1) 생산 또는 소비활동에 직접 참여하지 않은 경제 주체가 다른 경제 주체의 생산 또는 소비활동에 따라 유리 혹은 불리한 영향을 받게 되는 효과를 외부효과(external effects)라 한다. 이때 유리한 영향을 받는 것을 외부경제(external economy), 불리한 영향을 받는 것을 외부불경제(external diseconomy)라 한다.

지 못한다. 즉, 공공서비스의 공급 분야는 민간의 시장기구가 적절하게 대응하지 못하는 시장실패(market failure)의 대표적인 분야다.

공공재는 시장에서 거래되는 민간재와 달리 정당한 대가를 지불하지 않아도 소비에서 배제되지 않는 비배제성(non－exclusion)과, 다른 사람이 공공재를 소비해도 자신의 소비에 영향을 미치지 않는 비경합적 소비(non－rival consumption)의 두 특성을 지닌다. 이러한 공공재의 특성으로 인해 공공재정으로 공급된 공공재는 누구나 자유롭게 소비할 수 있기 때문에 자발적으로 대가를 지불하지 않고 소비하려고 하는 '무임승차자(free－rider)' 문제를 발생시킨다. 일상생활에서 필수적으로 공급돼야 하지만 수요와 공급의 원리에 따른 시장가격이 형성되지 않는 공공재의 경제적 특성 때문에 공공재는 시장을 통해 사회적으로 필요한 만큼의 공급이 불가능하게 되는 시장실패가 발생하게 된다. 따라서 공공재는 조세의 강제적 징수에 의해 마련된 일반재원을 통해 보편적 서비스로 공급된다. 그러나 시장의 효율성을 결여한 공공부문의 독점적 공공서비스 공급은 정부실패(government failure)라는 또 다른 문제를 발생시킨다.

공공서비스에 대한 접근 시각은 사회・경제적 환경 변화에 따라 급격하게 전환되고 있다. 특히 서구에서는 1970~80년대의 긴축 및 적자재정과 1990년대의 무한경쟁 상황 등으로 보편적인 서비스 공급을 지향했던 전통적인 입장들이 수익자 부담 원칙 등으로 바뀌고 있다. 그리고 소비자 선호의 분화에 따라 집합적으로만 존재했던 공공서비스가 점차 민간재의 성격을 가지게 되면서 시장상품화되는 현상도 나타나고 있다.

공공서비스의 생산과 공급을 둘러싼 이와 같은 정부 및 시민사회 관심의 변화는 공공서비스 공급의 준거가 종전의 '형평적' 분배에서 시장가격 체계를 준용하는 '효율적' 배분으로 전환됨을 의미한다. 이에 따라 일부 하위계층이 종래와 같은 보편적 공공서비스 공급에서 배제되는 사회적 양극화 현상도 나타나고 있어 새로운 사회적 쟁점으로 등장하고 있다(이종수 외, 2005: 644－645).

제 2 절 공공재의 특성과 유형

1. 공공재의 특성

공공기관에서 생산·공급하는 공공재는 시장에서 생산·소비되는 민간재(private goods)와 여러 면에서 다른 특성을 지닌다. 공공재의 대표적인 특성으로는, 앞 절에서 살펴본 바 있는, 비배제성(non-exclusion)과 비경합적 소비(non-rival consumption)의 두 특성을 들 수 있다. 이러한 두 특성을 동시에 지니는 공공재를 순수공공재라 한다. 그러나 비록 순수공공재라 하더라도 현실 속의 공공재는, 어느 정도의 배제성과 경합성을 지닐 수 있다고 할 것이다. 공공재의 이러한 두 특성이 바로 자원배분의 효율성을 확보하지 못하게 되는 '시장실패(market failure)'의 요인이 되기도 한다.

민간재는 각각의 시장가격을 가지고 있으며, 소비자가 시장에서 그 가격을 지불하지 않으면 소비 혜택에서 배제되는 배제 원칙(exclusion principle)이 적용된다. 이러한 배제 원칙에 따라 시장에서 재화의 수요와 공급이 이뤄지며, 효율적 자원 배분이 이뤄지게 된다. 즉, 시장경제에서는 소비자들의 자발적인 지불 의사가 수요로 나타나게 되며, 생산자들이 그에 맞춰 공급량을 결정하게 됨으로써 자원의 효율적 배분이 이뤄지게 되는 것이다.

이에 비해 공공재는 해당 재화에 대한 가격의 지불 여부에 관계없이 소비에서 배제되지 않는 비배제성을 지닌다. 예를 들어 정부의 환경오염 방지 노력에 의해 깨끗해진 공기를 분리시켜 일부 시민에게만 공급할 수 없듯이 공공재는 대가를 지불하지 않는다고 해서 소비로부터 배제할 수 없는 비배제성을 지닌다. 그러나 요금재(toll goods)와 같은 준공공재는 대가를 지불하지 않는 사람을 소비로부터 배제시킬 수 있다. 예를 들어 통행료를 지불하지 않은 자동차를 고속도로에 진입시키지 않는다든지, 입장료를 지불한 관객만을 국립극장이나 국립공원에 입장시킨다든지 하는 경우가 여기에 해당된다.

공공재는 또한 한 사람이 소비에 참여함으로써 얻게 되는 이익이 다른 사람의 편익을 감소시키지 않는 비경합성을 지닌다. 예를 들어 이용자가 많지 않아 입장객을 제한할 필요가 없는 국립공원을 한 사람이 이용한다고 해서 다른 사람의 이용이 크게 제한된다고 볼 수는 없다. 그러나 공급량이 제한돼 있는 경우에는 공공재라 할지라도, 민간재와 같이 어느 정도의 경합성을 지닌다고 할 수 있다. 예를 들어 면적이 한정돼 있는 국립공원에 지나치게 많은 수의 사람이 입장할 경우 그 쾌적성이 떨어질 수 있다는 의미에서 공공재도 어느 정도 경합성을 지닌다고 할 수 있다.

일반적으로 공공재는 비경합성과 비배제성을 동시에 지닌다고 하겠으나, 경우에 따라서는 비경합적 소비이면서 배제 원칙이 적용될 수 있는 공공재도 있다. <표 4-1> '재화의 유형'에 제시된 요금재(toll goods)가 그 예에 속한다. 또한 배제가 불가능하나 경합성을 지니는 공공재도 있다. 녹지, 국립공원, 하천과 같은 공유재(common-pool goods)가 그 예에 속한다.

결국 공공재는 민간재와는 달리 비경합성과 비배제성의 두 특성을 지니나, 현실 속의 공공재는, 그 정도의 차이는 있으나, 경합성과 배제성도 어느 정도 지닌다고 하겠다. 신자유주의적 가치 지향은 오늘날 공공재 공급에서 '형평성'보다는 '효율성'을 중시해, 경합성과 배제성에 기초하는 시장체계를 준용하는 방향으로 전환되고 있다.

공공재의 이러한 비경합성과 비배제성은 결국 '무임승차자' 문제로 연결된다. 소비자들이 값의 지불 여부에 관계없이 소비에서 배제되지 않는다면, 타인의 재정 부담에 의해 확보된 공공재를 무상으로 사용하기 위해 자발적으로 재화의 가격을 지불하지 않으려 할 것이기 때문이다. 이러한 무임승차, 즉 생산비용 부담 회피 때문에 공공재는 사회적으로 필요한 양만큼 시장에서 충분히 공급되지 않는 과소 공급의 문제가 야기된다. 공공재의 과소 공급 문제는 결국 공공부문의 공급에 의한 해결책을 강구할 수밖에 없다.

무임승차는 또한 공공재의 과소 공급 문제뿐만 아니라 과다 소비의 문제점도 야기하게 된다. 예를 들어 노인복지 차원에서 제공되는 의료보호제도가 사회 일각에서 '의료 쇼핑'과 같은 공공의료서비스의 과잉 소비를 초래함으로써 건강보험 재정을 악화시키는 원인이 되기도 한다. 이러한 문제점을 해결하기 위해 건강보험제도 자체를,

극빈층에 무료로 제공하는 의료보호제도와 일반 시민에게 어느 정도의 대가 지불을 요구하는 준공공재적 의료보험제도로 이원화하는 방안이 강구되기도 한다.

공공재는 무임승차자 문제 이외에 가격 메커니즘의 부재, 즉 적절한 가격(appropriate price)을 설정할 수 없다는 특성을 지니며, 따라서 적정 생산량을 결정할 수 없다는 문제점을 지닌다. 무임승차자 문제로 인한 공공재의 과소 공급 문제는 결국 강제적 조세(forced taxation) 제도를 활용해 공공부문에서 공공재를 생산하는 방식으로 해결할 수밖에 없다. 물론 정부는 납세자가 당해 공공재를 이용하든 않든 간에 강제적으로 과세할 수는 있으나, 이 경우에도 공공재의 적정 생산량과 적정 가격에 관한 지침을 얻을 수 없다는 문제점은 그대로 남는다.

2. 공공재의 유형

공공재의 유형은 기준에 따라 다양하게 분류할 수 있다. 공공재는 우선 배제성의 정도를 기준으로 순수공공재(pure public goods)와 준공공재(quasi public goods)로 분류할 수 있다. 순수공공재는 국방·외교 및 깨끗한 공기와 같이 비배제성의 특성이 강한 공공재를 말하며, 준공공재는 배제의 원칙을 어느 정도 적용할 수 있어 시장경제에서도 생산·공급이 가능한 공공재를 말한다. 물론 순수공공재는 비배제성이라는 특성 이외에 경합성이라는 측면에서 균등 소비를 제공해 주는 특성도 동시에 지닌다. 순수공공재는 일반적으로 정부 또는 공공부문이 예산을 통해 전적으로 생산·공급한다. 이에 반해 민간부문에서도 생산·공급될 수 있는 준공공재의 경우에는 시장실패가 있을 때 정부가 개입을 통해 시장 기능을 보완하게 된다.

그러나 준공공재와 관련된 정부의 역할 범위를 둘러싸고 시장주의자들과 개입주의자들(interventionists)의 관점이 서로 부딪친다. 시장주의자들은 정부의 개입이 시장 기능의 결함을 보완하기 위한 최소한의 수준에 그쳐야 한다고 주장하는 데 반해, 케인스(John M. Keynes)와 같이 경제에 대한 국가 개입을 옹호하는 개입주의자들은 '공공성'의 확보를 위한 정부의 적극적 역할을 강조한다.

20세기의 적극국가에서는 준공공재의 역할이 크게 증대됐다. 예를 들어 오늘날 우리나라의 주택공사와 서울시 SH공사(Seoul Housing)는 '공공성'을 명분으로 삼아 일반 건설업체와 마찬가지로 아파트 사업을 수행한다. 물론 이러한 공기업은 적정량의 아파트 공급과 적정 수준의 아파트 가격 유지에 기여함으로써 시장을 보완하는 기능을 수행한다. 그리고 빈민층의 주거복지를 위해 '공공임대주택'을 건설하는 공공적 기능을 수행한다. 그러나 시장주의자들은 민간기업에 비해 효율성이 떨어지는 공공기관의 끊임없는 영역 확장을 경계하면서, 정부의 기능은 시장의 단순한 보완물이나 교정물 정도에 한정해야 한다고 주장한다.

사바스(Savas, 1982)는 공공재가 갖는 두 특성, 즉 비배제성과 비경합성의 유무를 기준으로 삼아 재화의 유형을 <표 4-1>과 같이 시장재, 요금재, 공유재, 집합재의 네 가지로 구분했다(이종수 외, 2005; 김동건, 1988).

표 4-1 재화의 유형

		경합성 유무	
		경합성	비경합성
배제 여부	배제 가능	(1) 민간재 (private goods) *순수민간재	(2) 요금재 (toll goods) *준공공재
	배제 불가능	(3) 공유재 (common-pool goods) *준공공재	(4) 집합재 (collective goods) *순수공공재

(1) 민간재

순수민간재(pure private goods)는 경합성과 배제성을 동시에 가진 재화를 말한다. 이와 같은 민간재는 시장기구를 통해 공급하는 것이 가능할 뿐만 아니라 그렇게 하는 것이 자원 배분상 효율적이기에, 주로 시장에서 제공돼 공공부문의 개입이 최소화되는 부분이다. 민간재에 대해서도 정부는 소비자를 보호하고 거래비용(transaction cost)을 줄이기 위해 제품의 안전과 규격 등을 규제할 필요가 있으며, 또한 저소득층을 배려하기 위한 복지 차원에서 정부의 부분적 개입 필요성은 인정되고 있다.

예를 들어, 도량형과 상품 규격에 관한 정부의 규제가 없다면, 가솔린 구매자와 판매자들은 가솔린을 거래할 때마다 가솔린 양을 측정하고 옥탄가를 측정하기 위한 도구를 일일이 갖고 다녀야 할 것이며, 그에 따르는 거래비용이 발생할 것이다. 일반적으로 상품 거래에서 판매자가 구매자보다 고급 정보를 소유하고 있다는 점에서, 상품 규격에 관한 정부규제는 특히 소비자들이 상품거래 정보를 획득하는 데 소요되는 거래비용을 줄여주는 역할을 한다. 순수민간재에 대해서도 거래비용의 문제는 정부규제의 필요성을 정당화하는 데 사용된다. 이때 정부규제는 특히 생산자 또는 판매자에 대한 규제에 초점이 맞춰져 있다.

(2) 요금재

요금재(toll goods)는 비경합적 소비가 이뤄지나 배제 자체가 가능하기에 이용자들에게 요금을 징수할 수도 있는 준공공재를 말한다. 이용객 수가 많지 않아 크게 혼잡하지 않은 공원이나 교량 등이 여기에 해당된다고 하겠다. 이용자 수가 많은 경우에는 소비에 경합적인 성격이 나타날 수 있으나, 혼잡하지 않을 경우에는 한 사람의 이용이 다른 사람에게 아무런 불편을 주지 않는다는 차원에서 비경합성이 존재한다고 할 수 있다. 이러한 요금재에는 그 밖에 전기, 가스, 상하수도 등과 같은 사회기반시설도 포함된다.

요금재는 대가를 지불하지 않는 소비자를 배제할 수 있기 때문에, 민자유치사업 등에서와 같이 시장기구를 통해 공급될 수 있는 이른바 준공공재에 속한다. 그러나 요금재의 상당 부분을 정부가 공급하는 이유는 자연독점으로 인한 시장실패에 대응해야 하기 때문이다. 즉, 요금재가 창출하는 독점 이익의 왜곡을 방지하기 위해 많은 경우 요금재는 공공기관이나 공기업에서 생산을 담당한다. 그러나 최근에는 공공부문의 비효율성을 논거로 사회기반시설의 건설에 민간기업의 참여가 활성화되고 있다. 민자유치사업은 정부 입장에서는 재원을 쉽게 마련할 수 있을 뿐만 아니라 공공부문의 비효율성을 제거할 수 있다는 이점이 있으며, 민간기업 입장에서도 일정 수익을 확보할 수 있다는 이점을 지니기 때문에 많은 기업이 요금재 생산에 적극 참여하고 있다.

(3) 공유재

공유재(common-pool goods)는 경합성은 있지만 배제가 어려운 재화를 말한다. 즉, 소비는 경합적이나 배제에 따른 비용 부담이 과중해서 배제의 원칙이 적용되기 어려운 재화가 공유재다. 공유재도 민간부문에서 생산·공급이 가능하다는 측면에서 준공공재에 속한다. 이러한 공유재에는 천연자원이나 희귀 동식물 그리고 녹지, 국립공원, 하천, 기타 공공시설이 속한다.

공유재의 비배제성 때문에 공유재에는 과소비와 공급비용 귀착 문제가 야기된다. 즉, '공유재의 비극(common tragedy)'에서 지적되듯이 소비는 경합되지만 정당한 대가를 지불하지 않아도 배제시킬 수 없기 때문에 비용 회피와 과잉 소비로 인해 공유재가 쉽게 파괴되는 비극이 초래되는 영역이다. 따라서 정부에서는 공유자산의 무분별한 사용에 따라 발생하는 문제점, 즉 사회적 함정(social traps)[2]을 방지하기 위해 공유재의 사용과 관련된 규칙을 설정할 필요가 있다.

(4) 집합재

집합재(collective goods)는 비배제성과 비경합성이 모두 적용되는 재화로 국방, 외교 등 순수공공재가 여기에 속한다. 집합재는 비경합성과 비배제성의 특징 때문에 항상 시장에서의 과소 공급의 문제점을 야기하는 만큼 원칙적으로 공공부문에서 공급돼야 한다.

제 3 절 공공서비스의 적정 규모

공공서비스의 적정 규모에 관한 논의는 정부 기능의 범위와 관련된 논란으로 연결된다. 공공재는 사회적 필요만큼 시장에 의해 공급되지 않기에 결국 공공부문에 의

2) 사회적 함정(社會的 陷穽, social traps): 사회 전체적으로 볼 때 개인들은 공유재의 사용을 자제해야 하나, 개인적인 차원에서는 공유재를 경쟁적으로 많이 사용하는 것이 합리적인 선택이 돼 공유재의 지나친 사용으로 사회적 딜레마가 초래되는 현상을 말한다.

해 공급될 수밖에 없다. 공공재의 적정 규모를 둘러싸고 시장주의자들과 진보주의자들의 주장이 서로 부딪친다. 진보주의자들은 시민들의 점증하는 사회적 욕구(social wants)를 충족시키기 위해 정부가 공공재의 생산 및 소비에 폭넓게 개입할 것을 처방하는 데 반해, 시장주의자들은 공공재 생산에서의 정부의 역할을 인정하면서도 그 범위를 최소화할 것을 주장한다. 20세기 말의 신자유주의자들은 특히 '준공공재' 영역을 민영화를 통해 '시장'으로 몰아낼 것을 강력하게 처방한다. 공공재의 적정 규모는 결국 시장화가 가능한 준공공재의 생산을 공공부문이 어느 정도의 규모로 담당해야 할 것인가 하는 문제로 귀결된다.

공공서비스의 규모는 다양한 요인에 의해 커져 왔다. 공공서비스의 규모가 오늘날과 같이 커진 것은 20세기에 들어오고 나서부터라고 할 수 있다. 특히 제2차 세계대전 이후 30년간 대부분의 자본주의 경제체제에서 정부의 역할은 극적으로 확대됐다. '복지국가(welfare state)'가 성숙됨에 따라 정부는 사회적 서비스를 확대시키고 실업자와 노약자 그리고 빈곤층에 대한 이전소득을 확대시켰다. 더욱이 서유럽의 일부 정부는 석유, 자동차, 교통 산업부문에서까지 공기업을 운영함으로써 공공재의 주요 생산자가 되기도 했다. 정부의 추출 역할(extractive role) 증대와 관련해, "한 손에 세금고지서를 든 국가가 민간경제에 침투해 민간경제에 대한 통제권을 확대하게 됐다(Tax bill in hand, the state penetrated the private economies and won increasing dominion over them)"는 슘페터(Schumpeter, 1918: 19)의 반세기 이전의 말은 오늘날에 더욱 적절한 것으로 보인다.

관료제의 팽창은 국민소득에 대한 공공지출의 비율로 흔히 측정된다. 국민소득에 대한 공공지출의 비율을 보면 영국이 1930년대에 26% 정도였으나, 1980년대에는 45%로 확대됐다(이영선, 1997: 264-265). 프리드먼과 프리드먼(Friedman & Friedman, 1985)은 미국 연방정부의 규모가 어떻게 변모해 왔는가를 자료를 이용해 설명하고 있다. 프리드먼(Milton Rose Friedman)에 의하면 20세기 초반기만 하더라도 국민소득에서 정부의 총지출이 차지하는 비중은 10% 미만에 불과했다. 예를 들어 미국의 경우 1902년의 연방정부와 주정부의 예산이 국민소득에서 차지하는 비중은 정확히 9.3%(연방정부 3.2%, 주정부 6.1%)이었다. 그런데 정부 지출의 비중은 1980년에 이르러 무려 41.1%로 증가한다. 연방정부와 주정부의 비중은 각각 28.4%와 12.7%로 늘어나게 된다. 이는 한 나라가 만들어 내는 부가가치 가운데 거의 40% 정도가 정부 개입 하에 이뤄지고 있다는 사실을 말한다. 특히 1930년대 이래로 정부 지출의 크기는 빠른 속도로 증가하고 있음을 알 수 있다.

공공재 및 정부의 규모가 커진 원인은 사회경제적 구조 변화와 정치·경제사상의 변화 그리고 관료제의 제국건설(empire building) 속성에서 찾아볼 수 있다.[3)]

1. 공공서비스 규모 확대 원인으로서의 사회경제적 구조 변화

공공서비스의 규모와 정부 비대화의 원인은 거시적으로 볼 때, 결국 사회경제적 구조 변화에서 그 원인을 찾을 수 있다. 이와 같은 사회경제적 구조 변화는 정부 외적인 정부 성장 요인이라고 할 수 있으며, 다른 관점에서는 시민들의 공공재 수요 증대로 인해 정부가 성장하게 된 것이라고 할 수 있다. 특히 산업혁명을 통해 농업사회가 산업사회로 바뀌고, 사회경제적 구조가 급속도로 성장·발전하게 되면서 정부 역할이 다기화됨에 따라 공공부문이 지속적으로 확대돼 온 것이다.

노스(North, 1984; 소병희, 1993: 142－144)는 정부부문 성장의 원인을 특히 산업혁명 이후의 정치·경제·사회적 구조 변화에서 찾고 있다. 산업혁명 이후의 도시인구 증가는 도시행정의 수요를 확대시키는 등 정부부문의 성장에 영향을 미쳤다. 또한 산업혁명으로 시장이 확장되고 경쟁이 격화됨에 따라 생산자들이 외부 경쟁자를 퇴치하는 데 정부의 규제가 가장 효과적이라고 믿게 되면서 정부 제도와 기능이 늘어나게 됐다. 그리고 전통적으로 가족 단위가 수행해 오던 여러 가지 사회·경제·교육적 역할을 전문화된 시장과 정부가 대체하게 됨으로써 정부의 기능이 확대된 것으로 볼 수 있다. 예를 들어 경제적 단위로서의 가족이 담당해 오던 복지 기능의 일부가 정부의 사회보장제도로 내재됨으로써 정부의 규모와 기능이 확대된 것이다. 노스는 또한 사회구조의 전문화로 탄생하게 된 다양한 이익집단이, 다른 집단으로부터

3) 카메론(Cameron, 1978: 1245－1251)은 공공경제 팽창 원인을 경제적 설명, 재정적 설명, 정치적 설명, 제도적 설명, 국제적 설명의 다섯 가지로 나눠 논하고 있다.

부(富, wealth)의 재분배를 요구하게 되면서 정부의 역할이 더 커지게 됐다는 점도 지적한다.

2. 공공서비스 규모 확대 원인으로서의 정치 · 경제사상의 변화

공공재의 규모가 특히 20세기 들어 크게 확대된 것은 정치 · 경제사상의 변화 때문이다. 경제사상적으로 볼 때, 스미스 이래 지속돼 온 자유방임주의 사상은 1930년대의 세계 대공황(Great Depression)을 계기로 크게 바뀌게 됐다. 즉, 대공황 극복의 방법으로 케인스(John M. Keynes)의 이론을 수용해 정부가 공공사업을 확장하고, 유효 수요의 창출을 위한 정부의 개입이 당연시되면서 정부의 역할이 커지기 시작한 것이다.

또한 제2차 세계대전을 치르면서 정부부문의 성장은 가속화됐고, 전후의 복구사업, 사회복지의 증진 등이 사회경제 정책으로 정착돼 가면서 공공부문이 국민경제에서 차지하는 비중은 더욱 커지게 된 것이다. 선진국에서는 부의 재분배 및 복지를 위한 정부의 개입이 보편적으로 수용됐으며, 이른바 후발산업국가(late industrializer)에서는 경제 성장을 위한 정부의 적극적 개입이 일반화된 것이다.

공공서비스의 확대는 궁극적으로 사회구성원의 정치적 동의에 의해 가능하다는 점에서 정치사상의 변화를 공공재 확대의 한 원인으로 지적할 수 있다. 예를 들어 이전에 민간재로 취급되던 주택과 같은 특정 재화가 '주거복지'를 명분으로 준공공재의 지위를 획득하게 되는 것은 정치체제가 공공성을 인정했기 때문으로 볼 수 있다. 그와 반대로 1980년대 이후의 신공공관리론에서는 이전에 준공공재로 인정해 공공부문이 제공했던 일부 공공재를 민간재로 환원하기 위해 민영화할 것을 처방한다. 우리나라 정부가 과거 체신부에서 관장해 오던 전화사업을 한국통신으로 이관하고 철도청을 공사화하며 은행을 민영화한 것은 이들 재화를 사적 재화화한 것으로 볼 수 있다.

3. 공공재 규모 확대 원인으로서의 관료제 정치

오늘날 대부분의 국가들이 직면하고 있는 고민은 정부의 크기가 필요 이상으로 비대화돼 가고 있다는 사실이다. 공공재의 규모는 제국건설(empire building)을 지향하는 관료제 속성에 의해 끊임없이 확대되는 경향이 있다. 정부 규모의 팽창에 관한 바그너 법칙(Wagner's Law)[4]이 정부 외적 성장 요인을 지적한 것이라면, 파킨슨의 법칙(Parkinson's Law)과 니스카넨(William A. Niskanen, Jr)의 예산극대화 모형은 정부 규모의 증대에 관한 정부 내적 성장 요인을 지적한 것이라고 할 수 있다.

파킨슨의 법칙은 "공무원의 숫자는 해야 할 업무의 경중이나 그 유무에 관계없이 일정 비율로 증가한다"는 법칙을 말한다. 파킨슨(Parkinson, 1957)은 공무원의 수가 증가하는 이유로 '부하 배증의 법칙'과 '업무 배증의 법칙' 두 가지를 들고 있다. '부하 배증의 법칙'은 공무원은 업무가 늘어날 때 동료를 보충받아 업무를 반분해서 해결하기보다는 새로운 부하를 보충받기를 원하는 현상을 지적한 것이다. 그리고 '업무 배증의 법칙'은 공무원은 비록 본질적 업무가 크게 증가하지 않는다 하더라도 지시, 보고, 승인, 감독 등의 파생적 업무를 증가시킴으로써 결국 업무가 늘어나게 되는 현상을 지적한 것이다.

한편 관료행위에 대한 수리모형을 최초로 개발한 니스카넨(Niskanen, 1971)은 관료들이 공공재의 생산을 극대화하기보다는 그들이 쓸 수 있는 예산을 극대화한다고 가정한다. 그는 관료의 예산극대화 행태를 예산 산출 함수 및 정치적 수요곡선과 총비용함수 그리고 목적함수를 도입한 수리적 모형을 사용해 설명하고 있다. 니스카넨은 모형을 통해 관료들은 정치인들이 승인하려는 정부예산보다 두 배를 요구하게 된다고 분석하고 있다.

니스카넨 모형의 초점은 정치인과 관료의 목적함수가 다르다는 데 있다. 정치인들

---

4) 바그너 법칙은 "공공서비스에 대한 시민의 요구와 납세 의사(willingness to pay taxes)는 소득탄력적(income-elastic)이며, 따라서 그것은 경제적 풍요(economic affluence)가 증대함에 따라 증가하게 마련"이라는 것을 의미한다. 이 법칙에 따른다면, 한 나라가 경제적으로 풍요해지면 풍요해질수록 공공경제는 팽창하게 마련이라고 할 수 있다(Wagner, 1883; Cameron, 1978: 1245; 이종수, 「행정학사전」 참조).

이 생각하는 공공재의 적정 공급량은 총편익과 총비용의 차이가 극대화되는 수준이나, 관료들의 효용은 공공재의 편익보다는 비용 자체에 좌우되기에 공공재의 비용이 편익보다 크지 않은 한도 내에서 공공재의 공급을 늘리려고 한다는 것이다. 즉, 관료들은 승진·역득(役得)·명성 등의 자기 이익을 극대화하기 위해 예산을 극대화한다는 것이다. 결국 공공재의 공급량은 정치인과 관료의 세력 균형에 의해 결정되는데, 정치인들은 실질적 비용함수에 대해 잘 알지 못하기 때문에 관료들이 목적하는 바가 더 많이 달성된다고 니스카넨은 지적한다(이영선, 1997: 255－267).

또한 브레넌과 뷰캐넌(Brennan & Buchanan, 1980)의 이른바 리바이어던 가설(Leviathan hypothesis)도 공공부문의 팽창 요인을 관료제 정치에서 찾는 이론으로 볼 수 있다. 정부를, 규모와 조세의 극대화를 추구하는 새로운 괴물(new Leviathan)로 보는 그들은 공공지출에 대한 통제 권한이 집권화될 경우, 정치인·관료·특수이익 로비스트들의 선호가 재정정책에 반영됨으로써 정부의 재정 지출이 늘어나고 정부 규모가 팽창하게 된다고 주장하면서, 분권화를 대안으로 처방한다. 브래넌과 뷰캐넌이 제시한 '리바이어던 가설'은, 공공경제 팽창의 원인을 재정적 집권화 여부에서 찾는 카메론의 이른바 '제도적 설명(economic explanation)'에 속한다고도 할 수 있다.

그 밖에 에임즈(Ames, 1965)도 관료는 그들의 산출량을 극대화하려는 성향이 있다고 봤으며, 갈브레이스(Galbraith, 1967)도 정부의 공공서비스 등 관료의 산출물의 증대는 전문 기술구조(technostructure)의 확대이자 관료계급의 확대를 의미하게 되므로 관료는 그들의 산출물을 극대화하는 것으로 봤다. 또한 로머와 로젠탈(Romer & Rosental, 1979)은 예산극대화를 추구하는 관료가 어떤 식으로 자신들이 원하는 바를 주민투표를 교묘히 이용해서까지도 관철시킬 수 있는가 하는 것을 보여줬다. 관료들은 일반적으로 주민에 비해 정보 수집과 분석에서 비교 우위(comparative advantage)를 점하고 있기에, 주민들은 관료가 제시하는, 주민 자신들의 최적 수준보다 훨씬 높은 수준의 공공재를 수용할 수밖에 없게 된다는 것이다(소병희, 1993: 150－155).

관료들의 필요 이상의 예산극대화 성향을 견제하기 위해서는 국회와 언론 그리고 시민단체와 민간전문가들의 역할이 무엇보다 중요할 것이다.

공공부문 팽창 요인을 설명하는 그 밖의 이론으로는 피콕(Alan R. Peacock)과 와이즈만(Jack Weisman)의 '전위효과 가설', 윌다브스키(Aaron B. Wildavsky)의 '역(逆)바그너 법칙', '보몰효과' 등을 들 수 있다.

영국의 재정팽창 과정을 연구한 피콕과 와이즈만(Peacock & Wiseman, 1967)은 바그너 법칙에서 암시된 '역사적 결정론(historical determinism)'을 거부하면서, 대규모 조세 부담을 초래하는 전쟁・공황과 같은 위기의 중요성을 강조하는 전위효과(轉位效果, displacement effect) 가설을 제시했다. 즉, 그들은 전쟁과 같은 비상시에 증액된 조세는 위기가 끝난 후에도 판막효과(瓣膜效果, ratchet effect)로 인해 쉽게 줄어들지 않고 새로운 사업계획을 추진하는 데 이용됨으로써 정부 재정이 팽창하게 된다는 전위효과 가설을 제시했다(이종수, 2009c.「행정학사전」 참조).

공공부문 팽창에 관한 제3의 이론으로는 윌다브스키(Wildavsky, 1975: 232-35)의 이른바 '역바그너 법칙(counter-Wagner Law)'을 들 수 있다. 그는 공공경제의 팽창은 경제 성장과 정(正)의 상관 관계를 맺기보다는 오히려 역(逆)으로 움직인다(varies inversely)고 주장한다. 다시 말하면, 공공경제는 경제가 급격하게 성장하는 나라에서보다 저성장으로 충분한 세수(稅收)를 확보할 수 없는 저성장 국가에서 더 늘어나게 된다는, 경제 성장과 공공부문 팽창의 부(負)의 상관 관계를 윌다브스키는 주장한 것이다.

위에서 언급한 '바그너 법칙', 피콕과 와이즈만의 '전위효과', 윌다브스키의 '역바그너 법칙'은, 카메론(David R. Cameron)이 분류한 바에 따르면, 공공경제 팽창의 원인을 경제적으로 설명하는 이론들(economic explanation)이다.

정부 팽창 요인에 관한 다른 이론으로는 보몰의 병리(Baumol's disease)를 들 수 있다. 1960년대에 보몰(William J. Baumol)과 보웬(William G. Bowen)이 주장한 것으로 보몰효과(Baumol effect)로도 불리는 보몰의 비용 병리(Baumol's cost disease)는 원래 조직구성원의 보수가 노동생산성의 향상보다 더 많이 인상되는 현상을 가리키는 개념이다. 보몰은 제조업 부문의 생산성은 자동화(automation) 등의 혁신에 의해 급격하게 증대하고 있으나 인간의 직접적 노동에 의존하는 서비스 분야의 생산성 향상은 불균형적으로 더디다고 하면서, 제조업 부문의 자동화 및 인력 감축으로 얻게 되는 이윤은 늘어나는데, 따라서 감축되지 않고 살아남은 인력의 보수는 늘어나게 된다는 것이다. 이러한 논리를 연장할 경우, 공공부문의 업무는 특히 노동집약적 성격을 띠기에 생산성 증가에 비해 보수가 더 빨리 늘어나게 되고 비용 절감이 힘들며, 따라서 정부 지출 규모는 점차 커질 수밖에 없다고 할 수 있다(Bosworth & Triplett, 2003; 이종수, 2009c. 『행정학사전』 참조).

한편 공공재는 민간재에 비해 과소 공급되는 경향성이 있다고 하면서 그 원인을 설명하는 이론도 있다. 이러한 이론으로는 갤브레이스(John K. Galbraith)의 의존효과(dependence effect), 머스그레이브(Richard Musgrave)의 조세저항(taxpayer resistance), 다운스(Anthony Downs)의 합리적 무지(rational ignorance), 듀젠베리(James S. Duesenberry)의 전시효과(demonstration effect) 등을 들 수 있다. 이들은 그러나 어디까지나 상대적 관점에서 공공재에 대한 요구나 소비가 민간재만큼 급격하게 늘어나지 않는다는 점을 강조하고 있을 뿐이다.

갤브레이스(Galbraith, 1958)는 그의 풍요사회(affluent society)에 대한 분석에서 기업체의 광고 및 판매 증진활동은 소비자의 욕구를 인공적으로 창출함으로써 편익이 증진되지 않더라도 더 많은 소비를 이끌어 내게 된다고 주장한다. 그는 그러나 민간의 사적 재와는 달리 공공재의 경우에는 적절한 광고가 이뤄지지 않아 공적 욕구를 자극시키지 못함으로써 공공재가 과소 공급된다고 주장한다.

그리고 머스그레이브와 머스그레이브(Musgrave & Musgrave, 1989)는 납세자들이 사적 재의 경우에는 자신이 부담한 만큼 편익을 누린다고 생각하나 공공재의 경우에는 자신의 부담에 비해 적은 편익을 누린다고 생각함으로써 조세저항이 일어나고 이러한 조세저항으로 세수가 감소됨으로써 공공재가 과소 공급된다(benefit of the publicly provided goods and services is lower than that of the burden of the public revenue: a public underprovision will prevail)고 주장한다.

다운스(Downs, 1957)의 '합리적 무지의 가설(rational ignorance hypothesis)'은 "유권자의 숫자가 늘어나면 정치정보 수집을 위한 개인의 투자는 영에 가깝게 줄어든다(individual investment in political information declines to zero as the number of voters increases)"는 것이다. 즉, 유권자의 숫자가 늘어나게 되면 한 개인의 투표

결과는 무시해도 좋을 만큼 영향이 적기에, 특정 개인이 '합리적으로 무지하다(rationally ignorant)' 하더라도 투표 결과는 정보를 많이 지닌 유권자와 일치하게 된다는 것이다. 공공선택론자들은 이러한 논리를 연장, 집단 규모가 클 경우 합리적 행위자는 민간재와 달리 선택적 유인(selective incentives)이 없는 공공재 형성에 적극 기여할 유인을 갖지 않을 것으로 가정한다.

다른 사람의 소비행동을 모방하려는 사회심리학적 소비 성향을 가리키는 듀젠베리(Duesenberry, 1949)의 이른바 전시효과도 공공재에는 적용에 한계가 따른다. 즉, 민간재의 경우에는 특정 개인이 다른 사람의 소비 양식에 자극받아 여유가 생기면 소비를 늘리는 경향이 쉽게 나타나나, 공공재의 경우에는 민간재만큼 반응이 민감하지 않기 때문에 공공재가 과소 공급될 수 있다는 것이다.

생각해 보기

공공재의 과잉 투자를 방지하기 위한 제도적 개선책을 모색해 봅시다.

[사설] '개점휴업' 공항에 8,800억 세금 털어 넣은 도둑 명단 공개하라

정부는 1999년 말 착공하고도 항공사들이 취항을 원하지 않아 10년 가까이 문을 못 열고 있는 울진공항을 조종사 양성용 비행훈련원으로 사용하기로 했다. 울진공항은 "1,320억 원을 들여 지어놓고 승객이 없어 휴업하고 있다"며 AFP통신이 선정한 '2007년 세계 10대 황당 뉴스'로 뽑혔었다. 2005년 공사가 중단된 뒤에도 2층 6,664m^2짜리 여객터미널과 1,800m 활주로를 유지・보수하느라 매년 20억 원을 써왔다. 이젠 비행훈련원으로 바꾸는데 또 국민 세금을 써야 할 판이다. 도둑이 따로 없다. 승객도 화물도 없는 곳에 공항을 지으라고 압력을 넣었던 유력 정치인, 제 목을 보전하기 위해 그런 황당한 압력에 굴복한 장관, 유력 정치인과 장관의 비위를 맞추기 위해 예상 승객과 화물을 부풀렸던 전문가, 그 장관 말씀에 '알았습니다'를 반복한 공무원 모두가 국민 세금 도둑과 도둑의 하수인들이다.

도둑은 대한민국 도처에 널려 있다. 정부는 전북 김제에도 공항을 짓기 위해 9년 전부터 480억 원을 들여 부지를 사놓고는 2003년 사업을 중단했다. 자동차로 2~3시간이면 충분히 갈 수 있는 곳을 비행기 타고 갈 사람이 있을 리 없다. 항공사들은 취항하지 않겠다고 했다. 지금은 땅을 놀릴 수 없다며 인근 농민들에게 배추・고구마 밭으로 빌려 주고 한 해 2억 원쯤 받고 있다. 농민들은 "정부가 돈 주면서 땅에서 나가라고 하더니 이제는 돈 내고 농사지으라 한다"며 혀를 찬다.

2002년 문을 연 뒤 올 상반기까지 548억 누적 적자를 본 양양공항은 지난 달 정기노선

이 모두 없어져 비행기도 승객도 없는 유령 공항이 됐다. 작년 개항한 전남 무안국제공항은 하루 평균 이용객이 공항 직원 350명보다 적은 300명쯤이다. 시골 버스대합실만도 못한 처지다. 공사비 386억 원이 투입된 예천공항은 승객이 없어 2004년 폐쇄됐다. 가장 문제가 많은 울진·양양·무안·김제·예천 공항 건설에만 국민 세금 8,800억 원이 들어갔다.

교통연구원은 울진공항 착공 직후인 2000년 하루 이용객이 50명밖에 안 될 것이라는 보고서를 냈었다. 그래도 공사가 강행된 것은 당시 실세 정치인의 입김 때문이라는 얘기가 많았다. 다른 지방 공항에도 어느 유력자가 추진했느니 어느 정치인이 유치했느니 하는 말이 돌았다. 일부 공항 건설은 총선과 대선 공약으로 내걸렸다.

이런 황당한 일이 다시는 되풀이되지 않게 하려면 엄정한 조사를 통해 도둑과 도둑의 하수인 명단을 공개해야 한다.

(조선일보, 2008.11.02)

생각해 보기

낭비성 국책사업의 억제를 위한 제도적·사회적 대책에 대해 생각해 봅시다.

누가 예산 낭비 사업의 책임을 져야 하나?

지방공항들이 천덕꾸러기를 넘어 국가적인 재앙으로까지 전락했지만 아무도 책임지는 사람이 없다.

양양·무안·울진·김제·예천 공항 등 문제투성이 공항을 짓는 데 영향력을 행사한 유력 정치인들과 해당 도지사와 시장·군수, 당시 정책을 추진한 장·차관과 실무 국장 등 공무원들까지 아무도 책임지거나 유감 표명이라도 하는 사람이 없는 것이다. 정책 추진자의 의도에 맞춰 엉터리 수요 예측을 해준 용역업체 전문가들도 입을 다물고 있기는 마찬가지다.

공정률 85% 상태에서 공사가 중단된 울진공항은 일명 '김중권 공항'이라고 불린다. 김대중정부 시절 실세였던 김중권 당시 청와대 비서실장이 공항 건설에 영향력을 행사했다는 시각에서 유래한 것이다. 2000년 한국교통연구원은 하루 이용객이 50명에 불과할 것이란 보고서를 냈지만 공사를 강행한 것은 당시 정권 실세였던 김 전 실장의 영향력 때문이라는 얘기가 많았다.

결국 정권이 바뀐 2004년 감사원은 "여객 수요가 과장됐으니 재검토하라"고 지적했고 공사가 중단됐다. 중단된 울진공항 건설에 들어간 혈세는 이미 1100억 원이 넘었다. 그러나 감사원도 수많은 문제점을 지적했지만 담당 공무원을 문책하라는 주문은 내놓지 않았다. 김 전 실장은 본지 통화에서 "(내가) 청와대 비서실장 할 때 지원한 것은 맞지만, 울진이 우리나라 제일의 교통 오지라 초선 때부터 추진한 일"이라며 "공사를 중단한 것은 정부가 잘못한 일로, 한번 운항을 시작하면 수요 유발 효과에 따라 수요가 늘어날 것"이라고 주장했다.

승객이 적어 2004년 폐쇄한 예천공항은 5공 당시 이 지역 출신 실세의 이름을 따 '유학성 공항'이라고도 불렸다. 1989년 개항 당시 이 지역 국회의원인 유학성(작고) 씨가 공군비행장을 민간공항으로 변신시켜 민간 비행기를 띄우기 시작했다는 것이다. 문제는 공항 수요가 줄고 있는데도 수용 능력을 대폭 늘린 신청사를 신축한 것이다. 2000년 총선을 앞둔 1999년 10월 당시 김대중 대통령이 경북 영주와 안동을 방문해 공항 확장을 약속했다. 당시 여권은 영남 교두보 확보가 최대 정치적 목표 중 하나였다. 결국 중앙고속도로 개통으로 공항 수요가 급감하면서 예천공항은 폐쇄되는 운명을 맞았다. 그러나 정책 판단을 잘못해 386억 원의 혈세를 낭비한 사람을 문책해야 한다는 얘기조차 나오지 않고 있다.

무안공항은 '한화갑 공항'이라 불린다. 한화갑 전 민주당 대표도 지난해 4월 총선 직후 자신의 블로그에 올린 글에서 "무안공항은 한화갑이가 세웠다고 해도 과언이 아니다"고 했다.

무안과 김제공항 건설을 확정한 이정무 전 건교부 장관은 "지금 돌이켜보면 아쉬운 부분도 있고, 여러 가지 정치적 상황이 있었다. 특히 호남 배려 차원에서 그렇게 결정한 과정들이 있었다"고 정치적 고려가 작용했음을 인정했다.

항공대 이영혁 교수는 "정치적 압력을 받았겠지만, 결국 고속도로와 고속철 등 다른 교통 수단들과의 경쟁 변수를 감안하지 않은 공무원들이 책임을 질 문제"라고 말했다.

박용훈 교통문화운동본부 대표는 "용역기관이든 공무원이든 책임을 물어 예산 손실의 일부라도 손해배상을 청구하는 것, '정책실명제'를 명확히 실시하는 것도 한 방법"이라며, "엉터리 연구용역을 수행한 기관에는 다시는 공공 프로젝트 수주를 맡기지 않는 제도 개선도 필요하다"고 말했다.

(조선일보, 2009.02.09 02:57)

생각해 보기

예비타당성조사 제도는 사업성이 낮은 대형 국책사업의 무리한 추진을 억제함으로써 예산 절감 효과가 큰 것으로 알려지고 있다. '모법'이 아닌 '시행령'을 바꿔 특정 국책사업을 예비타당성조사 대상 사업에서 제외시키는 것과 같은 편법을 방지하기 위한 제도적 · 사회적 통제장치에 대해 생각해 봅시다.

예비타당성조사, 사업예산 절반 줄여

대형 공공사업의 타당성 여부를 사전에 검증하는 예비타당성조사를 받게 되면 절반 정도는 사업 규모가 줄거나 추진 보류되는 것으로 집계됐다. 예비타당성 제도는 총사업비가 500억 원을 넘는 대규모 신규 사업을 사전 평가해 타당성이 낮거나 준비가 미흡한 사업의 무리한 추진을 막기 위해 도입됐다

기획예산처는 지난 1999년 예비타당성조사를 도입한 이후 지금까지 총 130조 원 규모의 236개 사업에 대해 사전평가를 실시한 결과 104개 사업의 규모를 삭감하거나 추진 보

류시켜 64조 8천억 원 상당의 예산 낭비를 막았다고 13일 밝혔다.

지난해에는 춘천-철원 고속도로 1조 7,780억 원, 대전-논산 도로 확장 2,147억 원, 중소기업전시 컨벤션센터 2,266억 원 등 사업성이 낮은 사업 11건을 보류해 예산 3조 9천억 원가량을 절감했다. 2004년에는 55건(19조 1천억 원)에 대해 조사를 벌여 13건(4조 2천억 원)의 사업을 탈락시켰고 2003년에는 33건을 조사해 13건(4조 1천억 원)을 보류했다.

정부는 앞으로 지자체가 예비타당성조사를 피하기 위해 의도적으로 사업 규모를 축소하는 경우 사업 시행부처의 기본사업비를 깎는 등으로 불이익을 주기로 했다. 또한 500억 원 이하의 건설공사라도 유사 사업 단가 등을 비교, 향후 사업비가 예타 규모 이상으로 늘어날 가능성이 있으면 기획처 장관 직권으로 평가를 실시하기로 했다.

(헤럴드경제, 2006.03.13)

강만수 '법 시행령 주물럭' 사전 검증 봉쇄
국가재정법 시행령 바꿔 예비조사 면제 부여
투자비 90% 그냥 통과…"포괄규정 법 훼손"

22조 원이 넘는 초대형 사업이 제대로 된 사전검증 절차 없이 일사천리로 굴러갈 수 있었던 데엔 또다른 편법이 작용했다. 법률이 위임하지 않은 내용을 시행령으로 밀어붙여 위헌 논란까지 제기된다.

이명박 대통령의 핵심 측근인 강만수 청와대 경제특보는 기획재정부 장관 재임 막바지였던 지난 1월 5일 국가재정법 시행령 개정안을 입법예고했다. 예비타당성조사에서 면제되는 사업(13조 2항)으로 '지역 균형 발전, 긴급한 경제·사회적 상황 대응 등을 위하여 국가 정책적으로 추진이 필요한 사업으로서 기획재정부 장관이 정하는 사업'이라는 조항을 신설하고 '재해 복구 지원' 조항을 '재해 예방·복구 지원'으로 수정한 것이다. 예비타당성조사는 재정 남용의 부작용을 막기 위해 경제성을 사전에 검증하는 절차로 1999년 도입됐다. 2008년 기준으로 전체 378개 사업 중 162개 사업(43%)이 타당성이 낮다고 분석돼 무분별한 사업 집행을 막은 것으로 평가받아 왔다.

그러나 시행령을 이렇게 손질할 경우 장관이 타당성조사 면제 대상을 자의적으로 해석할 수 있는 길이 열려 입법 취지가 무색해진다. 이에 참여연대 조세개혁센터, 이용섭 민주당 의원 등은 "한반도 대운하 의혹사업(4대강 정비사업) 등의 예비타당성조사를 회피하고자 하는 의도가 아니냐"고 반발하며 정부에 시행령 개정 반대 의견서를 제출했다. 강 장관 후임으로 올해 1월 말 윤증현 기획재정부 장관이 취임했지만 변화는 없었고, 시행령은 지난 3월 25일 그대로 공포됐다.

예비타당성조사를 받지 않아도 되는 사업 중 '재해 복구 지원'이 '재해 예방·복구 지원'으로 바뀌면서, '홍수 피해 예방'을 위해 4대강 사업이 필요하다는 정부 논리도 근거를 갖췄다. 이에 따라 하도 준설, 보 설치 등 핵심사업 대부분이 예비타당성조사에서 면죄부를 받았다. 민주당은 총사업비 22조 2천억 원 중 약 90%에 해당하는 사업 19조 7천억 원가량이 예비타당성조사에서 제외되는 것으로 분석했다.

경제통인 이한구 한나라당 의원은 "시행령을 개정한 이유가 4대강 사업을 위한 것이었다고 볼 수밖에 없다. 법률에서 위임하지 않는 포괄적인 내용을 시행령에 규정한 것은 입법 취지를 훼손한 것"이라고 지적했다. 이는 위헌 논란으로 이어지고 있다. 이용섭 민주당 의원은 "헌법 75조는 '대통령은 법률에서 구체적으로 범위를 정하여 위임받은 사항과 법률을 집행하기 위해 필요한 사항에 대해 대통령령을 발할 수 있다'고 규정하고 있다. 개정 시행령이 예비타당성조사의 면제 범위를 지나치게 광범위하고 모호하게 규정한 것은 위헌"이라고 말했다.

민주당·민주노동당·진보신당·창조한국당 등 야4당과 400여개 시민사회단체로 구성된 '4대강 죽이기 사업 저지 범대위'는 4대강 사업에 대한 위헌소송을 제기하기로 하고 지난 달부터 1만 명의 국민소송인단을 모으기 시작했다.

(한겨레신문, 2009.10.19)

Chapter 05 행정이 추구하는 가치와 공직자 윤리

제 1 절 행정이 추구하는 가치

행정이 추구하는 가치는 '공공적' 가치다. 가치 개념 속에는 좋음(the good, 善)과 옳음(the right, 義)이라는 두 속성 개념이 들어 있다. 전자는 주관적 선호(preference) 및 이해관계(interest)와 관련되며, 후자는 의무적, 도덕적인 것으로서 초자아(superego)와 관련돼 있다. 개인 또는 집단의 부분적 이해관계를 나타내는 '좋음'을, 전체적 가치 또는 이익을 지향하는 '옳음'과 연결시켜 주는 요소는 '공동체 유지'라는 기본 가치다. 행정이 추구하는 가치는, 이와 같은 관점에서 볼 때, '공동체 유지'에 필요한 '옳음'을 지향하는 공공적 가치라 할 수 있다.

제3장에서 살펴봤듯이, '공공(public)'의 의미 속에는 이기적 관심 또는 사적 이익(self-interest)으로부터 자기 자신을 넘어 타인의 이익까지 배려하는 것이 포함된다. 타인의 이익에 대한 배려는 곧 공동체의 이익을 의미하는 공동선(common good) 또는 공익(public interest)을 지향하는 것을 의미한다. 따라서 국가공동체의 일을 다루는 행정은 기본적으로 '공익'을 추구한다고 하겠다. 공익은 제2절에서 좀 더 자세

히 고찰하고자 한다.

행정이 추구한 가치의 역사적 변천 과정을 보면, 17~19세기 입법국가 시대에는 합법성(legality)의 이념이 중시됐으며, 19세기 말 정치행정이원론이 주창되던 시기에는 능률성(efficiency)의 이념이 강조됐고, 1970년대의 신행정론자들은 형평성(equity)의 이념을 내세웠으며, 1980년대 이후의 신자유주의자들은 다시 능률성의 이념을 중시했다.

왕권의 견제에 초점을 뒀던 입법국가 시대에는 국민의 대표기관인 의회에서 제정된 법률을 충실하게 집행하는 것이 중요했기 때문에, 행정의 법률적합성, 즉 합법성의 이념이 중시됐다.

19세기 말의 정치·행정이원론자들은 실적주의(merit system)[1] 제도의 확립 등을 통해 행정을 정치의 영향으로부터 독립시킴으로써 능률적이고 공정한 행정의 구현이 가능하다는 논거에서 '능률성'의 이념을 전면에 내세웠다. 행정관리적 가치의 중심 개념인 능률성은 일반적으로 투입 대 산출의 비율(input-output ratio)로 표현된다. 능률성의 개념은 기계적 능률성(mechanical efficiency)과 사회적 능률성(social efficiency)으로 나눠 볼 수 있다. 투입 대 산출의 비율로 표시되는 기계적 능률성은 수량적으로 명시할 수 있는 기계적·물리적·금전적 측면에서만 파악한 개념이다.

사회적 능률성은 1930년대 들어 디목 외(Dimock, et al., 1936)가 강조한 행정의 가치다. 그들은 과학적 관리론(scientific management)에서 강조한 능률성이 '누구를 위한 능률이냐'는 목적 의식과 방향 감각을 결하고 있어 기계적인 성격에서 벗어나지 못했다고 지적하면서 능률의 상대화·사회화·인간화를 주장했다. 사회적 능률성은 행정의 사회 목적 실현, 다원적인 이익들 간의 통합 조정 및 행정조직 내부에서의 구성원의 인간적 가치의 실현, 민주성 등을 내용으로 하는 능률관이다. 이러한 사회적 능률성의 개념 속에는, 다원적인 이익들 간의 통합 조정을 속성 개념으로 내포하고 있다는 점에서 '공익' 및 '형평성'의 이념이 배어 있다고 하겠다.

---

1) 실적제는 공직에의 임용 기준을 실적, 즉 개인의 능력과 자격에 두는 인사제도를 말한다. 실적제는 정당에의 충성도와 공헌도를 공직 임용의 기준으로 삼는 엽관제(spoils system)와 대비되는 인사제도다.

한편 능률성과 대비되는 효과성(effectiveness)은 목표 달성도(degree of goal attainment)를 나타내는 개념이다. 효과성은 특히 근대화를 추진하는 발전도상국이나 후진국에서 추구되는 행정 이념이다. 그리고 효율성(efficiency and effective-ness)의 개념은 능률성과 효과성의 두 개념을 합친 개념으로 생산성(productivity)의 개념과 유사한 의미를 지닌다. 생산성이란 행정이 이뤄지는 과정의 비용을 적게 한다는 것뿐만 아니라 행정 결과의 수준(질), 내용, 시간성(timeliness) 등도 동시에 따지는 개념이다.

한편 1970년대의 신행정론자들은 빈곤, 청소년 비행(非行), 인종 분규 등 미국 사회의 여러 문제는 관료제가 공리주의적인 총체적 효용의 개념에 사로잡혀 정치·경제적으로 소외돼 온 소수집단에 대한 무관심 때문이었다고 하면서 형평성의 이념을 강조했다. 즉, 신행정론자들은 미국 사회의 이러한 문제들을 극복하기 위해서는 행정가가 적극적으로 나서서 사회적 형평성(social equity)을 구현하기 위해 노력해야 한다고 주장했다. 신행정론자들의 이러한 이념 지향은 20세기의 복지국가, 행정국가에서 추구한 가치 정향과 같은 맥락에서 이해할 수 있다.

형평성(equity)의 개념은 일반적으로 공정성(公正性, fairness)을 의미한다. 아리스토텔레스에 따르면, 형평성은 여러 개인 간의 관계에서 사물의 적절하고 마땅한 분배로 이뤄진 공정한 평등을 뜻하며, 돌바크(Paul Henri d'Holbach)는 형평은 각자의 재능과 업적에 따라 대우하는 것을 의미한다면서 정의가 곧 형평이라고 주장한다. 이러한 의미에서 볼 때, 사회적 형평이란 동등한 것을 동등한 자에게, 동등하지 않은 것을 동등하지 않은 자에게 처방하는 것을 의미한다고 할 수 있다. 현실 행정에서 형평성은 공공서비스 전달에서의 공정성으로 나타난다. 즉, 모든 국민은 경제력과 개인적 자질 등에 관계없이 정치·행정체제에서 동등하게 대우받는 평등주의를 의미한다.

그러나 1980년대 이후의 신자유주의자들은 다시 능률성의 이념을 내세우면서 공공부문의 축소를 지향한다. 이른바 영국병(English disease)[2]의 치유를 위해 공기업

---

2) 복지 프로그램의 증대로 재정적자가 누적되면서 조세 부담이 과중해지고 그 결과 민간기업의 투자가 위축되며, 다른 한편으로는 빈번한 노사 분규로 생산성이 저하되고 민간기업이 활력을 잃게 되는 등 과중한 복지정책이 초래한 영국의 사회·경제적 병폐를 가리키는 말.

의 민영화 등 공공부문의 감축관리를 처방하고 시장 메커니즘을 지향하는 신자유주의자들은 복지국가가 추구한 형평성의 이념보다는 능률성의 이념을 다시 강조하고 있다. 그러나 1990년대 이후 일부 유럽 국가들에 의해 모색되기 시작한 제3의 길은 '형평성' 이념과 '능률성' 이념의 균형을 지향한다고 할 수 있다.

이러한 관점에서 볼 때, 행정이 추구한 이념은 '형평성'의 이념과 '능률성' 이념 사이에서 시계추처럼 진동(振動)해 왔다고 할 수 있다. 행정의 이러한 가치 정향은 행정학의 학문적 뿌리와 관련돼 있다. 19세기 말 체계화되기 시작한 근대 행정학은 학문적 바탕을 정치학과 경영학에 두고 있다. 그런데 공동체의 연대를 중시하는 정치의 영역에서는 사회적 가치(social values)의 형평적 배분을 중요시하며, 사적 이윤을 추구하는 경영의 세계에서는 '능률성'을 중시하는 바, 두 학문의 교차 영역에 위치한 행정학은 '형평성'과 '능률성'의 두 가치를 동시에 추구한다.

행정이 추구하는 가치는 그 도구성을 기준으로 삼아 본질적 가치(intrinsic value)와 비본질적 가치(instrumental or extrinsic value)의 두 가지 종류로 나눌 수 있다(Ackoff, 1981: 41). 본질적 행정가치는 행정을 통해 이룩하고자 하는 궁극적 가치를 말하며, 비본질적 가치는 본질적 행정가치를 달성하기 위한 수단이 되는 가치를 말한다. 비본질적 가치는 도구적 가치 또는 수단적 가치로도 불린다. 본질적 가치의 범주에는 정의, 공익, 복지, 형평, 자유, 평등 등의 개념을 포함시킬 수 있다. 물론 이러한 본질적 가치도 개념을 조작화할 경우 절차적 행정가치나 수단적 행정가치로 환원될 수 있다. 비본질적 행정가치는 실제적인 행정 과정에서 구체적 지침이 되는 규범적 기준으로 이 속에는 사회적 가치의 배분 기준에 관한 합법성, 능률성과 효과성, 민주성, 합리성, 투명성, 중립성 등이 포함된다(이종수 외, 2008: 제5장).

최근 들어 공공부문에서의 핵심적인 가치로 투명성(transparency)이 중요시되고 있다. 투명성은 "정부의 정책 결정과 집행 과정 등 다양한 공적 활동이 정부기관 외부로 명확하게 드러나는 것"을 의미한다. 특히 최근 정부활동의 독점성에 대해 부정적 입장을 취하는 거버넌스(governance) 개념이 강조되면서, 정부부문의 투명성이 더욱 요구된다. 즉, 각종 정책 결정과 집행이 정부에 의해 독점돼서는 안 되며, 민간부문과 시민사회가 더욱 광범위하게 참여해야 하는 바, 이를 위해서는 기본적으로 정부와 행정의 투명성이 확보돼야 한다는 것이다. 투명성은 정보의 비대칭(information asymmetry)으로 인해 주인으로서의 국민들의 효용과 이익이 충분히 확보되지 못하는 대리인 문제(agency problem)를 방지하기 위해, 그리고 부패 방지를 위한 전제 조건으로서 중요성을 지닌다.

행정 이념으로서의 중립성은 정치적 중립성을 말한다. 다시 말해서, 공무원은 선거운동에 개입해서도 안 되고 특정의 정치인을 당선시키기 위해 행정력을 동원해서도 안 된다. 행정이 중립성을 지키지 않을 때에 정치 과정에서 선의의 경쟁을 기대할 수 없다는 것은 두말할 나위도 없다. 행정이 당파적 중립성을 지킬 때, 행정의 안정성・계속성・합리성 및 능률성을 확보할 수 있다. 실적주의 수립 초기부터 직업공무원은 정치적 중립성의 대가로 신분 보장을 받게 된 것이다.

제 2 절 행정의 본질적 가치로서의 공익과 형평성 그리고 정의

행정은 기본적으로 공익(public interest)을 추구한다. 공익은 일반적으로 '공공의 이익'으로 규정될 수 있으나, 구체적으로 누구의 이익을 중심으로 어떤 방식으로 규정하느냐 하는 관점에 따라 아주 다양하게 정의될 수 있다. 소라우프(Sorauf, 1962: 188)는 공익이 특정집단의 이해관계를 합리화한다고 주장하면서, 공익 개념의 모호성으로 인해 공익이라는 이름 아래 공익에 반하는 특수 이익을 추구하는 행정을 정당화시킬 우려가 있다는 점을 지적한다.

공익의 정의 방식은 실체설과 과정설로 나눠 볼 수 있다. 실체설은 공동체를 그 자체의 공공 의지(public will)와 집단적 속성을 지닌 하나의 실체로 보고, 공익은 단순한 사익의 집합이 아니라 사익을 초월한 별도의 실체적 개념으로 존재한다고 주장한다. 즉, 공동체 중심주의적 관점에 서있는 실체설은 공익을, 사익(私益)을 초월한 실체적 개념으로 파악하며, 공익과 사익 간의 갈등이란 있을 수 없다고 본다. 그러나 실체설에서 인식하는 공익 개념의 구체적인 내용은 논자에 따라 자연법, 정의, 형평,

복지, 인간 존중, 기본권 보장, 사회적 안정, 질서 유지, 공동사회의 기본적 가치 등 다양하다. 실체설은 공익을 형이상학적 전체주의(metaphysical holism)의 관점에서 규정한 것으로 볼 수 있다.

이에 반해 과정설은 사익을 초월한 별도의 공익이란 존재할 수 없으며, 공익이란 사익의 총합이거나 사익 간의 타협 또는 집단 상호 작용의 산물이라고 본다. 즉, 개인주의적 공익 개념을 주장하는 과정설은, 공익이 과정적 · 제도적 · 절차적 국면을 통해 형성되며, 여러 사회집단이 대립 · 투쟁 · 협상 · 타협을 벌이는 과정에서 결과적으로 다수 이익에 일치되는 공동의 이익이 도출된다고 인식한다. 다시 말하면, 공익은 사회구성체 및 사회구성원의 가치체계 속에서 투표 등의 정치적 과정을 통해 그리고 관료들의 해석을 통해 구체적 내용이 결정된다는 것이다. 과정설은 공익을 방법론직 개체주의(methodological individualism)의 입장에서 정의한 것으로 볼 수 있다.

과정론자들은 공익은 정책 결정 과정에서 참여자들의 상호 작용으로 결정되기에 공익을 증진 · 보호하기 위해서는 정책 결정 과정을 합리화시켜야 한다는 결론에 도달한다. 이러한 과정론의 바탕에는 정책은 대립되는 이익집단들의 타협과 흥정 과정의 산물이라는 이익집단론이 놓여 있다.

다음에서는 행정이 추구하는 본질적 가치로서의 '공익'과 '형평성' 그리고 '정의'의 관계에 대해 살펴보자. 공익의 가치 개념은 '공정성(fairness)'으로 풀이되거나 '각자의 몫은 각자에게로'라는 격언으로 나타나는 형평성의 개념 및 역시 '공정성'으로 풀이되는 정의의 개념으로 환원(reduction)될 수 있다. 특히 사익에 초점을 두어 공익을 정의하는 과정설에서의 공익 개념은 형평성 및 정의의 개념과 곧바로 연결된다. 즉, 공익을 사익의 종합이거나 사익 간의 타협의 산물로 파악하는 과정설의 입장에서는 '구성원 각자의 몫'이 형평성 있게 배분되는 사회체제가 바로 공익이 확보되는 사회이며 동시에 정의로운 사회라고 할 수 있다.

이스턴(Easton, 1965: 50)은 정치체제의 특징을 '사회에 대한 가치의 권위적 배분(authoritative allocation of values for a society)'으로 규정한 바, 가치 배분에서 중요한 원칙은 형평성이라고 하겠다. 사회적 가치의 배분은 정부의 제도와 정책을 통해 이뤄진다. 역사상의 무수한 사상가들은 사회적 가치가 형평성 있게 분배되는 정의롭고 공정한 사회를 만들기 위해 다양한 가치 배분의 원칙과 기준을 모색해 왔다. 인간 사회의 모든 '제도(institution)'와 '정책'은 이러한 가치 배분의 원칙을 안정적으로 유형화한 것이다.

행정은 가치 배분의 원칙으로서 '제도'와 '정책'을 만들고 유지시키는 것을 기본적 책무로 한다. 이러한 행정에서 '형평성'의 가치 기준은 그만큼 중요하다. 민주화가 성숙되면서 정부의 가치 배분 메커니즘에 대한 구성원들의 이해도가 제고되고 가치 분배를 둘러싼 사회적 갈등이 증폭될수록 행정을 담당하는 공직자들의 '형평성'과 '공익'에 대한 가치 인식이 더욱 깊고 절실해질 필요가 있다.

제 3 절 공공윤리와 공직자 윤리

한 사회가 공동체의 연대성을 유지하고 사회적 선(social good)을 증진하기 위해서는 구성원들의 행동을 일정하게 규율하는 공공윤리의 확립이 필요 불가결하다. 하나의 공동체(共同體)라는 것은, 공동 이익의 추구를 위해 구성원들의 행태를 규율할 수 있는 공통 규범을 지닌 집단이라고 할 수 있다. 이런 의미에서 공공윤리는 사회구성원들의 융화와 형제애적 결속을 위한 전제 조건이 된다.

클로(Clor, 1996: 9)는 공공윤리를, 구성원의 복지가 그것에 의존할 것으로 가정되는, 따라서 공익과 관련되는, 공동사회의 윤리(communal ethic)로 정의한다. 이러한 공공윤리는 때때로 법률에 의해 뒷받침되기도 하며, 경우에 따라서는 공공정책으로 구현되기도 한다. 공공윤리는 개인 차원의 윤리가 아닌 사회적 윤리다. 왈도(Waldo, 1974: 269-270)는 공공윤리를 자신이나 가족, 붕당, 또는 부족보다 '광범한 주민(more inclusive populations)'의 이익에 봉사하는 것으로 정의한다. 그에 따르면, 공공 비윤리(public immorality)는 '많은 주민보다 적은 수의 주민'의 이익에 봉사함으로써 좀 더 많은 수의 주민을 위해 행동해야 한다는 원칙을 위배하는 것이다.

공공윤리는 사회구성원 전체의 이익, 즉 공익(public interest)의 개념과 밀접한 연관성을 지닌다. 즉, 공공윤리는 궁극적으로는 공익 또는 구성원들의 생명과 자유, 그리고 재산의 보존이라는 명제에서 연역될 수밖에 없다.

국가사회는 다양한 이해관계를 가진 개인 및 집단에 의해 공유되는 세계다. 그 속에서 개인 및 집단 상호간의 이해가 연결되고 조정되며 확대되어 간다. 미국과 같은 다원사회에서는 다양하게 조직화된 이익 간의 균형된 게임을 통해 다수의 이익에 일치되는 공익이 도출된다고 할 수 있다. 그러나 성숙된 다원사회로 발전하지 못한 사회에서는 다양한 집단의 이익이 정치 과정을 통해 균형 있게 조정되지 못하고 있다. 이러한 상황에서는 잘 조직화된 포식집단(捕食集團)이 조직화되지 않은 사회적 약자 집단과 시민일반(public at large)의 이익을 약탈하게 된다.

이와 같이 이익집단의 균형 있는 성장이 확보되지 않은 상황에서는, 공공정책의 편익과 부담을 공평하게 분배하는 데 '공익' 및 '공공성'에 대한 공직자의 가치 기준이 중요한 역할을 한다. 행정 과정은 관료제를 통한 행정가치의 구현 과정이다. 행정 과정의 각 단계에서 이뤄지는 구체적 가치 판단은 관료들에 의해 이뤄진다. 다시 말하면, 정책문제를 인지하고 그 문제를 해결하기 위한 정책대안을 입안, 결정하고 시행하는 모든 과정에서 관료들의 가치가 투입되고 반영되기에 공직자들의 가치 기준과 윤리는 그만큼 중요하다고 하겠다.

공직자들에게 요구되는 공공윤리(public ethics)는 공공 업무에 종사하는 공직자들이 지켜야 할 행동규범(code of conduct)을 의미한다. 즉, 공직자 윤리란 공직자들이 국민 전체에 대한 봉사자로서 공공 목적을 이룰 수 있도록 전문적 능력을 최대한 발휘해 준수해야 할 행동규범을 의미한다.

공직자들은 공적 업무를 능률적으로 수행해야 할 책임을 질 뿐만 아니라, 공공의 이익을 수호해야 하는 책무를 진다. 공적 업무를 능률적으로 수행하지 못하거나, 공적 권한을 자신의 영향력 확대의 기회나 친지들에게 호의를 베푸는 기회로 이용하는 공직자들은, 국민 전체에 대한 봉사자여야 한다는 측면에서, 공공의 이익을 침해하는 것이 된다.

보겔싱-쿰즈와 바킨(Vogelsang-Coombs & Bakken, 1988: 86-88)은 미국행정

학회(American Society for Public Administration: ASPA)와 국제시정관리학회(International City Management Association: ICMA) 등에서 마련한 공직자 윤리강령의 여러 내용을 개인적 도덕 기준(personal morals), 전문직업적 가치(professional values), 그리고 법적 금제(legal prohibitions)의 세 가지 도덕적 가치로 범주화하고 있다. 그러나 이러한 가치들은 실제적으로 서로 뒤엉켜 있으며, 경험적으로 분리될 수 없다.

미국행정학회 등은 행정인의 개인적 도덕 기준으로 명예, 고결, 형평성, 공정성, 정직, 성실, 정중성을 제시하고 있다. 이러한 기준들은 공직자 개개인에게 존경과 신뢰를 가져다줄 뿐만 아니라, 공공 신뢰를 고취하고 정부기관에 대한 신뢰 확보에 도움을 줄 것이다. 이러한 교시적인 기준들은 유대-기독교 원칙에서 도출된 것으로, 선악의 기준이라는 점에서 보면 덜 제한적이고 강제하기가 곤란한 상징적 선언의 의미를 지닌다.

전문직업적 가치는 공직자들의 직업윤리와 관련된 덕목이다. 미국행정학회는 공직자들은 모든 사람의 최선의 이익에 봉사하고, 업무를 능률적이고 효과적이며 책임성 있고 대응성 있게 처리함으로써 직업적 탁월성을 확보하기 위해 노력해야 한다고 주장했다. 두 윤리강령은 사심 없는 공직자(selfless public official)의 가치를 구체화하고 있다. 즉, 미국행정학회는 '공공(public)에 대한 서비스는 자기 자신에 대한 서비스를 넘어선다'는 점을 인정하고 있으며, 국제시정관리학회는 개인적 지위 강화, 이익 또는 은전(恩典)을 위해 공직을 이용하는 것을 금하고 있다. 이 강령은 또한 업무를 전문적인 방식으로 추진하기 위해 공직자들은 일상의 책무를 적극적·창의적·건설적 자세로 접근할 필요가 있다고 지적한다. 공직자들은 전문직업적 가치를 발휘함으로써, 정당한 공공 목적을 위해 사익과 개인적 목표를 억제할 수 있다.

그러나 한편 베일리(Bailey, 1980: 442)와 같은 학자는 비이기적 공직자(nonself-interested public officials)의 개념은 민주주의와 상반된다고 주장한다. 그는 공직자가 개인적 목표를 추구하는 것은, 다음과 같은 이유에서, 문제가 되지 않는다는 것이다. 즉, 공직자는 사적 이익의 존재를 올바르게 인식함으로써, 공적이든 사적이든 강력한 동기를 갖게 된다는 것이다. 일반적으로 얘기하면, 공익이라는 위성을 궤도에 쏘아 올리기 위해서는, 추진 연료의 일부로 일단의 특수이익이 필요하다는 것이다.

공공서비스 기술의 대부분은 사적 · 개인적 이익을 공익의 대의(大義)로 동력화하는 능력이다. 공익과 사익에 다 같이 도움이 되는 대의를 지니고 있음에도 불구하고 (법 테두리 안에 있는) 개인적 · 사적 이익과 교섭하지 않고 그것을 지원하지 않으려는 사람들은, 도덕적 기질(moral temperament)이라는 측면에서 볼 때, 공적 책임에 부적합하다고 베일리(Stephen Bailey)는 말한다. 베일리는, 고위직에의 승진과 위신 및 권력의 추구와 같은 공직자의 개인적 동기는, 정당성이 있는 공공의 목적을 지향하는 한, 받아들여질 수 있다고 본다.

법적 금제는 특정한 개개인의 행동을 규제하기 위한 것이다. 일반적으로 공직자들의 윤리적 행동은, 일반 시민에게 기대되는 것보다 더 높은 수준의 특수한 규제를 통해 통제될 수 있는 것으로 믿어지고 있다. 미국행정학회 강령은 공적 직무를 이용한 부당한 사적 이익의 획득을 금하고 있나.

미국의 연방공무원강령(Code of Federal Regulation)은 공무원의 윤리준칙을 다음과 같이 제시한나. 즉, 미국의 연방공무원은 개인적 이익에 앞서 미국 정부와 국민에 대해 헌법, 법률 그리고 윤리 원칙을 성실하게 준수해야 하는 공공적 책무(public trust)를 지고 있음을 밝히면서, 양심적 직무 수행과 상충되는 금전적 이해관계(financial interest)의 배제, 비공개 정부정보(nonpublic government information)를 이용한 금전적 거래 및 정보의 부적절한 사용 금지, 공적 직책의 개인적 사용 배제, 공정하고 편견 없는 직무 수행, 균등하고 공평한 법규의 적용 등을 규정하고 있다.

우리나라의 경우에도 국가공무원법과 공직자윤리법은 부정과 비리를 방지하기 위한 법적 금제(禁制)를 강조하고 있으며, 공무원 윤리헌장과 취임 선서 등에서는 봉사와 충성 그리고 창의와 책임을 강조하는 적극적 윤리를 천명하고 있다. 우리나라는 2005년 공직자윤리법의 개정을 통해 '이해 충돌 방지 의무'(제2조의2) 조항을 설치, 국가 또는 지방자치단체는 공직자의 직무가 재산상 이해와 관련돼 공정한 직무 수행이 어려운 상황이 야기되지 아니하도록 이해 충돌의 방지에 노력해야 하며, 공직자는 자신의 직무 수행의 적정성을 확보해 공익을 우선으로 성실히 직무를 수행해야 한다고 규정한다. 그리고 이러한 '이해 충돌(conflict of interest)' 회피의 원칙에 따라 '직무관련성'이 있는 주식을 '백지신탁'하도록 하는 '주식백지신탁'(제14조의 4) 제도가 새로이 도입됐다.

오늘날 변화하는 행정환경은 공직자들에게 새로운 역할과 사명을 요구한다. 날로 치열해지는 국제경쟁과 세계화는 공직자들의 시각의 광역화를 요구하며, 민주화의 성숙은 정부와 기업, 시민과 정부의 관계에 관한 기존의 인식 구조를 전환하는 새로운 공직관을 요구하고 있다. 또한 다원화된 이익의 대두로 인한 사회적 갈등의 심화는 그것의 조정을 위한 새로운 규칙, 새로운 게임 방법을 요구하며, 적극적 조정자로서 공직자의 인식 전환을 요구한다.

앞서 살펴봤듯이, 공직자들에게 요구되는 가장 중요한 덕목은 공공성에 대한 올바른 인식과 균형 잡힌 공익관이라 하겠다. 공직자들은 공익을 수호하고 증진시킬 공적 책무를 지고 있다. 서구의 개인주의적 전통은 사익을 추구하는 시민을 사회의 기본 단위로 상정하고 이러한 이기적 집단들 간의 상호 견제와 균형을 통해 공익이 형성된다고 본다. 그러나 이러한 이익들이 아직 본격적으로 조직화되고 활성화되지 않은 우리 사회에서는 일반 시민(public at large) 등 조직화되지 않은 이익과 사회적 약자집단의 이익을 배려할 필요가 있다.

그리고 민주사회의 성숙을 위해서는 자유와 인권, 인간의 존엄성에 대한 공직자들의 인식이 이전의 권위주의 시대와는 근본적으로 바뀌어야 할 것이다. 즉, 공직자들은 민주적 기본 가치를 실질적으로 내면화하고 구체화해야 할 것이다. 또한 정당한 법절차(due process)의 준수 및 법치 질서의 확립 자체가 공익을 수호·증진하는 것이라는 관점에서 절차 확수(確守) 및 법치 질서의 확립에 대한 기존의 미지근한 인식도 획기적으로 전환돼야 할 것이다.

공직자들은 또한 사회 변동 역군으로서, 변화하는 환경에 능동적으로 대처하고 사회 발전을 선도하기 위한 능력을 신장하기 위해 미래 지향적, 학습 지향적 자세를 견지해야 한다. 사회의 내외 환경에 존재하는 모호성과 불연속성을 예측하고, 현안 문제를 해결하기 위한 방안을 모색할 뿐만 아니라, 사회 발전 방향과 제도 개선 방안을 연구하는 등 적극적 자세를 갖춰야 할 것이다.

또한 공직자가 추구해야 할, 변화하지 않는 가치 가운데 하나는 전문성과 효율성이다. 국민들로부터 공적 직무를 수탁받은 공직자들은 전문성과 기술적 합리성을 통해 주어진 직무를 가장 효율적으로 달성할 책무를 지고 있다.

그리고 청렴성은 동서고금을 가리지 않고 공직자들에게 요구되는 가치 기준이다. 그러나 개인주의에 기반을 두는 서양 사회에서는 공직자 개인의 사적 동기를 인정하는 가운데 다만 사적 이득을 위해 공직을 이용하는 것을 금하고 있는데 비해, 동양 사회에서는 인간의 이기적 본성에 대해 아예 눈을 감고 자기절제의 윤리(ethic of self-restraint) 자체를 강조한다.

즉, 서구사회에서는 공직자들이 관련 절차와 규칙을 잘 준수하고, 법규에 위배되지 않는 행동을 하는 것 자체가 훌륭한 덕목이 되고 있다는 차원에서 시민은 공직자들에게 정당한 법절차의 준수 이상의 덕목을 기대하거나 요구하지 않는다. 그 대신 그들은 좋은 정부를 만들기 위해, 다양한 이익이 상호 견제를 통해 균형을 취할 수 있도록 기관 간에 권력을 분산하는 제도를 설계했으며, 미시적으로는 공직자들의 재량권 축소를 위한 섬세한 절차적 규칙을 고안하는 데 심혈을 기울였다.

공직부패는 정부행정에 대한 불신을 초래할 뿐만 아니라 사회 전반에 걸쳐 신뢰성의 위기를 초래함으로써 일체의 확립된 제도와 질서를 송두리째 허물어 버릴 우려가 있기에, 어떤 대가를 치르더라도 근절돼야 한다. 우리나라와 같이 정부 주도의 경제발전 경험을 겪은 나라에서는 산업화 과정을 통해 구조화된 정경 유착과 관료부패 행태가 근절되지 않고는 선진국의 문턱을 넘기 힘들 것이며, 또한 봉사정신에 기반한 근대적인 공직윤리가 정착되지 않고는 건전한 시민사회의 도래를 기대할 수 없을 것이다.

그러나 공직자들의 윤리 수준과 책임 의식의 제고를 위한 효과적인 윤리 기반(effective ethics infrastructure)의 마련은 선거를 통해 정권을 창출하고 그것을 비판·감시해야 할 국민의 몫으로 남게 될 것이다.

생각해 보기

애덤 스미스의 공익관의 효용성과 문제점에 대해 생각해 봅시다.

애덤 스미스의 공익관

Adam Smith is most often recognized for the expression "the invisible hand," which he used to demonstrate how self-interest guides the most efficient use of resources in a nation's economy, with public welfare coming as a by-product. To underscore his laissez-faire convictions, Smith argued that state and personal efforts, to promote social good are ineffectual compared to unbridled market forces. ……

He said, "It is not from the benevolence of the butcher, the brewer, or the baker that we expect our dinner, but from their regard to their self-love, and never talk to them of our own necessities but of their advantages."

What Adam Smith did in his book was to explain to how self-interest was the engine of the economy and competition its governor. ……

By pursuing his own interest he frequently promotes that of the society more effectually than when he really intends to promote it. I have never known much good done by those who affected to trade for the public good."……

"He(Every individual) generally, indeed, neither intends to promote the public interest, nor knows how much he is promoting it."

(『*Wealth of Nations*』 중에서)

PART

3

변화하는 환경과 행정학 패러다임의 변화

제 6 장 변화하는 행정환경
제 7 장 관료제와 탈관료제 모형
제 8 장 뉴거버넌스론
제 9 장 신공공관리론
제10장 신공공서비스론
제11장 포스트모더니티 행정이론

Chapter 06

변화하는 행정환경

제3의 천년기를 맞아 인간의 사회적 관계를 근본적으로 바꾸는 역사적 변화들이 일어나고 있다.

세계화가 추진되면서 전 세계적 경제체제는 상호 의존적이 되고, 시장-국가-사회 간에 새로운 관계가 형성되고 있다. 공공부문에서는 신자유주의 이념에 따라, 복지국가의 이상이 약화되고, 시장에 대한 정부의 개입이 완화되는 방향으로 변화되고 있다.

국제 경쟁이 심화되면서 기업들은 대내외적으로 네트워킹화를 추구하고 있으며, 노동조합의 영향력이 쇠퇴하고 노동관계의 다양화와 개별화(individualization)가 증대되며, 여성 노동력이 대거 진출하고 있다. 또한 세계 경제는 유럽연합(EU), 북미자유무역협정(NAFTA), 아세안(ASEAN)과 같이 지역통합 경제체제로 발전하고 있으며, 금융시장의 국제적 통합이 이뤄지고 있다.

정보화혁명은 또한 기술혁신은 물론 경제적 기반뿐만 아니라, 인간의 사회적 관계까지 근본적으로 변화시키고 있으며, 나아가 정부의 역할과 기능 그리고 조직구조도 바꾸고 있다. 지식기반 경제가 도래함에 따라 정보와 지식이 경제적 가치와 비중이 상대적으로 커지게 됐다. 또한 사회적으로는 디지털 언어와 쌍방향 통신의 발전으로 사회적 관계와 문화가 근본적으로 바뀌게 됐다.

그리고 국내적으로는 1987년 6월항쟁 이후 본격화된 정치·사회적 민주화와 1990년대 이후 도입된 지방자치제가 우리 사회에 큰 변화를 초래하고 있다.

결론적으로 말해서, 세계적 메가트렌드(megatrend)로서의 세계화와 정보화 그리고 우리 사회의 특징적 변화로서의 민주화와 지방화가 오늘날 행정에 큰 영향을 미친다. 이러한 시대적 변화의 흐름은 우선 정부와 시장, 정부와 시민사회의 관계에 큰 변화를 초래하며, 미시적으로는 정부조직의 구조와 일하는 방식 및 정책 과정에 큰 영향을 미치고 있다.

제 1 절 민주화

근대 민주국가는 1688년 영국의 명예혁명과 1789년의 프랑스대혁명을 거쳐 절대군주국가가 쇠퇴하면서 등장하게 됐다. 그러나 대부분의 시민에게 참정권을 부여한 현대적 의미의 민주국가는 서구에서도 19세기에 이르러 등장하게 된다. 국가체제의 대형화로 인해 직접민주정치가 불가능해진 오늘날에는 대의정치에 기반한 간접민주정치 체제가 보편화되고 있다.

대의정치 체제는 국가 규모의 확대로 국민 모두가 직접 정치에 참여할 수 없는 상황 하에서 주권자인 다수의 국민이 그들 스스로 선출한 대표자로 하여금 그들을 대신해서 국사를 처리하도록 하는 정치제도를 말한다. 대의정부(representative government)에서는 시민이 법률이나 정책의 심의 및 결정 과정에 직접 참여하지 않고 선거에 의해 대표자를 선출해 그들에게 시민의 권한을 위임함으로써 정치적 결정을 내리게 된다.

대의민주주의는 선거를 통한 평등한 권력 분배라는 정당성과 효율성이라는 측면에서 적지 않은 장점을 지닌다. 그러나 대의민주주의 제도는 엘리트주의와 대표성의 문제, 책임성 확보의 한계, 시민의 참여 제약과 심의 부족 등 적지 않은 문제점을 내포하고 있다. 시민에 의해 선출된 대표자가 시민의 이익과 희망을 실질적으로 반영해 줄 것인지, 한번 선거에 의해 위임받으면 대표자는 마음대로 행동해도 되는 것인지, 대표자의 책임성은 어떻게 확보하고 대표자는 누구에 의해 어떻게 통제돼야 할 것인지 등 대표성과 관련된 근본적인 문제가 적지 않다. 대표자들이 시민보다 고급 정보를 많이 지닐 수밖에 없는 '정보의 비대칭성(information asymmetry)'[1] 때문에, 대표자들이 시민에 의해 통제되거나 시민의 희망에 항상 부응하는 정책을 펼친다는 보장이 없다.

그리고 소수의 대표자에게 주권 행사를 위임하는 간접민주정치로 인해 결과적으로 '다수의 지배체제'가 아닌 '소수의 지배체제'로 운영되는 문제점과 법치주의와 권력분립의 원리가 왜곡돼 운영되는 등의 문제점을 지적할 수 있다. 특히 주기적 선거를 통해 유권자–대표자 간 수직적(vertical) 책임성만 확보됐을 뿐, 권력분립을 통한 견제와 균형이라는 수평적(horizontal) 책임성이 확보되지 못한 사회에서는 제왕적 대통령이 선거 승리를 시민으로부터의 완전한 위임으로 간주해 의회와 사법부 그리고 언론으로부터의 견제를 무효화하는 행태를 보이는 것이 보편적 현상이다(O'Donnell, 1999; 김세균 외, 2005).

또한 대의정치 체제 아래서는 사회적 약자집단의 이익이 정치체제에 투입되지 못하고 사회적 빈부 격차가 심화되는 등의 문제점이 야기된다. 대의정치 체제는 다른 측면에서 보자면 사회구성원 가운데 다수를 차지하는 서민층 등 사회적 약자집단에 의한 '다수의 전제(tyranny of majority)'를 방지하기 위해 고안된 제도라고도 볼 수 있다. 대의정치 체제의 이러한 한계점은 정부의 정책 과정에 그대로 반영된다.

지난 세기부터 대의정치 체제의 이러한 한계점을 보완하기 위한 다양한 방안이 모색되고 있다. '평등한 시민들의 자유롭고 이성적인 토론'에 의해 정치적 결정을 할 것을 주창하는 숙의민주주의(deliberative democracy)가 제시되기도 하고, 폭스와 밀

---

1) 대리인 이론(principal–agent theory)의 주인–대리인 관계에서 대리인이 주인보다 관련 사안에 대해 더 많은 지식과 정보를 갖고 있는 상황을 말한다. 위임자(주인)와 대리인은 각각 자신이 효용과 이익을 극대화하려고 하기 때문에 상충되는 이해관계를 가지며, 대리인이 위임자보다 특정한 사업에 대해 더 많은 지식과 능력을 갖게 되는 정보의 비대칭성 때문에 주인이 자신의 이익을 충분하게 확보하지 못하는 대리인 문제(agency problem)가 발생한다.

러(Fox & Miller, 1995)와 같은 포스트모더니스트들은 행정기구를 정책 결정을 위한 담론의 장소로 보는 담론이론을 제시했다. 현실 정치 과정에서는 각국에서 주민의 직접참여가 다양하게 제도화되고, NGO 활동이 활발해지는 특성이 나타나고 있다.

우리나라는 1987년 6월항쟁 이후 민주화의 큰 변혁을 겪고 있다. 전반적인 사회민주화 과정 속에서 관료적 권위주의 체제(bureaucratic authoritarianism)가 해체되고, 시민사회(civil society)가 활성화되고 있다. 민주화의 성숙과 관련된 사회 변화의 한 특징으로는 1990년대부터 시작된 비정부기구(NGO)의 활성화와 시민 참여의 확대를 들 수 있다. 시민사회의 활성화 및 참여의 증대는 행정의 투명성과 민주성, 합리성을 제고하고 좀 더 질 높은 행정서비스를 확보하는 데 크게 기여했다.

그러나 부분적으로는 그동안 억제돼 왔던 참여 욕구의 폭발과 일부 강력한 이익집단의 과도한 이익 표출로 적지 않은 사회적 부작용이 초래되고 있는 것도 사실이다. 즉, 민주화의 속도에 미치지 못한 시민 의식의 미성숙과 참여의 과잉으로 인해, 사회집단 간에 끊임없는 갈등이 야기되고, 공권력에 대한 도전이 일상화됨으로써 행정권의 행사에 큰 장애가 초래되고 있다. 우리 사회와 같이 정치적 민주화가 미성숙한 상황에서 소수의 잘 조직화된 강력한 이익집단이 활성화되면, 기존의 정치제도는 기능을 상실하고 '종이 제도(paper institution)'화되는 현상이 나타난다. 즉 법원, 의회, 정부, 정당, 선거 등 그동안 사회적 갈등의 조정자 역할을 수행해 온 정치제도가 무력화되는 한편 사회의 비정치적 조직들이 정치화되는 현상이 나타나게 된다. 오늘날 우리 사회에서 쉽게 찾아볼 수 있는 노동조합, 변호사회 및 일부 종교단체와 시민단체 등의 정치화 현상이 그러한 예에 속한다. 이와 같이 정치화된 사회조직은 부분이익이 아닌 사회 전체의 국민적 이익을 지향한다는 '논리적 겉치레(veneer of logic)'를 내세워 자신들의 이익 추구 행동을 정당화하는 특징을 나타낸다(박광주, 1987: 193 참조).

제 2 절 정보화

현대 사회는 20세기 후반 들어 지식정보화사회로 급격하게 변화하고 있다. 지식정보화사회는 지식과 정보의 가치가 지배적인 사회라 할 수 있다. 정보기술(information technology)과 통신기술(communication technology)의 비약적 발달은 기존의 사회·경제 시스템을 근본적으로 바꿔 놓고 있다. 지식정보사회에서는 가상공간(cyberspace)의 탄생, 네트워크화의 진전, 집단보다는 개인의 우위, 가치관의 다양화 등의 특징이 나타난다. 그리고 사회의 중추 세력이 물갈이되는 권력이동(powershift) 현상이 일어나고 있다. 이런 사회에서는 창의력과 전문지식이 주요 자원으로 부각된다.

이른바 탈산업사회(post－industrial society)로 불리는 지식정보화사회는 지식과 정보를 기축 원리로 하는 새로운 사회 형태로서 기술·경제적 변화가 정치 그리고 문화적 변화를 유발하고, 이러한 동반적 변화가 복합적으로 상호 연계돼 있는 사회다(Bell, 1973). 토플러(Toffler, 1980)는 근대 산업사회 문명이 탈산업사회로 변화하는 전반적 현상을 상징하는 표현으로 '제3의 물결(the third wave)'이라는 용어를 사용한다. 제3의 물결이 수반하는 새로운 생활양식은 다양하고 재생 가능한 에너지 자원, 새로운 생산 방식과 제도에 기초해 등장한다. 탈산업화의 문명은 새로운 행동규범을 제시하며, '제2 물결'에 의해 도입된 표준화와 중앙집권화를 극복하는 과정을 포함한다. 그리고 이 과정에서 관료체제와 국민국가의 역할이 축소되는 경향을 보이게 된다.

산업혁명에 의해 초래된 제2의 물결의 문명 규범은 표준화·전문화·동시화·집중화·극대화·중앙집권화라는 여섯 가지 원리로 집약될 수 있다. 이 원리들은 제2의 물결 시대의 모든 사회적 삶과 행동의 영역을 규제한 '숨겨진 코드'다. 이에 비해 제3의 물결 시대의 문명규범은 모든 영역에서 탈집중화·분권화·다원화 등으로 대변된다. 이러한 새로운 문명규범의 원리는 산업주의 문명 규범의 역논리로서 그동안의 지배적인 추세였던 집중과 규제로부터 탈피해 좀 더 자유롭고 민주적인 삶의 형태를 지향하려는 열망을 반영하기도 한다. 즉 정치 · 경제 · 사회 모든 영역에 걸쳐 조직과 정보체계의 분산과 다양화가 진행되는 경우 다양성과 개성을 토대로 하는 자율성이 보장되며, 좀 더 민주적인 생활 양태가 자리 잡게 된다는 것이다(김세균, 2005: 15-16).

정보통신의 발달은 또한 국제사회를 네트워크화시킴으로써 세계를 하나의 지구촌으로 묶는 세계화를 촉진시킨다. 정보통신기술의 발달에 따라 전통적인 상품과 서비스의 이동은 물론 자본, 인력, 정보, 지식 등의 이동에 따르는 국가 간의 장벽을 정보기술이 허물고 있다. 즉, 개인과 사회집단은 물론 국제기구에 이르기까지 다양화된 초국적 행위자들의 교류가 정치 · 경제 · 사회 · 문화의 모든 영역에서 급속히 증대되고, 행위자들의 일상적 경험의 폭이 전 세계로 확대되고 있다.

지식정보화사회는 사회구성원의 전반적인 생활방식 · 사고방식 · 가치관 · 의식구조를 근본적으로 바꿈으로써, 정부의 기능과 역할 그리고 행정구조와 일처리 방식의 변화를 초래하게 된다. 전형적인 변화가 전자적 방식으로 업무를 처리하고 정보를 관리하며, 행정서비스를 제공하는 전자정부의 등장이다. 세계 각국에서는 그동안의 행정관리 정보체계(PMIS)에 대한 연구에서 더 나아가 전자정부(electronic government) 구축을 통해 행정서비스 전달을 전자화하고, 종이 없는(paperless) 행정을 실현하기 위한 관련 연구가 활발히 전개되고 있다. 그리고 최근에는 지식기반 사회(knowledge-based society)의 개념이 등장하면서, 지식사회를 설계하고 지식 창출 · 형식화 · 전파 · 활용 등 지식관리를 통해 새로운 가치를 창출하고 극대화하는 지식행정의 개념이 강조되고 있다.

제 3 절 세계화

지난 수십 년간 전 세계적으로 확산된 세계화(globalization)는 각국의 정치 · 경제 · 사회 및 행정에 큰 영향을 미치고 있다. 세계화는 일반적으로 자본주의적 생산 및 교환의 기본 단위가 되는 기업 조직과 경영의 공간적 범위가 전 지구적으로 확대되는 것을 의미하는 경제적 측면의 세계화를 지칭한다. 그러나 세계화는 생산과 금융 등 경제적 차원뿐만 아니라 정치 · 사회 · 문화 · 환경 그리고 더 나아가 정보 · 군사 · 범죄 영역에 이르기까지 매우 광범위한 영역에 걸쳐 빠른 속도로 진행되고 있다.

세계화는 근대 국가의 경계를 점차 희미하고 침투 가능한 것으로 만들고 있고, 국가는 더 이상 자신의 영토에서 일어나는 일들에 대한 통제권을 배타적으로 독점하지 못한다. 즉, 세계화가 확산되면서 국가 간의 전통적인 경계는 느슨해지고 국민국가가 독점해 왔던 국민에 대한 장악력도 상대적으로 약화됐다. 세계화는 다른 말로 하면, 인간의 삶을 조직하는 원리로서의 '영토성(territoriality)'이 약화되는 과정을 말한다. 영토성의 약화(deterritorialization)는 민족국가의 영토적 경계가 가지는 중요성이 감소됨을 의미한다.

그러나 세계화가 우리가 살아가고 있는 세계의 '존재론적 전환'을 의미하는지를 둘러싸고 견해가 갈리고 있다. 일부 학자들은 초국적 기업(transnational corporations)의 성장과 지구적 자본주의(global capitalism)의 확산은 국민국가를 쇠퇴하게 만들고 있는 바(Ball, 1967; Naisbitt, 1994; Ohame, 1995), 특히 지구적 자본주의는 영토에 기반을 두는 전통적 국민국가를 대체 또는 보완하는 초국적 지배기관들(suprastate governing agencies)의 탄생을 이끌고 있다고 주장한다(Cox, 1993; Korten, 1995). 그러나 다른 한편, 허스트와 톰슨(Hirst & Thompson, 1996), 치스맨(Zysman, 1996), 보이어와 드래치(Boyer & Drache, 1996) 등은 세계화가 과장되고 있는 바, 개별 국가는 여전히 국정관리의 주요 기능을 수행할 것이라고 내다보고 있다. 심지어 일부 국제관계학자들은 개별 국가의 사실상의 주권은 오히려 강화되고 있다고까지 주장한다(Krasner, 1993: 318).

세계화의 경제적 영향에 대해, 헬드와 그의 동료들(Held, et al., 1999)은 세계화가 기본적으로 '좋은 것(good)'이라는 관점의 초세계화론(hyperglobalization theories)을 통해 세계화가 세계시장을 완전경쟁(perfect competition)에 가까운 상태로 이끌 것이라고 주장한다. 그들은 이와 같이 영토성이 약화된 세계 경제에서 초국적 기업

(transnational corporations)이 이윤을 극대화하기 위해 자유롭게 그리고 비용을 들이지 않고(freely and costlessly) 전 세계를 누비게 될 것이라고 내다봤다. 그러나 헬드(David Held)도 세계화는 국민국가의 종언(the end of nation-states)을 의미하는 것이 아니라 새로운 형태의 권력(new forms of power)을 의미한다고 주장한다.

세계화는 무엇보다도 각국의 경제체제를 시장경제 체제로 전환시키는 데 큰 영향을 미친다. 세계무역기구(WTO)에의 가입과 각 국가 간의 자유무역협정(FTA)의 체결 그리고 국제통화기금(IMF)과 세계은행(IBRD)과 같은 국제기구들의 영향으로 전후(戰後) 지배적이었던 정부 주도 경제개발 체제가 자유시장 경제체제로 변화하고 있는 것이다. 이러한 흐름을 반영, 각국 정부는 경제제도를 세계적 표준(global standard)에 맞춰 규제 완화, 민영화, 보조금 감축 등의 조치를 취하고 있다.

세계화는 또한 정치적 측면에서 국민주권의 의미를 퇴색시킴으로써 근대 국민국가와 대의민주주의 간의 논리적 조응 관계를 약화시키고 있다. 국제 금융자본과 기구 그리고 다국적기업은 영토성에 기초한 민주적 대표 및 책임 제도와 아무런 관련이 없으면서도 각국 인민의 삶에 큰 영향력을 미친다. 각국의 인민은 원하지 않더라도 이들이 만들어 내는 규칙과 표준에 맞춰야 하고, 민주적으로 선출된 정치인들도 이러한 초국적 행위자들 앞에 무력하기 일쑤다. 이는 정치의 초국적화(transnationalization of politics)를 통해, 동질적 시민으로 구성된 정치공동체를 전제로 하는 대의민주주의의 근간을 뒤흔드는 일이다.

물론 세계화가 추진되더라도 국민국가 내의 정치와 행정은 계속해서 중요성을 지닐 것으로 전망하는 정반대의 견해도 있으나(Caiden, 1994; Scholte, 1997; 정용덕, 2002: 276), 우리나라는 IMF 구제금융 사태를 맞아 경제 주권이 크게 침해당한 경험을 갖고 있다. 세계화는 결국 개별 국민국가의 정책 결정 권한을 축소함으로써, 국제기구, 다국적기업 및 관련 국가의 요구를 수용해 이들과 상호 협조하면서 정책을 결정하도록 하는 상황을 만들어 가고 있다.

세계화의 새로운 추세는 또한 현대 사회의 모든 위기적 징후들을 국지적 관점에서가 아니라 전 세계적·전 지구적 관점에서 인식하게 했다. 예를 들어 오존층 파괴, 사막화 현상, 지구온난화, 열대림 파괴 등의 환경문제는 지구적 차원의 생태학적 담론으로 발전했다. 또한 기술관료제의 폐해는 어느 특정국가 내지 체제의 문제로 인식되기보다는 현대 사회 전반에 걸친 위기의 한 양상으로 이해된다. 이러한 관심의 확대는 정치 · 경제 · 사회문화적 영역에서 지속적으로 진행돼 온 세계화의 추세를 반영하는 현상이라 할 수 있다(김세균, 2005: 18).

제 4 절 지방화

지방화 · 분권화[2] 또한 우리나라 행정에 큰 영향을 미친다. 지난 수십 년 동안 전세계적으로 분권화가 지속적으로 확대돼 왔으나, 우리나라에서는 특히 1991년의 지방자치제 도입과 2003년 참여정부의 등장으로 지방분권화가 가속화되고 있다.

지방화(localization)는 중앙집권적 사회체제를 지방과 지역 중심 체제로 바꾸는 것을 의미한다. 지방화는 지역화(regionalization)와 동일한 개념으로 사용되는 경우가 많다. 지방화는 정부의 역할이라는 측면에서 중앙정부가 지방정부에 기능 · 업무 · 권한 · 책임 등을 위임하는 것을 의미한다. 따라서 지역화는 지방화와 더불어 지역사회가 지역적인 문제의 해결에 중요한 역할과 책임을 부담하는 것을 말한다. 다만 지역화에는 특정한 국가 내에서만 일어나는 것이 아니라 서로 다른 국가에 속하는 지방정부들이 지리적 영역을 초월해서 협력함으로써 지역경쟁력을 높이려는 활동까지 포함한다(윤성식, 1999: 8; 박우순, 2002: 26).

지방분권론은 크게 두 가지 부류로 나눠 논의할 수 있다. 민주주의가 성숙한 영국 및 미국은 기능적 측면에 초점을 둔 지방분권 개혁을 추진했고, 우리나라와 일본의 경우는 민주성에 초점을 둔 제도적 지방분권 개혁을 추진했다. 영국과 미국에서는 중앙정부보다 지방정부가 행정의 효율성 및 민주성 제고에 유리하다는 가정 하에 지방분권 개혁이 추진됐나. 일본과 우리나라의 경우 지방분권은 지역의 자율성과 책임

2) 분권화(decentralization)의 개념은 의사결정 권한을 조직의 하위계층으로 분산시키는 조직 내의 분권화와, 중앙정부의 권한을 지방정부로 이관시키는 지방분권화로 나눠 볼 수 있다.

성의 강화를 의미하는 것이며, 동시에 종전 중앙정부의 통제와 감독 하에서 수동적으로 이뤄져 왔던 지방행정이 획기적으로 변화함으로써 정치·행정의 패러다임이 근본적으로 전환되는 것을 의미한다(김순은, 2006).

지방분권화는 지방이 독자적인 정치·경제·사회·문화적 공동체로서 적극적인 역할을 수행해 나가도록 하는 데 근본 목적이 있다. 이러한 목적에 따라 지방분권화가 확대되면 중앙정부와 지방정부 전반에 걸쳐 행정의 간소화와 효율화를 도모할 수 있으며, 행정의 적응성과 유연성 및 종합성을 제고할 수 있을 것으로 기대된다. 또한 종전의 고도로 집권적이고 관료적인 조직구조로 특징지어졌던 거버넌스 시스템이 좀 더 분권화되고 집단 간에 권력 공유적인 네트워크(power-sharing network)에 기초한 거버넌스 시스템으로 전환됨으로써 지방정부 수준에서 더욱 효과적인 거버넌스 시스템을 구축할 수 있게 된다(Denhart, 1999; 이종수 외, 2005: 109).

우리나라에서는 1991년 지방의회가 구성되면서 중앙사무의 지방이양 촉진 등 본격적인 지방분권정책이 추진되기 시작했다. 그리고 2003년 지방분권을 주요 국정과제로 내세운 노무현 행정부가 출범하면서 지방분권정책이 한층 심도 있게 추진됐다. 내실 있는 지방분권화를 추진하기 위해서는 결국 중앙정부에서 지방정부로의 권한이양과 중앙정부의 지방정부에 대한 관여의 폭을 축소시켜 지방정부의 자기결정권을 확대해야 할 것이다.

제 5 절 행정학 패러다임의 변화

민주화·정보화·세계화·지방화의 진전에 따라 기존의 전통적 행정에 대한 기본 인식이 크게 바뀌고 있다. 정부기관의 전통적 조직 원리로서의 관료제(bureaucracy) 대신 탈관료제(post-bureaucracy) 모형이 처방되고, 공공부문과 민간부문의 관계가 '일방적 통치자' - '피치자', '공공서비스의 독점적 생산·공급자' - '공공서비스의 소비자'에서 협력적 파트너 및 공공서비스의 공동생산자 관계로 바뀌고 있다. 그리고 민간부문의 시장 원리와 효율적인 관리방식을 공공부문에서 받아들여 관료제 패러다임의 한계를 극복해야 한다는 신공공관리론(new public management)이 주창되기도 한다. 또한 합리주의와 과학주의 그리고 기술주의에 기반한 근대성(modernity)의 극복을 내세우는 포스트모더니즘(postmodernism) 사조가 행정학 분야에 도입돼 근대성을 상징하는 관료제를 비판적으로 해석하고, 그 대안으로 파머(David J. Farmer)의 반관료제론과 폭스(Charles J. Fox)와 밀러(Hugh T. Miller)의 담론이론 등이 제시되고 있다.

다음 제7장에서는 행정의 기본적 패러다임이라 할 수 있는 관료제론과 행정학의 새로운 패러다임으로서의 뉴거버넌스론, 신공공관리론, 포스트모더니즘 행정이론 등을 살펴보고자 한다.

Chapter 07

관료제와 탈관료제 모형

제 1 절 전통적 관료제

행정의 기본적 패러다임은 베버(Max Weber)가 정립한 관료제의 이념형(ideal type)이라 하겠다. 프로이센 군대조직의 원리를 모형화한[1] 베버의 이념형은 산업사회(industrial society)의 대규모 조직을 가장 효율적으로 관리할 수 있는 조직모형 가운데 하나라고 할 수 있다.

관료제(bureaucracy)라는 용어는 일반적으로 계층제적 구조를 가진 대규모 조직을 지칭한다. 서양 사회에서는 관료제가 이와 같이 공사조직(公私組織)을 막론하고 대규모 조직(large organization)을 가리키는 용어로 사용되는데 비해, 동양 사회에서는 정부조직 또는 국가행정을 담당하는 공무원집단을 지칭하는 의미로 사용된다. 대규모 조직은 그것이 공공조직이든 사조직이든 간에 베버가 말하는 관료제적 특성을 나타내게 된다.

---

1) 프리드리히(Friedrich, 1952: 31)는 베버의 이론이 경험적인 것은 아니지만, 그의 머릿속에는 독일의 비민주적 정치사회 및 프로이센 군대조직 ・회사, 전체주의적 정당・행정이 그려져 있었음을 지적한다.

독일의 사회학자 베버는 사회적 관계를 규정하는 지배 및 권위의 유형을 카리스마적 지배(charismatic domination), 전통적 지배(traditional domination), 법적 지배(legal domination)로 나눠 설명한다. 카리스마적 지배는 지배의 정당성을 지도자의 비범한 자질, 즉 카리스마에 두는 지배의 유형을 말한다. 전통적 지배는 왕조의 권력 세습에서 보듯이 전통이나 관습에서 지배의 정당성을 구하는 지배의 유형을 말한다. 그리고 법적 지배는 성문화된 법령에서 지배의 정당성 근거를 찾는 지배 유형을 말한다. 합법적 지배의 순수한 유형이 바로 관료제적 지배(bürokratische Herrschaft)다.

베버는 지배의 정당성의 근거에 상응해 관료제를 다시 카리스마적 관료제, 가산관료제,[2] 합법적·합리적 관료제로 분류한다. 유럽의 근대 국가에서 볼 수 있는 관료제가 바로 베버가 말하는 바, 법적·합리적 권한(legal–rational authority)에 지배의 정당성의 기초를 두고 있는 합법적·합리적 관료제다.

법적·합리적 권한에 기초를 두는 관료제의 특성은 다음과 같다(이종수 외, 2005: 335–336; 오석홍, 2004: 326–332; 정용덕, 2002: 650–655: 박동서, 1997: 312–314; 김규정, 1997: 309–320).

(1) **법규의 지배와 권한의 명확성**: 관료제 속의 모든 직위의 권한과 관할 범위는 법규(rules)에 따라 규정된다. 즉, 관료제의 목표 추구에 필요한 활동은 미리 정한 법규에 따라 분배된다. 분배된 활동이 공식적 임무다. 각 직위의 임무와 그것을 지속적으로 수행하는 방법 및 그에 필요한 권한의 행사는 법규에 따라 규정된다.

(2) **계층제 구조**: 관료제조직의 구조는 계층제(hierarchy)로 구성된다. 계층제는 상명하복의 체제로 계층제 속에서 상위직은 하위직을 감독하고 하위직은 상위직의 권한에 복종한다. 상급자가 하급자를 지휘·감독하는 권한은 계서제상의 지위에 근거를 둔 것이다.

(3) **문서주의**: 모든 업무는 구두가 아닌 문서에 의해 처리돼야 한다. 대규모 조직의 업무 처리는 책임성과 정확성을 확보하기 위해 문서로써 처리돼야 된다.

---

2) 가산관료제(家産官僚制, Patrimonialbürokratie)는 국가가 군주의 사적인 세습재산(Patrimonium)으로 취급되는 가산국가(家産國家, Patrimonialstaat)의 관료제를 말한다. 가산관료제는 다른 말로 하면, '전통적 지배'가 전형적으로 이뤄지는 국가의 관료제를 말한다. 가산관료제는 우리나라 조선시대의 관료제나, 서구의 중세 봉건제에서 그 전형적 예를 찾아볼 수 있다.

(4) **비정의적 업무 수행**: 관료들의 업무 수행은 비정의성(impersonality)을 지녀야 한다. 즉, 관료들은 법규 적용 등 임무 수행 시에 개인적 친분 관계나 상대방의 지위 등에 구애됨이 없이 공평무사하게 임해야 한다. 관료들은 민원인의 얼굴을 보고 업무를 차별적으로 처리해서는 아니 되며, 주민등록번호를 보고 법규에 따라 공평하게 처리해야 한다.

(5) **전문성**: 관료들은 기술적 자격(technical qualifications), 즉 전문성을 기준으로 채용돼야 한다.

(6) **전직성**: 공공 업무의 안정적 수행 및 사무에의 전념을 요구(demand the full working capacity)하기 위해 관료의 직업은 잠정적 · 임시적 직업이 아니라 일생 동안 종사하는 '생애의 직업(vocation)'이어야 한다.

(7) **항구성**[3]: 관료제의 조직 형성과 인사관리는 정부 업무의 안정적 수행을 위해, 항구성(恒久性, permanence)의 원칙에 따라 인도된다. 관료제는 임시조직(adhocracy)과는 달리 안정된 조직구조를 추구한다는 측면에서 항구성을 지향하며, 또한 정부조직에의 참여가 임시직이 아닌 '생애의 직업'으로 간주된다는 측면에서 항구성을 지향한다고 할 수 있다. 탈관료제의 주창자들은 관료제의 조직구조 및 인력의 항구성이 갖는 역기능의 문제점을 지적하면서, 관료제를 혁신하기 위해서는 항구성의 원칙을 허물고 '경쟁의 원리'를 도입해야 한다고 주장한다.

베버는 이와 같은 특성을 지닌 관료제적 조직화 방식이 행정을 효율적이고 합리적으로 만들 것으로 믿었다. 집중화와 대량화를 특징으로 하는 포드주의(Fordism)로 상징되는 산업사회적 상황에서는 특히 관료제가 가장 효과적인 조직 형태의 하나라고 할 수 있다.

베버의 관료제 모형은 여러 가지 장점을 지닌다. 즉, 관료제는 법규에 의한 업무처리를 통해 조직활동의 정확성 · 일관성 · 예측가능성을 제고할 수 있으며, 계층제에 입각해 명령 · 복종 관계와 질서를 확립함으로써 대규모 조직과 인원 그리고 작업을

3) 항구성은 베버가 당초 이념형에서 제시한 관료제의 특성은 아니나, 탈관료제 모형을 모색한 피터스(B. Guy Peters) 등 후대의 학자들이 전통적 관료제의 특성으로 지적한다(이종수, 1999 참조).

효율적으로 관리할 수 있게 하고, 문서화의 원칙에 따라 직무 수행의 책임성·정확성을 제고할 수 있으며, 비정의적 업무 처리를 통해 공평무사한 업무 처리를 기대할 수 있고, 전문성에 의해 능률성을 확보하며, 전직성과 항구성에 의해 공공 업무의 안정적 처리를 가능하게 하는 등의 장점을 지닌다.

그러나 관료제에는 여러 가지 역기능이 따른다. 일반적으로 거론되는 관료병리(bureaupathology) 현상은 다음과 같다(박동서, 1997: 321–325; 김규정, 1997: 316–317).

(1) **번문욕례·형식주의**: 대규모 조직에서 문서에 의한 업무 처리를 하게 되면서 번거로운 관청절차, 즉 번문욕례(red tape)와 복잡한 날인 절차, 형식주의(formalism) 등의 현상이 나타나게 된다.

(2) **동조과잉과 수단의 목표화**: 관료조직 속에서는 동조과잉(overconformity) 현상이 일어나기 쉬우며, 관료들이 목표가 아닌 수단으로서의 규칙·절차에 지나치게 집착함으로써 수단으로서의 규칙 준수가 목표 달성보다 더 중시되는 목표–수단의 전도 현상이 나타난다.

(3) **무사안일주의**: 관료들은 보신을 위해 상관의 권위에 의존하면서 소극적으로 일을 처리하려는 경향성을 지닌다. 즉, 관료들은 책임을 회피하기 위해 상관의 명령·지시에만 맹종·영합하면서, 본질적 문제 해결에 적극적·쇄신적 태도를 보이지 않는다.

(4) **할거주의**: 관료제에서는 자신이 소속돼 있는 기관·부처·국·과만을 중요하게 생각하고 다른 기관과 부서에 대한 배려가 없어 결과적으로 횡적인 조정·협조가 어렵게 되는 문제점이 나타난다. 할거주의(sectionalism)의 원인은 다른 기관에 대한 이해 부족 및 인적·물적 자원을 더 많이 확보하려는 데서 찾을 수 있다.

(5) **전문화로 인한 무능**: 관료제는 고도의 전문가를 요청하게 되는 바, 이러한 전문가는 극히 한정된 분야의 전문성을 지니고 있어 시야가 좁을 뿐만 아니라 생각이나 이해의 신축성이 부족한데, 이러한 전문화로 인한 무능(trained incapacity) 때문에 폭넓은 관리자로서 부적합하게 된다고 할 수 있다.

(6) **변동에 대한 저항**: 관료제는 본질적으로 보수주의적·현상 유지적 특징을 지니

고 있어 변동에 대한 적응성이 결여돼 있다.

(7) 무능력자의 승진: 이른바 피터의 원리(Peter principle)4)가 지적하듯이, 계층제적 관료조직의 구성원은 각자의 능력을 넘는 수준까지 승진하게 되는 경향이 있다(Peter & Hall, 1969: 8). 이러한 현상은 현 직위에서 거둔 업무 성과(job performance)에 대한 보상으로 승진을 시켜 주는 관행 때문에 일어난다. 그러나 승진된 자리에서 요구되는 역량은 현 직위에서 요구되는 역량과 그 성질이 다르다고 할 수 있다.

제 2 절 탈관료제 모형

1. 탈관료제론의 개관

베버의 관료제 모형은 1930년대 이후 적지 않은 비판을 받게 된다. 일단의 사회학자들은 (1) 관료제 모형이 공식적 면에만 관심을 갖고 자생집단 등 비공식적(informal) 측면을 도외시하고, (2) 합리적인 면만을 지나치게 강조하고 불합리한(irrational) 측면을 등한시하며, (3) 관료제의 순기능적 면만 강조하고 역기능적(disfunctional) 측면을 경시하고, 또한 (4) 관료제를 환경과 관련시켜 보지 않고 조직 내부에 한정해서 고찰한다는 등의 문제점을 지적한다(Selznick, 1949: 26; 박동서, 1997: 314－316).

그러나 1960년대 이후에는 조직학자들을 중심으로 베버의 이론에 정면 도전하는 탈관료제 모형들이 제시되고 있다. 이들 탈관료제론자는 관료제의 항구적 구조 대신에 임시작업반(task force)과 같은 임시구조(temporary structure)를 처방하고, 계층

4) 피터의 원리(“In a hierarchy every employee tends to rise to his level of incompetence”)로부터 이끌어낼 수 있는 교훈은 현 직위에서 거둔 업무 성과에 대해서는 ‘승진’이 아니라 ‘보수 인상(pay raise)’을 보상으로 제공해야 하며, 승진은 현 직위에서의 ‘근무 실적’보다는 ‘직무 수행 능력’과 같은 잠재적 역량을 나타내는 평정 요소에 대한 평가를 기준으로 해야 한다는 점이라고 하겠다(이종수, 「행정학사전」 참조).

제 대신에 탈계층제 구조를 처방하며, 무사안일한 관료문화를 혁신하기 위해 전임직 대신에 임시직을 처방하기도 한다.

매커디(Howad E. McCurdy)는 탈관료제적 조직 구성의 원리로 (1) 문제 해결 능력을 가진 사람이 권한을 행사하고, (2) 업무 수행의 기준과 절차는 상황적응적이며, (3) 고객은 동료와 같이 다뤄지고, (4) 비계층제적 구조를 형성하며, (5) 집단적 과정을 통해 문제 해결과 의사결정을 하고, (6) 직업적 유동성을 보장하며, (7) 조직구조는 생성 · 변화 · 소멸되는 잠정성을 가지고, (8) 모든 의사소통은 공개된다고 지적했다(McCurdy, 1977: 349; 김규정, 1997: 314).

구체적 탈관료제 모형은 여러 학자에 의해 다양하게 제시되고 있다. 다음에서는 피터스(B. Guy Peters)가 제시하는 전통적 관료제의 대안모형으로서의 탈관료제 모형을 다루기로 한다.

2. 관료제의 대안모형으로서의 탈관료제 모형

피터스(Peters, 1996)는 전통적 관료제의 대안모형으로서의 뉴거버넌스 모형을 다음과 같은 네 가지로 제시한다. 시장 모형(market model), 참여정부 모형(participatory state model), 유연정부 모형(flexible government model), 저통제정부 모형(deregulated government model)이 그것이다. 피터스는 이들 모형을 조직구조, 관리, 정책 과정, 공익관의 다섯 가지 기준으로 나눠 비교한다.

1) 시장 모형

시장 모형은 민간부문의 관리활동이 전통적인 관료제 모형보다 본질적으로 우월하다는 가정에 입각해 있다. 즉, 전통적 관료제의 관리방식이 구성원들에게 능률적 업무 수행을 위한 충분한 인센티브를 제공하지 못하고 있으며, 니스카넨(William A. Niskanen, Jr.)이 가정하고 있듯이, 관료들은 개인적인 권력과 소득을 증대시키기 위해 소속기관의 예산을 극대화한다는 것이다. 또한 관료기관의 독점적 권력이 경쟁을 제한함으로써 공공재의 생산과 제공이 비효율적으로 이뤄진다고 가정하고 있다. 시장 모형은 전통적 관료제의 이러한 문제점을 해소하기 위해 민간부문의 경쟁의 원리를 관료제에 도입할 것을 처방하고 있다.

이러한 시장 모형의 이념은 1980년대 영국의 대처(Margaret Thatcher) 행정부와 미국의 레이건(Ronald Reagan) 행정부에 의해 추진된 행정개혁에 본격적으로 적용되기 시작했다. 또한 1990년대 이후 세계 각국에서 다양하게 추진되고 있는 행정개혁에 이념적 기반을 제공하고 있다.

시장 모형은 전통적 관료제 모형의 대안 가운데 가장 친숙하고 잘 알려진 모형이다. 시장 모형은 오스트롬(Vincent Ostrom) 등이 주창한 공공선택론(public choice theory)과 이른바 신공공관리론(new public management)에 지적(知的) 뿌리를 두고 있다. 공공선택론자들은 공공부문을 확대하고 서비스를 과잉 생산하는 관료들의 사익 추구가 공공부문 실패의 근원이라고 주장한다. 한편 신관리론자들의 분석은 공・사조직의 관리는 본질적 차이가 없으며, 사조직의 관리 수단이 그대로 공공부문에 적용 가능하다는 가정에 입각해 있다.

요약하면, 시장 모형은 공공부문이 사부문과 마찬가지의 관리 및 서비스 전달 문제에 직면해 있다고 하면서 이러한 문제점을 해결하기 위해 동일한 기법이 적용될 수 있다고 주장한다. 이 모형은 만약 전통적 관료제의 규칙에 기반한 권위적 구조가 제거된다면, 공공부문 구성원들의 창의적 재능이 활성화될 수 있다고 가정한다.

시장 모형의 특징은 다음과 같다.

(1) 조직구조

공공부문의 전통적인 조직구조가 가지고 있는 문제 가운데 하나는 환경으로부터 지시받지 않는 대규모의 독점적 조직에 의존하고 있다는 점이다. 특히 공공선택론자들은 값이 매겨지지 않은(unpriced) 공공재와 서비스를 공급하는 대규모의 정부조직이 비능률성과 비효과성의 근본 원인이라고 주장한다. 이러한 구조적 문제점은, 의사결정 과정에서 구성원 개인의 기업가적 정신이나 시장신호(market signals)보다는 공식적 규칙과 권위가 행동 지침으로 작용하게 됨으로써 가중된다는 것이다.

공공조직의 이 같은 문제에 대해 시장 모형은 정책 형성 및 집행의 분권화를 처방한다. 분권화는 대규모 부서를 작은 기관으로 분할하고, 하급 부서에 기능을 할당하며, 공공서비스의 제공에 민간조직 또는 준민간조직을 이용함으로써 달성된다. 특히 공공서비스가 시장성이 높을 때 이런 방법은 적용가능성이 높다.

시장 모형은 계층수가 적은 평평한 조직(flat organization)을 조직구조로 처방한다. 즉, 전통적 공공조직에서 통제와 의사 결정의 일관성을 유지하기 위해 필요불가결했던 계층 수를, 기업가적 활동과 개인의 책임성이 제고될 수 있도록, 현저히 축소할 것을 권고한다. 시장 모형의 주창자들은 이러한 조직구조가 합리적 의사결정을 낳게 될 것이라고 주장한다.

(2) 관리

시장 모형이 함축하는 관리상의 의미는 명확하다. 공공부문 구성원에 대해 민간부문 구성원들과 동일한 관리기법이 적용되어야 한다는 것이다. 이는 정부의 전통적인 인사관리 방식이 수정돼야 함을 의미한다. 전통적 인사관리 체제에서는 동일한 계급에 해당되는 자는 동일한 보수를 받아왔으나, 이제 이러한 체제는 성과에 따라 보수를 달리 지급받는 성과급제로 바뀌고 있다. 성과에 따른 보상의 차등 지급은, 특히 상대적 자율성을 지닌 소규모 조직에서는 아주 중요하다.

(3) 정책 과정

정책 형성 과정에서의 직업관료들의 기능과 관련해서 시장 모형은 상호 모순된 역할을 기대하고 있다. 즉, 자율적 결정권과 상부 지침에의 부응이라는 두 가치를 동시에 요구받고 있다. 시장 모형에서 관료들은 이와 같은 상호 모순된 기대를 요구받고 있다.

(4) 공익관

시장 모형의 공익관이 명백하게 표명된 것은 아니지만, 시장 모형은 공공서비스가 얼마나 값싸게 제공되느냐를 기준으로 좋은 정부의 여부를 평가한다. 이러한 목적을 달성하기 위해 정부는 복수의 경쟁적 서비스 공급자를 마련하는 등 비전통적인 방법을 동원하게 된다.

시장 모형의 공익관 속에는 또한 시민을 소비자이자 납세자로 보는 관점이 들어 있다. 이러한 관점에서 볼 때, 공익은 시민들이 시장에서 자유롭게 서비스를 선택할 수 있을 때 확보될 수 있다. 이를 위해서는 전통적인 공공서비스 제공 방법인 독점이 해제돼야 한다. 구체적 처방으로는 서비스 구매권(voucher) 등을 들 수 있다.

2) 참여정부 모형

전통적 관료제의 계층구조를 최대의 문제점으로 지적하고 있는 참여 모형의 주창자들은 계층제 구조에서 소외돼 왔던 하급 구성원과 고객으로서 일반 시민의 참여가 확대될 수 있도록 정책체제가 구조화돼야 한다고 주장한다.

정책 과정에의 참여를 활성화하자는 참여 모형은 전혀 새로운 것이 아니며, 공사부문의 일반적인 개혁 노력에서 끊임없이 거론돼 온 주제 가운데 하나다. 오래전부터 공·사 부문에서의 작업장민주주의(workplace democracy)와 공동결정(codetermination)에 관한 원칙을 발전시켜 온 스칸디나비아 국가 및 독일 등에서 이러한 참여 모형의 이념이 구체화돼 왔다. 가까이는 1990년대 미국 클린턴(Bill Clinton) 행정부에서 추진한 '정부재창조(Reinventing Government)' 프로그램 속에서 '일선관료들에 대한 권한부여(empowering)' 등의 원칙으로 참여정부 모형은 구체화됐다.

이 접근은 조직의 하급계층에 활성화되지 않은 에너지와 재능이 충만해 있고, 이들이 재화와 용역의 생산에 관해 가장 많은 정보를 갖고 있다고 가정된다. 그리고 고객도 특정 프로그램에 관해 많은 정보를 갖고 있다고 가정한다. 이 모형은 따라서 정부조직 내의 의사결정에서 통상적으로 배제돼 온 하급계층과 고객의 좀 더 활발한 참여와 관여를 권장한다.

참여정부 모형의 특성은 다음과 같다.

(1) 조직구조

참여정부 모형의 조직구조에 대한 함의는 덜 명확하다. 이 모형은 구조(structure)보다는 과정(process)을 중시하기 때문이다. 그러나 참여를 촉진하는 구조 개혁도 있을 수 있다는 의미에서, 이 접근이 공공조직의 설계문제에 대해 완전히 침묵하고 있는 것은 아니다.

참여정부 모형은, 공공선택 접근에서와 같이, 공공조직은 계층 수가 적은 평평한 구조로 이뤄져야 한다고 전제한다. 만약 하급계층이 의사결정에 많이 기여할 수 있고 동기 유발이 잘 돼 있다고 가정된다면, 전통적 관료제의 '계서적 통제'는 조직성과 달성에 장애가 될 뿐이다. 조직구조에 대한 참여정부 모형의 다른 함의는, 의사결정 과정에 고객과 하급 구성원들의 관여가 더 많이 허용된다면, 법률과 재정적 제약의 준수 여부를 확인하기 위한 상급자로부터의 통제가 더욱 많이 필요할 것이라는 점이다.

참여정부 모형은, 참여를 제고할 수 있는 다양한 조직구조가 있을 수 있다고 가정한다. 고객과 하급 구성원들의 참여를 촉진하기 위한 현실적 조직구조로는 다양한 위원회와 자문집난을 들 수 있다.

(2) 관리

참여정부 모형의 관리에 관한 함의는 조직구조에 대한 함의보다 좀 더 뚜렷하다. 이 모형은 조직의 하급계층과 고객들이 의사결정에 좀 더 직접적으로 관여하게 될 경우 정부조직은 효율적으로 작동될 것이라는 가정에 입각하고 있다.

참여적 접근의 가장 두드러진 특징은, 국정 운영에 대한 사회적 이해관계 집단의 관여를 좀 더 명백하게 하려는 시도에 있다. 시장 모형이 시민의 역할을 경시하는 데 반해, 참여 모형은 시민의 역할을 제고하고 투표 이외의 수단으로 민주적 참여를 유인하려고 하는 특징을 지닌다.

(3) 정책 과정

정책 형성과 관련된 참여정부 모형의 함의는 정책 과정의 상향적 접근 방식을 선호한다는 점이다. 이 모형에서는 중앙집권 방식으로 결정하고 경직적인 계층제를 통해 집행하는 국정 운영 방식이 효율적이지 않다고 가정한다. 그보다는 오히려 분권적인 의사결정을 권고한다. 조직의 하급계층이 더 많은 정보를 보유하고 있다는 가정에 입각할 경우, 이러한 의사결정 방식은 효과적일 것이다.

참여 모형은 또한 거의 모든 정치체제의 정책 결정 과정에서 하급관료들이 중요한 영향력을 행사하고 있다는 관점을 갖고 있다(Lipsky, 1980; Adler & Asquith, 1981). 즉, 정부조직의 의사결정은 대부분 정치적 리더십이나 관료조직의 상위계층에서 이뤄지는 것이 아니라, 오히려 하급계층의 일선관료들에 의해 이뤄진다는 것이다.

(4) 공익관

참여정부 모형은 의사결정 과정에 관료조직의 하급 구성원과 시민의 참여가 최대한 보장될 때 공익이 확보된다고 가정한다. 이러한 참여는 세 가지 형태로 이뤄진다. 첫째, 관료들의 독립적 의사결정권을 확대하거나 의사 결정에 대한 영향력을 제고한다. 둘째, 시민들이 정책에 대해 상당한 영향력을 행사할 수 있도록, '토론 과정(dialogical process)'을 거쳐 정책을 형성한다. 셋째, 시민이 정책 선택에 어느 정도 관여하도록 한다. 시민들이 소비자 선택을 할 수 있고 정책에 대해 좀 더 직접적인 통제를 할 수 있도록 허용된다는 점에서, 참여정부 모형은 시장 모형과 유사하다. 그러나 소비자 선택이 이뤄지는 양식에서는 참여 모형이 더욱 정치적이다. 최근 우리 사회가 민주화되고 각종 시민단체의 활동이 활성화되면서 시민 참여의 폭이 크게 확대되고 있다. 정책 과정에의 시민의 참여 확대는 정책의 합리성을 제고하고 집행비용을 줄이는 효과를 가져다준다.

3) 유연조직 모형

관료제 조직구조 및 인력의 항구성(恒久性)이 갖는 역기능의 문제점은 1960년대 이후 이른바 탈관료제(post-bureaucracy)를 주창하는 조직이론가들에 의해 꾸준히 제기돼 왔다. 이들은 전통적 관료제구조의 항구성이 현상 유지 관행을 고착화함으로써 조직의 역동성을 저해하고 정책을 보수화하며, 조직구성원으로 하여금 정책관리보다는 조직 그 자체에 몰입하게 하는 원인이 되고 있다고 지적한다. 이들은 또한 복지프로그램 등의 정책의 영속성이 정부의 과도한 지출을 초래, 공공부문의 적자 누적을 심화시키고 있다고 지적한다.

유연조직 모형의 이념은 조직의 항구성을 무너뜨리고 임시조직을 처방하는 정부조직 개편과, 관료제 내에서 임시직을 늘리고 개방형 임용제도를 추구하는 인사제도의 혁신 및 영기준예산제도(ZBB)의 도입과 같은 재정 개혁에서 구체화되고 있다. 영국의 넥스트 스텝(Next Steps)과 뉴질랜드의 정부기업화(corporatization)와 같은 행정 개혁은 기본적으로 시장 모형에 입각한 행정 개혁으로 볼 수 있으나, 다른 한편으로는 유연조직 모형의 구체화로도 볼 수 있다.

전통적인 관료제조직에서는 정부조직에의 참여가 평생고용을 받아들이는 것으로 개념화돼 왔다. 마찬가지로 조직의 형성은 항구적인 실체를 만드는 것으로 생각됐다. 공공부문의 형성과 관리는 이러한 항구성의 개념에 의해 인도돼 왔다.

그러나 국정 운영 양식 및 노동시장의 변화는 공공부문 조직구조의 탈항구성(脫恒久性)을 요구한다. 정부조직의 항구성을 탈피하도록 하는 또 다른 압력은 노동시장의 근본적 변화로부터 온다. 오늘날 대부분의 산업국가에서 종신고용과 상근(常勤, full-time)직 고용 양태가 임시고용과 시간제 근무 양태로 바뀌고 있다. 많은 정부조직은 이미 이러한 시간제 근무 양태를 도입해 예산을 절약하고 조직의 융통성을 제고하고 있다. 유연조직 모형의 정책 지향은 또한 정책의 영속성의 재검토·중단을 처방한다.

유연조직 모형의 특성은 다음과 같다.

(1) 조직구조

유연조직 모형은 기존의 관료제 장치와 다른 대안적 구조를 창설할 것을 권고한다. 이 접근은 특정한 정책 영역을 항구적으로 담당하는 전통적 부처조직 형태에 의존하기보다, 기존 조직의 신속한 종식과 조직구조의 신축성을 추구한다. 이러한 조치는 항구적 조직의 골화(骨化, ossification)를 방지하고, 급변하는 사회·경제적 환경에 정부가 신속하게 적응할 수 있도록 해 준다.

(2) 관리

유연조직 모형의 관리적 함의는 명백하다. 이 접근은 구조적 비항구성 외에, 구성원들이 동일한 기관 안에서 전생애 또는 대부분의 생애를 보내게 되는 상근직보다는 시간제 근무와 임시직의 확대를 권장하며, 노동력을 수요에 적응시킬 수 있는 관리자의 능력을 상소한다. 1960년대 이래 미국 연방정부에서 임시직의 총 근무시간 비율이 점차 늘어나고 있듯이, 이러한 고용 형태의 변화는 이미 여러 공공부문에서 나타나고 있다. 이러한 관리 지향은 정부예산을 절감해 주고, 위기 상황에 신속하고 효과적으로 대응할 수 있게 해 주며, 갑자기 대두하는 서비스 수요에 신속하게 대응할 수 있게 해 주는 장점을 지닌다. 그러나 임시직원들의 조직에의 진정한 업무 관여를 기대할 수 없다는 점에서, 유연조직 모형은 참여정부 모형의 반명제 성격을 띤다.

(3) 정책 과정

유연조직 모형은 정책 결정 과정상의 공무원의 역할에 대해 직접적으로 언급하는 바가 없다. 그러나 관료들의 역할에 대한 논리적 함의를 추론해 볼 수는 있다. 정책 결정에 관한 이 접근의 함의는 모순된 것처럼 보인다. 즉, 일부는 공무원의 고양된 역할을 지적하는가 하면, 다른 사람들은 정책에 대한 정치의 지배와 관료의 종속성이라는 고전적 관점을 재확인하는 것처럼 보인다.

전통적 관료구조는 안정적 인력의 유지 · 확보에 따르는 장 · 단점을 동시에 갖고 있다. 항구적 인력구조는 정책 방향을 제시하고 새 정책 입안에 필요한 경험적 지식을 제공하는 데 유리하다. 그러나 다른 한편 이러한 안정성은 혁신에 장애가 된다. 안정적인 대규모 조직의 고정 장치를 제거할 경우, 엘리트 관료는 그들 자신의 정책 아이디어를 좀 더 자율적으로 개발할 수 있을 것이다. 미국의 고위공무원단(Senior Executive Service)은 다양한 관리 및 정책자문 상황에 활용될 수 있는 부동자원(浮動資源, free-floating resource)의 개념에 입각한다.

(4) 공익관

유연조직 모형은 국정 운영의 대안적 모형 가운데 그 특성이 가장 불명확하게 표명되듯이, 공익관 또한 불분명하다. 유연조직 모형의 공익관 가운데 분명한 요소는 정부의 비용 감축은 공공에 이익이 된다는 점이다. 만약 임시직 고용을 통해 비용이 감축된다면, 임시직 관료의 지식 부족과 낮은 수준의 관여로 특정 고객이 비록 잠재적 불이익을 겪는다 하더라도, 전체 시민은 이익을 얻게 될 것으로 가정된다.

공익에 관한 두 번째 함의는 쇄신적이고 덜 골화(骨化)된 정부조직이 공익을 증진시킨다는 점이다. 정부에 대한 전형적 불평 가운데 하나는 정부 내 조직들이 존속의 정당성 유무와 상관없이 그들 자신의 생존과 영역 유지를 위해 투쟁한다는 점이다. 정부조직의 항구성에 변화가 초래될 경우, 창의성이 제고되고 정부예산이 절약될 수 있다.

4) 저통제정부 모형

저통제정부 모형은 관료제의 내부통제의 완화와 관련된 개념이다. 즉, 관료제를 신뢰할 수 없기 때문에 공공부문을 축소하고 경제행정규제를 완화해야 한다는 행정규제 완화와는 상관이 없는 개념이다. 저통제정부 모형은 기본적으로, 내부통제를 위한 각종 규제가 제거될 경우 정부관료제가 훨씬 역동적이고 효율적으로 기능할 것이라는 가정을 전제한다.

미국의 연방인사관리처(Office of Personnel Management: OPM)가 최근 수십 년간 축적돼 온 1만 페이지가 넘는 인사 관련 규정을 폐기, 규정 중심의 과거의 인사관리 체제 대신 분권화되고 탄력적인 인사 운용 체제를 지향하게 된 것은 이러한 저통제 모형에 입각한 개혁이라고 할 수 있다. 또한 유럽 등의 여러 나라가 집중구매 원칙을 포기하고 물자와 서비스를 각 기관별로 구매할 수 있도록 조달제도를 분권화한 조치라든지, 또는 호주·뉴질랜드·스웨덴 등의 중앙재정기관들이 예산의 사용에 관한 세부 결정을 하급기관들이 스스로 할 수 있도록 하는 총괄예산제도(bulk budgets or global budgets)를 도입한 것 등도 이러한 저통제 모형에 입각한 재정 개혁이라고 할 수 있다.

저통제정부 모형은 통제의 완화를 통해 정부의 잠재력과 창의성에 대한 속박을 풀어야 한다고 주창한다(Wilson, 1989; Bryner, 1987). 즉, 저통제정부 모형은 행정에 대한 제약이 제거되면 정부는 그 기능을 좀 더 능률적으로 수행할 수 있을 것이라고 가정한다.

저통제 모형의 특성은 다음과 같다.

(1) 조직구조

저통제 모형의 조직구조에 관한 함의는 빈약하다. 이 모형의 주창자들은 조직구조보다는 조직의 통제에 사용된 절차나 그 속의 구성원을 훨씬 더 중요한 것으로 생각한다. 또한 정부의 효과적 업무 수행 능력과 관련해서는 계서제에 기반한 전통적 관리가 그렇게 저주할 정도는 아니라고 생각하는 것처럼 보인다. 관료제 구조가 본래적으로 바람직하지 못하다는 전제는 이제 거의 일반적 통념이 되고 있으나, 저통제정부 모형은 관료제 구조가 수용 가능하며, 일부 상황에서는 바람직하기까지 하다고 주장한다.

(2) 관리

저통제정부 모형에서 관리문제는 주된 관심사가 아니기 때문에, 이 모형의 조직관리에 관한 함의는 서로 반대되는 두 방향을 지향한다. 한편 이 접근은 전통적 조직구조와 관리 방식이 그렇게 나쁜 것은 아니라는 관점에서, 계서제의 상층부에 위치하는 정책담당자의 기업가적 활동을 용인, 정책 기조가 위로부터 발안되는 일반적 조직문화를 받아들이고 있다. 이 접근의 또 다른 관리적 함의는 참여정부 모형에서 주창된 것과 유사하다. 즉, 만약 정부의 창의력이 진정으로 속박에서 벗어난다면, 조직의 모든 수준이 몰입하게 됨으로써 정부조직의 능률성이 제고될 수 있다는 것이다. 참여정부 모형과 함께 저통제정부 모형은, 관료들의 조직몰입을 중시하지 않는 유연조직 모형과 대비된다.

(3) 정책 과정

저통제정부 모형의 정책 형성에 관한 함의는 다른 부문의 함의보다 분명하다. 전통적 관점은 정책 형성을 정치지도자들의 특권으로 본다. 그러나 저통제정부 모형은 정책 형성에서 관료에게 강력한 역할을 부여할 것을 권장한다. 즉, 조직은 아이디어와 전문기술의 주요 저장고이기에 조직구성원에게 더 많은 결정권이 부여돼야 한다는 논리를 전개한다. 이 모형은 또한 하급계층의 구성원이 전문성을 지니고 환경과 밀접하게 접촉하기에, 좀 더 큰 영향력을 가져야 한다는 함의를 지닌다는 점에서는 참여정부 모형과 유사하다.

(4) 공익관

저통제정부 모형은 행정통제를 덜 받는(less accountable) 적극적인 정부를 통해 공익이 확보될 수 있다고 가정한다. 전통적 관료제 모형은 구조적 · 절차적 장치를 통한 행정통제 없이는 정부관료제가 부패하거나 비능률적일 것이라는 가정에 입각한다. 저통제정부 모형은, 이와는 달리, 정부관료제는 공공봉사 의지를 지닌 헌신적이고 재능 있는 대규모의 구성원으로 구성돼 있다는 가정을 한다. 이러한 가정은 행정책임에 관한 프리드리히(Carl J. Friedrich)와 파이너(Herman Finer)의 논쟁을 되새겨 준다. 이 모형은 또한 사회에 대한 정부의 역할에 관해 분명하게 언급하고 있다. 공익은 좀 더 적극적이고 간섭적인 공공부문에 의해 확보될 수 있다고 이 모형은 가정한다. 그러나 이것을 '큰 정부'에 대한 자동적 선호로 볼 수는 없다.

3. 관료제 모형과 대안적 국정운영 모형의 비교

오늘날 정부관료제에 대해서는 국민 전체를 위해 공익을 추구하기보다 관료집단의 세노석 이익을 주구하는 하나의 이익집단으로 기능하며, 관료제 조직의 각종 규칙과 규정은 '일이 되지 않도록' 하는 장애로 기능한다는 극단적 비판까지 대두되고 있는 실정이다.

여러 계보의 대안적 국정운영 모형이 지적하는 공공부문 저생산의 원인은 다양하다. 공공부문의 생산성이 낮은 원인은 크게 두 가지로 나눠 볼 수 있다. 먼저 공공부문의 고유한 성격에서 그 원인을 찾아볼 수 있으며, 관료제 조직의 설계 원리와 관리 방식에서 원인을 찾아볼 수도 있다.

공공부문의 고유한 특성으로는 공공부문의 독점성, 복합적 목표의 추구와 산출물 측정의 어려움, 정치 · 사회적 환경과의 관계 등을 지적할 수 있다.

먼저 관료제는 독점성이라는 그 본질적 특성으로 인해 시장 원리의 적용에 한계가 있다. 독점에 따른 경쟁의 부재로 생산성이 저하되고, 관료제 조직의 영구성 · 폐쇄성 · 배타성이 공무원들의 무사안일과 보신주의 그리고 집단이기주의를 부추기게 된다는 것이다.

그리고 비판론자들은 조직의 능률성을 확보하기 위해 도입된 분업 · 계층화의 원리, 규칙 · 절차 · 명령에 기반한 관리와 통제, 서비스의 규격화와 표준화 등 관료제

조직의 여러 설계 원리와 관리 방식이 오히려 능률성을 저해하는 요인이 된다고 지적한다. 즉, 계층적 권한에 기반한 통제 중심의 관리 방식은 구성원의 창의력과 동기를 억제함으로써 생산성을 저하시킨다는 것이다.

전통적 관료제 모형과 대안적 국정운영 모형들의 특징은 다음과 같이 다섯 부문으로 나눠 비교해 볼 수 있다(이종수, 1999).

첫째, 정부 기능 및 정책 지향에서의 각 패러다임의 특징을 살펴보면, 전통적 관료제가 공공재의 독점적 생산·공급을 지향하고, 공급자 중심의 행정을 추구하며, 정부의 규제와 기획 기능을 강조하는 데 비해, 대안적 국정운영 모형은 공공서비스의 경쟁적 공급과 공공부문의 축소를 권고하고, 그 대안으로 민영화·민간화·계약·외부 조달 등의 방법을 제시한다. 또한 공급자 중심의 행정 편의적 행정보다는 수요자 중심의 행정을 지향할 것을 주창하고, 민간부문의 창의력과 에너지가 활성화될 수 있도록 정부의 각종 내부규제를 완화할 것을 강조한다.

둘째, 정치·행정 관계와 관련해 전통적 관료제는 정책형성을 정치지도자의 고유한 영역으로 인식하는 데 비해, 대안적 모형은 정책 형성에서 관료의 주도적 역할을 인정하고, 관료를 통제하기보다 그들에게 권한을 위양하고 자율성을 부여할 것을 제안한다.

셋째, 조직구조와 관련해 전통적인 관료제 조직은 조직구조의 항구성을 지향하고, 분업과 계층제를 설계의 기본 원리로 삼아 집권화를 추구하며, 조직의 대규모화를 처방한다. 한편 대안적 모형들은 이에 비해 비항구적·유기적·비계층적 조직구조를 처방하고, 분업화보다는 집단사고와 집단적 업무 처리를 중시하며, 하급 구성원과 고객에게 권한을 위양해 이들의 잠재력과 아이디어를 정책 과정에 투입하고, 조직을 기능에 따라 소규모로 분절화할 것을 주창한다.

넷째, 조직의 관리와 관련해 전통적 관료제는 통제(control)를 중시하고 투입·과정·규칙 중심의 관리를 지향하며, 종신고용과 상근(full-time) 직원 중심의 관리체제, 폐쇄형 인사제도, 연공서열 중시, 강력한 신분 보장, 고정임금제 등의 비경쟁적 인사관리 체제를 지향하는 것으로 특징지을 수 있다. 이에 비해 탈관료제 모형들은 통제보다는 하급 구성원에게 권한을 부여하고(empowering) 산출 중심의 관리를 지

표 7-1 관료제 패러다임과 대안적 국정운영 모형의 특징

비교의 국면	관료제 패러다임의 특성	대안적 모형의 처방	비고
정부 기능 및 정책 지향	• 공공재의 독점적 생산 · 공급 • 공급자 중심의 행정 • 규제와 기획 기능 강조	• 서비스의 경쟁적 공급 및 공공 부문의 축소 – 민영화 · 민간화 · 외부 조달 • 수요자 중심의 행정 • 규제 완화 · 시장 메커니즘 강조	• 시장모형 • 시장모형, 참여모형, • 시장모형,
정치–행정 관계	• 정책 형성은 정치지도자들이 주도	• 관료들의 정책형성 역할 인정 – 관료에 대한 통제의 이완과 재량권 부여	• 시장모형 (이중적), 참여모형, 유연모형 (이중적), 저통제모형
조직구조	• 조직구조의 항구성 • 분업 • 계층제 –키다리 조직구조 • 집권화 • 대규모 조직	• 비항구적 · 유기적 구조 • 집단사고와 업무 처리 • 비계층적 구조 – 키낮은 조직구조 • 분권화: – 하급 구성원에의 권한 위양, 참여 유도 – 고객에의 권한위양 • 소규모 조직으로 분절화	• 유연모형 • 참여모형 • 시장모형, 참여모형, 유연모형 • 시장모형, 참여모형, 저통제모형 • 시장모형, 유연모형
조직관리	• 통제(control) 중시 • 투입 · 과정 · 규칙 중심의 관리 • 비경쟁적 인사관리 – 종신고용, 상근 직원 중심 – 폐쇄형 인사제도 – 연공서열 중시 – 강력한 신분 보장 – 고정임금	• 재량적 관리 · 권한 부여 (empowering) • 산출 중심의 관리 • 경쟁적 인사관리 – 임시직 충원 확대 – 개방형 인사제도 – 능력 · 성과 중시 – 신분 보장의 약화 – 변동 임금(성과급제)	• 시장모형, 참여모형, (이중적), 저통제모형 • 시장모형, 참여모형 • 시장모형, 유연모형
행태적 특성	• 관료의 집단적 이익 추구 • 변화 · 개혁에 대한 저항 • 무사안일	• 공익에 봉사 • 쇄신적 · 창의적 • 조직에의 몰입, 적극성	• 참여모형, 유연모형 • 시장모형, 참여모형, 저통제모형 • 참여모형, 저통제모형

자료: 이종수(1999).

향하며, 임시직 충원을 확대하고 개방형 인사제도를 지향하며, 연공서열보다는 능력과 성과를 중시하고 성과급제와 같은 변동임금제를 처방하는 경쟁적 인사관리제도를 선호한다.

다섯째, 전통적 관료제 속의 공무원은 관료의 집단적 이익을 추구하며, 비밀주의를 선호하고, 변화와 개혁에 대해 저항하며 무사안일을 추구하는 행태적 특성을 지닌 것으로 비판받는다. 이에 반해 대안적 국정운영 모형 속의 공무원들은 국민 전체의 공익에 봉사하고 공개주의를 지향하며, 쇄신적 · 창의적 · 적극적일 것으로 기대된다.

이러한 특징들을 정리한 것이 앞의 <표 7-1>이다.

제 3 절 관료제 모형에 대한 재성찰

1. 탈관료제 모형에 대한 비판적 고찰

제7장에서 고찰한 탈관료제 모형들은 전통적 관료제의 역기능을 제거하기 위한 다양한 처방을 제시하고 있다. 각 모형은 강조점에 따라 각기 다른 수준의 처방을 제시한다. 거시적 관점에서 관료제와 시민과의 관계에 초점을 두어 처방을 제시하는가 하면, 미시적으로 관료제 내부의 관리합리화에 초점을 두어 처방하기도 한다. 예를 들어 뉴거버넌스 모형은 거시적 차원에서 정책 패러다임과 정부 기능을 근본적으로 재정립할 것을 제안하는가 하면, 신공공관리론과 같이 좀 더 미시적 차원에서 새로운 조직관리 방식을 처방하는 모형도 있다. 어떻든 앞의 제2절 및 제8장에서 제10장까지 제시된 탈관료제 모형들의 처방 내용은 상당 부분 중복된다는 것을 알 수 있다.

관료제 내부관리의 혁신에 초점을 둔 미시적 차원의 다양한 처방은 전통적 관료조직의 항구성을 허물어뜨림으로써, 능률적인 새 조직풍토를 조성하는 데 효과적이다. 전통적 관료제의 조직구조와 관리 방식은 그러나 분업화에 따른 능률성과 전문성의 제고, 항구적 조직설계에 기인하는 책임성 · 안정성 · 계속성 · 정체성의 확보라는 장점도 아울러 지닌다. 즉, 공공부문은 여느 사부문과 달리 단순한 서비스의 공급자가 아니라, 공공의 가치를 추구한다는 특징을 지닌다. 정부가 단순한 서비스 공급자로 전락할 경우, 고전적 관료제 모형에서 기대할 수 있었던 책임성 · 안정성 · 신뢰성과 같은 공공가치는 더 이상 기대할 수 없을 것이다.

또한 결과에 초점을 둔 성과 측정의 개선과 성과에 따른 보수의 지급과 같은 새로운 관리 방식은 기존의 관료제 조직모형 내에서도 어느 정도 도입 가능하며, 공공부문 산출물의 특성을 감안한다면 새로운 대안적 접근이라 해서 획기적인 개선 방안을 제시할 수 없을지도 모른다. 즉, 어떠한 국정운영 모형을 도입하더라도 근본적으로 개선될 수 없는 공공부문의 고유한 특성이 있을 수 있다는 점도 유의해야 한다.

다음에서는 이러한 문제 의식에 기반해, 행정개혁의 이론적 준거로 제시되는 탈관료제 모형들을 비판적으로 고찰해 보고자 한다(이종수, 1999).

1) 탈관료제 모형의 현실적 적용성 문제

탈관료제 모형의 원형은 대개 사기업의 조직구조 및 관리 방식에 근거를 둔다. 그러나 공공조직은 사기업 조직과는 달리 공익을 추구하고 형평성의 가치를 중요시해야 하는 등 목표 체계부터 서로 다르다. 따라서 조직 목표가 다르고 조직문화가 다른 사기업의 관리 방식에 기초한 탈관료제 모형을 공공조직에 적용하는 데는 한계가 따를 수 있다. 그리고 제8장에서 살펴볼 뉴거버넌스적 행정개혁에 대해서도 실제로 계층적 정부조직이나 관리체계가 사라진 것은 아니며, 네트워크식 참여 형태가 부분적으로 나타나기는 하지만 그 완성도와 실제적 적용성이라는 점에서 적지 않은 한계를 지닌다는 비판이 따른다. 즉, 몇몇 네트워크식 국정관리 사례가 전통적 정부행정을 근본적으로 전환시킬 것으로는 전망하기 힘들 뿐만 아니라, 오히려 개별 사업별로 나타나는 네트워크식 국정관리는 정부정책의 예측성을 약화시켜 시장경제의 혼란을 가져올 수도 있다는 문제점이 지적된다.

2) 관료제 조직설계 및 관리 방식의 비능률성 여부

탈관료제 모형의 처방들이 설득력을 지니기 위해서는 관료제의 조직설계와 관리 방식이 본질적으로 비능률적이라는 가설이 성립돼야 한다. 또한 공공부문이 민간부문보다 비효율적이라는 사실이 경험적으로 확인돼야 할 것이다.

먼저 일부 저통제정부 모형의 주창자들이 그렇게 생각하듯이, 전통적 관료제 구조는 수용 가능할 뿐만 아니라 일부 조직환경에서는 효과적일 수도 있다. 즉, 산업사회의 대량생산 조직, 경찰, 군대 등 법집행 부서에서는 관료제 구조와 관리 방식이 분명 능률적일 수 있다[5]. 이러한 관점에서 본다면, 관료제의 조직설계가 본질적으로 비능률적이라고 하는 명제는 받아들일 수 없으며, 오히려 계량화가 힘든 복합적 목표를 추구하는 공공부문 산출물의 특성에서 실마리를 찾아야 할 것이다.

그리고 시장 모형의 효율성을 주장하기 위해서는 민간부문이 공공부문보다 항상 능률적일 것이라는 명제가 검증돼야 한다. 그러나 미리 말하자면, 경쟁적이지만 효율적이지 않은 민간부문도 있을 수 있으며, 공공부문도 관리가 얼마나 철저하게 이뤄지느냐에 따라 민간부문보다 더 효율적일 수 있다. 서구 선진제국의 공공부문이 개발도상국의 민간부문보다 효율적일 수 있을 뿐만 아니라, 미국 등의 일부 지방정부의 생산성은 민간부문의 생산성보다 높다는 연구 결과도 발표되고 있다.

즉, 일반적으로 민간부문의 생산성이 공공부문의 생산성보다 높다는 실증적 연구가 많으나, 이와 반대되는 결과를 밝힌 분석도 있다. 미국 몬태나 주에서는 쓰레기 및 오물 수거를 지방정부에서 직접 수행하기도 하고 민간기업에 위탁하기도 했는데, 한 실증적 분석은 지방정부에서 직접 수행하는 것이 민간기업의 경우보다 효율성과 생산성이 높다는 사실을 밝혀냈다(최광 · 이창환, 1997: 68－71).

공공부문과 민간부문의 상대적 효율성의 우위를 비교하기 위해서는 효율성의 개

5) 물론 정치적 우익 성향을 지닌 일부 주창자들은 시장 모형이 국방 분야이든 사회적 서비스 분야이든 간에 효과적이고 능률적이라고 주장하기도 한다(Peters, 1995). 그러나 일반적으로 시장 모형은 일부 시장성 있는 서비스의 공급에는 적합하고 바람직하나, 교육 및 사회적 서비스 분야와 같은 다른 분야에서는 부적절한 것으로 인식되고 있다. 마찬가지로 참여 모형은 도시계획이나 환경문제의 경우에는 적합하나, 범죄문제의 영역 등에서는 적용이 곤란하며, 임시 모형은 마약통제와 같은 복잡한 문제나 재난구조와 같은 일시적 문제의 대처에 적합할 수 있다.

념 자체를 명확히 할 필요가 있는 바, 공공부문의 효율성은 산출/투입 비율을 의미하는 민간부문의 효율성뿐만 아니라, 공평한 소득분배 · 경제 안정 · 경제 성장 · 복리 증진 등을 포괄하는 광의의 효율성 추구를 목적으로 하는 특징을 지닌다(최광 · 이창환, 1997: 66).

이러한 관점에서 본다면, 공공부문의 효율성 여부는 관료제 구조의 본질적 특성이라기보다는 생산자 간 경쟁의 유무라는 환경적 요인과 관리 방식에 달려 있다고 할 수 있다.

3) 공공부문의 특성과 성과 중심적 관리 방식 도입의 한계

국정운영 모형의 특성을 고찰하는 데는 공공부문과 민간부문 사이에 존재하는 본질적 차이를 이해하는 것이 긴요하다. 조직이론에서 계속적인 쟁점이 되는 열린 문제 가운데 하나는 정부조직은 과연 민간조직과 본질적으로 차이가 있느냐 하는 점이다. 공공조직과 민간조직 간에 본질적 차이가 있다는 가정을 받아들일 경우 일반조직이론의 정부조직에의 적용에는 한계가 있을 수밖에 없다.

대부분의 공공기관은 하나의 핵심 기능을 위해 봉사하기보다는 국민 전체의 공익을 위한 복합적 기능을 수행하고 있다. 행정을 인도하는 가치 기준도 능률성 · 효과성 · 형평성 · 민주성 등 다양하다. 즉, 행정은 공익을 위해 다양한 가치가 함축된 복합적 기능을 수행하며, 때로는 특정 행정행위가 상충 관계에 있는 가치를 동시에 추구하는 경우도 있다. 즉, 공공부문의 정책은 대개 복합적 목표를 추구하기에 계량화할 수 있는 목표치를 제시하기가 어렵고, 따라서 그 성과를 정확하게 측정할 수 있는 객관적 지표의 개발이 힘들다. 특히 공공서비스에서는 소비자로서의 사회구성원이 선호를 정확하게 파악 · 계측하기 힘들기 때문에 그 산출물에 대한 계량화가 어렵다. 물론 최근 공공부문의 생산성 측정기법이 발달함에 따라 성과 중심 관리가 가능한 영역이 급속도로 넓어지고 있으나(OECD, 1994a, 1994b; 윤건영, 1997), 아직 정부 생산성을 나타내는 객관적인 척도는 많이 개발되지 않고 있는 실정이다.

공공부문 성과물 측정의 이와 같은 어려움 때문에 그동안 대부분의 영역에서는 대리지표로 산출 대신 투입을 사용하고, 성과보다는 투입과 절차를 통한 통제 방법을 발전시켜 왔다. 이와 같이 투입을 성과의 대리지표로 사용할 수밖에 없는 상황에서 성과를 승진과 보상의 획일적 기준으로 삼을 것을 주창하는 시장 모형의 적용에는 한계가 있을 수밖에 없다.

4) 대안적 모형의 환경적합성

특정 제도는 그 사회의 사회문화적 환경의 산물이다. 어떠한 국정운영 모형이 성공적으로 운영될 수 있는지의 여부는 그 사회환경적 상황 조건에 적합하냐가 관건이다. 요즈음 여러 나라에서 행정개혁의 이념적 준거로 채택되는 시장체제가 성공적으로 도입되기 위해서는 먼저 시장이 성숙되고 시장의 기능 장애가 선행적으로 개선돼야 할 것이다. 시장 여건이 성숙되지 않은 상황에서는 공공부문을 시장으로 무조건 밀어낼 경우, 오히려 행정통제의 영역을 벗어나게 함으로써 공익성만 훼손될 우려가 없지 않다.

현실적으로 존재하는 시장은 불완전한 경우가 대부분이다. 각국의 사회경제적 환경에 따라 상대적 성숙도에 차이가 있는 바, 한국의 경우에는 시장의 성숙도가 현저히 낮다고 할 수 있다. 경쟁체제가 갖춰지지 않은 시장 속으로, 치밀한 사전 검토 없이, 공공부문을 무조건 밀어낸다고 효율성이 자동적으로 제고될 수는 없다. 이러한 실험적 개혁은 정부 독점을 또 다른 형태의 독점, 즉 민간 독점으로 바꿀 뿐이다. 특히 산업의 특성상 자연 독점이 불가피할 경우에는 외부 조달이 내부 생산보다 반드시 효율적이라고 할 수는 없을 것이다.

5) 공적 가치의 훼손에 따른 장기적 능률성의 희생

전통적 관료제 조직의 항구성이 조직구성원의 행태와 조직풍토에 미치는 역기능은 잘 알려져 있다. 항구성은 정책의 지나친 보수화의 원인으로 간주돼 왔으며, 이러한 조직풍토 속에서 구성원은 다른 무엇보다도 자신의 자리를 유지하고 조직의 생존을 유지하는 데 주된 관심을 갖게 된다. 관료제 조직의 항구성은 이와 같이 국정 운영의 효과성과 능률성에 중대한 문제를 야기할 수 있다.

관료제의 대안적 국정운영 모형들은 정부예산을 절감하고 공공부문의 능률성과 효과성을 제고할 수 있을 것으로 기대된다. 그러나 다른 한편 이러한 접근은 공공부문의 다른 중요한 가치들, 예를 들면 책임성·안정성·공익성 등을 훼손할 우려가 있다. 이러한 공공가치의 훼손은 장기적으로는 오히려 공공부문의 능률성과 효과성을 떨어뜨리는 결과를 초래할 수도 있을 것이다. 신분을 불안정하게 하는 비항구적 고용 양태는 구성원의 공공가치를 자극하고 동기를 유발하기보다는 구성원이 형식적·가시적·단기적 목표에 치중하게 함으로써 조직의 장기적 목표 달성을 오히려 저해할 수도 있다.

시장 모형 등 새로운 접근에서는 또한 시민을 정부정책의 수혜자 및 소비자로 개념화하는 경향이 있다. 이러한 관점은 시민에게 권능을 부여하는 동시에 시민의 품위를 떨어뜨리기도 한다. 영국의 시민헌장(Citizen's Charter), 캐나다의 PS2000 속에는 이러한 소비자주의(consumerism)의 요소가 많이 포함돼 있다. 그러나 정부를 단순히 서비스를 구매하고 판매하는 것만으로 볼 수는 없다. 시민이 단순한 소비자로 환원될 경우, 그 정치적 역할의 중요성이 경시되는 셈이다(Peters, 1995).

전통적 관료구조는 안정적 인력과 그에 따른 정책의 안정성이라는 장점을 분명히 갖고 있다. 항구적 인력구조는 정책 방향을 제시하고 새 정책 입안에 필요한 경험적 지식을 제공하는 데 유리하다. 그리고 공공봉사에 대한 도덕적 관여는 그 자체가 동기 유발 효과를 가진다. 공공부문의 업무를 임시적으로 처리하게 할 경우 공공봉사에 대한 도덕적 관여 수준은 저하될 수밖에 없다. 이러한 관여 수준의 저하는 동기유발을 저해하고, 나아가 공공 업무의 성과를 기대할 수 없게 할 것이다. 공공가치 그 자체는 공공부문의 존재 이유이기도 하다.

2. 관료제를 위한 변호

최근 수십 년간 반관료제적 성서(antibureaucratic sentiment)는 거의 모든 국가에서 '만연하고 있는 전염병(raging pandemic)'처럼 확산돼 왔다. 특히 개인의 자유에 대한 강한 몰입에 바탕을 둔 미국과 같은 국가에서 시민들은 지난 수십 년간 전례 없는 불만, 불신, 분노를 표출해 왔다. 톨친(Tolchin, 1996: 6)에 따르면, "1990년대 이곳저곳의 분노 이면의 통합적인 주제는 정부라는 표적이다. 정부는 갑작스럽게 사회의 모든 잘못된 일들의 희생양이 되고 말았다." 1994년 로퍼(Roper) 설문조사는 미국인의 3분의 2가 거대정부를 국가의 중대한 위험으로 꼽았고, "정부는 문제를 해결하는 것보다 문제를 더 만든다"는 데 동의했다(Zinsmeister, 1995). 응답자의 80% 가량은 정부를 낭비적이고 비효율적인 것으로 보았고, 79%는 세금이 적절하지 않은 일에 지출된다고 믿는다(Morin & Balz, 1996).

웜슬리(Wamsley, 1990: 9)가 회상한 것처럼, 카터 행정부는 "관료제에 타격을 가하고 '관료적 형식주의'를 종식시킨다는 의도로 이방인의 도시를 정복하는 개선군"으로 워싱턴 D.C.에 왔다. 카터와 레이건 행정부 모두 그들의 차이점에도 불구하고, 워싱턴을 점령하고 "포토맥 강을 학살된 관료들의 피로 붉게 물들이려는" 원한의 의도를 품은 세력이라고 스스로를 대변했다. 1995년에는 연방예산의 중지로 28만 명 이상의 연방공무원이 일시 휴직에 들어가고 장기간의 휴업 상태로 이어질 만큼 행정기관과 그들의 일을 희생시키는 정치적 전투가 벌어졌다.

이와 같이 확산되고 있는 반정부 정서에는 여러 가지 원인이 있다. 시민은 우선 정부가 너무 많은 권력을 갖고 있으나 진정으로 시민의 이익을 위해 사용하지 않는다고 생각한다. 시민들은 또한 정부가 비효율적이며 납세자의 돈을 낭비한다고 생각한다. 그리고 시민은 정부가 일상생활로부터 멀리 떨어져 있으며 시민의 문제에 대해 거의 배려하지 않는 것으로 느끼고 있다. 이러한 반정부 정서의 제일 큰 몫은 관료에게 책임이 있겠으나, 정치인도 적지 않은 책임을 공유해야 할 것이다. 정치인은 자신이 공유해야 할 책임을 회피하기 위해 관료집단을 희생양으로 삼는 경향이 있다.

카우프먼(Kaufman, 1981)은 증폭되고 있는 반관료제적 정서에 대해 관료제에 대한 두려움이 과대 포장돼 있다고 말하면서 정부관료제는 고삐 풀린 말처럼 통제되지 않은 채 질주만을 거듭하고 있지는 않다고 주장한다. 그는 정부의 서비스 공급 및 규제 기능 등이 더욱 전문화됨에 따라 비전문가인 정치인, 일반행정가 또는 국외자(outsider)들의 통제력 행사가 점점 힘들게 됐다는 비판도 있으나, 학계나 연구기관 같은 비정부단체들도 행정 업무에 대해 많은 지식을 갖고 있기에 정부관료제가 두려

워할 만큼 전문성을 독점하고 있는 것은 아니라고 지적한다.

리스턴(Wriston, 1980)도 관료제의 실체를 좀 더 잘 이해하게 되면 일반적인 사회 인식과는 달리 관료제가 민주적이고 능률적인 정책 활동을 수행하고 있음을 알 수 있다고 주장했다. 그 밖에 밀워드와 레이니(Milward & Rainey, 1983)도 리스턴의 견해에 동조하면서 만약 관료제가 업무를 제대로 수행하지 못했다면 그 원인이 관료들의 무능력이나 나태함보다는 외부적 요인에 있음을 강조했다. 즉, 현실적으로 어렵거나 실현 불가능한 사회적 요구와 과중한 업무 부담 등이 관료제의 성공적 정책 수행을 저해한다는 것이다. 굿셀(Goodsell, 1983) 역시 여러 가지 경험적 분석 결과를 통해 위의 주장들을 뒷받침하면서 앞으로는 관료제를 적대적인 존재가 아닌 우리들의 이웃이라는 시각에서 접근할 것을 요구했다(박경효, 1996).

밀워드와 레이니(Milward & Rainey, 1983)는 나아가 정부관료제가 비능률적이거나 권력적인 것이 아니라 사기업에 못지않게, 아니 오히려 그보다 더 능률적이며 합리적으로 운영되고 있다고 주장한다. 그들은 또한 정부를 민간기업처럼 운영하자는 주장에 대해서도 그러한 요구는 정부의 역할, 목적 및 가치를 왜곡시키게 된다고 반대 의견을 표명한다. 만일 정부가 능률성만을 추구하기 위해 운영된다면 관료제는 집권화될 것이며, 이는 미국의 정치적 이상인 민주주의와 상충될 것이라는 것이다. 그리고 정부를 기업같이 운영하자는 것은 일 년에 5만 개씩 망해 가는 기업처럼 운영하자는 것인지, 아니면 불경기에도 종업원을 감원시키지 않았던(비능률적인) IBM이나 델타항공(Delta Airlines)처럼 운영하자는 것인지도 불분명하다는 것이다.

밀워드(H. Brinton Milward)와 레이니(Hal G. Rainey)는 또한 정부가 무능해 보이는 이유 중의 하나는 정부는 '능률'이라는 가치 이외에도 다양한 가치를 만족시켜야 한다는 데 있다는 것이다. 사유민주주의 내에 존재하는 다양한 이익집단의 압력은 정부로 하여금 능률적인 일의 집행을 마비시키기도 한다. 정부는 모든 사회적 사안이 정치화되며, 특수한 이익집단의 요구를 거부할 수 없는 상황 속에서 모든 일을 다 해야 할 것으로 기대된다. 그러나 정부의 능력에는 한계가 있고, 예산은 빈약하다. 결국 밀워드와 레이니는 미국의 관료제는 많은 사람이 생각하는 것보다 훨씬 능률적으로 작동하고 있으며, 관료제가 낮은 성과를 보일 때는 그것이 내적인 태만, 무능력, 또는 관리의 실패에 있다기보다는 외부적 요인에 기인하는 경우가 많다고 주장한다(전영평, 1996).

한편 1970~80년대 미국의 반관료적 정치·사회적 분위기에 반해 새로운 시각으로 행정의 정당성에 대한 논의를 전개하려는 학문적 개혁운동이 일어난 바, 그것이 1983년 미국행정학회 연례학술대회의 한 비공식 패널에서 처음 소개된 블랙스버그 선언(Blacksburg Manifesto)이다. 공동선언자인 웜슬리 등은 1990년 저술한 「행정의 재정립(*Refounding Public Administration*)」이라는 저서에서 1980년대 관료들의 위상이 비하된 이유는 그들의 조직관리 기술이 부족해서가 아니라 정부의 역할에 대한 공공의 인식이 왜곡돼 있기 때문이라고 주장한다. 즉, 관료들은 복잡하고 상반된 이익이 혼재하고 서로 충돌하는 정치체계 안에 있기 때문이라는 것이다. 예를 들어 사회적 정의와 형평성을 요구하는 사회적 압력의 영향 하에 있으면서 동시에 자본주의의 원칙에 따라 경제적·사회적 차별이 유지돼야 한다는 반대 압력의 영향을 받기도 한다. 또한 미국의 역사적·헌법적 전통의 근간을 이루는 것은 점증적이고 분산된 체제이지만 날로 경쟁이 치열해 가는 세계 경제 속에서 살아남기 위해서는 합리적이고 포괄적인 정책 결정 과정을 필요로 하기도 한다. 따라서 행정이 문제시되는 원인은 그러한 정치체제를 효과적으로 통치하기 어렵기 때문이지, 행정 그 자체로부터 초래되는 결과는 아니라고 주장한다(Wamsley, et al., 1987: 295; 김동원, 2003).

저자들은 오히려 미국 정치체제의 현실을 강렬히 비판하면서 관료들이 이러한 정치적 복잡성의 희생양이라는 점을 강조한다. 즉, 어떤 부류에게는 정의와 형평을 지나치게 추구한다고, 또 한편 다른 쪽에게는 그에 대해 너무 무관심하다고 매도당한다는 것이다. 좀 더 심한 경우에는 행정이 정치 스펙트럼의 양극 모두로부터 반대파의 의도를 실현하는 데 사용되는 저주받은 도구로 간주돼 심지어는 '악의 도구(instrument of the devil)'라는 오명을 짊어지기도 한다는 것이다. 저자들이 지적하듯이 행정은 로위(Theodore J. Lowi)가 명명한 '이익집단 자유주의(interest group liberalism)'의 희생양이 됐다. 그들은 또한 관료들에 대한 사회적 비판의 주요한 원인들 중 하나는 민간부문에 대해 공공부문이 상대적으로 비효율적이라는 믿음에 있으나 저자들은 이것도 근거 없는 주장이라고 반박한다(Wamsley, et al., 1987: 297;

김동원, 2003).

이와 같이 윔슬리와 그의 동료들, 카우프먼, 밀워드와 레이니 등 일단의 미국 학자들은 관료제에 대한 부정적인 통념을 반박하며 관료제를 옹호한다. 그러나 이들은 관료제에 대한 잘못된 오해와 편견을 버릴 것을 제안하고 있을 뿐 관료제의 부정적 측면까지 옹호하는 것은 아니라는 점에서, 그리고 그러한 문제를 해결하기 위해 관료들 스스로가 고쳐해야 할 규범과 윤리에 관한 지침을 제시하고 있다는 점에서 균형된 시각을 제안하고 있다고 할 수 있다.

Chapter 08

뉴거버넌스론

제 1 절 뉴거버넌스의 의의와 특징

거버넌스(governance)는 국정관리체계(國政管理體系), 공치(共治), 협치(協治) 등의 용어로 번역되거나 그냥 거버넌스로 음역해 사용된다. '정부로부터 거버넌스로(from government to governance)'라는 금언(金言)이 대변해 주듯이 '거버넌스'는 일방적 · 계층제적 통치를 의미하는 '정부(government)'와 대비되는 개념이다. 즉, 기존의 정부가 계층제적 국정관리체계를 의미한다면, 뉴거버넌스는 네트워크식 국정관리체계를 의미한다고 하겠다. 넓은 의미의 거버넌스, 즉 국정관리체계의 주요 양식으로는 계층제(관료제 또는 전통적 형태의 정부 조직), 시장, 네트워크(network) 등이 있다.[1] 거버넌스는 넓은 의미에서 일반적인 국정관리체계를 가리키는 말로도 사용되며, 다른 한편 특별하게 '네트워크식 국정관리체계'만을 지칭하는 의미로 상호 교호적으로 사용됨으로써 혼란이 초래된다. 여기서는 거버넌스를 일반적인 국정관리

1) 계층제, 시장, 네트워크는 일종의 조정 기제(coordination mechanism)라고 할 수 있다. 계층제는 행정명령을 통한 조정 기제이고, 시장은 가격 경쟁을 통한 조정 기제이며, 네트워크는 신용과 협력을 통한 조정 기제이다(Thompson, et al., 1991: 15; 정용덕, 2002: 733).

체계의 의미로, 그리고 네트워크식 국정관리체계는 '뉴거버넌스'로 구분해서 사용하고자 한다.

전통적으로는 계층제에 의존하는 거버넌스가 지배적이었으나, 1980년대 이후부터 점차 계층제 외에 시장과 네트워크를 적절히 조합한 방식을 활용해서 공공문제를 해결하려고 하는 뉴거버넌스의 시대(the era of new governance)가 도래했다. 다시 말하면, 그동안 계층제적 국정관리체계로서의 정부는 공공서비스의 일방적·독점적 생산자 및 공급자 역할을 담당해 왔으나, 점차 공공서비스의 생산과 전달에 민간부문과 비영리부문의 참여가 확대됐다. 그 결과 이제 공공서비스 전달의 효율성과 효과성은 정부부문과 민간부문 및 비영리부문 간 협력적 네트워크의 구축 및 관리에 의해 크게 영향을 받게 됐다. 바로 이런 배경에서 정부 주도의 공공서비스 전달 또는 공공문제 해결 방식을 넘어서는 새로운 대안으로 등장한 것이 뉴거버넌스 이론이다. 또한 세계화에 따라 국민국가의 역할이 축소되는 가운데 그 역할을 시민사회나 시장 및 국제체제가 분담하게 되고, 정보화가 진전되면서 국가, 사회, 기업 등 국가 운영 주체 간의 관계가 변화됐다. 이에 따라 국가, 시장, 시민사회 및 세계체제와의 관계를 새롭게 정립할 필요성이 제기된 점도 뉴거버넌스론이 등장하게 된 배경이다.

뉴거버넌스의 개념은 당초 정책 네트워크(policy network)의 개념에 기초해서 발전된 것으로 볼 수 있다. 정책 네트워크의 개념은 뉴거버넌스의 가장 중요한 측면 중의 하나인 공공부문과 민간부문과의 네트워크 현상에 주목해 등장한 개념으로, 정부 내 혹은 정부 바깥의 다양한 정책공동체(policy community)에서 활동하는 정책 이해관계자들 사이의 긴밀한 타협과 협상의 결과로 구성되는 공식적 혹은 비공식적 네트워크를 말한다.

거버넌스를 네트워크식 국정관리체계로 이해하는 학자들(Goss, 2001; Kichert, 1997; Kooiman, 2003)에 따르면, 이들은 (뉴)거버넌스의 가장 중요한 특징으로 각 계층의 정부, 시장, 사회단체, 주민단체 등 다양한 구성원들의 자발적 참여로 이뤄진 네트워크식 국정관리체계를 지적한다. 이들의 주장에 따르면, 민주화·세계화·지방화 등 행정환경의 변화로 국가의 권한과 책임이 다른 사회권력들에게 이전됐으며, 이에 따라 국가의 힘이 약화된 것을 의미한다는 것이다. 이에 따라 새롭게 힘을 얻게 된 민간집단이나 지방정부는 기존의 계층적 정책 집행에서 벗어나, 공동 목적을 향해 공동 국정관리를 담당하는 네트워크를 구성한다는 것이다(조성한, 2005).

로즈(Rhodes, 1996)는 뉴거버넌스의 개념 속에는 다음의 여섯 가지 속성 개념이 포함돼 있다고 주장한다. 즉, 최소국가(the minimal state), 기업적 거버넌스(corporate governance), 신공공관리(new public management), 좋은 거버넌스(good governance), 사회적 인공지능 체계(socio-cybernetic system), 자기조직화 네트워크(self-organizing network) 등이 그것이다.

좀 더 자세히 살펴보자면, 기존의 공공관료제는 너무 크고 비용이 많이 들며 공공서비스 제공에 비효율적이기에 뉴거버넌스는 최소국가를 지향해야 한다는 것이다. 이러한 주장 속에는 공공서비스의 생산·공급에서는 민간부문이 더 효율적일 수 있기에 시장과 준시장을 적극적으로 활용해야 하며, 또한 시장에 대한 정부의 규제를 완화하는 등 정부의 역할과 기능을 축소시켜 작은 정부로 만들어야 한다는 생각이 담겨 있다.

기업적 거버넌스란 기업조직의 지휘·통제 방식을 의미한다. 이 개념이 강조되는 이유는 의무경쟁입찰(compulsory competitive tendering: CCT),[2] 내부시장에서의 재량적 사업 단위 설치, 좀 더 상업적인 경영 형태 도입 등 기업적 거버넌스 방식을 공공부문에 도입해 관료제 문화를 바꿈으로써 공공부문의 효율성을 제고하고자 하는 데 있다.

신공공관리론은 '신관리주의'와 '시장주의'를 결합해 전통적인 관료제 패러다임의 한계를 극복하고 효율적인 정부를 구현하기 위해 개발된 정부 운영 및 개혁에 관한 이론이다. 신관리주의는 민간기업 경영 방식을 공공부문에 도입할 것을 처방하고 시장주의는 시장 경쟁과 같은 유인 체계를 공공서비스 제공에 도입할 것을 처방한다. 신공공관리론에 대해서는 제3절에서 좀 더 자세히 고찰하기로 한다.

정부의 일을 관리하는 국정관리체계로서의 거버넌스가 '좋은 거버넌스'가 되기 위

2) 의무경쟁입찰제도는 공공서비스 공급의 경쟁화(입찰경쟁)를 통해 공공서비스의 질적 수준 및 생산성 제고를 유도하기 위한 제도를 말한다. 이 제도는 '시청 청소과' 등 기존의 공공서비스 공급을 담당하던 공무원 조직(부서)을 '청소대행업체' 등 민간부문과의 경쟁입찰에 다 같이 참여할 수 있게 한다는 점에서 민간위탁과 구별된다.

해서는 효율적인 공무원단, 독립적인 사법체계 및 계약 집행을 담보하기 위한 법률 구조, 책임성 있는 공공기금 관리, 입법부에 책임을 지는 독립적 공공감사기구, 모든 수준의 정부에서 법과 인권을 존중하며, 다원주의적 제도 구조와 출판의 자유 등이 전제돼야 한다.

뉴거버넌스는 사회적 인공지능 체계의 의미로 이해될 수 있다. 사회체계 속에서는 정부뿐만 아니라 비정부기구 등 여러 행위자가 상호 작용한다. 하나의 공공정책은 중앙정부와 지방정부, 공기업과 같은 공공부문뿐만 아니라, NGO, 민간기업, 자원기구 등 민간부문과의 상호 작용 속에서 이뤄진다. 이와 같이 공공부문과 민간부문 간 상호 작용 유형의 새로운 형태라는 의미에서 뉴거버넌스를 사회적 인공지능 체제로 규정할 수 있을 것이다.

뉴거버넌스는 또한 '자기조직화 네트워크'로 정의되기도 한다. 네트워크식 국정관리체계로서의 '뉴거버넌스'는 다른 형태의 국정관리체계인 '시장'과 '계층제'를 보완하는 거버넌스로 볼 수 있으며, 조정 메커니즘의 시각에서는 계층제와 시장에 대한 대안적 거버넌스로 볼 수도 있다. 시장의 조정 메커니즘이 경쟁이라면, 계층제의 조정 메커니즘은 행정명령이고, 네트워크의 중심적 작동 메커니즘은 '신뢰'와 '상호 협력'이라고 할 수 있다(Thompson, et al., 1991: 15). 통합된 네트워크는 정부로부터의 방향 제시(government steering)에 대항해 스스로 정책을 개발하고 환경도 조성할 수 있다(Rhodes, 1996: 659)는 측면에서 네트워크가 자기조직적(self-organizing)이고 자율적이어야 한다는 점이 중요하다. 자기조직화 네트워크로서의 (뉴)거버넌스는 시장이나 계층제만큼이나 독특한 거버넌스 체계로, 이때 정부의 주된 과제는 이러한 네트워크의 능력을 키우고 새로운 형태의 상호간 협력을 강구하는 것(Rhodes, 1996: 666)이라고 할 수 있다(정용덕, 2002: 726-734 참조).

이처럼 뉴거버넌스의 의미가 다양하게 제시되고 있지만, 그 요체는 공공서비스 전달 또는 공공문제 해결에서 정부라는 제도적 장치에 전적으로 의존하기보다는 정부와 민간부문 및 비영리부문 간의 협력적 네트워크를 적극 활용하는 것이라고 할 수 있다. 이 과정에서 정부와 시장 및 공동체 간의 관계와 정부의 역할이 새로 정립되고, 정부와 민간부문 및 비영리부문 간의 협력 체제(partnership)가 등장하게 되며,

이들 부문 간의 조정 기제로서 상호 신뢰와 협력에 기초한 네트워크를 활용하게 된다.

제 2 절 국정관리체계의 변화 과정과 뉴거버넌스의 전망

국가 목표를 달성하기 위해 선호되는 국정관리의 양식은 시대적으로 변모해 왔다. 자유국가(혹은 야경국가)의 시대라 불리는 19세기에는 자원을 배분하고 사회문제를 해결하는 기제로서 시장만큼 좋은 제도가 없다는 믿음에 입각해 정부를 최소화하는 대신 자유시장을 지배적인 국정관리의 양식으로 채택했다.

그러나 20세기에 접어들면서 시장의 결함과 병폐가 인정되면서 시민의 복리를 위해 정부의 개입을 역설적으로 주장했다. 그리고 '최대의 봉사가 최선'이라는 기치 아래 관료제(혹은 계층제)의 원리에 입각해 조직된 거대한 복지국가가 시장을 대체하는 지배적인 국정관리 양식으로 대두했다.

21세기 후반기에 접어들어 정부 개입이 오히려 큰 폐해를 초래했다는 정부실패에 대한 인식이 확산되면서, 정부의 기능을 다른 수준의 정부(예컨대, 지방정부)나 사회의 다른 행위자(기업이나 NGO)들에 의해 대행시킴으로써 정부를 축소하려는 움직임이 나타났다. 정부의 기능이 사회 내의 다른 행위자들에 의해 분산 수행됨으로써 공사 부문의 다양한 행위자들이 협력해 사회문제를 해결하는 네트워크가 새로운 국정관리 양식으로 부상했다. 21세기에 들어와 정부의 시대가 (뉴)거버넌스 시대로 전환되고 있다는 말은, 계층제에서 네트워크로 국정관리 양식이 변모되고 있다는 것을 의미한다(Leach & Percy－Smith, 2001; Goss, 2001; Kooimin, 2003; 유재원 · 소순창, 2005).[3)]

---

3) 어떤 학자들(Pierre & Peters, 2000; Richards & Smith, 2002)은 정부의 시대가 (뉴)거버넌스 시대로 전환되고 있다는 것을 달리 표현해 구거버넌스(old governance)에서 뉴거버넌스로 전환되고 있다고 말한다. 이러한 언급에서 보듯이, 구거버넌스와 정부는 문제 해결 기제로 계층제에 의존하는 국정운영 패러다임이라면, 구거버넌스와 대비되는 개념으로 뉴거버넌스는 네트워크를 문제 해결

네트워크형 국정관리모형으로서의 뉴거버넌스의 전망은 어떠한가? 계층제는 사라지고, 뉴거버넌스는 과연 전통적 행정을 완전히 대체할 새로운 형태의 국정관리시스템으로 발전할 것인가? 그리고 정부는 실제적으로 시장과 민간부문의 집단들과 수평적 관계로 연계가 되고 있는가?

네트워크식 국정관리시스템에 대한 여러 국내외 연구는 영향력에서 국가와 민간부분이 같은 수준을 유지하기 어렵다는 것을 밝히고 있다. 정부는 재정력, 정보력 등에서 민간부문을 압도하고 있다. 민간이나 시장의 참여가 없어도 정부는 국가사업을 수행할 수 있지만, 시장이나 민간은 공익과 관련된 사업을 독자적으로 수행할 유인이 없거나, 자원이 부족하다.

민간위탁을 통해 얻은 미국에서의 경험은, 독립성을 지닌 조직인 NGO들이 민간위탁 사업을 수탁하면서 정부에 귀속돼 버리는 결과를 가져온 것으로 밝혀졌다. 재정력이 부족한 NGO들은 정부의 재정을 지원받기 위해 정부의 눈치를 보기 시작했으며, NGO 간 정부의 재정을 차지하기 위한 경쟁까지 시작됐다. 정부는 민간위탁된 서비스의 질을 확보한다는 명목 아래 피위탁기관들에 대한 감독을 하게 됐으며, 이에 따라 정부의 계층제는 민간부문까지 오히려 확대되는 결과가 나타났다. 반면에 내부적 민주주의를 유지하던 NGO들은 정부의 재정적 지원을 받으면서, 점차 정부와 같은 관료적 행태를 보이기 시작했다. 그리고 공익사업보다는 내부 구성원들의 이익에 더 큰 비중을 두기 시작한 것으로 밝혀졌다.

정부의 규제개혁과 관련된 국내외적 경험에서도, 탈규제와 재규제의 순환 과정이 지속되고 있는 것으로 밝혀지고 있다. 탈규제는 지나칠 경우, 시장의 규칙마저 무너뜨리게 되며, 이에 따른 시장 질서의 어지러움을 해결하기 위해 재규제가 이뤄지기도 한다는 것이다. 또한 시장규제가 약화되면서 야기되는 형평성의 문제를 해결하기 위한 차원에서 사회적 규제가 강화되기도 한다. 결국 규제개혁은 양적으로나 질적으로 기대한 만큼의 뉴거버넌스적 효과를 거두지 못하고 있다고 하겠다.

또한 한국이나 일본과 같은 전통적인 정부 주도적 국가의 경우에는 탈규제조차도 정부 주도적으로 추진되는 모순을 나타내기도 한다. 정부 주도적 탈규제는 정부의

기제로 활용하는 국정운영 패러다임이라고 할 수 있다.

책임감을 약화시키면서 통제의 기능은 그다지 약화되지 않는 부작용을 초래하기도 한다.

그리고 세계적으로 행정개혁이 (뉴)거버넌스적으로 전환되고 있다는 학문적 주장은 많지만, 실제로 계층적 정부조직이나 관리체계가 사라진 경우는 찾아보기 쉽지 않다. 네트워크식 참여 형태가 간혹 나타나기는 하지만 그 완성도에서도 차이가 크며, 몇몇 네트워크식 국정관리 사례가 전통적 정부행정을 근본적으로 전환시켰다는 증거는 쉽게 찾아보기 힘들다. 오히려 개별 사업별로 나타나는 네트워크식 국정관리는 정부정책의 예측성을 약화시켜 시장경제의 혼란을 가져올 수도 있다는 문제점이 지적되고 있다(조성한, 2005 참조).

Chapter 09

신공공관리론

제 1 절 신공공관리의 의의

1. 신공공관리의 개념과 이론적 배경

1980년대 이후 영미 국가를 중심으로 등장한 '신공공관리론(new public management: NPM)'은 '시장주의'와 '신관리주의'를 결합해 전통적인 관료제 패러다임의 한계를 극복하고 작은 정부를 구현하기 위해 개발된 정부 운영 및 개혁에 관한 이론이다(이종수 외, 2005). 신공공관리는 다양한 이론적 배경에 기반하고 있으며, 다양한 가치 정향을 추구하기에 개념 정의도 그만큼 어렵다. 신공공관리는 가장 간명하게는 "정부조직을 더 기업적 방식으로 운영하고자 하는 관리 방침"으로 정의될 수 있을 것이다(Jansen, 2008: 189 참조). 최근의 학자들은 신공공관리를 대규모 관료제의 분절화, 상이한 공공기관 간 및 공공기관과 사기업 간의 경쟁, 경제적 유인화 등으로 정의하기도 한다(Dunleavy, et al., 2006 참조; 이종수, 2009b).

여기서는 여러 관점을 폭넓게 포용한 해머슈미드와 메이이(Hammerschmid &

Meyer, 2005: 711 참조)의 "민간부문의 관리 방식을 역할 모델로 삼는 관리주의적 사고와 신자유주의적, 시장 지향적 경제철학이 결합된 공공부문의 새로운 관리 철학"을 신공공관리의 개념 정의로 채택하고자 한다. 이러한 신공공관리는 하나의 이론체계라기보다는 정부·공공부문의 관리 방식과 관련한 일련의 경향을 통칭하는 용어라고 할 수 있다(오재록, 2009: 281).

신공공관리론의 한 축을 구성하는 시장주의는 신자유주의 이념에 기초해서 가격 메커니즘과 경쟁 원리를 활용한 공공서비스 제공, 그리고 고객 지향적인 공공서비스 제공을 중시한다(정정길, 2000: 435-439). 따라서 신공공관리론에서는 수익자 부담 원칙의 강화, 민간위탁·민영화의 확대, 정부부문 내 경쟁 원리 도입, 규제 완화 등을 행정개혁의 방향으로 제시하고 있다. 이를 통해 정부 역할을 축소함으로써 '작은 정부'를 구현하고자 한다. 또한 신공공관리론에서는 국민을 납세자나 일방적인 서비스 수혜자가 아닌 정부의 고객으로 인식한다. 이러한 고객지향성 또는 고객주의에 의거해서 신공공관리론에서는 고객이 가치를 부여하는 결과의 산출, 서비스의 질 관리, 고객에 대한 서비스 선택권 부여 등을 강조한다.

신공공관리론을 구성하는 또 하나의 축인 신관리주의(new managerialism)에서는 기업의 경영 원리와 관리 기법들을 행정에 도입·접목해 정부의 성과 향상과 관리의 효율성을 제고하는 것을 강조하고 있다. 신공공관리론은 민간부문의 경영기법을 도입함으로써 효과적이고 대응적인 정부를 구현할 수 있다고 주장한다. 즉, 정부는 기업과 같이 운영돼야 하며, 관료는 공공기업가(public entrepreneurs)가 돼야 한다는 것이다. 이와 관련해 기업가정신, 성과 지향적 관리, 권한이양(empowerment), 품질관리 기법, 유인(incentive) 메커니즘, 마케팅 기법, 고객만족 경영기법 등을 행정에 도입하는 방안이 주로 논의되고 있다.

이처럼 신공공관리론은 시장주의와 신관리주의를 결합해서 개발된 이론이지만, 그 이면에는 공공선택론(public choice theory),[1] 주인-대리인 이론(principal-agent

1) 공공선택론은 정부를 공공재의 생산자로, 시민을 소비자로 규정하고, 시민의 편익을 극대화하기 위해서는 공공부문의 시장경제화를 통해 가능하다고 주장한다. 즉, 정부관료제에 의해 독점적으로 생산·공급돼 오던 공공재를 공공(public), 즉 시민이 선택하게 함으로써 시민의 편익이 극대화될 수 있다고 주장한다.

theory),[2] 거래비용이론(transaction-cost theory)[3] 등이 자리 잡고 있다. 그루트와 버딩(Groot & Budding, 2008: 2)은 그 밖에 관리이론, 고전주의 행정, 신고전주의 행정, 정책분석, 소유권 이론(property-rights theory), 신오스트리아학파(neo-Austrian school), 관리과학, 신제도주의 경제학 등 다양한 이론들이 신공공관리의 이론적 배경을 이루고 있다고 지적한다.

신공공관리론이란 개념은 '구공공관리론'의 존재를 전제로 한다(Saint-Martin, 1998). 구공공관리론은 계획예산제도(Planning-Programming-Budgeting System: PPBS) 등으로 대표되는 정책분석을 강조하는 1960년대의 정치경제학자들의 합리주의적 사고와 그 맥을 같이한다(Ostrom, 1989; Lynn, 1998). 구공공관리론은 사회문제 해결에 필요한 인간의 합리성에 대한 확신에 근거해, 중앙집권화된 관료제에 의한 합리적 계획을 강조했으며, 결과적으로 관료제의 팽창을 초래했다(Saint-Martin, 1998). 이렇게 구공공관리론이 민간기업에서 사용되는 의사결정 기법의 도입을 통한 정부관료제의 '의사결정 능력' 향상에 관심을 뒀던 반면, 신공공관리론은 어떻게 하면 민간기업의 관리기법을 정부관료제에 도입해 정부의 성과를 향상시킬 수 있는가에 주된 관심을 뒀다.

신공공관리론은 그러나 정부의 역할을 대폭 시장에 맡겨야 한다는 것을 의미하는 것이 아니다. 신공공관리론이 주장하는 것은 정부관료제의 운영체제가 경쟁의 원리에 기반한 시장체제를 모방, 계층제적 통제를 대체함으로써 정부관료제의 효율성을 높이자는 것이다. 즉, 신공공관리론의 주장은 "시장이 정부를 대신해서 모든 사회문제를 해결해야 한다"는 것이 아니라, "관료들이 자유롭게 정부관료제를 관리해 사회

---

2) 주인-대리인 이론은 주인(principle)이 대리인(agent)으로 하여금 자신의 이익과 관련된 행위를 재량으로 해결해 줄 것을 부탁하는 대리인 관계에서 나타나는 여러 문제를 다루는 이론을 말한다. 주인-대리인 관계에서는 대리인의 선호 혹은 관심 사항과 주인의 그것이 일치하지 않거나 주인이 대리인에 비해 전문지식과 정보가 부족하기 때문에, 대리인이 주인의 이익을 충실하게 대변하고 확보하지 못하는 대리인 문제(agency problem)가 발생한다.

3) 거래비용은 경제 주체들의 행위를 상호 조정하는 비용으로, 계약자를 선정해서 협상하고, 계약을 체결하며, 계약 이행 여부를 점검 · 집행하는 데 드는 비용을 말한다. 거래비용이론은 거래의 비용을 줄일 수 있는 방안을 처방하는데, 거래비용을 줄이기 위해 만들어지는 장치 가운데 하나가 '조직'이라고 한다.

문제를 해결하도록 해야 한다"는 것이다(이명석, 2002).

신공공관리론과 뉴거버넌스론은 때로는 동의어로 인식되기도 한다.[4] 이는 두 개념, 특히 뉴거버넌스가 상당히 모호하게 정의되기 때문인 것으로 보인다. 예를 들어, 로즈(Rhodes, 1997)는 뉴거버넌스의 여섯 가지 의미를 소개하면서, 그중의 하나로 신공공관리론을 들고 있다. 그리고 피터스(Peters, 1996)는 전통적 관료제 모형의 대안모형으로 시장 모형(market model), 참여정부 모형(participatory state model), 유연정부 모형(flexible government model), 저통제정부 모형(deregulated government model) 등의 뉴거버넌스 모형을 제시하고 있는데, 이들은 모두 '시장 원리'로 요약되는 신공공관리론의 아이디어와 매우 밀접한 논리적 연관성을 갖고 있다. 신공공관리를 가장 넓은 의미로 해석하면, 1970년대 이후 여러 국가에서 시도된, 전통적 방법과 다른, 모든 행정개혁을 포함하기 때문에 뉴거버넌스의 가장 넓은 의미의 개념과 일치된다고 할 수 있다.

그러나 신공공관리론과 뉴거버넌스론은 근본적으로 상이한 개념이다. 뉴거버넌스론이 정부와 사회 간의 새로운 상호 작용의 형태를 의미하는 반면(Rhodes, 1997), 신공공관리론은 정부관료제를 조직·관리하는 새로운 방법을 의미한다. 즉, 신공공관리는 신자유주의적 이념을 바탕으로 한 행정관리시스템의 전환을 의미한다. 또한 신공공관리론이 비정치적인 개념인 반면, 뉴거버넌스론은 정치적인 개념이다.[5] 로즈(Rhodes, 1997)에 따르면, '(뉴)거버넌스'라는 용어는 정부의 의미의 변화, 또는 공적인 업무의 수행 방법의 변화를 지칭한다(이명석, 2002; 이종수, 2009b).

---

4) 문헌에 따라서, 신자유주의, 신공공관리론, 그리고 뉴거버넌스가 모두 같은 개념으로 취급되기도 한다(박재완, 1999; 송하중, 1999). 한편 뉴거버넌스는 공공거버넌스(public governance)라 불리기도 한다(Kickert, 1997).

5) 신공공관리론은 비정치적인 관리기법을 강조한다는 측면에서 정치행정이원론(Frederickson, 1996), 정책·관리이원론(Carroll, 1995), 또는 정책결정·서비스전달이원론(Kaboolian, 1998)으로 분류될 수 있다. 반면에 뉴거버넌스론은 정치 과정에 대한 명시적인 관심을 기울이며 이러한 이분법을 반대한다.

2. 신공공관리의 특징과 원칙

폴릿(Pollitt, 1995: 133)은 신공공관리의 다양한 구성 요소와 기법을 '장바구니'에 비유하면서 그 특성을 다음과 같이 범주화했다. (1) 시장 원칙, (2) 공공서비스의 분권화 및 분할, (3) 민간부문의 관리 기법, (4) 정치와 행정의 명확한 분리와 관리상의 높은 자율성을 행정에 부여, (5) 산출 및 성과를 핵심 요소로 규정하는 결과의 강조(Hammerschmid & Meyer, 2005: 711; Schedler & Proeller, 2002; Reichard, 1996; Pollitt, 1995; Hood, 1991 등 참조).

한편 휴즈(Hughes, 1998)는 신공공관리론의 특성으로, 첫째, 투입 위주의 행정이 아니라 산출물 위주의 행정(산출물 평가지표 체계 및 그 적용, 그리고 피드백의 강조), 둘째, 조직, 인사, 고용 조건의 유연한 관리(성과급주의, 계약직, 임시직, 공직의 외부 개방, 공직 내외부 공개경쟁 등), 셋째, 조직 및 개인의 명확한 목표 설정과 성과지표를 통한 성과측정(부서별 성과공시제도, 공무원 개개인의 성과계약 체결, 목표의 계량화 등), 넷째, 고위공무원의 정치적 중립 대신에 정치적 목표 달성에의 헌신, 다섯째, 정부의 기능은 '노를 젓는 것'이 아니라 '방향을 잡아 주는 것' 등이라고 할 수 있다.

또한 아로조(Araújo, 2001: 917-918)는 전통적 행정과 대비되는 신공공관리의 공통된 특징을 다음과 같이 망라적으로 제시하고 있다. (1) 결과의 성취 및 관리자의 책임성 강조, (2) 조직, 인사 및 고용 조건의 신축성, (3) 개인 및 조직 목표의 명확한 정의와 성과지표의 개발, (4) 고위 관료의 비당파성 또는 중립성보다는 당해 정부에의 정치적 헌신, (5) 계약과 같은 시장(메커니즘)의 활용, (6) 민간화를 통한 정부 기능의 감축.

그리고 전종섭(Jun, 2009: 162)은 신공공관리의 수요 아이디어를 다음과 같이 여덟 가지로 제시하고 있다. (1) 구조적 권한 이양과 분권화, (2) 단일 기관 속에서의 수직적 조정과 자율성, (3) 관리주의와 관리 기법, (4) 계약주의, 민간화 및 기업가 정신, (5) 시장 구동 기법(market-driven techniques), 경쟁 및 소비자로서의 시민, (6) 반(反)베버이론, (7) 규제 완화 및 시상 기대, (8) 성과관리 및 산출.

신공공관리 원칙은 전문관리자에 의해 운영되는 공공기관, 공공부문 조직의 개별적인 독립조직으로의 전환, 공공기관 상호간 또는 민간부문과의 경쟁 확대, 민간기업 스타일의 사업 집행과 경영 관행 강조, 재원 사용에서의 규율과 검약 강조를 포괄한다(Hood, 1991: 4-5). 또한, 신공공관리의 원칙은 기관책임자에 대한 관리상의 자유와 재량권 부여, 특정 기관의 독점 배제, 계약제나 공개입찰 절차를 통한 경쟁 방식 도입, 탄력적인 보수와 채용, 내부 규칙 제정 허용, 직접 경비의 절감, 근무 규율의 확립, 기업의 규제 준수 비용 축소 등을 포함한다(Hood, 1991: 4-5; 윤은기, 2003).

제 2 절 신공공관리의 행정개혁 전략

신공공관리의 주요 정책 수단은 인력 감축, 민영화, 재정지출 억제, 책임집행기관, 규제 완화 등이라고 하겠다. 신공공관리의 인사개혁 수단에는 권한위임, 고위직 근무평정 및 성과급제도, 임용 권한의 위임과 고위직 임용계약제 등이 포함되고, 재정개혁 수단에는 운영예산제, 연도말 이월, 다년도 예산, 발생주의 회계 등이, 그리고 서비스와 성과관리를 위한 개혁 수단에는 서비스 기준제도, 성과협약, 전략계획 등이 포함된다(김번웅, 1997; 총무처, 1997).

신공공관리론은 또한 고객 지향적 행정과 기업가형 정부 형태를 지향한다. 고객 지향적 행정은 과거의 행정 중심적이고 공급 중심적인 관행으로부터 민간 중심적이고 수요 중심적인 것으로의 전환을 의미한다(이종범, 1995). 기업가형 정부는 기업 운영 방식인 경쟁주의, 성과주의, 업적주의의 개념을 정부조직 내부에 적용함으로써 저비용으로 개선된 공공행정서비스를 마련하는 것을 말한다.

여러 학자가 제시한 신공공관리론의 행정개혁 전략은 다음과 같이 요약할 수 있다(Hood, 1991; Kamensky, 1996: 이명석, 2002).

첫째, 규정과 규제의 완화, 분권화, 및 관료의 재량권 확대를 통한 관리의 탈규제

화(deregulation)

둘째, 성과 기준의 명시적 설정 및 성과측정에 의한 투입 통제 및 관료제적 절차의 대체

셋째, 계약제, 외부 계약 등을 통한 경쟁 원리의 도입

넷째, 대규모 관료제의 준자율적 단위로의 분리; 정책 결정과 정책 집행 기능의 분리

다섯째, 민간기업의 관리 방식 도입; 기업가정신에 근거한 행정에 의한 전통적인 관료제적 행정의 대체

여섯째, 자원 배분과 보상을 측정된 성과와 연계하는 금전적 유인 체제에 의한 비금전적 유인 체제의 대체

일곱째, 비용 절감, 효율성 및 인원 감축 강조

요컨대, 신공공관리론의 행정개혁 전략의 핵심은 경쟁의 원리가 적용되는 유인 체제를 마련하고, 그 체제 하에서 관료를 관료제적 규제로부터 해방시켜 공공기업가(public entrepreneur)로서 자유롭게 활동할 수 있게 하는 것이라 할 수 있다.

제 3 절 신공공관리론에 대한 비판

신공공관리론에 대해서는 다양한 비판이 제기되고 있다. 이러한 비판 가운데는 행정과 경영의 차이를 간과하는 것에 대한 비판, 능률성의 배타적 강조에 대한 비판(민주성, 형평성, 책임성 등), 보편주의의 한계에 대한 비판(사회문화적 맥락 고려), 인간 행동의 동기와 합리성 등의 잘못된 가정에 대한 비판, 민주적 거버넌스와의 모순에 대한 비판, 조직실재론을 간과함에 대한 비판 등을 들 수 있다. 한국에서의 신공공관리의 적용을 둘러싼 비판은 사회문화적 맥락을 간과하는 것에 대한 비판과 사회적 발전 단계에 부합되지 않는다는 측면에서의 비판, 행정의 민주화 및 분권화를 소홀히 한다는 측면에서의 비판, 행정과 경영의 차이를 간과하는 것에 대한 비판 등을

들 수 있다(김광웅, 1999; 박동서, 1998; 강신택, 1999; 김태룡, 2000; 박세정, 2000; 배용수, 2000; 정승건, 2000; 신희영, 2002).

신공공관리론에 대한 비판은 다음과 같이 요약할 수 있다(이명석, 2002; 조성한, 2000; 임도빈, 2002; 신희영, 2002).

첫째, 공공부문은 민간부문과 다르기 때문에 민간부문의 관리기법을 공공부문에 적용하는 데는 한계가 있다는 주장이 있다(Kickert, 1997). 행정의 사회적 · 정치적 · 법적 환경은 민간기업의 그것들과는 근본적으로 다르다. 특히, 좋은 행정의 구현에 핵심적인 역할을 담당하는 사회와 정부 간의 관계, 그리고 정치와 행정과의 관계 등은 민간부문에는 존재하지 않는다. 정부관료제는 시장 노출성의 정도, 공식적 · 법적 제약, 정치적 영향력, 강제성, 영향의 범위, 대중의 기대, 그리고 목표의 다양성 등의 측면에서 민간기업과는 근본적으로 다르다(Kickert, 1997). 이러한 이유로, 공공관리는 기업경영과는 근본적으로 달라야 한다는 것이다(Galnoore, et al., 1998).

둘째, 민주적 책임성과 기업가적 자율성 · 재량권 간의 갈등으로 신공공관리론은 정부관료제의 효율성을 향상시킬 수 없다는 비판이 있다(Bellone & Goerl, 1992). 공공부문에서는 성과측정이 어렵거나 불가능한 경우가 많으므로, 흔히 투입에 대한 통제나 행정적 절차가 성과측정의 대리변수로 사용된다. 즉, 관료제의 규칙과 규제는 행정의 책임성을 확보하는 전통적 행정의 주요 도구다. 공공부문의 성과측정이 곤란한 경우, 행정의 효율성 향상의 도구로 기업가적 재량권을 선호하는 신공공관리론적 처방은 심각한 공공책임성의 문제를 야기할 가능성이 있다.

또한 신공공관리론적 모델의 실질적 효과성에 대해서도 근본적인 의문이 제기되는 바, 신공공관리 방식을 채택한 대표적인 국가인 영국, 호주, 뉴질랜드, 캐나다, 미국 등에서 신공공관리론적 개혁의 효과가 드러나기보다는 재정 지출이 지속적으로 늘어나고 있으며, 물가 상승과 함께 실업자의 증가에 의한 스태그플레이션이라는 후유증을 앓고 있다는 비판이 제기된다.

셋째, 신공공관리론은 행정의 다른 중요한 가치들과 상충 관계에 놓일 가능성이 있다. 만일 신공공관리론의 주장대로 효율과 검약이라는 가치만 추구하게 될 경우 공익과 형평성 등 다른 중요한 공공가치들이 희생되고 결과적으로 행정의 성과를 오히려 악화시킬 가능성이 존재한다. 조성한(2000)은 신공공관리론이 추구하는 효율성은 복지국가를 부정해 소득불평등, 실업, 빈곤, 범죄 등의 사회적 문제를 심화시키는 것으로 본다. 민영화의 경우도 공공재 성격이 강한 재화를 생산하는 공기업이 민영화됐을 때 실제로는 이들 재화가 높은 가격인상률을 보여 저소득층이나 빈곤층에게 불리한 역분배적 효과가 있음이 지적된다.

넷째, 신공공관리론의 '고객 중심의 논리'가 국민을 "관료가 행정서비스를 향상시켜줄 것을 기대하는 수동적인 존재"로 전락시킨다는 비판이 있다(Schachter, 1995: 531). 그러나 행정의 경우 '소비자의 만족(consumer satisfaction)'과 '소비자의 주권(consumer sovereignty)'은 엄밀히 구분돼야 한다(Kelly, 1998). 강제성, 영향의 범위 등의 행정의 특성을 고려할 때, 국민이 원하지 않는 행정서비스를 거부할 수 있는 것으로는 좋은 행정을 구현할 수 없으며, 국민은 행정서비스를 자신의 선호대로 변경시킬 수 있는 기회를 제공받아야 한다.

다섯째, 신공공관리론의 보편적인 적용가능성에 대한 비판이 존재한다. 신공공관리론이 서구 사회를 기반으로 발달한 것이기 때문에 한국 사회에 잘 부합되지 않는다는 비판이 있다. 박종민·김서용(2001: 416)은 집단주의적 삶의 양식이 지배하는 한국 사회에서 신자유주의 정책이 조성하는 문화적 긴장과 갈등을 지적한다. 이연호(1999)는 좀 더 넓게 신공공관리론의 이념적 바탕인 신자유주의적 개혁의 한계를 논하고 있다.

린(Lynn, 1998)에 따르면, 신공공관리론이라는 이름 아래 실행된 서구 국가들의 행정개혁은 외견적인 유사성에도 불구하고 많은 근본적 차이점을 갖고 있다고 한다. 이러한 사실은 신공공관리론의 개혁 전략을 무비판적으로 수용하는 것이 매우 위험한 일종의 '도박'일 수 있다는 사실을 의미한다. 신공공관리론은 아직까지 과학적 이론의 수준에 이르지 못한 단순히 '성공 시례를 모방하는 방법론(best practice methodology)'에 불과하다는 것이다(Barzelay, 1992).[6]

여섯째, 신공공관리론은 관리주의적 논리로, 매우 중요한 정치적 문제들을 교묘히

6) 게이든(Caiden, 1994)에 따르면, 탈관료제화나 탈규제와 같은 신공공관리론적 개혁이 행정서비스의 질을 오히려 악화시켰다는 경험적인 증거가 존재한다고 주장한다.

회피하는 과오를 범하고 있다고 비판받는다. 정부가 제대로 관리되지 못함으로써 정부가 사회문제의 해결자가 아니라 사회문제 자체로 전락했다는 관점에서 볼 때, 신공공관리론의 관리주의적 논리는 행정의 내부적 관리의 효율성 향상에 도움을 줄 수 있다. 경직적이고, 비효율적인 정부관료제는 마땅히 개혁돼야 하고, 따라서 이러한 관점에서 정부를 기업처럼 운영되도록 하는 것은 매우 중요하다.

그러나 행정을 정치로부터 분리해서 기업처럼 운영되게 하는 것은 "'잘못 정의된 문제'의 문제(wrong-problems problem)"를 야기한다. 즉, 진정한 공공문제를 다루는 데 필요한 매우 어려운 정치적 선택을 의도적으로 무시하고, '좋은 관리(管理)'를 모든 공공문제를 해결할 수 있는 보편적인 해결책으로 강조하는 오류를 범하게 된다는 것이다. 이러한 논리에 따르면, 신공공관리론은 정치·행정이원론의 현대적 모습이라 할 수 있다(Carroll, 1995). 그러나 행정은 필연적으로 정치적일 수밖에 없다. 행정은 "정치의 수단이요, 정치에 의해 지배되는 것이다"(Caiden, 1994: 126). 행정에 대한 연구는 정치에 대한 연구일 수밖에 없다는 사실이 행정개혁 과정에서 간과돼서는 안 된다. 관리 측면의 개혁이 모든 정부개혁의 구성 요소가 돼야 하는 것은 사실이나, 관리 측면의 개혁만으로 정부 성과를 향상시키는 것은 불가능하다(Ingraham, 1997).

일곱째, 신공공관리론은 새로운 행정학의 이론이 아니라는 비판이 존재한다. 신공공관리론은 엄밀하게 검증된 이론이라기보다는 단순히 몇몇 개혁 아이디어의 모음이라는 것이다. 극단적으로 말하자면, 신공공관리론은 전혀 새로운 이론이 아니라는 주장이다. 대응적이고, 고객 지향적이며, 효율적인 정부는 신공공관리론뿐만 아니라 전통적인 행정학의 목표다. 키케르트(Kickert, 1997)에 따르면, 기업경영과 같은 공공관리, 효율적이고 효과적인 행정은 경영학이 학문으로 성립되기 이전부터 전통적인 행정학의 목적이었다는 것이다. 비록 행정개혁의 새로운 방향을 제시하고 있기는 하지만, 신공공관리론은 구체적이고, 이론에 근거하며, 경험적으로 검증된 행정개혁 전략을 제시하지 못하고 있으며, 전통적인 행정학의 오랜 문제들은 여전히 해결되지 못한 채로 남아 있다. 이러한 이유로 신공공관리론이 과연 행정학의 '패러다임의 전환'을 가져왔는가의 여부를 확신할 수 없다는 것이다.

표 9-1 신공공관리의 특징과 신공공관리에 대한 비판적 관점의 비교

비교 국면		신공공관리의 특징	신공공관리에 대한 비판
정부 기능	① 정부-시장 관계의 기본 철학	• **시장지향주의** – **규제 완화**	• 정부의 위축 및 공동화 • 규제 완화 개혁의 역설*
	② 추구하는 주요 행정가치	• 능률성, 경제적 가치 강조	• 민주성 · 형평성 등 전통적 행정 가치의 경시
	③ 정부 규모와 기능	• 정부 규모와 기능의 감축 –민간화 · 민영화 · 민간위탁	• 정치적 통제의 훼손 • 민영화 효과의 한계**
	④ 공공서비스 제공의 초점	• 고객 관점의 강조	
	⑤ 공공서비스 제공의 방식	• **시장 메커니즘의 활용** – 민간부문을 공공서비스의 공동생산자 및 경쟁자로 규정 – 내부 시장화 · 계약 · 외주화	• 시장 메커니즘 적용의 한계 – 공공부문과 민간부문의 본질적 차이 경시 – 비사업 분야에까지 민간기업의 원칙 적용
조직 구조	⑥ 기본 모형	• 탈관료제 모형	
	⑦ 조직구조의 특징	• 비항구적 · 유기적 구조 – **임시조직 · 네트워크 활용** – 비계층적 구조 – **구조적 권한 이양과 분권화**	• 정부관료제의 불안정성 증대 • 장기적 효율성 저하
	⑧ 조직개편의 방향	소규모의 준자율적 조직으로 분절화 예) **책임운영기관**	• 정부기관의 분절화와 통합 등 지속적 조직개편으로 인한 불안정성 증대*** • 기관 간 협력의 소홀
관리 기법	⑨ 조직관리의 기본 철학	• **경쟁과 자율성 강조하는 민간부문의 관리 기법 도입** – **경쟁의 원리 도입** – 규정과 규제의 완화 – 관리자의 자율성 · 책임성 강조	• 공공부문과 민간부문의 본질적 차이로 인한 민간 관리기법 적용의 근본적 한계 • 관리주의적 논리로 정치적 문제 회피 • 과도한 관리적 자율성의 문제
	⑩ 통제 메커니즘	• **결과 · 산출 중심의 통제** – **성과계약제 등 성과관리제**	• 공공부문 산출물의 측정 곤란성
	⑪ 인사관리의 특성	• 성생적 인사 관리 – 능력 · 성과 기반 인사관리 – **경제적 인센티브 중시** – **개방형 인사제도**	• 공공책임성의 저하 • 장기적 능률성의 훼손 • 효율성 제고 효과의 한계****

출처: 이종수(2009b).

* 규제 완화 개혁의 역설은, 규제 완화가 추진된 다음에는 제고된 자율성을 지닌 새로운 규제기관들이 등장하게 되는 현상을 가리킨다(Christensen, Lie, & Lægreid, 2008: 16).

** 리랜드와 올가(Leland & Olga, 2009: 800)는 민영화된 운송 체제가 정부 운영 운송 체제보다 더 효율적이

지도 효과적이지도 않다는 경험적 연구 결과를 밝히고 있다.

*** 랩슬리(Lapsley, 2008: 84)는 대부분의 정부조직 개편이 실효성이 적으며, 관련 조직이 지속적으로 구조 개편되는 현상을 지적하고 있다.

**** 페리 외(Perry, Engbers & Jun, 2009: 43)는 신공공관리 수단으로서의 성과급(performance-related pay) 제도가 공공부문에서 성과 향상을 가져온다는 경험적 증거를 확인하는 데 실패했음을 밝히고 있다.

〈참고〉: 신공공관리 영역의 열(列, column)에서 **굵은 글씨로 표시**된 부분은 우리나라에 도입된 신공공관리 개혁 조치임.

앞의 <표 9-1>은 신공공관리의 특징과 신공공관리에 대한 비판적 관점을 비교한 것이다. '비교 국면의 틀'[7]은 (1) 정부 기능, (2) 조직구조, (3) 관리 기법으로 크게 범주화한 뒤, 그것을 다시 '① 정부-시장 관계의 기본 철학' 등 열한 가지로 세분류한 것이다(이종수, 2009b).

제 4 절 신공공관리론의 변증법적 극복: 탈신공공관리론의 대두

1. 탈신공공관리의 의의

1980년대 이래 세계 각국에서는 기업식 관리기법의 도입, 성과관리, 민영화, 규제완화, 준자율적 단일 목표 기관(single-purpose organization)의 창설 등 공공부문의 능률성 제고를 위한 급진적인 여러 개혁 조치를 의욕적으로 추진해 왔다. 이러한 신공공관리적 개혁은 공공부문의 효율성을 제고하는 데 적지 않게 기여했다. 그러나 앞서 살펴봤듯이, 다른 한편에서는 이러한 신공공관리적 개혁 조치들에 대해 적지 않은 비판이 제기된 것도 사실이다. 일단의 학자들은 신공공관리론에 대한 이러한 비판적 관점에 기반해서 신공공관리 개혁의 부작용 및 한계를 보완하기 위한 반작용적(reactive) 또는 사전적(proactive) 조치들을 탈신공공관리(post-NPM)로 개념화하고 있다(이종수, 2009b).

7) '비교 국면의 틀'은 여러 학자가 제시한 신공공관리의 특징과 원칙들을 참고해서 필자가 구성한 것임.

탈신공공관리의 기본적 목표는 신공공관리의 역기능적 국면을 교정하고 통치 역량을 강화하며, 정치·행정체제의 통제와 조정을 개선하기 위해 재집권화와 재규제를 주창하는 것이라고 말한다. 탈신공공관리의 인식론적 가정은 신공공관리의 그것과 크게 다르지 않은 것처럼 보인다. 즉, 구조적·제도적 접근은 실증주의 및 기능주의적 패러다임의 전통에 기초를 두고 있다는 점에서 양자의 인식론적 가정은 유사하다고 할 수 있다(Jun, 2009: 162).

크리스텐센(Tom Christensen)과 래그레이드(Per Lægreid)는 공공조직의 기관화(agencification)와 규제 개혁 및 자율화 문제를 다룬 『자율과 규제(*Autonomy and Regulation*)』(2006)에서 개혁을 추진하는 가운데 나타나는 가치 간의 균형 이동 가운데 특히 신공공관리의 주된 수단인 규제 개혁과 행정기관 개혁을 추진한 국가에서 재규제화, 재집권화, 구조 통합 등 신공공관리 개혁과 거꾸로 된 움직임, 즉 탈신공공관리 현상이 나타나는 점에 주목했다. 즉, 그들은 규제 완화가 실제로 재규제(re-regulation)를 다시 초래하게 되고, 통합된 중앙부처 모형(integrated ministerial model)을 다양한 단일 목적 기관으로 분절화시킨 기관화 개혁이 중심기관(centre)의 필요성을 다시 주창하게 만들었다는 점을 지적한다.

2. 탈신공공관리의 주요 아이디어

신공공관리의 주창자는 물론 탈신공공관리의 주창자들도 모두 그들의 아이디어를 정치경제학, 제도주의 및 관리이론에서 도출하고 있다. 그들은 또한 다 같이 1980년대 이래의 공공관리운동이 대단히 혁신적이며 심지어 혁명적이라고까지 주장한다. 그러나 신공공관리 이념과 개혁 전략 아래 놓인 이론적 가정들은 주창자들이 주장하듯이 그렇게 새로운 것이 아니다. 1900년대 이래의 절약과 능률 그리고 관리운동을 되돌아보고 지난 50년간의 조직이론과 사회과학방법론을 살펴보면 이러한 주장의 타당성을 확인할 수 있다.

크리스텐센과 래그레이드(Christensen & Lægreid, 2007: 5, 33-35, 47 및 2006: 365-66)의 책에 등장한 '총체적 정부(whole-of-government)' 또는 '결합정부

(joined-up government)' 운동의 구조적 설계는 그렇게 새로운 것이 아니다. 그것들은 묵은 아이디어의 새로운 은유(隱喩)에 불과하다. 1960년대 이래 조직이론가들은 연결침 모형, 교차 기능 조직, 다차원조직, 매트릭스조직, 수평조직, 적응적 조직, 네트워크조직 등과 같은 다양한 구조설계 전략에 관해 논의해 왔다. 크리스텐센과 래그레이드가 지적하듯이, 집권화와 분권화, 통제와 자율성, 집중과 분산, 공식적 네트워크와 비공식적 네트워크 간의 적절한 균형이 이뤄져야 한다. 어떻든 공공관리 혁신을 추진해 온 나라에서 전개된 논의들은 구조적 분석과 중앙통제, 조정 그리고 탈정치화를 강조한다.

효과적인 정부를 촉진하기 위해서는 능률적 관리가 중요한 전제 조건이 된다는 사실에 대해서는 어느 누구도 논박하지 못한다. 그러나 사회적 정의, 민주적 거버넌스, 공공선, 윤리 등의 가치도 공공행정의 중요한 국면임에 틀림없다. 따라서 '관리'만을 지나치게 강조하는 것은 '공공' 행정의 의미를 잘못 이해하는 것이 된다. 능률성과 절약 그리고 도구적 합리성의 가정은 결국 공공과 공공적 결과(public consequence)가 관련된 현상의 복잡성을 붙잡지 못한다(Denhardt & Denhardt, 2003; Jun, 2009: 161-162). 노르웨이의 사례를 보면, 2005년 총선을 앞두고 결성된 노동당 연립정부는 신공공관리 개혁이 초래한 부정적 결과, 즉 정치적 통제의 약화, 공공부문에서의 민간 공급자의 중요성 증대, 서비스 질의 저하, 사회적 불평등의 심화 등의 문제 때문에 신공공관리 개혁이 중단되거나 수정돼야 한다고 주장함으로써 총선에서 승리를 거뒀다(Christensen & Lægreid, 2008: 20-21).

결국 탈신공공관리의 주요 아이디어들은 신공공관리 개혁의 수정과 보완 조치에서 찾을 수 있는데, 이는 전통적 관료제 모형과 신공공관리의 변증법적 통합으로 볼 수 있다. 탈신공공관리의 주요 아이디어는 다음과 같이 정리할 수 있다(Jun, 2009: 163).

① 구조적 통합을 통한 분절화의 축소(Reducing fragmentation through structural integration)

② 재집권화와 재규제의 주창(Asserting recentralization and deregulation)

③ 총체적 정부 또는 합체된 정부의 주도(Whole-of-government or joined-up

government initiatives)

④ 역할 모호성의 제거 및 명확한 역할 관계의 안출(案出)(Eliminating role ambiguity and creating clear role relationships)

⑤ 민간－공공부문의 파트너십(Private－public partnerships)

⑥ 집권화, 역량 및 조정의 증대(Increased centralization, capacity building, and coordination)

⑦ 중앙의 정치적·행정적 역량의 강화(Strengthening central political and administrative capacity)

⑧ 환경적·역사적·문화적 요소에의 유의(Paying attention to environmental, historical, and cultural elements)

표 9-2 전통적 행정, 신공공관리 및 탈신공공관리의 비교

비교 국면		전통적 행정	신공공관리	탈신공공관리
개혁의 기본철학	정부의 기능	－전통적 정부 기능 강조	－시장 메커니즘의 활용과 정부 기능의 감축 －규제 완화	－정부 기능 및 정치적 통제의 회복 －재규제화
	강조하는 행정가치	－전통적 행정가치	－능률성 강조	－민주성 등 전통적 가치와의 균형화
	공공서비스 제공 방식	－정부가 직접 생산·공급 －공급자 중심	－민간화·민영화·민간위탁 추구 －소비자 중심	－민간화·민영화의 신중한 접근 －소비자 중심
조직 구조 설계	구조적 설계	－베버식 관료제 조직구조	－단일 목적의 자율적 조직으로의 분절화	－구조적 통합을 통한 분절화의 축소
	의사결정 구조	－집권과 분권	－분권화 강조	－재집권화
인적자원 관리	인적자원 관리기법	－자질, 행동, 성과의 균형적 평가	－산출과 성과 강조	－산출과 성과 강조
업무 과정	업무 방식의 특징	－규정과 규제에 의한 관리	－민간부문의 관리기법 도입 －관리적 자율성 부여	－자율성과 책임성의 균형 강조
	통제 메커니즘	－계서제적 통제 －투입과 절차의 통제	－결과·산출 중심의 통제	－결과·산출 중심의 통제

<표 9-2>는 전통적 행정과 신공공관리 그리고 탈신공공관리의 특징을 '개혁의 기본 철학', '조직구조 설계', '인적자원 관리', '업무 과정'으로 나눠 비교한 것이다.

3. 신공공관리와 탈신공공관리의 전망

탈신공공관리와 관련된 중심적 질문은 신공공관리가 과연 끝났는가의 여부다(Pollitt, 2003). 일부 사람은 신공공관리가 겪은 위기를 인용하면서 신공공관리가 완전히 끝났다고 주장하나(Dunleavy, et al., 2006), 크리스텐센과 래그레이드는 신공공관리가 결코 끝난 것이 아니라는 폴릿(Pollitt, 2003)의 견해를 지지한다. 그러나 일부 학자는 신공공관리가 정점을 지나 쇠퇴하고 있다는 점을 강조한다(Hughes, 2003). 어떻든 신공공관리에 대해 새로운 도전이 있는 것은 사실이다. 즉, 새로운 혁신의 형태가 기존의 개혁에 덧붙여졌으며, 일부 반전(反轉)이 있는 것도 사실이다(Dunleavey, et al., 2006; Christensen & Lægreid, 2007: 1-2).

신공공관리의 향후 진로와 관련해서 크리스텐센과 래그레이드(Christensen & Lægreid, 2008: 26-27)는 세 가지 시나리오를 제시한다. 첫째 시나리오는 시장, 관리 그리고 능률성을 향한 직선적 발전 과정(linear process)이며, 둘째는 일정 기간 경과 뒤 신공공관리의 규범과 가치에 대한 반동이 야기되면서 '베버식 관료제(Weberian bureaucracy)'의 재발견과 '구(舊)서비스(old civil service)'로의 회귀 시나리오이며(Pollitt & Bouckaert, 2004; Olsen, 2006), 셋째 시나리오는 개혁 아이디어와 행정관행 그리고 이론의 공진화(共進化, co-evolution)다(Christensen & Lægreid, 2001; March & Olsen, 1989)다.

크리스텐센과 래그레이드(Christensen & Lægreid, 2006: 361)는 그러나 신공공관리의 세계를 향한 선형적 발전(linear development)의 사례는 많지 않으며, 거꾸로 된 움직임(counter-movement)도 적지 않았다고 밝히고 있다. 그러나 (탈신공공관리의) 일반적 추세는 신공공관리의 대체가 아니라 조정이라고 그들은 밝히고 있다. 즉 그들은 '좋았던 옛 시절로의 회귀(a return to the good old days)' 사례는 거의 없었으며, 순수한 신공공관리 모형으로의 가속화 증거도 별로 없었다고 한다. 그들은 결국 개혁의 변환과 변형을 본 바, 그것은 신공공관리 개혁이 부분적으로 수정되고 보완되며 강화된다는 것을 의미한다. 그들은 또한 신공공관리 개혁을 추진한 나라에서 행정기관의 분절화와 집권화가 동시에 추구되고 자율화와 규제가 동시에 이뤄지는 현상을 봤다(이종수, 2009b).

생각해 보기

우리나라 책임운영기관의 제도적 개선책에 대해 생각해 봅시다.

도입 10년, 책임운영기관 운영 실태 살펴보니…… *

책임운영기관에 근무하는 공무원 중 절반 가까이가 정부의 관리체계에 대해 불만을 품고 있는 것으로 나타났다. 이들은 책임운영기관이 지금보다 더 자율성을 가져야 제도 도입 취지를 살릴 수 있다고 생각하고 있었다.

8일 행정안전부의 '책임운영기관제도 운영성과 분석 및 발전방안 연구서'에 따르면 책임운영기관에 근무하는 공무원 1,317명 중 '관리체계에 만족한다.'는 응답은 15.7%(207명)에 불과했다. '만족하지 않는다.'라는 답은 절반에 가까운 46.4%(610명)를 차지했다.

기관별로는 행정형 통계기관(지방통계청 등) 근무자가 가장 부정적인 반응을 보였다. 응답자 76.5%(276명 중 211명)가 관리체계에 불만을 품고 있었다.

"관리체계 만족" 고작 15.7%

책임운영기관 공무원들은 '기관 운영의 자율성 부족'(46.5%)이 가장 큰 문제라고 지적했다. 또 '성과평가의 타당성 결여'(22.5%), '감독 부처의 획일적 관리 방식'(16.4%) 등도 개선해야 할 부분이라고 답했다. 책임운영기관 공무원들은 기관 운영 효과에 대한 전반적인 평점을 2.78점(5점 만점)으로 매겨 보통을 약간 웃돈 수준인 것으로 나타났다.

책임운영기관에 대한 이 같은 평가는 제도 개선이 필요하다는 것을 암시한다. 정부는 공공기관의 관료적 운영을 지양하고 전문성과 경쟁력을 강화하기 위해 2000년부터 책임운영제도를 시행했지만 도입 10년째를 맞아 부작용이 나타난 것이다.

총괄경상비 · 예산편성주기 2년 등 제언

연구서를 작성한 한국조직학회는 책임운영기관의 조직 운영 자율성을 높이기 위해 인건비뿐 아니라 모든 경상경비를 통합 관리하는 '총괄경상비' 제도 도입이 필요하다고 제언했다. 또 1년 주기로 편성되는 예산을 2년 주기로 늘리는 것도 고려해야 한다고 덧붙였다. 이밖에 우수기관으로 평가된 책임운영기관에는 직원들에게 특별승진 기회를 주는 등 동기 부여책을 마련해야 한다고 밝혔다.

행안부 관계자는 "총괄경상비제나 2년 주기 예산 편성은 기획재정부 등 다른 부처와 협의가 필요하기 때문에 쉽게 도입할 수 없는 부분"이라며 "중·장기적으로 책임운영기관의 효율을 높일 수 있는 방안을 모색할 것"이라고 말했다.

(서울신문, 2009.12.09)

* 당초의 신문 기사 제목은 '도입 10년 민간위탁 운영기관 실태 들어보니'로 돼 있으나, 기사의 내용은 민간위탁 운영기관에 관한 것이 아니라 책임운영기관에 관한 것이기에 '생각해 보기'의 제목을 변경했음.

Chapter 10 신공공서비스론

제 1 절 신공공서비스론의 의의

신공공관리론에 대한 반명제로 대두된 신공공서비스(new public service)론은 기업가 정신보다 시민권(citizenship)을 강조하고, '방향잡기(steering)'를 통해 시민을 통제하기보다 시민에 대한 '공공서비스 제공'을 강조하는 이론 지향을 말한다. 신공공서비스론자들은 정부의 역할은 신공공관리론에서와 같이 기술적 · 경제적 합리성(technical and economic rationality)을 강조하고 시장 메커니즘에 의지하는 '방향잡기'에 그칠 것이 아니라, 정치적 합리성까지 고려하는 전략적 합리성(strategic rationality)에 기반해 시민과 지역사회의 이익을 중재하고 공유 가치를 창출하는 '서비스 제공'에 초점을 둬야 한다고 강조한다.

신공공서비스론이 신공공관리론과 크게 다른 점은 행정의 역할이 공공서비스를 제공해야 하는 데 있음을 강조한다는 점이다. 즉, 신공공서비스론은 관료의 기본 역할이 사회의 방향을 설정하고(steering) 통제하는 데 있는 것이 아니라 시민이 그들의 공유된 이익을 표출해 충족시킬 수 있도록 도와주는 데 있음을 강조한다(Denhardt

& Denhardt, 2000: 549). 신공공서비스론의 주창자들은, 행정가가 책임져야 하는 것은 행정 업무 수행에서의 '효율성'이라기보다는 모든 사람에게 "더 나은 생활을 보장하는 것"이라고 주장한다(Denhardt & Denhardt, 2003: 4; 이종수 외, 2008: 163). 따라서 관료는 시민이 담론을 통해 공유된 가치(shared value)를 표명하도록 하고, 지역사회가 직면하고 있는 문제를 해결하는 과정에서 협상과 중재의 기능을 담당해야 한다는 것이다(Denhardt & Denhardt, 2000; 김태룡, 2010: 312–313). 신공공서비스론자들은 또한 관료가 대응적이어야 할 상대는 '고객(customers)'이 아니라 '시민(citizen)'이어야 한다는 점을 강조한다.

제 2 절 신공공서비스론의 대두 배경

기업경영 방식과 민간화된 작은 정부를 강조하는 신공공관리론은 1980년대 이후 공공부문 관리에 큰 변혁을 초래했다. 그 결과 관료들은 시민들에게 서비스를 제공하기보다는 '방향잡기'에 치중했다. '노젓기'에서 '방향잡기'로 옮아감에 따라 관료들은 보트의 목표와 방향을 선택하고 그곳에 도달하는 경로를 입안하게 됨으로써 더 많은 권한을 행사하게 됐다. 그러한 와중에 우리는 보트의 주인이 누구인가를 망각하게 됐다. 킹과 스타이버스(King & Stivers, 1998a)는 그들의 저서 『정부는 우리다(*Government Is Us*)』에서 정부의 주인은 바로 시민이라는 점을 명확하게 일깨워 줬다. 관료는 따라서 공공조직을 관리하고 정책을 집행할 때 시민에게 권한을 부여하고 그들에게 봉사하는 데 활동의 초점을 둬야 한다는 점이 강조되기 시작했다. 다른 말로 하면 시민을 중심에 둬야 하며, 노젓기 또는 방향잡기보다는 무결성과 대응성을 지니는 공공제도의 확립에 강조점을 둬야 한다는 것이다(Denhardt & Denhardt, 2000: 549–550).

신공공관리에 대한 학자와 실무자들의 이러한 우려는 『미국행정학회지(*Public Administration Review*)』에서 주관한 리더십, 민주주의 그리고 공공관리에 관한 심포

지엄 등에서 표출됐다. 신공공관리론에 대한 도전으로는 신공공관리가 안고 있는 내적 모순이 지적되는가 하면(Fox, 1996), 신공공관리론이 내세우는 가치에 대한 의문이 제기되기도 했다(Frederickson, 1996; Schachter, 1997). 그리고 시장모형이 장려하는 분권화와 공공부문에서의 조정의 필요성 사이에 개재하는 긴장이 지적되기도 했으며(Peters & Savoie, 1996), 민영화가 민주적 가치와 공익에 대해 가지는 함의를 따져봐야 한다는 지적이 있는가 하면(McCabe & Vinzant, 1999), '기업가정신'과 '신관리주의'가 공정성, 정의, 대표성 및 참여와 같은 민주적 · 헌법적 가치를 손상시키는 문제점에 대한 비판이 제기되기도 했다.

신공공관리론에 대한 이러한 비판적 관점에 기초해 시민을 중심에 두는 거버넌스 시스템에서 행정의 역할에 관한 새로운 아이디어로 신공공서비스론이 대두하게 된 것이다.

제 3 절 신공공서비스론의 지적 뿌리

신공공서비스론의 지적 뿌리는 민주적 시민이론(theories of democratic citizenship), 지역공동체 및 시민사회 모형(models of community and civil society), 조직인본주의와 담론이론(organizational humanism and discourse theory) 등에서 찾아볼 수 있다.

신공공서비스론은 무엇보다 민주적 시민이론에 지적 뿌리를 두고 있다. 시민정신(citizenship)과 민주주의에 대한 관심은 특히 최근의 정치이론과 사회이론에서 중요성을 지니는 바, 양자는 모두 좀 더 활성화되고 적극화된 시민정신을 강조한다(Barber, 1984; Mansbridge, 1990; Mansbridge, 1992; Pateman, 1970; Sandel, 1996). 정부는 선거와 같은 특정한 절차와 개인적 권리의 보장을 통해 시민들이 그들의 사익에 일치하는 선택을 할 수 있도록 해 주기 위해 존재한다는 샌들의 관점은 공공선택론 및 공공선택이론의 주장과 일치한다. 그러나 샌들(Michael Sandel)은 개인이

거버넌스 속에서 훨씬 더 적극적으로 관여하는, 민주적 시민권에 대한 다른 관점을 제시한다. 즉, 시민은 공동체 전체에 대한 관심과 소속감 및 도덕적 결속감을 느끼는 좀 더 광범하고 장기적인 관점을 채택함으로써 사익을 초월하는 더 큰 공익을 지향하게 된다(Sandel, 1996: 5－6; Schubert, 1957)는 것이다.

신공공서비스론의 두 번째 지적 뿌리는 공동체 및 시민사회 모형에서 찾아볼 수 있다. 최근 미국 사회에서는 공동체의 아이디어에 대한 관심이 다시 대두되고 있다. 주요 정당의 정치지도자와 학자들 그리고 베스트셀러 작가들은 미국 사회에서 공동체가 쇠락하고 있다는 점에 대해 동의할 뿐만 아니라 공동체에 대한 새로운 감각이 절실하게 필요하다는 점을 인정한다. 미국 사회에서의 점증하는 다양성에도 불구하고 아니면 그것 때문에, 공동체는 통일성과 종합성을 가져다주는 방안으로 간주되고 있다(Bellah, et al., 1985: 1991; Etzioni, 1988, 1995; Gardner, 1991; Selznick, 1992). 행정에서 공동체에 대한 관심은, 정부의 역할은 특히 지방정부에서는 '공동체'를 창출하고 지원하는 데 있다는 관점에 반영돼 있다. 이러한 노력 가운데 하나는 건강하고 적극적인 '중재 제도(mediating institutions)'를 창설하는 것이라고 할 수 있다. 퍼트남(Putnam, 1995)이 주장하듯이, 미국의 민주주의 전통은 적극적 관심을 갖는 시민(engaged citizens)과 매사에 적극적인 집단, 결사체 그리고 정부조직의 존재에 의존한다. 이러한 소규모 집단이 '시민사회(civil society)'를 형성하는 바, 시민은 그 속에서 민주주의 그 자체 및 공동체 형성에 필수적인 담론과 숙의를 통해 상호 관여하게 된다. 킹과 스타이버스(King & Stivers, 1998a)는 정부는 시민과 공동체의 연결을 창출하고 지원하는 중요한 역할을 할 수 있다고 주장한다.

신공공서비스론의 세 번째 지적 뿌리는 조직인본주의와 담론이론에서 찾아볼 수 있다. 지난 4반세기 동안 일단의 행정이론가들은 해석학(Harmon, 1981), 비판이론(Denhardt, 1981), 그리고 포스트모더니즘(Farmer, 1995; Fox & Miller, 1995; McSwite, 1997; Miller & Fox, 1997)과 같이 전통적 관료제와 실증주의를 비판하는 진영에 가담해 왔다. 이러한 접근은 권위 및 통제와 같은 이슈에 덜 지배되고, 조직 안의 구성원 및 조직 바깥의 고객과 시민의 필요와 관심 사항에 더 세심한 주의를 기울이는 공공조직을 추구해 왔다. 그동안에는 관료제 및 사회에 대한 해석학적 · 비판적 분석이 중심을 이뤄 왔으나, 최근에는 담론이론과 같은 포스트모던 관점에까지 이러한 추세가 확대됐다. 신공공서비스론의 지적 배경에는 관료제를 재활성화하고 행정의 정통성을 복원하기 위해서는 시민과 관료들을 포함하는 모든 당사자 간의 진지하고 개방된 담론이 필요하다는 담론이론과 함께 조직인본주의적 관점이 놓여 있다.

제 4 절 신공공서비스론의 특징

1. 신공공서비스론의 기본 원칙

신공공서비스론에서는 다음과 같은 일곱 가지의 기본 원칙을 제시한다(Denhardt & Denhardt, 2000: 553-6).

첫째, '방향잡기'보다 '봉사'하라(Serve, rather than steer). 관료의 역할의 중요성은 사회의 새로운 방향을 잡고 통제하는 데 있는 것이 아니라, 시민들로 하여금 그들의 공유된 가치를 표명하고, 그것을 충족시킬 수 있도록 도와주는 데 있다.

둘째, 공익은 부산물이 아니라 목표다(The public interest is the aim, not the by-product). 관료는 공익이라는 공유된 이익과 공유된 책임을 창출하는 데 기여해야 한다.

셋째, 전략적으로 생각하고 민주적으로 행동하라(Think strategically, act demo-cratically). 공공의 욕구를 충족시키기 위한 정책은 집합적 노력과 협력적 과정을 통해 가장 효과적으로 그리고 가장 확실하게 달성될 수 있다.

넷째, 고객이 아닌 시민에 봉사하라(Serve citizens, not customers). 공익은 개별적 사익의 합계가 아닌 공유가치에 관한 담론을 통해 도출된다. 따라서 관료들은 '고객'의 요구에 단순히 대응할 것이 아니라, '시민'과 함께 그리고 시민 사이의 협력과 신뢰의 관계를 구축하는 데 조점을 둬야 한다.

다섯째, 관료들의 책임성은 단순하지 않다(Accountability isn't simple). 관료들은 시장에만 주의를 기울여서는 아니 되며, 헌법과 법률, 지역사회의 가치, 정치적 규범, 행정관의 전문직업적 기준, 시민적 이익에도 관심을 기울여야 한다.

여섯째, 생산성만이 아니라 '사람'의 가치를 존중하라(Value people, not just productivity). 공공조직과 그 네트워크는 장기적 안목에서 보면 모든 사람을 존중하는 바탕 위에서 공유된 리더십과 협력의 과정을 통해 작동될 때 성공할 수 있다.

일곱째, 기업가 정신보다는 시민 의식과 공공서비스의 가치를 존중하라(Value citizenship and public service above entrepreneurship). 공익은 공공자금을 그들 자신의 것인 양 행동하는 기업가적 관료에 의해 확보되기보다는 사회에 대해 의미 있는 기여를 하는 시민과 관료들에 의해 더 잘 증진될 수 있다.

2. 신공공관리론과 신공공서비스론의 비교

덴하트와 덴하트(Denhardt & Denhardt, 2000)는 신공공관리론의 주창자들이 신공공관리와 구(舊)행정을 주로 비교한 바, 이렇게 될 경우 신공공관리론이 항상 우월한 것처럼 비치게 된다고 주장하면서 신공공관리론과 신공공서비스론의 비교를 시도했다. 이들은 이론적 · 인식론적 기반, 추구하는 합리성과 인간행태 모형, 공익의 개념 등 10개 국면에 걸쳐 구행정과 신공공관리론 그리고 신공공서비스론을 비교한 바, 그 결과는 <표 10-1>과 같다.

표 10-1 구행정 · 신공공관리론 · 신공공서비스론의 관점 비교

	구행정	신공공관리론	신공공서비스론
이론적 · 인식론적 기반	– 정치이론 – 사회적 · 정치적 주석	– 경제 이론 – 실증과학에 기초한 정교한 토론	– 민주주의 이론: 실증주의, 해석학, 비판이론, 포스트모더니즘 등 다양한 접근
추구하는 합리성과 인간행태 모형	– 개괄적 합리성 – '행정인'	– 기술적 · 경제적 합리성 – '경제인 또는 사익 추구적 의사결정자	– 전략적 합리성: 정치적, 경제적, 조직적 합리성 등 포괄

공익의 개념	– 정치적으로 정의된 공익 – 법률 속에 표현된 공익	– 개별 이익의 총화로 규정됨.	– 공유가치에 대한 담론의 결과물
관료적 대응성의 대상	– 고객과 선거구민	– 고객	– 시민
정부의 역할	– 노젓기	– 방향잡기	– 서비스의 제공
정책 목표 달성 메커니즘	– 기존의 정부기관을 통한 정책관리	– 민간기구와 비영리기관을 통한 유인구조의 창조	– 공공기관, 비영리기관, 민간기관의 연립 구축
책임성의 접근	– 계서제 활용: 관료들은 선출된 정치적 리더에 대해 책임을 짐.	– 사익들이 모여 광범한 시민집단이 욕구하는 결과를 초래함.	– 다국면적: 관료들은 법률, 공동체의 가치, 정치적 규범, 전문직업적 기준, 시민의 이익을 섬겨야 함.
행정 재량	– 제한된 재량권의 허용	– 기업가적 목표를 충족시킬 수 있는 광범한 재량권이 인정됨.	– 재량권 필요하나, 제한되고 책임이 수반됨.
가정된 조직구조	– 하향식 권위의 관료제 조직	– 분권화된 공공조직: 기초적 통제는 남아 있음.	– 협력적 구조: 내외적으로 공유된 리더십을 지님.
동기부여 수단	– 보수와 편익 – 공무원의 신분 보장	– 기업가 정신: 정부 규모의 축소를 지향	– 공공서비스와 사회공헌에 대한 욕구

자료: Denhardt & Denhardt(2000: 554).

제 5 절 신공공서비스론의 함의 및 결론

신공공서비스론은 이론적 관점에서 볼 때, 전통적 행정과 관리주의 모델 양자에 대해 중요하고 실용적인 대안을 제시한다. 행정공무원들의 행동은 그 행동이 기반하고 있는 가정과 원칙에 따라 크게 달라질 수밖에 없다. 정부의 책임이 개인의 사익을 촉진하는 것이라고 가정될 때와 시민정신, 공공 담론 그리고 공익을 촉진하는 것이라고 가정될 때의 행동이 다를 수밖에 없다. 오래전 카우프먼(Kaufman, 1956)은 행정기관은 시기에 따라 각기 다른 가치를 추구하도록 조직화되고 작동된다는 사실을 지적하면서, 그러나 특정한 아이디어가 지배적인 시기에도 다른 가치들이 전적으로 무시되는 것이 아니라는 점을 강조했다.

오늘날 신공공관리는 거버넌스와 행정 분야에서 하나의 지배적인 패러다임으로 확립되고 있다. 신공공관리가 지배적인 상황에서 민주적 시민정신과 공익에 대한 관심이 완전히 사라진 것은 아니다. 그러나 그러한 가치들이 경시돼 온 것은 사실이다. 민주주의 사회에서 민주적 가치에 대한 관심은 아주 중요하다. 능률성 · 생산성과 같은 가치는 공공부문에서 결코 놓쳐서는 아니 될 중요한 가치들이다. 그러나 이러한 가치들도 민주주의, 공동체, 공익과 같은 좀 더 큰 맥락 속에서 자리 잡아야 한다. 신공공서비스론은 민주사회의 기반 위에서 전통적 행정과 신공공관리론에서 내세우는 중요한 기법과 가치가 작동될 수 있는 틀을 마련해 준다는 차원에서 의미를 지닐 수 있을 것이다.

Chapter 11 포스트모더니티 행정이론

제 1 절 포스트모더니즘의 의의와 지적 특성

포스트모더니즘(post-modernism)은 산업화 이후 사회의 특성, 즉 탈근대성(post-modernity)을 설명하는 하나의 관점 또는 이론을 지칭한다. 포스트모더니즘은 모더니즘(modernism)의 합리주의에 대한 회의, 즉 과학주의와 기술주의의 한계와 부작용을 비판하면서 등장한 사조이다.

르네상스[1] 이후 15~17세기를 거치면서 등장한 근대성(modernity)은 뉴턴식 · 기계적 세계관을 바탕으로 이성(reason)과 과학의 힘을 중시하며, 인류 역사의 진보와 낙관적인 미래를 가정하며, 인류의 무한한 발전과 행복을 가져올 수 있다는 믿음을 제공했다. 그러나 인간 사회는 눈부신 과학의 발전에도 불구하고 많은 시행착오와

1) 르네상스(Renaissance)는 14세기경 북부 이탈리아 지역에서 시작됐으며, 인간의 사고와 활동을 지배하던 종교적 제약에서 벗어나 자유로운 사고와 활동을 강조하는 인문주의의 시작으로, '새로운 인간관과 세계관의 발견'을 가능케 했다. 르네상스 이후의 근대적 지식은 모더니즘에서 중시하는 인간 중심적, 논리 중심적인 주체관, 세계관으로 구성됐다. 즉, 근대적 주체는 논리와 이성의 주체로서 권력을 행사하고 무의미한 자연세계에 의미를 부여하는 적극적 행위자다.

퇴보를 경험해 왔으며, 모더니즘의 관점과 시각에서 예견했던 많은 상황을 실현할 수 없을 뿐만 아니라, 점차 미래에 대한 확신도 갖지 못하는 불확실성의 시대에 살게 됐다. 포스트모더니즘은 18세기 이후 300여 년간 서구 사회를 지배해 온 근대주의(modernism) 사조의 문제점을 극복하려는 하나의 대안적 사조로서, 모더니즘 관점의 이성중심주의, 합리주의, 진보주의를 극복하려는 것이다. 포스트모더니즘적 사고방식의 특징으로는 탈경험성, 다양성, 다원성, 우연성, 탈규제성, 분산성, 불확정성, 탈규격성, 탈연속성 등을 들 수 있다(조창현, 2006).

관료제로 상징되는 전통적 행정학은 모더니티의 가정들을 수용하고 있는 전형적 사례라고 할 수 있다. 따라서 합리성을 추구하는 모더니티는 전통적 행정학의 기초라고 할 수 있다. 전통적 행정학은 모더니티의 두드러진 특징인 합리성의 장점을 가지고 있으나, 합리성으로부터 도출된 명제들이 한계에 부딪치는 만큼 행정이론이 반대 명제와 모순이라는 한계를 갖게 된다. 포스트모더니티의 행정이론은 이와 같은 한계를 지닌 전통적 행정이론에 대한 회의와 비판을 반영하는 것이다(강신택, 2002: 25).

포스트모더니즘이라는 용어는 대체로 두 가지로 분류돼 사용되고 있다(Parker, 1992; Gergen & Thatchenkery, 1996; Hassard, 1996; 김동원, 2005). 하나는 새로운 시대를 묘사하는 용어로서, 다른 하나는 새로운 인식론을 의미하는 용어로서 사용되고 있다.

우선 과거에 통합, 통일성, 집중화, 경직성, 전체주의화 등이 유행하던 모더니즘의 시대에 대응해 새로이 등장하고 있는 시대에는 분산, 다양성, 분권화, 유연성, 무작위성 등이 중요시되고 있는데, 이 시기가 바로 포스트모더니즘의 시대라는 것이다. 또 다른 의미의 포스트모더니즘(postmodernism)은 실증주의 및 구조주의에 대한 비판 및 반성으로 등장한 하나의 새로운 인식론으로 사용되고 있다.[2] 즉, 탈실증주의(post-positivism)뿐만 아니라 탈구조주의(post-structuralism) 철학과 동일시된다.

---

2) 여기서 인식론이란 인식 자체의 반성이나 그 기원·본질·방법·한계 등을 연구하는 철학의 한 부분이다. "우리가 세상을 어떻게 알 수 있는가?" "세상에 관한 우리의 진술이 어떻게 그 의미를 얻는가?" 또는 "세계에 대한 우리의 믿음은 어떻게 정당화되는가?" 등에 관심을 갖는다.

포스트모더니스트들은 실증주의 인식론의 다음과 같은 특징을 비판한다. 첫째, 실증주의 인식론은 현실을 절대적으로 유일한 것이며 실체적인 것으로 본다. 둘째, 탐구의 과정은 가치중립적이다. 셋째, 관찰자와 관찰 대상은 서로 독립적이다. 넷째, 시간 및 공간을 초월하는 일반적 이론 또는 보편적 이론을 추구한다. 다섯째, 결과에 선행하는 또는 동시에 발생하는 원인이 실재한다(Farmer, 1995: 214–215). 사회과학에서 실증주의란, 모든 사회 현상 간에는 규칙성 및 인과관계가 존재한다고 믿으며, 연구자는 이들을 발견해 사회 현상을 설명하고 예측해야 한다는 사조를 말한다. 실증주의는 사회적 맥락에 대한 고려 없이 보편적 이론을 발견하려고 한다. 포스트모더니즘은 이러한 실증주의적 사고와 접근 방법을 배격한다. 바로 상대주의 및 다원주의적 세계관을 기본 관점으로 삼아 특정한 사회적 맥락에 따라 현실에 대한 해석은 달라질 수 있고, 심지어 같은 맥락 속에서도 현실에 대한 해석은 다양할 수 있음을 강조한다(김동원, 2005).

요약하면, 포스트모더니즘은 인간의 이성과 과학의 무한한 힘을 믿었던 데카르트(Réne Descarte) 이후의 근대적 세계관이 무너지는 과정에서 나타난 현상으로 전체성 해체, 독자적 개체의 인정, 주체와 객체의 구별 해소 등 한마디로 '해체'와 '해방'을 의미하고 있다(김광웅, 1995: 142).

이러한 포스트모더니즘의 지적 특성을 살펴보면 다음과 같다(오석홍, 1998: 178–180; 이종수 외, 2005).

첫째, 포스트모더니즘은 우리가 발견할 수 있는 객관적 사실이 있다고 보는 객관주의를 배척하고 사회적 현실은 우리들의 마음속에서 구성된다고 보는 구성주의(constructivism)를 지지한다.

둘째, 포스트모더니즘의 세계관은 상대주의적이며 다원주의적인 것이다. 보편주의와 객관주의를 추구하는 것은 헛된 꿈이라고 비판하고 지식의 상대주의를 주창한다.

셋째, 포스트모더니즘은 해방주의(emancipatory)적 성향을 지닌다. 개인들은 조직과 사회적 구조의 지시와 제약으로부터 해방돼야 한다고 주장한다. 사람들은 상이성을 인정한 위에서 자유롭게 접근할 수 있어야 한다는 것이다. 개인들은 모든 이미에서 자유로울 수 있는 존재라고 한다. 그들은 인위적 계서제와 구조들로부터 자유로울 수 있고 서로 다를 수 있으며, 각자가 자기 특유의 개성을 가질 자유를 누려야 한다는 것이다.

이러한 포스트모더니즘의 관점에 기초해 행정학에서 근대(모더니즘)를 상징하는 관료제를 비판적으로 해석하고, 그 대안을 제시하는 것이 포스트모더니즘 행정이론이다. 포스트모더니즘 행정이론으로는 파머(David J. Farmer)가 제시한 반관료제론과 폭스(Charles J. Fox)와 밀러(Hugh T. Miller)의 담론이론 등이 있다(김종술, 1999; 조만형, 1999).

제 2 절 파머의 반관료제론

파머는 성찰적 해석 방법에 의거해 근대성(modernity)과 탈근대성(postmodernity)이라는 두 개의 렌즈를 사용해 행정이론을 해석하고 있다. 그는 관료제도를 중심으로 한 근대 행정이론을 과학주의, 기술주의, 기업주의 등으로 규정하면서 이를 비판적으로 해석하고 있다. 이러한 관료제를 중심으로 한 근대 행정이론의 비판적 해석에 기초해 파머는 포스트모더니즘 행정이론을 상상(想像), 해체, 탈영역화, 타자성(他者性) 등을 중심으로 제시하고 있다.

파머(Farmer, 1995)에 따르면, 지금까지 행정을 둘러싼 우리의 언어는 모더니스트적 사고방식에 뿌리를 두고 있는데 그것은 내생적인 논리적 한계에 직면해 있다고 한다. 따라서 다음과 같은 포스트모더니즘의 네 가지 특징이 이 한계를 넘어서 행정에 대해 새롭게 사고할 수 있게 한다고 주장한다(김동원, 2005; 강신택, 2002).

1) 상상

상상(imagination)은 단순히 마음속으로 오감을 활용해 형상화하는 것이 아니라 보는 관점에 따른 '가능성(possibilities)'을 의미한다. 예를 들어 돼지는 늑대의 눈에서는 먹이이고 회교도들에게는 지저분한 동물에 불과하다. 보는 시각에 따라 돼지는 달리 상상될 수 있다. 이와 같이 상상은 상황을 새로운 시각에서 바라보고 이해하는 능력을 향상시켜 줄 뿐만 아니라 이해를 다른 사람과 공감할 수 있게 만들기도 한다. 모더니티의 전형인 베버의 관료제 모형에서는 합리성이 인간 사고의 촉매적 역할을 하듯이 포스트모더니티에서는 '상상'이 인간 사고의 촉매적 역할을 할 수 있다는 것이다(Farmer, 1995: 158-177).

2) 해체

포스트모더니스트들이 말하는 해체(deconstruction)는 텍스트(언어, 몸짓, 이야기, 설화, 이론)의 근거를 파헤쳐 보는 것을 말한다. 이러한 해체는 특정한 상황에서의 텍스트들을 더 잘 이해할 수 있게 해 준다. 해체는 모더니스트적인 행정이론과 실제뿐만 아니라 포스트모더니티에서 구성된 설화들(narratives)을 파괴하는 데 사용될 수 있다. 여기서 해체의 대상인 '설화'의 예를 들면 "합리화가 인간의 진보와 같나"라든지 "경제 발전이 역사 발전의 원동력이다"라는 식의 명제들이다. 행정이론과 실제는 일정한 설화에 의해 지지되고 있다고 볼 수 있다. 예를 들면, "행정은 객관적으로 연구될 수 있다"라는 말도 하나의 설화이고 "행정의 실무는 능률적이어야 한다"라는 것도 하나의 설화라는 것인데, 이러한 설화들을 당연한 것으로 받아들이지 않고 해체해 보면 그러한 설화의 근거가 불확실해지면서도 동시에 설화를 더 잘 이해할 수 있게 된다고 할 수 있다(강신택, 2002).

파머는 우리가 세상의 모습이라고 믿는 것은 사실은 온통 이미지의 표상에 불과한데, 이렇게 보이는 것이 진실이 아닌 상황에서 객관성이나 실증주의를 추구하는 것이 무슨 의미가 있는지 반문한다. 그보다는 포스트모더니스트처럼 우리가 어디에 서 있는지 깨닫는 상황의 맥락(context)을 파악하는 것이 중요하다는 것이다(Farmer, 1995: 203-208). 그는 또한 효율성이라는 것도 다양한 의미를 가지는 사회적 구조물(social construction)에 불과한 바, 민간부문에서의 비효율성이 공공부문에서도 반드시 그런 것인가 반문한다(Farmer, 1995: 199-201).

3) 탈영역화

탈영역화(deterritorializaton)는 지식과 학문의 영역 간에 경계가 없어지는 것을 의미한다. 포스트모더니티에서의 모든 지식은 그 성격과 조직에서 그 '고유' 영역이 해체된다. 학문 분과들과 전문 영역 간의 장벽이 무너짐에 따라 행정학의 구조도 붕괴되고 있다. 모더니티에서 지식의 구조는 뿌리를 중심으로 통합돼 있으면서 나뭇가지 모양으로 갈라져 학문 영역이 위계 질서를 이뤘으나 포스트모더니티에서는 뿌리줄기(根莖) 모형으로 뿌리는 없고 지식은 분산화돼 있으며 다원적 차별성을 인정하게 된다(Farmer, 1995: 218－225). 탈영역화가 시사하는 것은 지금까지 행정학의 고유 영역이라고 생각되던 지식의 성격이 변화하고 행정조직도 비계층적이고 탈관료제화된 모습을 나타내게 되리라는 것이다(강신택, 2002).

4) 타자성

타자성(alterity)이란 나 아닌 사람을 인식적 객체로서가 아니라 도덕적 타자로 인정하는 것을 말한다. 즉, 타자성이란 모더니티에서 사물을 객관적으로 관찰하듯이 객관적인 관찰 대상으로서의 '인식적 타인(epistemic other)'으로 보는 것이 아니라 인격체로서 존중받아야 할 '도덕적 타인(moral other)'으로 인식해야 한다는 것을 의미한다. 구체적으로 타자성에 대한 포스트모더니즘의 입장은 '반행정(antiadministration)'을 의미하는 네 가지의 특성으로 정리될 수 있다. 타인에 대한 개방성, 다양성에 대한 선호, 상위 설화(metanarratives)에 대한 반대, 기존 질서에 대한 반대다.

타인에 대한 개방성이란 단순한 반권위주의나 서비스 지향 이상으로, 행정이 의사결정 모두를 공동체에 공개해서 그들이 원하는 대로 사업이 이뤄지도록 지원하는 것까지 말한다. 다양성에 대한 선호란 다양한 관점의 스펙트럼을 받아들인다는 것 외에도 관료제라는 박스를 짜놓은 후 거기에 맞는 인간형을 배치하는 정형화의 과정에도 반대하는 것을 의미한다. 상위 설화에 대한 반대란 행정이 본래적으로 권위를 가졌다는 신화적 믿음을 해체하면서 근거 없는 모든 신화의 해체 가능성을 열어 놓는 것이다. 마지막으로 기존 질서에 대한 반대란 행정이 선호해 온 통제 위주의 기존 제도에 대해 반대하고 행정의 반제도적인 방법을 모색할 수 있다는 것이다(Farmer, 1995: 227 – 245).

이러한 타자성의 개념은 행정조직에서 일하는 공무원에게 공동체 권력에 기초한 시민 참여 이론을 수용하게 하는 것을 의미한다.

제 3 절 폭스와 밀러의 담론이론

폭스와 밀러(Fox & Miller, 1995)는 현상학과 구조화이론에 기초를 둔 구성주의(constructivism)를 통해 관료제도를 인식론적으로 비판하고 있으며, 이에 기초해서 관료제의 대안으로 담론이론을 제시한다. 이들은 관료제도의 기초가 되는 환류 모형에 입각한 민주주의 개념, 즉 대의민주주의의 한계와 문제점을 비판한 다음에 그 대안으로 참여적 공동체주의(participatory communitarianism), 입헌주의(constitutionalism), 담론이론(discourse theory) 등을 제시한다. 이 세 가지 대안 중에서도 특히 담론이론이 관료제도의 대안으로 가장 적합한 것으로 평가한다.

폭스와 밀러(Fox & Miller, 1998: 688)는 행정기구를 담론의 장소로 본다. 따라서 정책 결정을 위한 토론 과정을 민주화하는 담론이 무엇보다도 중요하다는 것이다. 이들에 따르면 행정학에 적용된 담론이란 억압적 지배로부터 자유로운 사회적 교류의 형성물(social formation)로서, 그 안에서 벌어지는 공적인 대화(public conversation)의 목표는 공익의 증진이다. 폭스와 밀러(Fox & Miller, 1995)는 진정한 담론(authentic discourse)이 중요하며, 이는 두 가지 의의를 지닌다고 한다. 담론은 현재 성행하고 있는 관행(practices)을 긍정적인 것으로 바라볼 수 있게 하는 '대안적 시각'이다. 또한 담론은 그러한 관행이 실현될 수 있도록 지향해야 하는, 그러면서도 원칙적으로 실현 가능한 '이상'이다.

긍정적으로 조명되어야 할 관행에는 조직 간 태스크포스, 애드호크라시, 정부간 협동체제, 정책 네트워크 등 이른바 '협상을 통한 규제' 혹은 'reg – neg(regulation by negotiation)'가 포함된다. 폭스와 밀러는 자신들이 가치 있게 여기는 위와 같은 관행들은 철의 삼각관계(iron triangle)나 하위정부(sub-government) 등 기관 간 협동관계에 관한 정치학의 주류 이론과는 배치된다고 한다. 왜냐하면 그 이론이 전제하는 바는 공식적인 대의민주주의만이 정당하고 존립 가능하다는 것이기 때문이다. 여기서 비공식적인 참여자들이 참여하는 담론은 통치권의 잠재적인 약탈자로 전제된다. 그러나 담론은 비공식적 참여자들까지 광범위한 참여를 도모해 조직 간 하의상달적 민주주의를 가능하게 해 줄 수 있는 '대안적 시각'이라고 주장한다(김동원, 2005).

폭스와 밀러는 정책문제 해결을 위한 진정한 담론이 이뤄지려면 ① 성실성(sincerity), ② 상황을 고려하는 의도성(situation-regarding intentionality), ③ 능동적 주의(willing attention), ④ 실질적 공헌(substantive contribution) 등의 조건이 충족돼야 한다는 것이다. 불성실하거나, 상황과 무관하거나, 능동적으로 주의를 기울이지 않거나, 또는 정책문제를 해결하는 데 기여할 만한 전문성이나 지식이 없다면, 도움이 되지 않을 것이다(Fox & Miller, 1995: 120-125; 강신택, 2002: 39-40).

또한 폭스와 밀러는 진정한 담론이 성공적으로 작동하기 위해 필요한 적정한 참여자의 수에 대해서도 논의한다(Fox & Miller, 1995: 130-150). 담론을 소수담론(few-talk), 다수담론(many-talk), 상당수담론(some-talk)으로 구분한다면, '상당수담론'이 진정한 담론을 가능케 하리라고 보고 있다. 소수담론은 엘리트가 지배하는 독백인 반면, 다수담론은 '중구난방'의 무정부 상태에 가깝기 때문에 문제 해결을 위한 진정한 담론이 이뤄지기 어렵다. 대신 상당수 담론이 진정한 담론을 형성할 수 있다는 것이다. 특히 이러한 인원이 참여할 수 있는 잠재력을 가장 많이 가진 구조의 예가 정책 네트워크라고 한다.

폭스와 밀러는 위와 같은 방법으로 진정한 담론이 제대로 작동하게 되면서 행정과 정책의 영역에 어떠한 결과가 나타나기를 기대하는지 기술한다. 행정학의 중심적 관심사는 전문성 혹은 기술보다는 담론으로 옮겨가야 한다고 한다. 담론은 현상 유지를 비판하고 거버넌스의 과정에서 개인의 연계를 형성하고 결집시키며 역동적인 대화를 도모하는 특수한 수단으로 승화될 수 있다. 공공의 영역은 에너지의 장(energy field)으로 변화하고, 그 안에서 정책 결정은 합리적 분석이 아닌 국민이 나누고 있는 의미가 무엇인지를 포착하는 과정을 통해 이뤄진다. 따라서 공직자는 위계구조의 명령 계통을 잇는 대체 가능한 연결고리에 불과한 것이 아니라 담론을 통한 공공의 의지를 실현하는 데 역동적인 참여자로서 활약하게 되는 것이다(김동원, 2005).

담론이론의 핵심은 논증적 행위(discursive behavior)에 있다. 그것은 관료제도 안에서의 반복적 · 습관적 행위나 공공선택에 기초한 혁신이론에서 볼 수 있는 경쟁을 통한 합리적 행위와도 다르다. 논증적 행위를 강조하는 행정담론은 그것이 의사결정과정에서 평등한 의사소통을 강조하기 때문에 엘리트들 사이의 경쟁을 강조하는 다원주의적 시장이론이나 계층제적 이론보다 더 좋은 이론이라는 것이다(Fox & Miller, 1995; 김종술, 1999).

제 4 절 포스트모더니티 행정이론에 대한 종합적 논의

모더니티 행정이론이 정립된 체계를 가지고 있는데 비해, 포스트모더니티는 모더니티의 한계와 모순을 지적하는 일에 중점이 주어졌기 때문에, 모더니티 행정이론만큼 정립된 텍스트를 제시하기는 어렵다. 그리고 포스트모더니티 행정이론을 제시하는 각 학자들의 주장 내용 및 논리의 전개 방식도 일치하지도 않는다. 이와 같은 논리의 다양성 자체가 포스트모더니즘 학파의 특수한 성격이기도 하다(Kilduff & Mehra, 1997: 455).

그러나 포스트모더니티 행정학자들의 주장에서 일정한 공통점을 추려낼 수는 있을 것이다. 강신택(2002: 41－42)은 포스트모더니티 행정학자들의 주장을 다음과 같이 요약한다.

첫째, 모더니티에서 '합리성'의 개념이 수행하던 중요한 역할을 포스트모더니티 행정이론에서는 '상상'의 개념이 수행하고 있다.

둘째, 모더니티 행정이론에서는 '주체'가 세계의 중심에 있다고 확신하는데, 포스트모더니티 행정이론에서는 주체의 정체성에 대한 확신이 없다.

셋째, 모더니티 행정이론에서는 주체로서의 인간의 지식에 관한 확고한 신념이 있었으므로, 행정이론의 보편성, 과학주의, 기술주의, 기업주의 그리고 합리적 해석 등에 관해 우월적 지위를 부여했으나, 포스트모더니티 행정이론에서는 주체가 중심에 있다는 확신이 없으므로, 과학적 지식에 대해 우월적 지위를 인정하지 않고 과학적 지식도 여러 가지 담론 중의 하나라고 생각한다.

넷째, 포스트모더니티 행정이론에서는 과학적 지식에 대해 우월적인 지위를 인정하지 않기 때문에, 행정의 이론과 실무에서 주장되거나 신봉되는 설화(narratives)나 텍스트(text)를 해체해 봄으로써 그러한 주장의 근거가 불확실하다는 것을 밝히면서도 동시에 설화와 텍스트에 대해 깊게 이해하려고 한다.

다섯째, 모더니티 행정이론에서는 전문화가 심화될수록 더 합리적이라고 생각하기 때문에 이론이 보편적이기를 바라면서도 동시에 그 대상 영역이 점점 더 한정되는 경향이 있는데 반해, 포스트모더니티 행정이론에서는 학문 영역 간의 경계가 해체돼야만 풍부한 지식의 자원을 원용할 수 있다고 생각한다.

여섯째, 포스트모더니티에서는 타자성을 중요한 덕목으로 생각한다. 타자성이란 타인의 존재와 견해에 대한 개방성, 다양성의 인정, 거대 설화의 부정, 그리고 기존 제도에 대한 반대 등이다. 이러한 입장은 일종의 '반행정(反行政)'을 지향한다.

일곱째, 포스트모더니티 행정이론은 '대의민주적 책임성의 환류고리(representative democratic accountability feedback loop)'가 제대로 작동하지 않는다고 보기에, 민주정치의 구현을 위해 국민의 '진정한 담론(authentic discourse)'이 활성화돼야 한다고 주장한다.

이러한 포스트모더니티 행정이론은 기존의 모더니티 행정이론에 대한 비판적 성찰을 통해 전통적 관료제의 한계를 극복하고 행정을 쇄신하는 데 촉매적인 역할을 할 수 있게 해 주며, 진정한 담론을 통해 약화된 정치의 책임환류 고리를 보완할 수 있게 해 준다는 장점을 지닌다. 그러나 다른 한편 포스트모더니티 행정이론이라고 하는 것이 일정한 정설이 있는 것도 아니며, '바로 사용할 수 있는' 실질적 · 구체적 방안을 제시해 주지 않는다는 한계를 지니고 있다고 하겠다(강신택, 2002: 44 참조).

PART

4

정부 · 시장 관계와 정부의 경제적 존재 이유

제12장 정부와 시장의 관계
제13장 정부의 경제적 존재 이유

Chapter 12

정부와 시장의 관계

제 1 절 정부 · 시장 관계의 변화

정부와 시장 그리고 시민사회의 관계에 대한 개념 규정은 학자에 따라 다르다. 킨(Keane, 1989)과 헬드(Held, 1984)와 같은 학자들은 국가 이외의 전 사회 영역을 시민사회(civil society)라는 개념으로 포괄한다. 학자들 가운데는 정부와 시장 그리고 시민사회를 병렬적으로 위치시켜 설명하기도 하나, 이 책에서는 제1장에서와 같이, 국가사회 전체를 정부(공공부문)와 시민사회(민간부문)로 이분화하고, 시민사회를 다시 '경제적 시민사회(시장)'와 '비경제적 시민사회(좁은 의미의 시민사회)'로 구분해서 설명하고자 한다. 물론 코헨과 아라토(Cohen & Arato, 1992)와 같은 일부 학자는 국가와 경제를 매개하는 사회 영역만을 '시민사회'로 간주해서 개념상 혼란이 초래되기도 하나, 경제적 시민사회로서의 시장(market)을 광의의 시민사회 속의 하나의 하위 체제로 위치시키는 것이 개념적으로 명료할 것이다.

정부와 시장 관계의 변화 과정을 역사적으로 고찰해 보자. 4세기부터 14세기까지 1천 년간 지속된 중세봉건사회는 봉건적 농업경제 사회였다. 중세 암흑사회를 근세

사회로 전환시키는 데 결정적으로 기여한 역사적 사건은 11세기 말부터 13세기 말까지 약 200년 동안 지속된 십자군전쟁이다. 서유럽 국가들이 기독교의 성지 예루살렘을 회교도의 지배로부터 회복시키기 위해 벌인 십자군 원정은 전쟁이 장기화되면서 동방과의 교통·무역을 발달시키고 자유도시를 탄생시키는 한편 농업경제 구조를 상공업 중심의 근세적 산업경제 구조로 바꾸는 역사적 변화를 초래하게 된 것이다. 즉, 십자군 원정과 대규모의 성지 순례로 인한 인구의 대이동은 경제적 측면에서 이탈리아반도 지역을 중심으로 상업과 가내수공업의 발달을 초래하면서 신흥 상업도시를 출현시키는 한편, 정치적인 측면에서는 봉건국가 체제가 허물어지고 절대군주국가가 출현하는 변화를 초래하게 됐다.

중세 봉건사회를 근세사회로 변화시킨 사회적 중추 세력은 신흥 상업도시에 새로이 대두한 상공계층이다. 14세기 근세사회가 시작되면서 출현한 절대군주국가는 새로운 경제력으로 떠오른 신흥 상공계층과 중앙집권적 군주의 결탁에 의해 이뤄진 것이다. 즉, 경제적으로 몰락한 봉건제후들로부터 국가재정을 조달받을 수 없게 된 군주들은 신흥 상업자본에 의존하게 됐으며, 상공인들은 그들의 상권을 확장하기 위해 중앙집권적 국가권력과 제휴하지 않을 수 없게 된 것이다. 절대군주국가는 본질적으로 국가 자체가 군주의 사유재산으로 간주되는 가산국가(Patrimonial state)였으나, 군주와 상업자본이 결탁했다는 관점에서 자본주의적 발전의 역사적 바탕을 마련한 것으로 볼 수 있다.

그 이후 절대군주의 보호 아래 성장한 상공계급이 절대군주를 이제는 그들 자신의 경제적 성장의 장애 요인으로 간주, 새로운 사회집단으로 등장한 '도시민'과 결탁해서 시민혁명을 추진하게 된 것이다. 영국의 명예혁명(1688), 미국의 독립혁명(1776), 프랑스대혁명(1789)으로 대표되는 17~18세기의 시민혁명은, 그 주도 세력이 신흥 상공 세력이었다는 관점에서 본질적으로 부르주아 혁명(bourgeois revolution)이라고 규정할 수 있다. 시민혁명의 주도 세력은 경제생활에서 국가권력의 간섭을 배제하고 자유를 확대하기 위해 자유방임주의적(laissez faire) 입장을 취하게 됨으로써, 정치적으로는 민주주의 정치체제를 그리고 경제적으로는 자본주의 경제체제 발전의 바탕을 마련하게 된다.

시민혁명 이전의 전근대 사회에서는 정치권력의 행사집단이 아울러 경제권력을 직접적으로 행사했기 때문에 경제와 정치는 직접적으로 융합돼 있었으나, 근대사회에서는 경제 과정이 강제적 권력의 사용을 배제하는 시장 메커니즘에 의해 매개됨으로써 정치와 경제가 형태적으로 분리된다. 따라서 근대사회에서의 경제 영역은 자유롭고 평등한 사적 개인들이 자신의 경제적 이익을 추구하기 위해 계약 관계를 맺으면서 경제활동을 하는 '비정치적 영역' 또는 '민간 영역(private sector)'으로 표상된다(구영록 외, 2001: 93 참조). 이에 비해 정부는 '국가권력'을 토대로 해서 질서 유지 · 자원 배분 등의 공동 목표를 추구하는 '정치적 영역' 또는 '공공부문(public sector)'에 속한다.

근대 민주주의의 사상적 바탕을 제공한 고전적 자유주의가 국가로부터 옹호하고자 한 가장 중요한 개인의 권리 가운데 하나는 사유재산권과 그를 바탕으로 한 계약의 자유였다. 인간이 그의 노력으로 성취한 재산은 인격의 연장이므로 재산권은 천부(天賦)의 인권이며, 그를 바탕으로 한 자유인 사이의 계약의 자유도 불가침의 권리라는 것이다. 이러한 재산권과 계약의 자유에 대한 주장이 자유시장의 원리와 연결될 때 강력한 경제적 자유주의라는 이데올로기로 발전됐고, 근대 자본주의를 밑받침하는 정치사상적 토대가 됐다(구영록 외, 2001: 378).

근대국가가 기반하는 자본주의적 시장경제 체제는 정치와 경제의 분리에 기초해 '정부와 시장의 분업'이 이뤄지고 있는 사회다. 제1편에서 살펴본 바와 같이, 거시적 관점에서 볼 때 정부 기능의 변화는 주로 정부와 시장의 관계를 둘러싸고 전개돼 왔다. 스미스(Adam Smith)와 같은 초기 자유주의자들은 경제의 영역은 '보이지 않는 손(invisible hand)'으로서의 시장에 맡겨 두고 정부는 국방과 치안 질서 유지 등 시장경제의 외적 조건만을 확보해 주는 기능에 그쳐야 한다고 주장했다.

그러나 20세기 들어 복지 수요의 증대와 자원의 비효율적 배분 등 시장실패(market failure)[1] 상황이 전개되면서 시장경제적 조절 메커니즘만으로는 국가경제

---

1) 시장실패는 불완전한 경쟁 등으로 인해 시장에 의한 자원 배분의 효율성이 확보되지 못한 상태를 말한다. 시장실패의 요인으로는 불완전한 경쟁 · 정보의 불충분성 · 공공재 · 외부효과 · 자연적 독점 등이 지적된다.

의 원활한 작동이 불가능한 것으로 드러나자, 시장실패를 보정하기 위한 수단으로 '보이는 손(visible hand)'으로서의 정부 개입 확대의 필요성이 제기된 것이다. 정부 개입 확대의 불가피한 필요는 초기 자본주의가 경제적 및 사회적 평등에 대한 욕구를 충족시켜 주지 못하고 오히려 불평등을 심화시킨 새로운 사회적 위기를 초래했기 때문이다. 즉, 산업사회의 발전은 많은 노동자를 도시로 집결시켰고 그것은 곧 빈곤의 집중적 노출로 나타났다. 이러한 사회적 위기에 봉착해 재산권의 신성함과 계약의 자유만을 주장하는 경제적 자유주의는 정치적으로 수용되기 어려웠으며, 따라서 '빈곤으로부터의 자유'가 기본적 자유의 하나로 제시되는 진보주의적 시각이 대두되기에 이른 것이다.

고전적 자유주의의 수정은 바로 자본주의의 수정과 긴밀한 연계 관계를 지니고 있다. 현대 자본주의는 이미 자유시장의 원리, 사유재산권의 신성성, 계약의 절대성을 교조적으로 주장하지 않은 지 오래이며 공공의 이익을 확보하기 위해 국가에 의한 규제의 필요성이 시인되고 있다. 나아가 자본주의 시장경제의 지속적 성장을 위해 그리고 자본주의 체제가 수반하는 경제적 · 사회적 불평등을 해소하기 위해 국가의 적극적 역할이 중요하다는 주장이 받아들여지게 된 것이다. 이렇듯 자유의 신장에 국가가 긍정적으로 공헌한다고 보는 현대적 시각은 개인의 자유에 대한 위협의 원천으로 국가를 부정적으로 보던 고전적 입장과는 상당한 거리가 있다(구영록 외, 2001: 378-379 참조). 이와 같이 수정된 자유주의가 오늘날 국가 개입의 정당성을 주장하는 진보주의 사상의 밑바탕에 놓여 있다.

한편 1980년대에 등장한 신자유주의는 다시 정부를 퇴위시키고 시장을 등극시키기 위한 다양한 논리를 전개했다. 20세기 말의 신자유주의자들은 심지어 시장의 실패까지 시장에 맡겨 해결해야 한다고 주장하면서(Wolf, 1988), 민간화와 민영화 그리고 규제 완화를 통한 정부 기능의 축소 등 감축관리(cutback management)를 처방한다. '작은 정부, 큰 시장'을 지향하는 이러한 신자유주의 이념은 세계화 사조와 맞물려 자유주의적 국제경제 질서(liberal international economic order: LIEO) 확산 운동으로 전개됐다.

그러나 1990년대 들어 사회민주주의와 신자유주의의 변증법적 통합을 주창하는

'제3의 길'이 모색되면서 정부의 기능이 다시 새로운 조명을 받게 됐다. 특히 2008년 미국 월가(Wall Street)의 금융 시스템이 붕괴, 전 세계적 경기 후퇴를 초래하게 되자 자유자본주의의 본산인 미국과 영국에서조차 '정부의 귀환(the return of the state)'이 공공연하게 주창되기에 이르렀다.2)

시장과 관련해서 국가가 수행해야 할 기능의 범위를 어떻게 설정할 것인가 하는 문제는 21세기의 세계화 시대에 더욱 중요성을 지닌다. 신자유주의자들은 정부의 기본 기능을 시장 질서의 공정한 유지에 한정하는, 즉 시장경제의 단순한 보완물이나 교정물 정도에 한정해야 한다고 주장한다.

이에 반해 진보주의자들은 정부가 시장을 적절히 규제할 경우 시장 그 자체만으로는 달성하기 힘든 자원의 최적 할당이나 완전고용 상태와 같은 최적 상태를 달성할 수 있을 것으로 가정하면서, 공공부문이 시장의 잔여 영역으로만 볼 수 없는 좀 더 적극적인 기능을 수행해야 한다고 주장한다. 케인스와 같이 경제에 대한 국가 개입을 옹호하는 학자들은 이와 같이 정부를 시장 메커니즘을 적극적으로 규제하거나 촉진시키는 도구로 본다. 경제안정화 및 경기 조절을 위한 정부의 재정정책과 통화정책, 시장의 공정한 경쟁 질서를 유지하기 위한 공정거래 정책, 개발도상국에서 경제성장을 추진하기 위해 동원하는 여러 재정금융정책을 이러한 도구로 볼 수 있다.

그 밖에도 20세기의 복지경제학자들은 시장의 결과를 사회 정의의 구현과 같은 규범적 목표에 적응시키기 위해 정부가 적극 개입해야 한다고 주장한다. 즉, 이들은 분배문제로 인해 국가의 정통성이 훼손되고 민주주의가 위협받지 않도록 하기 위해 정부가 '분배 정의'를 구현하는 적극적인 역할을 수행해야 한다고 하는 '적극국가론'을 개진하고 있다. 시장실패를 치유하기 위한 정부 조치(government action)를 제안

---

2) 「인디펜던트(*The Independent*)」는 2008년 9월 17일자 기사에서 "월가의 붕괴는 자유시장 자본주의의 고삐를 죌 필요가 있다는 넓게 확산된 인식을 더욱 확고하게 만들었다. 1932년(대공황 시기)과 마찬가지로 2008년의 진자(振子)는 정부규제와 간섭 쪽으로 후퇴하고 있다(The debacle on Wall Street has cemented a widespread view that free-market capitalism needs reining in. As in 1932, the pendulum in 2008 is shifting back towards greater regulation and intervention.)"고 보도하고 있다. 또한 「파이낸셜타임스(*Financial Times*)」는 동년 8월 21일 '정부의 귀환: 정부는 어떻게 경제생활의 심장으로 돌아오게 되었나(The return of the state: How government is back at the heart of economic life)'라는 제목의 칼럼을 게재했다.

하는 복지경제학자들은 정치학 분야에서 동지(allies)를 찾는다. 정치학자들의 일반적 관점(prevailing view)은 민주적 통치 방식이 경제학자들의 기준에서 볼 때 비효율적일지 모르나, 본질적으로 선하며(essentially benign) 공정(fundamentally fair)하다는 것이다. 즉, 정치학자들은 민주적 방식이 전반적인 정의(justice) 및 형평성(equity)이라는 결과로 귀착된다는 것이다.

제 2 절 시장실패와 정부 개입의 논거

시장에 대한 정부의 개입은 지난 세기의 뉴딜정책 이후 자본주의 시장경제 체제에서도 하나의 보편적 현상으로 받아들여지고 있다. 오늘날의 일상생활 속에서 정부의 통제활동은 지대통제(rent control), 환경오염 규제(pollution regulation), 안전규제(safety rules), 수입 제한(import restrictions)은 물론 심지어 경제적 연비 기준 설정(fuel economy standards)에 이르기까지 시민의 일상 속에 깊숙이 침투하고 있다. 이러한 정부의 여러 통제장치는 시장의 불완전성(imperfections in market)을 극복한다는 명분으로 도입되고 있다.

20세기 들어 복지경제학자들(welfare economists)은 시장을 퇴위시키고 정부를 등극시키기 위한 다양한 논리를 펴고 있다. 근대 경제학 교과서들은 시장의 불완전성으로, 공공재의 과소 공급, 개별 경제 주체가 초래하는 사회적 비용(social costs), 즉 외부성(externality)의 문제, 자본주의 경제체제에서 주기적으로 도래하는 경기순환(business cycles), 소비자 보호(unprotected consumers), 부와 소득의 불공정한 분포(unfairly distributed wealth and income) 등의 문제점들을 정부 개입의 논거로 제시하고 있다. 그러나 시장주의 경제학자들은 복지경제학자들의 이와 같이 단순한 정치적 관점을 배척, 시장실패가 심각하게 오해받고 있다고 주장하면서, 정부통제의 확대가 시장실패 분야에서 성공을 거두고 있다는 주장에 대해 동의하지 않는다. 시장주의자들은 정부보다는 시장을 더 신뢰하고 있는 것이다. 미첼과 시몬스(Mitchell

& Simmons, 1994: 3-4)는, 나아가 오늘날 미국의 주요 문제는 시장실패에 기인하는 것이 아니라, 시장에 대한 정부의 정치적 개입에 기인한다고 주장한다.

경제학자들은 '완전한 시장(perfect market)'의 가정 하에 시장활동을 분석하면서 시장실패의 논리를 도출한다. 시장실패는 규모의 경제 또는 외부효과 등에 의해 효율적인 자원 배분이 이뤄지지 않는 상태를 말한다. 완전한 시장이란 상품 교환에서 행위자 상호간에 이득을 가져다주는 모든 기회가 활용되는 시장을 말한다. 시장실패 이론은 피구(Arthur C. Pigou), 보몰(William Baumol), 베이토르(Francis Bator) 등 복지경제학자들에 의해 발전됐다. 피구(Pigou, 1920)는 특히 시장이 사회시설(social amenities)을 과소 공급하는 점을 지적하고 있다. 베이토르(Bator, 1988)는 한편 공공재의 특성을 명료화하면서, 시장이 공공재를 과소 공급하게 되는 원인을 분석했다. 그는 특히 부정적 외부성(negative externalities)이 많이 생산되는 원인을 분석한 것으로 유명하다.

다음에서는 정부 개입의 논거로 제시되는 시장실패의 양상을 고찰해 보고자 한다(Mitchell & Simmons, 1994; 김동건, 1988).

1. 공공재의 과소 공급

공공재(public goods)는 민간재(private goods)와 구별되는 말로서, 일반적으로 공공기관을 통해 공급되는 재화와 서비스를 말한다. 공공재는 비경합적 소비(non-rival consumption)와 비배제성(non-exclusion)이라는 두 가지 성질을 지니는데, 이러한 특성이 공공재의 과소 공급과 '시장실패'를 초래하는 한 요인으로 지적된다.

공공재는 한 개인이 소비에 참여함으로써 얻는 편익이 다른 모든 개인이 얻는 편익을 감소시키지 않는 비경합성을 지닌다. 민간재의 경우에는 주어져 있는 공급량에서 한 사람의 소비가 증가되면 그것이 다른 사람의 소비량에 영향을 끼치게 마련이다. 그러나 국방과 같은 공공재는 한 개인이 이를 얼마나 소비했든 다른 사람의 소비와는 아무런 관련이 없는 비경합적 특성을 지니고 있는 것이다. 물론 노범 방지를 위해 순찰차 또는 도보순찰대가 특정 지역을 순찰하게 되면 나머지 지역에 대한 순찰

활동이 소홀히 된다는 측면에서는 치안 서비스가 모든 구성원에게 항상 균등하게 소비된다고 할 수는 없을 것이나, 동일한 지역에 살고 있는 모든 사람에게 공동의 소비를 제공해 주는 것으로 볼 수 있다.

비배제성이란 공공재가 일단 한번 공급되고 나면 누구도 그 편익에서 배제되지 않는 속성을 말한다. 즉, 비배제성은 특정 집단의 사람들을 공공재의 소비에서 얻는 혜택으로부터 제외할 수 없는 특성을 말한다. 시장에서 생산되고 소비되는 모든 민간재는 각각의 시장가격을 가지고 있으며, 소비자가 시장에서 그 가격을 지불하지 않으면 소비자 자신은 소비 혜택에서 배제된다. 시장에서는 이러한 배제 원칙(exclusion principle)에 따라 자원의 배분이 결정되는 것이다.

그러나 현실 속에서 이 두 가지 특징을 완벽하게 지닌 순수공공재[3]는 그렇게 많지 않다. 일반적으로는 비경합성과 비배제성이 동시에 함께 발생한다고 하겠으나, 경우에 따라서는 비경합적 소비이면서도 배제 원칙이 적용될 수도 있다. 그리고 현실적으로 두 가지 특징 가운데 비배제성이 더욱 강조되고 있다(김동건, 1988: 73-75 참조).

공동체 생활에 필수적인 공공재는, 비배제성과 비경합성의 두 특성으로 인해, 사적 교환 관계를 토대로 하는 시장을 통해 충분히 공급되지 않는 특성을 지닌다. 즉, 공공재는 비배제성과 비경합성이라는 두 특성을 지니기에, 사회구성원들은 공공재 형성에는 기여하지 않으면서 공공재를 향유하려는 무임승차자(free rider)의 속성을 지니게 된다. 소비자들이 재화에 대해 값을 지불하건 않건 간에 소비 혜택에서 배제되지 않는다면 그들은 결코 자발적으로 그 재화의 가격을 지불하려고 하지 않을 것이다. 따라서 공공재는 사회적으로 필요한 양만큼의 공급이 불가능하게 되는, 즉 시장의 실패가 발생하게 된다. 사회 전체적으로 볼 때는 개인들이 공공재를 공급해야 하나, 개인적인 차원에서는 공공재 공급에 기여하지 않는 것이 합리적인 선택이 돼 공공재가 과소 공급됨으로써 사회적 문제가 야기되는 상황을 우리는 사회적 장벽(社會的 障壁, social fences)이라고 한다.

---

3) 만일 어떤 재화로부터 발생하는 편익의 정도가 모두 균등하고(비경합성), 완전한 비배제성을 지닌다면, 우리는 이와 같은 공공재를 순수공공재(pure public goods)라 부를 수 있을 것이다.

이와 같이 공공재가 시장 메커니즘을 통해 사회적 적정량만큼 공급되지 않는 문제를 해결하기 위해 정부가 직접 공공재의 생산 및 소비 과정에 개입하게 된다. 즉, 정부는 공공재의 생산 기능을 직접 담당하기 위해, 조세라는 강제 수단을 통해 공공재의 생산비용을 징수하게 된 것이다.

그러나 정부의 기능과 규모가 끊임없이 팽창하는 경향이 있듯이, 공공재는 정부에 의해 과다 생산되는 경향이 있다.

2. 외부성

시장실패의 주요 원인 가운데 하나는 외부성(externalities) 또는 외부효과의 존재이다. 파급효과(spillover effect) 또는 이웃효과(neighborhood effects)로도 불리는 외부성은 한 경제 주체의 생산·소비 또는 분배행위가 시장 교환 과정에 참여하지 않고 있는 다른 소비자 또는 생산자에게 유리 또는 불리한 영향을 미치는 것을 말한다. 외부성을 발생시키는 사람과 외부성의 영향을 받는 사람은 소비자일 수도 생산자일 수도 있다. 외부성이 이득을 가져올 때는 이를 외부경제(外部經濟, external economies)라 하며, 반대로 손해를 끼칠 때는 이를 외부불경제(外部不經濟, external diseconomies)라 한다. 개인이나 기업이 그들의 경제활동을 통해 외부경제 혹은 외부불경제를 창출할 경우에 시장기구를 통한 자원의 배분은 비효율적이 된다. 따라서 이러한 상황을 방지하기 위해 정부 개입의 필요성이 제기된다.

모든 공공재는 유리하든 불리하든 외부효과를 발생시킨다. 예를 들어 한 사람의 예방접종은 여러 사람에게 동시적인 혜택을 가져다주는 대표적인 외부경제다. 그리고 경찰·소방과 같은 공공재도 외부경제를 창조한다. 그러나 대기가 오염되면 많은 사람이 공동으로 해를 입게 되는데, 이러한 관점에서 볼 경우 대기오염은 비경합적이고 비배제적인 외부비용(external costs)을 발생시키는 대표적 외부불경제에 속한다. 이와 같이 공공재와 외부효과는 비경합성과 비배제적 특성을 다 같이 지닌다는 측면에서 같은 개념으로 파악될 수 있다. 그러나 굳이 공공재와 외부효과를 구별하자면, 공공재에서 발생된 각종 효과는 특정 목표를 위해 어느 정도 의도된 효과라 할 수 있으며, 이 효과들이 구성원에게 균일하게 전달되는 반면에, 외부성에 의한 효과는 의도된 것이기보다는 우발적으로 발생되는 경우가 더 많으며, 사람들에게 파급되는 정도도 공공재에 비해 한쪽으로 치우치는 경향이 있다(김동건, 1988: 96-97).

외부성은 모든 경제활동에서 발생한다. 외부경제 또는 외부불경제를 창출시키는 공공재는 시장기구 속에서 사회가 원하는 양만큼의 공급이 이뤄지지 않는다. 그리고 외부경제를 발생하는 민간재는 시장기구를 통할 경우 사회가 원하는 양보다 훨씬 적게 공급된다. 왜냐하면 생산자가 차지해야 할 편익이 무상으로 다른 사람들에게 이전되기 때문이다. 반대로 외부불경제가 있는 재화는 정부의 통제 없이 시장기구에 맡길 경우 과다 생산이 이뤄지게 된다. 왜냐하면, 특정 민간재의 생산에서 부수적으로 발생하는 매연, 악취, 소음 등으로 인한 외부비용은 생산자들에게 내부화되지 않고 사회적 비용으로 이전되기 때문이다. 정부는 외부경제로 인해 과소 생산되는 민간재에 대해서는 보조금 지급 등의 개입을 통해 재화의 공급을 유도하게 된다. 한편 외부불경제로 인해 사회에 피해를 초래할 정도로 과잉 생산되는 민간재에 대해서는 조세나 직접적 규제를 통해 재화의 공급이 감소되도록 유도하게 된다.

정부는 외부효과로 인한 시장실패를 치유하기 위해 시장에 개입하게 된다. 예를 들어 자동차 운행으로 매연가스가 발생하는 경우, 자동차 운전자는 오염물질 정화에 드는 외부비용을 초래했음에도 불구하고, 해당자는 이러한 외부비용을 자발적으로 부담하려고 하지 않는다. 정부는 이와 같은 외부효과를 제거함으로써 공익을 확보하기 위해 엔진 정비를 소홀히 한 차주에게 범칙금을 부과하거나 오염물질 배출업소에 대해 별도의 환경세를 부과하는 등의 활동을 전개한다. 정부의 이러한 활동은 외부불경제로 유발된 사회적 비용(social costs)[4]을 사적 비용(private costs)에 흡수하도록 내부화(internalization)하는 것이다.

파급비용(spillover costs)을 감소시키기 위한 정부의 정책 수단은 네 개의 범주로 나눠 볼 수 있다. 앞의 세 가지 수단은 외부효과 발생자에게 영향을 미치기 위한 설

4) 사회적 비용은 사적 비용(private costs)과 외부비용(external costs)을 합친 개념이다. 그런데 시장기구는 재화의 개인적 비용만을 계산하므로 그 재화의 생산비용은 사회적인 관점에서의 진정한 비용보다 낮게 책정돼 공급 과잉을 초래하게 된다(김동건, 1988: 100).

득과 정부의 직접적 통제 그리고 시장 유인(market incentives)에 의존하는 규제다. 네 번째 수단은 하수처리 시설과 같은 대규모 건설 프로젝트에서 일반적으로 사용되듯이 정부의 직접적인 지출이다(Mitchell & Simmons, 1994: 8).

정부는 외부효과의 발생을 억제·조정하는 이러한 활동을 통해 자원 배분의 효율성을 제고할 수 있다. 그러나 외부효과의 발생과 관련된 정부활동이 합리적으로 이뤄지기 위해서는 외부적 비용과 외부적 편익 등 외부성의 규모가 정확하게 파악돼야 하는데, 그것의 파악이 쉽지 않다는 데 어려움이 있다.

3. 불완전 경쟁

시장실패의 가장 우려스러운 형태 가운데 하나는 불완전 경쟁(imperfect competition), 그 가운데서도 독점(monopoly)으로 이어지는 불완전 경쟁이다. 독점은 하나의 기업이 공급을 독점하는 시장 상황을 말한다. 독점에는 독점이윤이 따른다. 독점기업은 그 지위를 이용해서 생산량을 제한하거나 가격을 인상해 독점이윤을 발생시킨다. 독점이윤은 소비자로부터 생산자인 독점기업에 이전되는 소비자 잉여 감소분 중의 일부다.

독점은 규모의 경제(economies of scale)에 의해 평균생산비를 감소시킨 대기업이 다른 경쟁 기업들을 시장에서 도태시킬 때 일반적으로 나타난다. 그러나 전력·상수도·철도산업 등의 경우에는 산업의 기술적 특성에 의해 자연독점(natural monopoly)이 이뤄지기도 한다.

독점의 문제점에 대한 인식은 경제학자와 정치인 그리고 일반 국민에 따라 다르다. 경제학자들은 독점이 완전경쟁 하에서보다 높은 가격 상승을 초래한다는 점에 대해 관심을 갖는다. 그에 반해 정치인과 일반 유권자들은 독점기업이 사회적 약자(little guy), 즉 중소기업과 평균적인 노동자들에 미칠 영향을 우려한다. 독점의 가장 큰 문제점은 자원 배분의 왜곡(misallocation of resources)을 초래한다는 점이다. 독점은 또한 중소기업의 도산을 초래하며, 제품 가격의 인상을 통해 소비자 복지에 악영향을 미치고 인플레이션을 유발하는 등의 부작용을 초래한다. 독점은 나아가 새로운 아이디어 창출을 부추기는 경쟁(competition)의 결여로 인해 산업 전반에 비능률을 초래하고 궁극적으로 사회적 부(富)의 손실을 초래하게 된다.

이러한 문제점 때문에 독점의 부정적 효과를 상쇄하기 위한 정부의 활동이 요구된다. 사기업의 독점에 대한 전통적인 정치적 대응은 독점금지법(antitrust laws)의 제정이다. 이와 같이 민간 독점에 대해 정부는 반독점 및 기업 결합의 규제, 불공정 거래 규제 등의 수단을 동원한다. 그러나 오늘날 독점금지법은 경제적 효과보다는 정치적 효용성 때문에 정책 도구로 활용되는 경향이 있다(Mitchell & Simmons, 1994: 13). 사기업과는 달리 공익사업이라고 불리는 자연독점 산업의 경우에는 공기업화하거나 정부가 가격과 이윤을 직접 규제하게 된다.

4. 불완전 정보

시장경쟁 모형은 전형적으로 완전한 정보(perfect information)를 가정한다. 즉, 소비자들은 상품의 질, 경쟁 제품의 질과 가격 등 그들이 알 필요가 있는 모든 것을 완벽하게 알고 있는 것으로 가정된다. 그러나 소비자들은 일반적으로 불완전 정보(imperfect information)로 제품을 구매하기를 선호한다는 측면에서 그러한 가정은 비현실적이다. 왜냐하면 그와같이 완벽한 정보를 획득하기 위해 지불해야 할 비용이 그러한 정보를 활용해 얻게 되는 편익을 상회하는 경우가 많기 때문이다.

완전경쟁시장에서는 값싸고 좋은 상품을 생산하는 기업은 보상을 받고 나쁜 상품을 생산하는 기업은 제재를 받게 된다. 그런데 실제로는 정보가 불완전하기 때문에 소비자는 그가 구매하려는 상품의 질을 사전에 제대로 알기 어렵다. 그뿐만 아니라 공급자는 자신의 상품에 대한 정확한 정보를 소비자에게 제공할 유인을 갖고 있지 않다. 그리고 상품의 생산자 역시 불완전한 정보가 초래하는 문제를 극복하기 어렵다.

이와 같은 시장정보의 불완전성은 자원 배분의 왜곡을 초래하게 된다. 즉, 소비자와 생산자 모두 정확한 정보가 없어 제품의 공급 및 구매와 관련해서 올바른 의사결정을 하기 어렵기 때문이다.

이러한 정보 부족의 문제점을 해결하기 위해 정부는 공급자로 하여금 상품에 대한 정확한 정보를 제공하도록 강제하기도 하고, 생산기술에 대한 정보를 스스로 생산해 제공하는 등의 활동을 통해 시장에 개입하게 된다.

5. 분배의 불평등

오늘날 미국에서의 소득 분포는 대부분 시장 세력의 작동에 의존한다. 시장은 소비자가 구매하기를 원하는 상품의 생산에 얼마나 기여했는가에 따라 생산자에게 보상을 제공한다. 따라서 생산성이 낮은 생산자는, 그 원인이 노력의 부족에 기인하든 기술력의 부족에 기인하든 간에, 낮은 소득을 얻게 된다.

그러나 부와 소득의 분배를 시장에만 의존하는 데 대해서는 시장실패와 시장 자체의 불공평성(injustice)을 논거로 해서 반대하는 입장들이 개진되고 있다. 오쿤(Okun, 1975)은 저서 「형평과 효율(*Equality and Efficiency*)」에서 경쟁적 시장(competitive market)이 산출의 기여도에 따라 제공하는 보상의 공정성을 설명한 뒤, 현실 속의 시장이 완전히 경쟁적이지 않기 때문에 분배가 불공평하게 이뤄진다는 점을 지적한다. 즉, 그는 생산성에 기초한 보상의 제공은 공정하지만, 부적절한 정보, 차별, 기회의 불평등, 독점 등으로 인해 시장이 완전히 경쟁적이지 않기 때문에, 완전한 시장에서 기대할 수 있는 공정한 분배가 이뤄지지 않는다고 주장한다. 그는 따라서 시장을 좀 더 경쟁적으로 만들고, 적절한 정보를 제공하며, 차별을 금지시킬 방안을 강구해야 한다고 주장한다.

오쿤의 두 번째 주장은 생산성에 따른 시장의 보상 자체가 불공평할 수 있다는 의미를 담고 있다(Mitchell & Simmons, 1994: 16~17). 사람들의 천부적 능력은 생득적인 것이기에 우수한 유전인자를 지니고 태어난 사람은 그렇지 못한 사람보다 부당하고 불공평한 이점을 누리게 된다는 것이다.

재분배론자들은 시장실패 때문이든 또는 생산성에 따른 시장의 분배 자체가 불공평하든 간에 시장은 부와 소득을 공평하게 분배하지 못한다고 주장한다. 이러한 소득불평등은 시장에 대한 정부 개입 정당화의 한 논거가 된다. 소득불평등에 대한 정부의 주된 개입 수단은 조세다. 조세 수단은 소득세, 부가가치세(판매세), 재산세, 법인세는 물론 사회보장세에 이르기까지 다양하다.

20세기 복지국가에서 부와 소득의 재분배 문제는 정부의 주요 활동 가운데 하나가 됐다. 그러나 정부의 시장 개입이 언제나 정당화될 수는 없는 바, 정부는 나름대로 정부실패(government failure)를 초래할 우려가 있기 때문이다. 뷰캐넌 외(Buchanan, et al., 1980)는 정부가 독점적 지위를 이용한 시장 개입과 지대추구행위(rent-seeking behavior)를 통해 사회적 비용을 초래하게 됨으로써 정부실패가 야기된다고 주장한다.

6. 경제 안정의 확보

자본주의 경제는 되풀이되는 경기순환(business cycles)을 겪는다. 경기순환은 일반적인 기업활동이 실업률, 인플레이션, 소득 등의 측면에서 일정한 기간 동안 되풀이해서 파동을 겪는 현상을 말한다. 이러한 경기순환의 존재는 정부의 개입이 요구되는 시장실패의 증거로 간주되곤 한다.

경기순환에 대한 정부 개입의 필요성은 케인스가 1936년「고용・이자・통화에 관한 일반이론(*General Theory of Employment, Interest, and Money*)」을 출판하기까지 주목받지 못했다. 케인스는 시장은 자기교정(self-correction)을 할 수 없기 때문에 경기순환은 정부의 개입 없이는 교정될 수 없다고 주장한다. 그는 경기 불황을 탈출하기 위해서는 정부가 소비, 투자, 자본 확장(capital expansion)을 자극할 방안을 강구해야 한다고 한다. 케인스는 완전고용과 가격 안정을 달성하기 위해 정부가 적자지출, 세율 및 통화 공급의 조절과 같은 재정정책을 동원할 것을 제안했다. 이러한 케인스 정책은「일반이론」의 출판 이후 폭넓게 받아들여지고 있다.

경기순환에 대한 케인스의 처방은 유연한 재정정책의 채택이다. 완전고용과 경제성장을 달성하고, 물가 수준의 예측성을 제고하는 등 경기 조절을 위한 일차적 수단은 정부 예산이다. 경기 하강기에는 정부가 세율을 낮추고 정부지출을 늘림으로써 수요를 증대시킬 필요가 있다. 케인스주의는 경기를 자극하고 완전고용을 이루기 위해 정부는 균형예산이 아니라 적자예산을 운영해야 한다고 주장한다. 그러나 일단

완전고용이 달성되고 나면, 세금을 늘리고 화폐 공급을 줄여야 하며 정부는 적자예산이 아니라 흑자예산을 운영해야 한다는 것이다.

경기 조절을 위한 이와 같은 방식의 정부 개입은 정부 예산에 대한 혁명적 사고의 전환을 가져왔다. 정부예산이 경기파동을 완화시키는 수단으로 활용될 수 있다는 관점이 정치적 지지를 얻게 된 것은 균형예산(balanced-budget)의 규범이 파괴된 이후의 일이다. 케인스식 조작(Keynesian manipulations)이 정부 역할에 대한 다른 관점들을 어느 정도 대체했는지는 닉슨 대통령이 임금 및 물가의 통제를 선언하면서 "이제 우리 모두는 케인스주의자다"라고 언명한 데서 짐작할 수 있다.

그러나 인플레이션과 경기 하강의 원인에 대한 케인스식 분석 자체도 논쟁의 여지가 있는 가설이지만, 설사 그러한 분석이 맞다 하더라도 정부가 케인스 경제학을 작동시키는 데 필요한 정책들을 집행할 수 없다는 문제점은 남는다. 게다가 케인스식 정책은 그것이 치유하고자 하는 일부 문제점을 더욱 악화시킬 수 있다는 점을 시적하지 않을 수 없다(Mitchell & Simmons, 1994: 14-16).

7. 거래비용

시장의 바른 작동(well-functioning)을 가로막는 큰 장애 가운데 하나는 거래비용(transaction costs)의 존재다. 거래비용은 각종 거래행위에 수반되는 모든 비용을 의미하며, "정보비용, 의사결정 비용, 통제비용과 같은 경제적 거래를 준비하고 감시하는 데서 발생하는 비용"으로 정의될 수 있다(Badelt, 1990: 58). 윌리엄슨(Williamson, 1985)은 거래비용을 사전적(*ex ante*) 거래비용과 사후적(*ex post*) 거래비용의 두 가지로 나눠, 사전적 거래비용을 거래 조건에 대한 합의 사항을 작성하고, 협상하며, 이행을 보장하는 비용으로 규정하고, 분쟁 관련 비용과 계약 이행을 위한 보증비용 등을 사후적 거래비용으로 구분했다. 거래 협상 및 계약 이행 여부의 감시 등에 소요되는 거래비용은 모든 거래에서 발생한다.

거래비용 그 가운데 특히 정보비용과 통제비용의 존재는 정부규제의 필요성을 정당화하는 데 사용된다. 예를 들어 만약 모든 가솔린 구매자가 가솔린을 살 때마다 가솔린의 용량과 옥탄가를 재기 위한 측정 도구와 용기(容器)를 일일이 들고 다녀야 한다면, 그 구매자는 시간과 돈을 낭비하게 될 뿐만 아니라 가솔린 증기에 노출되는 위험을 감수해야 할 것이다. 또한 목재 구매자는 목재의 치수를 일일이 재기 위해 목재 야적장에 줄자를 가지고 다녀야 할 것이다. 그러나 만약 정부가 도량형을 규제한다면, 사람들은 가솔린의 옥탄가가 정확한지 그리고 탱크에 주입된 가솔린 양이 얼마인지에 대한 걱정 없이 가솔린을 구매할 수 있다. 또한 정부가 검사를 제대로 한다면, 소비자들은 목재가 광고대로 인공 건조된 것인지 또는 규정대로 압력 처리된 것인지를 스스로 검증하는 번거로움을 거치지 않고 구매할 수 있다. 정부의 시장에 대한 개입은 이와 같이 소비자의 정보 획득비용 및 점검비용을 획기적으로 줄여줄 수 있다는 논거에서 정당화된다. 그리고 이러한 정부규제 정당화의 논리는 시장이 그와 같은 수준의 정보를 제공해 주지 않을 것이라는 가정을 전제한다.

그러나 시장주의자들은 거래비용 감소를 논거로 한 규제 정당화의 논리는 재검토돼야 한다고 주장한다. 만약 판매자가 제품에 대해 갖고 있는 우월한 정보를 이용해 소비자를 속이려 한다면, 판매자에 대한 규제는 당연할 것이다. 그리고 대부분의 정부규제 수요는 판매자에 기인하는 것도 사실이다. 그러나 시장주의자들은 정부규제가 기존의 시장 참여자들에 의해 경쟁, 선택 및 기회를 제한하고 신규 참여자의 시장 진입을 가로막는 수단으로 활용되는 문제점이 있다는 점을 지적한다. 시장주의자들은 나아가 정부규제의 비용이 편익을 상회하는 경우도 적지 않다는 점을 지적하면서, 민간기업들이 제품에 대한 정보를 제공하고 거래비용을 감소시키기 위한 새로운 방안을 강구하는 데 아주 창의적이라는 관점에서 정부규제의 실효성에 대해 의문을 제기하고 있다(Mitchell & Simmons, 1994: part 1 and part 3).

이상과 같은 시장분석 결과에 기초해서 복지경제학자들은 시장의 공격적이고 비능률적인 상황을 조정하기 위한 정부정책을 건의한다. 그들은 그 해결책을 조세, 가격통제, 보조금과 관세, 독점금지법, 사유재산에 대한 통제 강화 등 정부 개입에서 자주 찾는다.

20세기 들어 정부는 시장실패에 대해 예산 규모의 증대, 규제기관의 확대 그리고 관료제의 확장으로 대응해 왔다. 이와 같은 공공부문의 확대는 정부 적극주의(government activism)에 대한 신념, 즉 정부가 적절한 규제, 신중한 재정정책 그리고 재분배 정책을 통해 시장실패를 교정할 수 있다는 신념에 기반한다. 그리하여 정부의 역할은 이제 단순히 국방 및 법질서 유지와 같은 최소한의 공공서비스를 제공하는 데 그치지 않고, 사적 시장에 의해 적절하게 다뤄지지 않는 사회적 병폐(social ills)를 치유하는 데 정부의 강제력이 활용될 것으로 기대되고 있다.

그러나 시장주의자들은 공공재가 정부에 의해 쉽게 공급되는 것도 아니고, 정부에 의해 무임승차자 문제가 해결되는 것도 아니며, 민간기업의 공공재 생산 능력이 경제학자들이 생각하는 것보다 훨씬 뛰어날 뿐더러 정부규제의 비용이 편익을 상회하는 경우가 많기 때문에 시장에 대한 정부 개입을 축소하는 것이 바람직하다는 주장을 편다. 심지어 이들은 시장에 대한 정부의 개입 확대는 정치인과 관료 그리고 이익집단의 사적 이득을 위해 이뤄지는 경우가 많다는 점을 지적한다.

생각해 보기

정부와 시장의 기능적 균형화에 대해 생각해 봅시다.

경제 살리려면 시장 만능 신화 과감하게 버려라

1990년대 초 동유럽 사회주의 체제의 붕괴는 좌파 지식인에게 엄청난 충격을 안겨줬다. 그러나 그들이 모두 사회주의 체제의 실패를 순순히 받아들인 것은 아니었다. 일부 좌파 지식인은 당시 사회주의 국가들이 단지 사회주의를 표방했을 뿐이라는 점을 강조하려고 노력했다. 그렇기 때문에 동유럽 사회주의 정권이 무너지는 것은 진정한 사회주의 체제의 붕괴를 뜻하는 게 아니었다는 것이 그들의 논리였다.

그런 안간힘에도 불구하고 사회주의 체제는 구제될 수 없었다. 동유럽 국가가 진정한 사회주의 체제를 갖고 있었는지 여부를 떠나, 사회주의 계획경제의 한계가 너무나도 명백하게 드러났기 때문이다. 동유럽의 실험을 통해 계획경제로는 시장경제의 효율성을 도저히 따라잡을 수 없다는 사실이 한 점 의심의 여지없이 밝혀졌다. 이제 사회주의 계획경제는 역사의 뒤안길로 사라져 버렸다.

그 일이 있은 지 거의 20년이 흐른 지금, 정반대 방향에서 그때와 비슷하게 안간힘을 쓰는 사람들을 발견하게 된다. 전 세계를 공포에 떨게 만든 미국발 금융위기가 시장의 실패를 뜻하는 것이 아니라고 강변하는 시장근본주의자가 바로 그들이다. 흥미로운 것은 한국에서 미국의 시장경제를 두둔하는 목소리가 더 크게 들린다는 점이다. 막상 미국 지식인들은 시장의 실패로 인정하는 분위기인데, 한국의 일부 지식인이 오히려 손사래를 치며 이를 부정한다.

미국발 금융위기가 시장근본주의자에게 준 충격은 동유럽 사회주의 체제의 붕괴가 좌파 지식인에게 준 그것 못지않게 심대했을 것이 분명하다. 그들이 언제나 입이 닳도록 칭송해 온 미국식 시장경제 체제가 보기 좋게 암초에 걸리고 말았기 때문이다. 모든 일에서 정부라는 걸림돌을 빼내기만 하면 시장이 번영을 가져다 줄 것이라는 그들의 믿음은 호된 시련에 직면하게 됐다.

그러나 미국식 시장경제 체제를 본받아야 한다고 열을 올리던 한국의 시장근본주의자들은 충격을 딛고 '시장 구하기'에 팔소매를 걷어붙이고 나섰다. 그동안 자신들이 줄곧 주장해 오던 것을 생각해 보면 선뜻 시장의 실패를 인정하기 힘들기도 할 것이다. 엄청난 용기의 소유자가 아니라면 자기의 잘못된 믿음을 선뜻 인정하기 어려울 테니까 말이다. 그래서 그들은 미국의 금융위기가 사실은 '정부의 실패'를 뜻한다는 소설을 쓰기로 작정했다.

정부 무능 탓에 금융위기 왔다고?

그들이 쓴 소설의 플롯은 하나에 그치는 것이 아니다. 이 사람은 이 플롯, 저 사람은 저 플롯, 이런 식으로 금융위기를 정부실패로 봐야 하는 갖가지 이유를 댄다. 그들 말만 들어보면 그것이 정부의 실패라고 볼 수 있는 증거가 한둘이 아닐 정도로 많은 것 같다. 그렇지만 그 중 이렇다 할 설득력을 가진 근거는 아무것도 없다. 시장 살리기를 위한 그들의 안간힘이 애처롭게 보일 따름이다.

미국의 금융위기가 사실은 정부실패의 결과라고 주장하는 사람들이 내세우는 첫 번째 근거는 금융감독의 실패다. 놀랄 만큼 빠르게 진화하는 금융기법에 맞춰 감독 기능을 세련화해 나갔어야 하는데 그러지 못했기 때문에 금융위기가 온 것이라는 논리다. 즉, 이번의 위기는 금융당국의 무능 때문에 빚어진 일이며 시장의 잘못은 아무것도 없다는 주장이다.

이 주장이 설득력을 갖기 위해서는 감독 당국이 월가(Wall Street)를 통제하려는 의지가 강했음을 입증해야 한다. 고삐 풀린 말처럼 날뛰는 금융기관을 통제하려고 무진 애를 써왔으나 뜻을 이루지 못했다는 구체적 증거를 제시할 수 있어야 한다는 말이다. 그러나 이런 증거를 내세우기는 무척 어려워 보인다. 감독 당국이 월가를 통제하지 못해서가 아니라 제한하지 않았기 때문에 위기가 빚어진 것에 거의 틀림이 없다.

비록 민주당 클린턴 행정부가 8년 동안 집권했다고 하지만 레이거노믹스(Reaganomics)의 유산은 최근까지 미국 사회 곳곳에 뿌리를 박고 있었다. 정부가 시장에서 손을 떼어야 한다는 생각은 마치 진리인 양 아무런 도전도 받지 않고 미국 사람들의 머리를 지배해 왔다. 더구나 지난 8년 동안 부시 행정부는 거의 종교적 열정에 가까운 신념으로 시장의 자율을 확장해 왔다. 이 엄연한 현실을 무시하고 금융위기를 감독 당국의 무능 탓으로 돌리는 것은 얼토당토않은 논리다.

정부실패로 보아야 하는 또 다른 근거를 연방준비제도(연준)의 방만한 통화정책에서 찾는 사람도 있다. 그들은 앨런 그린스펀(Alan Greenspan) 연준 의장이 장기간에 걸쳐 낮은 이자율과 풍부한 유동성 기조를 유지해 온 것이 문제의 핵심이라고 지적한다. 그들의 주장에 따르면, 이번 금융위기는 '그린스펀 거품'의 후유증이다. 통화 당국의 잘못된 판단이 문제였을 뿐 시장이 잘못한 것은 하나도 없다는 논리다.

연준이 통화정책의 고삐를 느슨하게 유지해 왔다는 것은 분명한 사실이다. 그로 인해 주택시장 거품이 생겼다는 점도 인정해 줄 수 있다. 그러나 단순히 주택시장 거품 붕괴만이 문제였다면 미국 경제 전체가 흔들거릴 정도의 충격이 발생했을 리 없다. 막강한 미국의 금융산업이 주택 대출 몇 퍼센트 정도의 부실로 붕괴 직전의 위기에 몰리는 것은 상상하기 어려운 일이다. 자산화(securitization)라는 이름으로 서브프라임 모기지를 뻥튀기하고 거기에 거듭 몇 층의 모래탑을 쌓아올린 금융산업의 지충수 때문에 금융위기가 빚어진 데는 의심의 여지가 없다.

금융위기가 정부실패의 결과라는 논리의 세 번째 근거는 미국 정부가 서브프라임 고객에게 주택 대출을 강요한 데서 문제가 발생했다는 것이다. 이 때문에 금융기관은 할 수 없이 신용도가 떨어지는 고객에게도 주택 대출을 해줄 수밖에 없었다고 주장한다. 시장근본주의자들은 이 논리를 통해 두 마리 토끼를 동시에 잡는 효과를 노린다. 금융위기를 정부의 잘못으로 돌리는 동시에, 그들이 싫어하는 진보 정책까지 싸잡아 비판하는 효과를 거두려 하는 것이다.

그들이 손가락질하는 것은 '지역재투자법(Community Reinvestment Act)'이다. 이 법률은 1977년 제정되고 1995년에 그 내용이 대폭 강화됐다. 이 법률이 만들어진 1977년은 카터 행정부, 그리고 내용이 강화된 1995년은 클린턴 행정부가 집권할 때였기 때문에 진보 정책의 일환이라고 보는 것은 무리가 아니다. 신용이 나쁜 고객에게도 주택 대출을 해 주도록 의무화한 이 법률은 가난한 사람에게 내 집 마련의 꿈을 실현할 수 있게 만들어 준다는 의도에서 제정됐다.

이 법률이 금융위기의 실마리를 제공한 것은 움직일 수 없는 사실이다. 그 법률이 없었다면 은행은 신용이 좋은 고객을 골라 주택 대출을 해 주는 관행을 바꾸지 않았을 것이기 때문이다. 이런 의미에서 그 법률에 어느 정도의 책임을 지우는 것은 가능하다고 본다. 그러나 이 법률의 도입 하나만으로 주택 대출의 기본 구도가 바뀌었다고 보기는 힘들다. 더구나 이로 인해 막강한 미국 금융제도의 기반이 흔들리게 되었다고 주장하기는 더욱 힘들다.

한마디로 말해 금융위기가 정부의 실패에 기인한다는 주장은 제멋대로 붙인 아전인수식 논리에 지나지 않는다. 서브프라임 주택 대출로 튄 불똥이 전 세계를 뒤덮는 큰불로 번진 핵심 원인이 시장의 맹목적 탐욕에 있다는 것은 자명한 사실이다. 그리고 시장에 대한 적절한 감독과 통제가 없는 한 위기의 재연은 불가피하다는 점에서도 공감대가 형성돼 있다. 20년 전 좌파 지식인들이 사회주의 체제를 되살릴 수 없었듯, 시장근본주의자들의 눈물겨운 노력에도 불구하고 시장 만능의 사고방식은 설 자리를 잃어버리고 말았다.

우리 사회의 보수 지식인이 금융위기를 정부의 실패로 몰아가려 하는 의도는 매우 분명하다. 그들이 줄기차게 외쳐온 미국식 모형의 모방이 뜻하지 않은 암초에 부딪히게 됐기 때문이다. 현 정부의 주도 아래 바로 그 목표가 이뤄지기 일보 직전에 이런 일이 일어났으니 당혹스럽기 짝이 없을 것이다. 그러나 사슴을 가리켜 말이라 부른다 해서 말이 되는 것은 아니다. 마찬가지로 명백한 시장실패의 사례를 온갖 이유를 갖다 붙여 정부가 잘못했다고 강변한다 해서 진실이 바뀌지는 않는다.

지금은 '시장의 고삐' 당겨야 할 때

지금이라도 우리 경제의 진로를 다시 생각해 볼 필요가 있다. 시장 기능을 활성화하는 것은 기본적으로 옳은 방향이지만, 정부가 마땅히 수행해야 할 일까지 떼어내려 하는 것은 아닌지 심각한 반성이 필요하다. 미국의 사례를 통해 시장이 결코 만능은 아니라는 사실이 드러난 이상, 이에 대한 적절한 감독과 통제 방안을 논의해야 한다.

요즈음처럼 시장이 빠른 속도로 진화하는 상황에서는 감독 업무가 한층 더 복잡하고 어렵다. 그렇다고 해서 손을 놓아버린다면 제2, 제3의 위기가 닥치는 것은 시간 문제라고 할 수 있다. 오히려 더욱 긴장의 끈을 조여 시장이 고삐 풀린 망아지 꼴이 되는 것을 막도록 노력해야 한다. 지금과 같은 상황에서는 감독 당국이 조금만 방심해도 시장이 통제 불능 상태로 접어들 수 있기 때문이다.

이제 시장이 만능이라는 신화는 깨졌다. 한때 세계를 사로잡았던 대처리즘(Thatcherism)과 레이거노믹스의 마력도 서서히 빛이 바래가고 있다. 새 술을 담으려면 새 자루가 필요하듯, 새로운 경제 상황에 맞는 운영 방식을 찾아야 한다. 모든 것을 시장에 내맡기는 것이 최선의 방책이라는 맹목적 도그마는 과감하게 집어던져야 한다. 바로 이것이 우리가 미국 금융위기에서 얻어야 할 교훈이다. (시사 IN, 2009. 1. 10, 제69호)

* 이준구 서울대 교수의 특별 기고문

Chapter

13 정부의 경제적 존재 이유

제 1 절 시장경제의 조건

시장(market)은 상품과 서비스가 자발적 참여자들에 의해 교환되는 '과정'을 지칭하는 추상적 개념이다. 즉, 시장은 상품과 서비스가 교환되는 구체적 장소를 지칭하기보다는 상품의 교환 '과정'을 나타낸 것으로, 시장은 그 속에서 사적 이익(self-interest)을 추구하는 인간들의 활동이 가격에 의해 조정되는 곳이다(Mitchell & Simmons, 1994: 4).

시장은 무엇인가를 교환할 의사를 가진 사람들이 만날 때 생겨나게 된다. 따라서 시장은 많은 자발적 교환의 총합으로 이뤄진다. 시장에서는 가격 신호를 매개로 해서 경쟁적 배분이 이뤄진다. 시장에서는 경쟁 메커니즘을 통해 더 우수한 산출물에 대해서만 보상을 하기에 독점에 의존하는 공공부문보다는 훨씬 효율적인 것으로 인식된다. 일반적으로 정부 생산물의 단위당 비용은 민간기업의 단위당 비용보다 큰 것으로 밝혀지고 있다.

각 경제 주체들이 가격을 매개로 해서 자유롭게 거래하는 경쟁적 시장에서는 원칙적으로 정부의 간섭이 불필요할 것이다. 그러나 시장 참여자들의 이기적 행동이 서로 부딪치는 시장에서 공정한 거래가 이뤄지도록 하기 위해서는 정부가 규칙 제정과 심판의 역할을 담당할 필요가 있다. 시장에 의한 자유경쟁을 주창한 스미스 자신도 그러나 결코 국가의 존재를 무시하지는 않았다. 그는 단지 국가의 역할을 공공재 공급에 국한해야 한다고 주장한다. 시장의 작동을 가능하게 하는 법질서의 유지는 전형적인 공공재 가운데 하나에 해당된다.

시장경제 혹은 자본주의가 원활히 작동하려면 몇 가지의 전제 조건이 필요하다. 사유재산제도나 계약과 같은 시장경제의 전제 조건이 마련되지 않는다면 시장경제는 순조롭게 움직일 수 없다. 다음에서는 시장경제가 발전하는 데 필요한 전제 조건을 (1) 사유재산제도, (2) 계약제도, (3) 독점 금지 및 경쟁 체제의 유지, (4) 안정된 법적 구조로 나눠 고찰해 보고자 한다(공병호, 1997: 103-9 참조).

1. 사유재산제도

자본주의적 시장 질서의 가장 기본적 요소 가운데 하나는 사유재산권(right of ownership)이다. 시장경제를 기본으로 하는 자본주의 국가에서는 사적 소유권을 보호하기 위한 다양한 제도를 갖고 있다. 생산 수단의 처분 및 사용 범위뿐만 아니라 권리에 대한 소유문제, 예를 들면 상표, 특허권, 상호 등에 관한 각종 제도를 갖고 있다. 대부분의 국가는 사유재산권을 헌법에 명시함으로써 시장경제에 참여하는 경제 주체에게 명확한 방향을 제시하고 있다. 우리나라의 헌법 제23조도 모든 국민의 재산권은 보장되고, 재산권의 행사는 공공복리에 적합하도록 해야 되며, 공공 필요에 따른 재산권의 수용, 사용, 제한 시 그에 대한 보상은 정당하게 지급돼야 한다고 규정한다.

2. 계약제도

시장경제의 존립을 가능하게 하는 두 번째 요소는 계약제도다. 즉, 시장경제의 존립이 가능하기 위해서는 우선 사유재산제도가 확립돼 있어야 하고, 다음으로 자발적 교환을 가능하게 하는 계약제도가 확립돼 있어야 한다. 시장에서 수많은 교환행위가 이뤄지는 배경에는 늘 명시적이든 묵시적이든 계약행위가 놓이게 된다.

계약제도가 필요한 이유는 교환행위에 거래비용이 수반되기 때문이다. 거래비용 속에는 계약사를 찾는 비용, 계약을 체결하는 비용, 그리고 계약을 감독하는 비용에 이르기까지 다양한 종류의 비용이 포함된다. 거래비용의 증대는 결과적으로 시장에서 자발적 교환행위를 위축시킨다. 시장의 발전은 계약에 따르는 거래비용을 줄여주는 데 달려 있다. 계약과 관련된 제도나 법 그리고 관습의 기능은 거래비용을 줄이는 것이 그 일차적 기능이라고 할 수 있다(Posner, 1992: 89－137).

시장경제의 발전은 자발적인 교환이 얼마나 원활하게 이뤄지느냐에 달려 있다. 자발적인 교환은 사유재산권이나 계약을 보호하는 제도나 법, 그리고 관습만으로 충분하게 이뤄질 가능성이 있다. 그러나 거래 당사자들 사이에 사기나 기만행위가 발생하고 이로 인해 부당하게 피해를 입는 사람들이 시장에서 발생하는 경우가 있다. 사기나 기만행위는 시장에서의 자발적인 교환행위를 축소시키는 역할을 한다. 이러한 사기나 기만행위의 방지를 통해 시장경제를 발전시키기 위해서는 안정된 법질서의 유지가 필요한 바, 정부가 그러한 기능을 수행할 것으로 기대된다.

3. 독점 금지 및 경쟁 체제의 유지

시장경제가 발전하기 위해서는 시장체제의 가장 큰 장점인 경쟁이 유지되도록 해야 한다. 시장기구의 장점은 다수의 경쟁에 의해 경제적 자원이 효율적으로 배분될 수 있다는 점이다. 경쟁은 기술적 진보를 가져오고 생산구조의 변화와 조직상의 개혁을 가져온다. 이에 반해 독점은 시장기구의 기능을 저해, 효율적인 자원의 배분을 손상시키는 가장 기본적인 시장실패의 예다. 수요자와 공급자의 수가 적을 때 독점력이 형성되며, 독점자는 나머지 경쟁자를 시장에서 축출하게 됨으로써 경쟁 체제를 무너뜨리게 된다.

자본주의 경제가 발전하면서 대두된 독과점 문제의 해결을 위해 정부의 규제가 필요하다는 이론은 오늘날 보편화되고 있다. 그러나 다른 한편, 이러한 정부 간섭의 이론적 정당화는 결국 정부 기능을 크게 확대시키게 됐으며, 반대로 시장의 영역을 축소시키는 결과를 초래했다고 할 수 있다. 우리나라의 경우 경쟁 촉진 기능은 공정거래위원회가 담당한다.

4. 안정된 법적 구조

안정된 법적 구조는 시장경제를 유지하는 데 필수불가결한 요소다. 시장은 시장에 참여하는 각 행위자들의 권리가 잘 정의된, 안정된 법적 구조(stable legal structure) 속에서만 원활하게 작동될 수 있다. 시장을 원활하게 작동시키는 권리 속에는 계약의 자유(freedom to contract)와 사유재산권(right to property), 그리고 계약의 이행을 강제할 수 있는 권리(the right to have contracts enforced) 등이 포함된다. 역설적이게도 시장의 효율적 작동은 강력한 정부 기능의 여하에 달려 있다(Daly & Cobb, 1989). 시장을 작동시키기 위한 정부의 이러한 최소한의 활동 없이는 시장이 제대로 기능할 수 없게 된다. 정부는 국가사회의 공동체 생활 유지에 필수불가결한 국방과 치안 질서의 유지, 사법제도 및 계약의 관리 등 여러 공공서비스를 제공해야 한다. 그중에서도 특히 공공재의 하나로서의 법적 체계의 마련 없이는 기업의 경제활동 자체가 불가능하게 된다(Mitchell & Simmons, 1994: 5). 철두철미한 자유주의 경제학자인 프리드먼(Milton Friedman)도, 정부는 시장경제를 유지하기 위해 법과 질서를 유지하고 재산권을 규정하며, 계약의 이행을 강제하고, 경쟁을 촉진하며, 화폐제도의 기틀을 마련하는 역할을 수행한다고 한다(Friedman, 1962: 52).

제 2 절 정부의 경제적 역할

국가의 경제적 역할과 관련해서는 13세기 유럽의 중상주의(mercantilism)[1)]와 18

세기 프랑스의 중농주의(physiocracy)[2]까지 거슬러 올라가야 할 것이다. 13세기 이래 국부(國富) 창출의 최선책으로 인식됐던 중상주의 사상은 17세기 중엽부터 새로운 경제관으로 바뀌기 시작했다. 새로운 경제관은 국가에 의한 관리무역과 생산에 대한 국가의 제약이 국부 증진에 해가 되기에 번영을 누리고자 한다면 어떠한 국가도 생산과 무역에 대한 정부의 여러 가지 제약을 풀어야 한다는 것이었다. 새로운 경제관의 대표적인 논객으로는 페티(W. Petty, 1622－87), 노스(D. C. North, 1641－91), 차일드(Sir J. Child, 1630－1716) 등을 들 수 있다. 이러한 새로운 경제관은 곧 자유방임주의 사상으로 이어진다.

노스는 사람들이 어떤 일을 할 때는 그 배후에 이기심이 놓여 있다고 말하면서, 시장에서 그들이 자유롭게 경쟁하도록 허용하기만 하면 사회 전체의 복지는 증대될 것이라고 주장한다. 그는 자본가나 상인이 사회 전체의 이익을 위한다는 명분을 내세워 각종 규제정책을 옹호[3]하는 것에 대해 강한 반감을 보이면서, 나아가 공익 또는 국민 전체의 이익을 위한다는 명분으로 실시되는 각종 정책에 대해서도 불신을 드러냈다(공병호, 1997: 41－43 참조).

대표적인 자유방임주의 사상가인 스미스(Adam Smith)는 시장의 법칙을 체계화하면서 사익을 추구하는 인간의 이기심에서 출발한다. 경제행위의 주체들이 이기심에 의거하여 행동할 때 국부를 증진시키는 가장 좋은 사회제도는 경쟁적 시장체제임을 스미스 이후 전통적 경제학자들은 믿어 왔다. 스미스는 개개인이 열심히 자신의 이익을 추구하면 그 과정에서 '신의 섭리(design of the deity)'라 할 수 있는 '보이지 않는 손(invisible hand)'에 의해 사회 전체의 이익이 증진된다는 논리를 편다. 스미

1) 13세기부터 자본주의 생성기까지 유럽의 절대 지향을 말한다.
2) 18세기 프랑스의 고전경제학자들이 주창한 경제사상으로, 농업만이 오직 생산적이고 다른 경제 분야의 활동들은 단순히 재산을 전환시키는 데 불과한 비생산적 활동이라는 관점에서 농업을 중시해야 한다고 주장하는 경제사상을 말한다. 중상주의의 대립 개념인 중농주의는 기본적으로 자유방임주의를 지향한다.
3) 우리나라에서 근년 들어 규제 완화 정책의 일환으로 중고자동차 판매업을 자유화하자, 기존의 판매업자들이 신규 판매업자의 진입을 저지하고자 정부에 대해 다시 규제해 줄 것을 요구한 바 있다. 이와 같이 이미 기득권을 누리고 있는 산업이나 기업들은 지속적인 지대추구(rent－seeking)를 위해, "정부는 산업을 보호 · 육성할 의무가 있다"는 논리를 내세우면서 협회 · 조합 등을 구성해 관료들에게 정부규제의 지속을 위한 로비를 하는 경우가 허다하다.

스는 우리가 식사를 할 수 있는 것은 정육점 주인, 양조장 주인, 빵집 주인의 자비에 의한 것이 아니라 그들이 추구하는 그들 자신의 이익 때문이라고 말하면서, 사실 그들은 공공의 이익을 증진시키려고 의도한 것이 아니며 오직 자신들의 이익만을 의도한 것이지만, 그렇다고 그들이 사회에 기여한 바가 줄어드는 것은 아니라고 주장한다. 자유방임주의 사상을 대변, 국가의 기능을 공공재 공급으로 규정한 스미스는 정부의 역할을 국방, 법질서 유지, 공공사업, 주권 유지를 위한 재정권 행사에 국한시켜야 한다고 주장했다.

이러한 자유방임주의 사상은 영국・미국과 같이 정부의 개입 없이 자율적인 민간 활동에 의해 경제가 성장해 온 국가의 경제체제에 사상적 바탕을 이룬다. 이와 같이 시장경제 체제를 채택하고 있는 국가의 경우 경제에 대한 행정의 영향은 소극적이고 사후적인 것에 그치고 행정이 적극적으로 경제 발전을 주도하지 않았다. 이러한 나라들의 정부는 국방과 질서 유지, 직업이나 노동 이동의 자유의 보장, 화폐 신용체제의 정비, 교육제도의 확립 등 순조로운 경제 발전을 위한 여러 여건을 마련해 주는 데에 주력했다(유훈, 1993: 108).

그러나 20세기 들어 독점과 부(富)의 편중 등 시장체제의 여러 문제점이 대두되면서, 정부가 이러한 문제점을 교정하는 기능을 담당하게 됐다. 특히 1930년대에 와서 케인스 이론의 영향으로 스미스 이래의 자유방임적 자본주의 이론에서 벗어나 정부의 적극적인 재정정책을 통한 경기 조절 기능이 강조됨에 따라 경제에 대한 행정의 영향은 과거보다 많이 증대됐다.

유럽 국가에서 유행하던 복지국가론은 1930년대까지만 하더라도 미국에서는 그다지 큰 영향을 발휘하지 못했다. 그러나 대공황으로 말미암아 기업 도산, 실업문제 등이 본격적인 사회문제로 등장함에 따라 기존의 경제체제에 대한 신뢰감이 상실되고 정부에 더 큰 역할을 부여하게 된다. 이 같은 변화는 결국 뉴딜정책으로 표면화됐다. 뉴딜정책을 계기로 등장한 케인스 경제학은 정부의 역할에 대한 기존의 관념을 변화시켰으며, 실업을 해결하기 위해 혹은 인플레이션을 방지하기 위해 정부가 적극적으로 경제에 개입해야 한다고 주장하게 된다. 케인스 경제학이 풍미하면서 20세기 중반 이후 각국 정부는 케인스 경제학에 입각한 재정, 금융정책을 적절히 사용해 인플레이션 등의 경제문제 해결을 추구하게 된 것이다.

그러나 1980년대 이후에는 다시 국가의 기능을 감축하고 시장 메커니즘에 좀 더 의존할 것을 처방하는 신자유주의가 대두된 것이다.

이상의 논의에 기초해서 국가 및 정부의 경제적 역할을 (1) 시장 질서의 유지 발전을 위한 경제적 하부구조의 마련, (2) 공공재의 공급, (3) 경제안정화 및 경제 발전, (4) 사회적 불평등의 해소, (5) 경쟁 체제의 유지를 통한 효율성의 확보, (6) 외부효과의 조정, (7) 거래비용의 감축, (8) 경제집단 간의 갈등 조정 등으로 나눠 볼 수 있다(Mitchell & Simmons, 1994; 이영선, 1997; 김동건, 1988; 1994; 공병호, 1997: 460－510; 이종수 외, 2005: 97－98).

1. 시장 질서의 유지 발전을 위한 경제적 하부구조의 마련

시장을 원활하게 작동시키기 위해서는 경제적 하부구조(economic infrastructure)를 마련해 줘야 한다. 경제적 하부구조란 경제 체제가 원활하게 운영되기 위해 필요한 기본적인 제도와 규칙들을 의미한다. 여기에는 사적 소유권 제도의 확립, 자유로운 계약 및 계약의 이행을 강제할 수 있는 계약 관련 제도의 정비, 독점 금지 및 경쟁체제의 유지, 통화 공급, 표준계량제도의 확립, 그리고 일반적인 법과 질서 유지 등이 포함된다.

이 가운데 특히 사유재산권의 보장 범위와 관련해서는 각 국가의 특성에 따라 차이가 있다. 자본주의 국가와 사회주의 국가 간의 근본적 차이는 차치하더라도 자본주의 체제를 채택하고 있는 국가 간에도 영 · 미 등의 자유주의 국가와 유럽 대륙 등의 사회민주 체제를 지향하는 국가 간에 적지 않은 차이가 있다. 우리나라는, 제1절에서 살펴봤듯이, 기본적으로 사유재산권을 보장하고 있으나, 헌법 제23조에서 재산권의 행사는 '공공복리에 적합'하도록 해야 한다고 규정되고 있으며, 개별법에서 토지공개념이 도입되는 등 사유재산권과 관련해서 부분적으로 '사회성'의 개념이 도입돼 있다.

2. 공공재의 공급

시장에 대한 정부 개입에 대해 강한 비판적 입장을 가진 사람들도 정부의 공공재 공급 기능은 인정한다. 일반적 재화와 달리 공공재는 비배제성과 비경합성의 두 특성을 지니기에 시장 메커니즘을 통해 사회적으로 필요한 양만큼 충분히 공급되지 않는다. 따라서 공공재는 조세라는 강제적 수단으로 정부가 생산 · 공급할 필요가 있다. 정부는 국방, 도로 · 교량의 건설, 홍수 통제시설, 하수처리 시설, 교통체계의 확립 등 공공재를 공급해 줘야 한다.

그러나 정부의 기능과 규모가 끊임없이 팽창하는 경향이 있듯이, 공공재는 정부에 의해 과다 생산되는 경향이 있다. 공공재의 적정 규모를 둘러싸고 정부기능제한론자와 적극정부론자의 주장이 서로 부딪친다. 적극정부론자는 시민의 점증하는 사회적 욕구를 충족시키기 위해 정부가 공공재의 생산 및 소비에 폭넓게 개입할 것을 처방하는 데 반해, 정부기능제한론자는 공공재 생산에서의 정부의 역할을 최소화할 것을 주장한다. 20세기 말의 신자유주의자는 특히 '준공공재' 영역을 민영화를 통해 '시장'으로 몰아낼 것을 강력하게 처방한다.

3. 경제안정화 및 경제 발전

오늘날 각국 정부는 재정정책, 금융정책, 임금 · 물가통제 등을 통해 경제 안정을 도모하는 한편 각종 산업 지원 정책과 무역규제 등을 통해 자국 경제의 발전을 위해 노력한다. 물론 사회주의 국가에서는 정부가 국가사회의 모든 경제를 통제하는 통제경제 체제를 채택하고 있다. 그러나 세계화가 추진되면서 개별 국민국가의 산업 지원과 무역규제 등 성장 촉진 정책은 국가 간 불공정행위로 세계무역기구(WTO)에 의해 규제되고 있다.

다음에서는 정부 경제정책의 경제안정화 기능에 대해 살펴보자. 자본주의 경제에서 되풀이되는 경기순환(business cycles)의 존재는 정부의 개입이 요구되는 시장실패의 증거로 간주된다. 케인스학파는 통화론자 및 신고전학파(new classical) 경제학자와는 달리, 경기조절을 위해 정부가 적자 지출, 세율 및 통화 공급의 조절과 같은 재정·금융정책을 동원할 것을 제안한다. 이들은 경제가 호황일 때에는 재정 지출을 축소하고 세율을 인상시키는 등 긴축적 재정정책의 실시와 더불어 통화 공급량을 감소시키는 긴축적 통화정책을 병행할 것을 처방한다. 그 반면 경기가 침체돼 있을 때에는 재정 지출과 통화 공급의 확대로 경기를 부양해야 하며 조세율도 수요의 진작을 위해 인하해야 한다고 주장한다. 이러한 케인스학파의 재정정책관은 시장경제가 본질적으로 불안정성을 내포하고 있다고 보는 데서 기인한다. 따라서 정부는 경제를 안정화시키기 위해 간섭해야 하며, 또한 이러한 간섭을 통해 국가의 목표를 이룰 수 있다고 보는 것이다.

1930년대의 대공황과 뉴딜정책의 경험은, 시장경제는 그 자체가 스스로 해결할 수 없는 공황이라는 구조적인 모순점을 안고 있다는 점과 구조적 공황은 정부의 재정·금융정책에 의한 개입이 없이는 해결하기 어렵다는 점, 그리고 시장경제는 적극적인 정부 개입에 의해 관리될 수 있다는 점을 확인해 줬다. 그러나 1970년대 들어 심화된 극심한 인플레이션과 스태그플레이션을 케인스 경제학이 극복하지 못하자 케인스 경제학은 심각한 도전에 직면하게 된다. 이때 등장한 것이 바로 통화주의(monetarism)와 공급 측면 경제학(supply-side economics),[4] 그리고 합리적 기대가설(rational expectations hypothesis)[5] 등이다. 이들은 작은 정부를 주장하는 고전학파 경제학의 사고를 계승한 사람들이라 할 수 있다(조순·정운찬, 1990: 514).

민간부문이 상대적으로 안정적이라고 믿는 통화주의자들에게는 정부 혹은 국가가

4) '공급 측면 경제학'은 경제 안정을 위해서는 기업 투자의 장려를 통한 생산 능력의 증강이 중요하다고 강조하면서, 이를 위한 소득세율(income tax rate)의 과감한 인하를 주장한다. 특히 기업 이윤과 이자 소득에 대한 세율을 감소시킴으로써 투자 의욕을 촉진하도록 권유하고 있다. '공급 측면 경제학'은 정부의 역할을 강조한다는 측면에서 고전학파와 다르며, 수요보다는 공급 측면을 강조하는 데서 케인스학파와 다르다(김동건, 1988: 378).

5) 합리적 기대가설이란 경제 주체들이 정부의 경제정책뿐만 아니라 각종 경제 현황에 대한 모든 정보를 충분히 고려한 후에 예측과 기대에 근거해서 합리적으로 행동하기에 설령 정부정책이 단기적으로 효과를 발생한다 하더라도 장기적으로는 그 효과가 없어지게 된다는 가설을 말한다. 예를 들어 정부가 고용 증대를 위한 재정·금융정책을 추진할 경우, 노동자들은 인플레이션이 초래될 것으로 예측해 곧바로 임금 인상을 요구하게 됨으로써 결과적으로 고용 증대가 이뤄지지 않는다는 것이다.

야기하는 민간부문에서의 불안정성이 특별한 우려의 대상이 된다. 즉, 만일 정부가 정책을 계속적으로 변동시키지만 않는다면 시장경제 내에서 발생하는 어떠한 경기 변동도 단기적인 것이 되며, 그다지 심각한 것이 되지 않을 것이라는 것이 그들의 생각이다. 즉, 그들 가운데는 자유재량권을 쥔 연방준비은행이 자의적인 통화량 조절을 시도하게 되고, 이것은 곧바로 화폐가격의 불안을 유도해 시장이 능히 자체적으로 해결 가능한 경기 변동의 진폭을 증가시키게 된다는 주장을 펴는 학자들이 있다.

특히 프리드먼(Milton Friedman)은 제1차 세계대전 중 그리고 그 직후의 물가 상승폭 가운데 적어도 3분의 1은 연방준비제도의 설립에 그 원인을 귀착시킬 수 있으며, 만약 그 이전의 은행제도가 그대로 유지됐더라면 발생하지 않았을 것이라고 주장한다. 그는 나아가 1920~21년, 1929~33년 및 1937~38년의 경기 후퇴의 심각도는 연방준비당국의 작위와 무작위적 행동에 그 직접적인 책임이 있는 바, 그 이전의 화폐·은행제도 하에서는 발생하지 않았을 것이라고 주장한다. 프리드먼은 또한 어느 국가와 시대를 막론하고 통화량의 급격한 감소가 극심한 불황을 동반하지 않은 사례를 본 일이 없으며, 마찬가지로 극심한 불황이 통화량의 급격한 감소를 동반하지 않은 예도 본 일이 없다고 주장한다. 그는 나아가 미국의 대공황은 결코 자본주의 경제체제에 내재하는 불안정성의 징후가 아니라 몇몇 사람이 한 나라의 금융제도에 대해서 막대한 권력을 휘두를 때 그것이 얼마나 큰 해독을 끼칠 수 있는가를 알려주는 유언장이라고까지 주장했다(Friedman, 1962; 공병호, 1997: 440-441). 이러한 인식을 기준으로 볼 때, 경기 변동의 가장 중요한 원인은 정부 경제정책의 변화라고 할 수 있을 것이다(이영선, 1997: 19-20).

4. 사회적 불평등의 해소

시장의 기본 속성은 경쟁이다. 경쟁 과정에서는 탈락자가 발생하게 마련이다. 그러나 시장기구 스스로가 경쟁 탈락자에 대해 구제해 주기를 기대하기는 힘들다. 정부는 시장경제의 패자와 약자를 돕기 위한 다양한 보완 조치, 즉 복지정책을 마련하고 있다. 오늘날의 재정정책은 소득분배의 공평화를 주요 목표의 하나로 삼고 있다.

하이에크(Friedrich A. von Hayek)와 프리드먼과 같은 자유주의자들도 패자와 약자에 대해 정부가 최소한의 소득 수준을 보장하는 것에 찬성하고 있다.

소득불평등에 대한 정부의 주된 개입 수단은 조세와 재정 지출이다. 소득재분배를 위한 가장 유력한 조세 수단으로는 소득세 · 재산세의 누진제도, 생활필수품에 대한 소비세 면세제도 등을 들 수 있다. 그리고 재정 지출을 통한 재분배제도로는 저소득층에 대한 주택 · 교육 · 보건 등의 공공재 공급과 각종 정부보조금, 공적부조, 사회보험 등에 대한 사회 지출을 들 수 있다. 또한 최저임금제와 일부 선진국에서 도입되고 있는 부(負)의 소득세(negative income tax)[6] 제도도 재분배정책으로 활용된다. 그 밖에 공정한 소득 분배를 위한 정책 수단으로 시장에서의 독점이윤의 배제, 노조의 교섭력에 의한 노동분배율의 인상, 근로자 재산 형성, 기회의 균등화, 권력의 평등화 등 여러 가지가 있다(김동건, 1988: 202－203).

그런데 소득의 재분배를 위한 수단은 경제적 효율성을 크게 손상시키지 않는 범위 내에서 강구돼야 한다. 시장기구에만 의존하는 소득 분배는 필연적으로 불평등을 초래하게 되나, 분배의 공정화를 지나치게 추구하면 경제적 효율성이 저하되기 때문이다. 소득의 공평 배분을 위한 과세는 근로 의욕에 대한 저해 효과를 갖고 있기 때문에 형평성(equity)과 효율성(efficiency) 간에는 상충관계(trade－off)가 있다. 형평성의 관점에서 시행되는 재분배정책은 많은 경우에 파레토 효율성(Pareto efficiency)의 상실[7]을 초래한다.

5. 경쟁 체제의 유지를 통한 효율성의 확보

시장기구의 가장 중요한 장점은 가격기구에 의해 자원을 효율적으로 배분한다는 것이다. 그런데 이러한 시장기구의 장점을 훼손시키는 시장실패의 가장 우려스러운

6) 소득이 과세최저한도 이하인 저소득층에 대해 그 부족분의 일정률만큼 정부가 조세의 환부(還付)와 같은 방법으로 지급해 주는 소득보전제도를 말한다.

7) 파레토 효율성의 개념은 자원의 최적 배분 상태를 나타내는 파레토 최적(Pareto optimality)의 개념에 근거한 효율성의 개념이다. 파레토 최적이란 다른 사람의 후생을 감소시키지 않고서는 어느 한 사람의 후생을 증가시키는 것이 불가능하도록 자원이 최적 상태로 배분돼 있는 상태를 말한다.

형태 가운데 하나는 독점(monopoly)이다. 효율성이라는 판단 기준으로 무장한 관리나 신고전학파 경제학자들은 독과점이 야기하는 자원 배분상의 비효율성을 완화해야 한다는 논리에서 정부 개입의 근거를 찾는다. 반독점정책의 주창자들은 또한 독점기업이 제품 가격의 인상을 통해 소비자 복지를 감소시키고 인플레이션을 유발하는 등의 부작용을 초래하며, 나아가 경쟁(competition)의 결여로 인해 산업 전반에 비능률을 초래하고, 궁극적으로 사회적 부의 손실을 초래하게 된다고 주장한다. 그 밖에도 독점가격이 분배의 정의상 바람직하지 않다든가 독점기업이 노동자를 소외시키고, 그들의 이익을 위해 정치적 힘을 발휘한다는 등의 경제 외적 논리에 의해 독점기업이 비판받기도 한다.

독점기업이 독점적 지위와 독점이윤을 유지하기 위해 시도하는 여러 가지 정치경제적 행위는 모두 사회적 손실과 낭비로 간주될 수 있다. 예컨대 독점기업이 초래하는 X비효율성(X-inefficiency),[8] 초과 생산시설의 유지에서 오는 낭비, 외국과의 경쟁을 차단함으로써 야기되는 낭비, 여러 가지 보호와 규제 장치를 얻기 위해 공무원이나 정치인, 혹은 정당에 공여하는 자금의 낭비 등이 이에 속한다고 하겠다. 이러한 사회적 손실을 방지하기 위해 정부의 독점 규제가 필요하다.

정부의 반독점정책과 독점규제정책은 진입 장벽의 제거와 같이 경쟁의 제약 요인을 감소시키는 방향으로 이뤄진다. 반독점정책에 따르는 잠재적 경쟁은 자원 배분의 효율성과 X효율성(X-efficiency)[9]을 제고하고 기술과 조직의 변화를 촉진함으로써 사회적 부와 후생을 전반적으로 제고하게 될 것이다(이영선, 1997: 173-181 참조).

6. 외부효과의 조정

시장실패의 주요 원인 가운데 하나는 외부성(externalities) 또는 외부효과의 존재

8) X비효율성은 경쟁 등의 결여로 효율성을 추구하기 위한 노력이나 유인이 감소됨으로써 기업활동이 나태해지거나 방만해짐으로써 발생하는 비효율성을 말한다. 다른 말로 하면, X비효율성은 생산이 생산가능곡선상에서 이뤄지지 않고 있는 상태, 즉 기술적으로 최대한 효율적인 생산이 이뤄지고 있지 않은 상태를 의미한다.

9) X효율성은 X비효율성에 대칭되는 용어로, 시장 경쟁에 노출된 기업들이 생존과 발전을 위해 관리혁신 등을 추진함으로써 초래되는 효율성이라 할 수 있다.

다. 개인이나 기업이 그들의 경제활동을 통해 외부경제 혹은 외부불경제를 창출할 경우에 시장기구를 통한 자원의 배분은 비효율적이 된다. 이러한 외부효과를 방지하기 위해 정부 개입의 필요성이 제기된다. 앞 절에서 살펴봤듯이, 정부는 조세나 장려금 및 직접 규제 등을 통해 외부경제성을 교정한다. 즉, 외부경제로 인해 과소 생산되는 민간재에 대해서는 보조금 지급 등의 개입을 통해 재화의 공급을 유도하게 되며, 외부불경제로 인해 사회에 피해를 초래할 정도로 과잉 생산 되는 민간재에 대해서는 조세나 직접적 규제를 통해 재화의 공급이 감소되도록 유도하게 된다. 정부는 외부효과의 발생을 억제·조정하는 이러한 활동을 통해 자원 배분의 효율성을 제고할 수 있다.

그러나 외부경제성이 있을 때 피구(Arthur C. Pigou)적 조세와 보조금이 파레토 최적을 가져온다는 전통적 복지경제학의 정부 간섭의 정당화이론은 시카고의 자유주의자 코스(Ronald H. Coase)에 의해 도전받게 된다. 코스는 외부경제성의 존재가 반드시 조세나 보조금과 같은 정부의 간섭을 필요로 하는 것은 아닌 바, 외부경제성을 해결하기 위해 정부의 간섭이 필요하다는 피구의 주장은 잘못된 것이라고 주장한다(Coase, 1960). 외부경제성에 의해 영향을 받는 당사자들 사이의 교섭에 의해 파레토 최적 해결책을 얻을 수 있다는 것이 그의 주장이다. 이때 당사자 사이의 교섭을 위해 정부의 도움이 요구될 수는 있다는 것이다.

결론적으로 말해서 피구 등 복지경제학자들은 자원 배분상의 파레토 최적을 이루기 위한 정부의 외부경제성 억제 조치는 필요하다고 주장하는 반면, 일단의 자유주의 경제학자들은 정부 개입이 없는 대안적 해결책이 강구될 수 있다고 주장하면서 시장에 대한 정부 개입은 축소돼야 한다고 주장한다.

7. 거래비용의 감축

정부의 경제적 기능 가운데 하나는 거래비용의 감축이다. 각종 거래행위에 수반되는 정보비용, 의사결정비용, 통제비용 등의 거래비용은 시장의 바른 작동(well-functioning)을 가로막는 큰 장애 가운데 하나다. 시장경제는 거래 당사자들이 충분한 정보와 지식을 갖고 교환에 임한다면, 거래 당사자 모두가 이익을 얻을 수 있다는 전제에 기반하고 있다. 제품의 규격을 통일하고 계약 이행을 강제하는 등의 정부활동에 의해 거래비용이 낮아지면 개개인에게는 실질적인 이익이 돌아가고 국가 전체적으로는 국부가 증대될 것이다.

정부를 포함한 대부분의 제도(institutions)는 인간의 상호 작용을 규정하는 인간들이 고안해낸 제약들이다. 이 제도들이 경제적 · 사회적 · 정치적 교환을 위한 틀을 제공함으로써 불확실성을 감소시킨다. 이러한 불확실성의 감소는 결국 거래비용의 감축으로 이어진다. 노스(North, 1990: 6; 공병호, 1997: 96)는 "한 사회에서 제도의 중요한 기능은 인간 사이의 상호 관계에 대해 안정된 구조를 마련함으로써 불확실성을 줄이는 것"이라고 하면서 제도의 위험성 감소 기능을 지적하고 있다. 이와 같이 정부는 각종 경제제도와 규칙을 통해 거래에 따르는 불확실성을 줄임으로써 거래비용을 감축하는 역할을 수행한다.

그러나 다른 한편 시장주의자들은 시장에 대한 정부의 개입이 기존의 시장 참여자들에 의해 경쟁과 진입을 제한하는 수단으로 활용될 우려가 있을 뿐만 아니라, 정부기능의 과도한 확대가 개인의 자유를 침해할 우려가 있다는 차원에서 시장에 대한 정부의 개입에 반대하고 있다.

8. 경제집단 간의 갈등 조정

정부는 경제집단 간의 갈등을 조정하는 역할을 수행한다. 인간 사회에는 끊임없는 갈등이 야기된다. 더욱이 이기적인 동기에 의해 움직이는 시장 참여자들 간에는 이해관계를 둘러싼 갈등이 있을 수밖에 없다. 이러한 이해관계를 조정하기 위한 규칙을 제정하고 관리한다는 측면에서 정부의 역할에서 필요하다. 경제 규모가 커지고 복잡해질수록 그리고 경제민주화가 심화될수록 경제집단 간의 갈등은 더욱 커지게 된다. 정부는 이와 같이 심각해지는 여러 경제집단 간의 갈등을 조정하고 해결해 줘야 한다. 예를 들어 노사 간의 갈등, 채권자와 채무자와의 갈등, 생산자와 소비자 간의 갈등 등을 정부가 조정해 주거나 규제해야 한다.

시장경제의 원활한 작동을 위해 정부는 일정한 범위 내에서 시장 참여자의 행동을 규제하고 심판 · 조정하는 역할을 수행해야 한다. 시장경제를 옹호하는 자유주의자는 정부 자체의 필요성을 받아들이고 있다는 차원에서, 정부의 존재 자체를 인정하지 않는 무정부주의자와는 엄연히 구분된다. 그러나 시장주의자들은 시장에 대한 개입 영역을 끊임없이 확장하고자 하는 개입주의 정책에 대해서는 다양한 경제적 · 정치적 논거에서 반대하고 있다.

제 3 절 시장경제의 정신

시장경제가 발전하려면 사유재산제도나 계약제도와 같은 시장경제의 전제 조건이 필요하다. 그러나 시장이 원활하게 작동하기 위해서는 사유재산제도와 계약 이외에 자본주의 경제제도를 지탱해 줄 도덕 및 정신적 기반이 필요하다. 익히 알려진 바와 같이 베버(Max Weber)의 『청교도 윤리와 자본주의 정신(*The Protestant Ethic and the Spirit of Capitalism*)』은 자본주의 정신의 뿌리를 밝히는 데 큰 기여를 했다. 한편 프랑스의 소르망(Guy Sorman)도 그의 저서 『자본주의 종말과 새 세기(*Le Capital, Suite Et Fins*)』에서 자본주의에서 중요한 것은 정신(spirit)이라고 강조하고 있다. 그는 자본주의는 초기 단계에서는 물질적인 면이 중시되지만 시장경제가 계속 꽃을 피우기 위해서는 문화(culture)라는 그릇에 시장경제를 다시 담으려는 노력과 용기가 필요하다고 주장한다(공병호, 1997: 119 참조).

시장경제에서 도덕 및 윤리의 중요성이 다시 경제학자들의 관심을 받기 시작한 것은 1970년대부터다. 맥퍼슨(McPherson, 1984: 71－86) 등의 경제학자들은 도덕이나 윤리가 시장경제의 원활한 운영에 중요한 역할을 담당하고 있기 때문에 시장경제의 참여자들이 어떤 도덕률을 갖고 있는가가 중요하다고 말한다. 그러나 이들 경제학자들이 관심을 가졌던 부분은 스미스나 베버가 언급했던 내적인 도덕률보다도 아주 좁은 의미에 한정된 것으로 '정직한 상거래(honest dealing)'와 관련된 것이었다. 이들

경제학자는 정직하지 못한 거래의 원인을 '정보의 비대칭성(asymmetry of information)'10) 때문이라고 분석하면서 이를 방지하기 위한 제도적 장치의 마련에 관심을 가졌다.

한편 노박(Novak, 1993: 344-45)은 어떤 나라이건 도덕적이고 문화적인 체제가 건전한 자본주의적 민주주의의 번영에 결정적으로 중요하다고 주장하면서, 그러나 그 중요성이 너무나 쉽게 간과되고 있다는 점에 대해서 우려를 표한다. 그는 앞으로 시장경제의 앞날이 미개척 분야인 문화적인 체제와 도덕적인 체제를 어떻게 시장경제에 접목시켜 나갈 것인가에 달려 있음을 강조한다. 그는 시장경제가 성공적으로 운용되기 위해 시장경제에 참여한 사람들이 갖춰야 할 도덕적 덕목으로 솔선수범, 기업심, 사회적 협력, 공공심과 시민의 책임, 충성스러운 야당으로 행동하는 습관, 실용주의에 입각해 타협하는 기술, 남에게 존경심을 보여 주는 습관, 친절하게 말하는 기술 등을 꼽고 있다. 시장경제에 참여한 사람들이 이 같은 도덕적 덕목으로 무장해 나갈 때 좀 더 성공적인 시장경제가 번영할 수 있다는 것이 그의 주장이다.

이재율(1995: 13)은 또한 자본주의 경제에서 개인의 이기심에 대한 지나친 강조는 경제학으로부터 윤리나 도덕이 완전히 벗어나는 결과를 초래하게 된다고 주장한다. 그는 스미스 이후의 전통 경제학은 개인들의 자기 이익 추구가 시장이라는 보이지 않는 손을 통해 사회적 이익을 실현하게 된다는 명제를 주장해 왔기 때문에 경제생활의 영역에 윤리가 필요하지 않으며, 경제는 윤리로부터 해방됐다는 생각이 확산됐다고 하면서, 전통 경제학은 인간의 지배적인 행동 동기는 이기심이라고 생각한 나머지 다른 행동 동기는 없다고 생각하기에 이르렀다고 주장한다.

그리고 박세일(1989: 54-55)은 스미스의 '방임'은 인간과 인간 사회에 내재하는 자연 법칙의 해방, 중세적 또는 중상주의적 각종 규제로부터의 인간 활동력의 해방을 의미하는 것이었지, 오늘날 통상적으로 이해되고 있듯이, '현실'을 그대로 방임하자는 것은 결코 아니었다고 주장한다. 그는 특히 오늘날 신고전학파의 주류 경제학

10) 정보의 비대칭성은 두 거래 당사자 간 또는 주인-대리인 간에 지식과 정보가 불평등하게 분포되어 있는 상황을 말한다. 상대방에 비해 더 많은 정보를 소유한 거래 당사자는 자신에게 유리한 방향으로 정보를 이용하려는 유인을 가짐으로써 정직하지 못한 상거래가 이뤄지게 된다.

자들 중 이러한 오해가 발생하고 있는데, 이러한 오해의 주된 요인은 스미스의 자연법적 세계관의 배경, 환언하면 그의 자연신학과 윤리학(『도덕감정론』)에 대한 이해 부족에 있는 것으로 보인다고 주장하면서, 자유방임주의 사상에 대한 올바른 이해를 촉구한다.

결론적으로, 시장경제의 정신은 물질적 번영과 효율성의 관점에서 기본적으로 경제활동의 자유를 지향하는 것이라고 할 수 있으나, 20세기 이후 자본주의 체제가 성숙하게 되면서 공동체의 다른 구성원에 대한 배려로서의 '공공성'과 '사회적 책임성'이 부가적으로 강조되고 있다고 하겠다. '자유'와 '공공성' 사이에서 어떠한 균형점을 추구할 것인가의 문제는 각 국가가 처한 사회경제적 상황에 따라 서로 다를 것이다.

PART

5

세계화 · 정보화 · 민주화의 행정적 함의

제14장 세계화와 행정
제15장 정보화와 행정
제16장 민주화와 행정

Chapter
14 세계화와 행정

제 1 절 세계화의 의의

1. 세계화의 개념

오늘날 전 세계적으로 확산되고 있는 세계화(globalization)는 각국의 사회, 거버넌스 및 행정에 큰 영향을 미치고 있다. 세계화란 통신기술의 발달과 무역 · 자본의 흐름 등으로 세계시장이 공간적 · 제도적으로 통합되고, 각국의 제도 및 정책의 유사성이 증가하는 과정이라고 할 수 있다. 세계화는 일반적으로 경제적 관점에서 접근되나, 그 밖에도 정치 · 행정적, 문화적, 커뮤니케이션적 시각에서 접근될 수 있다. 즉, 세계화는 자본주의적 생산 및 교환의 기본 단위가 되는 기업조직과 경영의 공간적 범위가 전 지구적으로 확대되는 것을 의미하는 경제적 측면의 세계화를 지칭하는 경우가 많다. 그러나 세계화의 가장 핵심적인 함의는 국가 간 상호 관계가 강화되고, 복합적인 상호의존성이 심화되는 것을 말한다(Denhardt, 1999).

경제학자들은 세계화를 완전하게 통합된 세계시장을 향한 발걸음으로 간주한다.

일부 정치학자들은 세계화를, 영토적 주권성을 지닌 전통적 국가로부터의 이탈과 세계 질서에서의 비정부 권력의 등장(emergence of nongovernmental power players)으로 이해한다(Falk, 1997). 한편 경영학자들과 경영 컨설턴트들은 세계화를 '국경 없는 세계(borderless world)'의 의미로 사용한다(Ohmae, 1990). 어떻든 세계화의 개념은 국가 관할구역의 영토적 경계 및 거버넌스, 경제, 정체성, 공동체 등의 관련 이슈와 연관된 '국경'의 문제를 다룬다(Scholte, 1997, 430).

'개방(openness)'으로서의 국제화는 개별 국가의 관세장벽과 규제 등 보호주의 장치의 제거를 통해 금융·상품 거래의 신속화는 물론 통신 및 문화의 교류를 용이하게 하는 대규모의 국경 개방을 의미한다(Brown, 1992). 그러한 '국경 없는 세계'는 통합된 세계 경제, 세계정부, 동질적 세계문화, 그리고 함축적이긴 하나 '세계적 행정체제(global system of public administration)'로 특징지을 수 있다(Scholte, 1997). 최근 들어 인터넷 등 다양한 정보기술 수단이 이러한 세계화에 크게 기여하고 있다. 행정의 세계화는 "세계적으로 생각하고 지방적으로 행동하라(Thinking globally and acting locally)"는 금언으로 요약될 수 있다(Farazmand, 1999). '새로운 세계(new world)'(Cleveland, 1993), '지구촌(global village)' (Garcia-Zamor & Khator, 1994), '지구적 경영(global management)'(Wilson, 1994)이라는 용어들이 세계화 및 행정의 세계화를 특징짓는 개념으로 보인다.

국제정치적 측면에서 세계화는 집단안보 체제로 상징된다. 그리고 일반적인 국제관계에서 본 좁은 의미의 세계화는 정치·경제·사회적 제도들의 상호의존성과 상호 작용이 국가의 경계를 넘어 증대되는 것을 의미한다. 국제무역을 비롯해 경제적·정치적 관계가 국가 간에 증진된 것은 인류 역사에서 오래된 일로 전혀 새로운 현상은 아니다. 행정의 국제화도, 제2차 세계대전 이후 미국과 소련이 자국의 행정체제를 위성국가들에 이식하게 되면서 특히 활성된 것은 사실이나, 아주 새로운 현상이 아니다. 유엔과 그 산하기구들의 등장도 국제정치적 측면에서 국제화를 촉진시킨 요인 가운데 하나다.

미국과 서유럽 국가에 의해 추진되고 있는 세계화는 다른 한편 하나의 이데올로기 공세로 이해될 수도 있다. 오늘날 추구되고 있는 세계화는 서구의 자본주의적 민주주의(capitalist democracy)에 이념적 기반을 둔다. 세계화의 이념적 특징은 자유, 개인주의, 자유기업, 다원적 민주주의 등의 주요 개념에서 찾아볼 수 있다(Lindblom, 1977, 1990). 서구 국가들은 특히 제2차 세계대전 이후 그들의 이데올로기, 가치체계 및 거버넌스와 행정체계를 이상적 모델로 수출해 왔다.

2. 세계화의 원인

세계화의 원인으로는 정보통신기술의 발달 이외에 다양한 요소가 지적된다. 자본주의 체제에서의 급속한 잉여 또는 이윤 축적(surplus or profit accumulation), 기업의 재편성, 기업 권력구조의 이동, 화폐 및 금융의 지구적 흐름 등 경제적 요인과, 개별 국가의 국내적 제약, 지구국가(global state) 및 지구행정의 등장, 시구적 혁신, 유엔과 같은 초국적 기구의 탄생 등을 원인으로 볼 수 있다.

경제적 측면에서 볼 때 세계화는 자본주의 경제의 역사적·변증법적 발전의 귀결이라고 할 수 있다. 자본주의 경제는 초기의 산업자본적 성격에서 금융자본적 성격으로 전환됨에 따라, 국가자본주의에서 세계자본주의(global capitalism)로 바뀌게 됐다. 제2차 세계대전 이후 시작된 이러한 변화는 1970년대 이후 가속화됐다. 지난 수십 년간 지속된 이러한 변화는 자본주의 경제의 속성과 그 지배구조의 변혁을 초래하게 된 것이다.

일부 논자들은 경제적 세계화의 기원을 19세기부터 시작된 경쟁적 초기자본주의에서 독점자본주의로의 이행 과정에서 찾고 있다. 1, 2차 세계대전과 1950~70년대의 '황금기(golden age)'를 거치면서 강화된 독점자본주의는 국내뿐만 아니라 국외적 팽창을 추구한다는 본질적 특성을 지닌다. 독점자본주의의 잉여 축적은 제2차 세계대전 이후부터 가속화되기 시작해, 1970년대에 고점에 오른 뒤 1990년대에 최정점을 기록했다. 잉여 또는 이윤 축적은 자본주의의 활력의 근원으로 끊임없는 확장을 추구한다.

경제적 세계화는 초국적 기업(transnational corporations) 또는 다국적 기업(multinationals)으로 상징되는 바, 이들 다국적 기업은 지난 수십 년간 새로운 시장, 노동조합이 없고 값이 싼 노동력, 그리고 규제되지 않는 생산기지를 찾아 세계로 손을 뻗쳐 나갔다. 지금 현재도 진행되고 있는 '강설(降雪) 지대(Snow Belt)'로부터 '태양 지대(Sun Belt)'로의 이동은 잉여 축적을 증대시켜 준다. 이전보다 새로운 점은 기업의 세계 횡단적 이동성뿐만 아니라 그 신속성과 고율의 잉여 축적이라고 할 수 있다(Farazmand, 1999).

경제적 세계화에 대한 극단적 비판론자 가운데는 세계화의 뿌리를 19세기의 제국주의에서 찾고 있다. 근세 초기부터 싹트기 시작한 자본주의적 경제 질서가 과학기술의 발달과 산업혁명을 거치면서 빈부 격차 등 여러 사회적 문제와 공황을 겪게 되자, 서구 열강은 19세기 들어 제국주의 전쟁을 통한 식민지 확보로 이러한 자본주의적 모순의 해결을 시도하게 됐다. 세계화에 대한 일부 비판론자들은 다국적 기업들이 강력하게 추진하는 오늘날의 세계화를, 국가가 아닌 다국적 기업에 의해 추진된다는 점이 다를 뿐, 19세기 제국주의의 다른 양태로 본다. 미국 및 서유럽에 기반을 둔 다국적 기업들은 오늘날 아시아, 라틴아메리카, 아프리카 및 중동 국가들에 대한 직·간접적 개입과 침투를 통해 막대한 이익을 거두고 있다.

세계화의 또 하나의 주요 요인으로는 국제기구의 영향력 확대를 들 수 있다. 우선 국제연합(UN) 자체를 세계화의 주요 요인 가운데 하나로 볼 수 있다. 특히 1970년대 이후에는 세계은행, 국제통화기금(IMF), 세계무역기구(WTO) 등 국제기구들이 세계화의 강력한 수단으로 등장했다. 지난 20년간 이러한 초국가적 기구들(supranational organizations)은 국제 원조를 절실하게 필요로 하는 빈곤국과 저개발국에 대해 근본적 구조 조정(structural adjustment)을 요구함으로써 세계화를 추진하는 데 효과적인 역할을 수행해 왔다(Chan, 1996).

20세기 과학문명의 발달 또한 세계화에 크게 기여했다. 그 가운데서도 특히 정보기술과 통신기술의 발달, 교통 체제의 발달 그리고 인터넷의 발달은 세계화에 크게 기여했다. 마이크로소프트(Microsoft Corporation)의 게이츠(Gates, 1995)가 전망했듯이, 앞으로 사이버 공간상의 '구매자 천국(shoppers' heaven)'은 집 안에서 전 세계의 모든 판매 상품을 인터넷을 통해 구매할 수 있게 해 줄 것이다.

제 2 절 세계화의 행정적 함의

세계화는 국가사회 전반에 걸쳐 다양한 영향을 끼치고 있다. 세계화는 각국의 행정 및 제도의 혁신을 자극하는 긍정적 효과를 초래하는가 하면, 다른 한편에서는 개별 국가의 주권을 약화시키고 민주주의를 위협하며 공동체의 상실을 초래하고, 부패를 증대시키며, 지구적 권력구조의 집중화를 초래하고, 기업 및 정부 엘리트의 집중화를 강화하며, 저개발국의 강대국에의 예속을 강화하는 등 부정적 영향을 초래하기도 한다. 다음에서는 세계화가 행정에 미치는 함의를 고찰하고자 한다(Farazmand, 1999).

첫째, 세계화는 국민국가적 정책의 무력화를 초래한다. 세계무역기구(WTO)로 상징되는 세계화는 개방화를 강요함으로써 특히 개별 국가의 산업성장정책 및 무역 규제와 같은 국민국가적 경제정책을 무력화시킨다. 세계화는 그동안 국민국가가 독점해 왔던 국민에 대한 장악력을 상대적으로 약화시킨다. 이에 따라 개별 국가의 정책결정 권한이 축소돼 국제기구 및 관련 국가의 요구를 수용하고, 이들과의 공조체제 하에 정책을 결정해야 하는 상황이 전개되고 있다.

둘째, 세계화는 국제적 표준(global standard)에 적합하도록 행정제도를 바꾸는 행정개혁을 촉진한다. 세계화가 추진됨에 따라 각국은 관세 및 비관세 장벽을 철폐하고 각종 규제를 완화하며, 세제(稅制) 등 재정제도와 금융제도 등을 개방화에 적합하도록 바꿀 것을 국제사회로부터 요구받게 된다.

셋째, 세계화는 또한 민간화를 통해 공공 영역을 축소할 것을 처방하며, 공공서비스 생산에서 민관공동생산 및 파트너십을 강조한다. 민간화는 고전적 자유주의와 같이 사익 추구적 개인에 초점을 두어 공동체의 이익보다는 개인의 사적 이익을 우선시키는 철학에 기반하고 있다. 세계화된 초국적 회사들은 국민국가적 문화를 세계적 문화로 수렴해 세계적 상업주의 문화(global culture of consumerism)를 구축하기 위해 이러한 철학의 확산을 추구한다(Schein, 1985).

넷째, 세계화는 행정의 전문화를 촉진한다. 즉, 세계화의 도전에 대해 행정은 전문화로 응답하지 않으면 안 되게 됐다. 행정의 전문화는 공공서비스에 대한 제도적·도덕적 기준을 세계적 수준으로 끌어올리는 것을 의미한다. 개방화·세계화의 과정 속에서 이제는 기업뿐만 아니라 정부부문도 냉정한 국제경쟁의 대열에 진입했다고 할 수 있다. 스위스 국제경영개발원(International Institute for Management Development: IMD) 등 국가경쟁력 평가기구들은 국가경쟁력의 지표 가운데 정부부문의 경쟁력을 포함시키고 있다. 이에 따라 행정은 더 적은 비용으로 더 많은 일을 하도록 강제되고 있다. 그리고 세계화의 추세 속에서 관료제 형성의 기본 원리로서의 항구성의 원칙이 허물어지게 됨으로써 공무원의 신분 보장은 약화되고 있으며, 관료제에 기업 방식의 경쟁 원리가 도입됨에 따라 관료들은 더 높은 성과를 거두지 않으면 안 되게 됐다.

다섯째, 세계화는 정부부문의 분권화를 촉진하는 데 반해 사기업 부문에서는 기업 권력의 대규모적 집중화와 조직구조의 집권화를 초래하고 있다. 세계화는 정부부문의 분권화를 촉진시킨다. 세계화에 의한 정부환경의 변화는 정부로 하여금 더 이상 사회의 공적인 권력을 독점적으로 행사하기 어렵게 만들었다. 분권화의 경향을 '정부독점의 종언(end of government monopoly)'으로 표현하는 사람도 있다(Saffo, 1999). 분권화는 세계기구와 개별 국가, 개별 국가 내의 공공부문과 민간부문 그리고 중앙정부와 지방정부 간에 일어난다. 분권화는 그동안 국가에서 수행해 왔던 다양한 역할이 초국가적 국제기구, 지역공동체, 지방정부, 비영리 사회단체, 민간기업 그리고 개인에게 재분배되고 조정되는 것을 의미한다. 한편 세계화는, 초대형 다국적 기업에서 보듯이, 사기업 부문에서는 대규모적 집중화와 조직구조의 집권화를 초래한다.

여섯째, 세계화는 민주주의의 확산을 촉진한다는 긍정적 평가와 아울러 민주적 절차를 위협하고 공동체를 파괴한다는 부정적 평가를 받기도 한다. 세계화는 서구 선진국의 민주주의적 이념과 가치가 전 세계적으로 확산되는 계기가 됐다. 민주주의 이념의 범세계적 확산은 시민사회의 성숙과 발전을 자극해 시민의 조직화된 참여를 촉진한다. 다른 한편, 세계화는 민생에 영향을 미치는 주요 정책의 결정 시 시민 참여를 부적절하게 만들며, 지역적 관여의 폭을 좁히게 됨으로써 공동체 정신을 훼손하고 민주적 절차를 무효화시키는 역기능을 초래한다. 세계화는 결국 '공공 영역

(public sphere)' 및 시민 관여의 영역을 위축시키게 된다(Rockman, 1997; Habermas, 1974; Offe, 1985).

일곱째, 세계화는 지구공동체(global community) 문제에 대한 공동 대처를 촉구한다. 세계화는 환경오염, 기아와 같은 전 지구적 문제에 대한 관심을 환기하고 공동 대책의 마련을 촉구하는 분위기를 형성한다. 지구공동체 문제에는 환경 파괴, 지구 온난화, 기아, 빈민의 착취, 노동 착취, 차별과 불평등문제 등이 포함된다. 이러한 지구공동체 문제에 효과적으로 대처하기 위해서는 초국가적 국제기구, 국민국가, 지방 및 지역을 단위로 한 수직적인 다층적 거버넌스를 구축할 필요가 있다(안병영, 2000: 13-22). 이 글로벌 거버넌스는 국가가 대외적으로 다양한 국제기구, 다른 국가와 다국적 기업 및 비정부조직과 같은 민간조직과 관계를 맺으면서 국제사회의 변화와 도전에 대응하는 측면이라고 할 수 있다(정무권, 2000).

생각해 보기

세계화가 개별 국가의 경제에 미치는 부정적 영향을 억제하기 위한 방안에 대해 생각해 봅시다. (1)

지구경제의 상호의존성과 세계화의 파장

1997년 12월 8일 아침, 태국 정부는 자국의 58개 주요 금융기관 가운데 56개를 폐쇄 조치한다고 발표했다. 이들 민간 금융기관은 태국 통화인 바트화의 폭락사태로 하루아침에 파산해 버리고 말았다. 이들은 달러화에 대해 바트화를 고정환율로 유지하겠다는 정부 말만 믿고 안심하고 외채를 써왔던 것이다. 그러나 태국 경제가 종래 생각했던 것처럼 그리 좋은 상황이 아니라는 관측이 퍼지기 시작하자 온 세계가 일제히 바트화 투매에 나섰다. 그렇게 되자 태국 정부는 고정환율을 유지하겠다는 약속을 지킬 수 없었고 바트화는 순식간에 30%나 폭락했다. 바트화 폭락은 금융시스템 전체를 마비시켰고 56개 금융기관의 직원 2만여 명이 직장을 잃게 됐다.

태국의 경제위기는 아시아 신흥시장 거의 전 지역에서 총체적 자본 도피 사태를 촉발시켰다. 이로써 한국, 말레이시아, 인도네시아 등의 통화 가치도 다 같이 무너져 내렸다. 몇 달 후, 동남아시아 지역의 불황은 전 세계 원자재 가격의 하락에 큰 영향을 미치기 시작했다. 아시아는 세계 경제 성장의 한 중요한 엔진이었기 때문이다.

이 같은 원자재 가격의 하락은 바로 동남아시아의 위기가 러시아로 번지는 경로였다. 재정의 대부분을 원유를 비롯한 원자재 수출에 의존하고 있던 러시아는 원자재 가격의 하락으로 인한 재정위기를 벗어나기 위해, 국채의 금리를 연 20%에서 50%, 70% 등으로 터무니없이 올렸다. 세계의 헤지펀드와 은행들은 이에 장단이라도 맞추듯 러시아 국채를 계속 사들였다. 그들의 계산인즉, 설사 러시아 정부가 갚지 못할지라도 IMF의 개입은 불가피하며, 그럴 경우 자기 몫은 다 챙길 수 있다는 생각이었다. 일부 헤지펀드와 은행들은 여기에 한술 더 떠 빚까지 져 가면서 러시아 국채를 마구 사들였다. 즉, 5%로 꿔서 20~30%의 이자가 나오는 러시아 국채를 사들인 것이다. 이들에게 러시아에 대한 투자는 말 그대로 천재일우의 돈벌이 기회가 아닐 수 없었다. 1998년 8월 17일, 간신히 버텨오던 러시아 경제는 결국 무너졌고, 러시아 정부는 일방적으로 국채에 대한 채무 상환 불이행을 선언했다.

사정이 이렇게 되자 러시아에 투자했던 헤지펀드, 은행, 투자신탁사들은 일시에 엄청난 손해를 보게 됐고, '크램린 카지노'에서 배팅 액수를 높이기 위해 남의 돈까지 마구 끌어다 썼던 투자기관들은 대거 도산 위기에 처하게 됐다. 언뜻 생각할 때 러시아 경제의 붕괴는 글로벌 시스템에 그토록 큰 파장을 일으킬 성질의 것이 아니었다. 러시아 경제의 규모는 기껏해야 네덜란드 수준이었기 때문이다. 그러나 세계경제의 시스템은 이제 그 어느 때보다 세계화돼 있었다.

러시아에서 엄청난 손해를 본 해지펀드를 비롯한 수많은 투자기관은 이러한 손실을 메우기 위해 재정이 비교적 안정적인 나라에서 돈을 빼내기 시작했다. IMF 등의 시각에서 볼 때 그때까지 경제가 안정적으로 운영돼 오던 브라질에서 자금 회수 사태가 벌어졌다. 위기에 몰린 브라질은 자본 유출을 막기 위해 금리를 40%까지 올려야 했다.

투자자들이 앞다퉈 안전한 투자처로 도피하면서 이와 비슷한 사태가 세계 곳곳의 신흥시장으로 번졌다. 특히 브라질, 한국, 이집트, 이스라엘, 멕시코 등지로 파급됐다. 그곳 채권과 주식을 현금으로 바꾼 투자자들은 이를 금고에 넣어두든지 아니면 가장 안전하다고 생각한 미국 국채로 바꿨다. 이에 따라 브라질 및 다른 신흥시장에서 벌어진 소란은 헤지펀드를 매개로 미국에까지 번지게 됐고, 국채 사재기 열풍이 불도록 만들었다. 이에 미국 국채 가격은 급상승했고, 금리는 급락했다. 미국 국채 금리의 급격한 하락은 더 많은 헤지펀드와 투자은행들의 위기로 이어졌다. 이는 신흥시장의 위기를 미국으로 전파시키는 역할을 했다.

"이 모든 사태의 전개 과정을 지켜보며, 당시 내 머릿속에는 '9개월과 1주일'이라는 것이 입력됐다. 태국 방콕의 아소케 거리에서 발생한 사태가 내가 살고 있는 동네까지 영향을 미치는 데 걸린 시간이 9개월이었던 것에 비해, 아마존의 나라 브라질에서 발생한 사태가 아마존닷컴에 영향을 미치는 데는 1주일이 걸렸다는 것이다."

(Friedman, 2000: 17-23)

생각해 보기

세계화가 개별 국가의 행정에 미치는 부정적 영향을 억제하기 위한 대처 방안에 대해 생각해 봅시다. (2)

세계화 · 민영화의 어두운 그림자

상상해 봤는가. 하루아침에 30~300% 오른 수도요금과 한 달 소득에서 25%를 물세로 내는 일을. 빗물을 받아두는 걸 법으로 금지하고, 먹는 물이 안전하지 않아 늘 사먹어야 하는 일을. 몇 해 전 볼리비아 코차밤바 사람들이 겪은 일이다.

1999년 세계은행은 볼리비아 정부에 돈을 빌려 주면서 수도국을 민영화하고 초국적 기업에 관리를 맡기라고 했다. 볼리비아 정부는 미국 초국적 기업인 벡텔(Bechtel)과 계약을 맺었다. 코차밤바 물을 40년 동안 민간위탁한다는 내용이었다. 도중에 파기할 수 없다는 단서도 달렸다. 벡텔만이 승자가 되는 물관리법안을 의회가 통과시키자 코차밤바 사람들은 물세를 내든지 굶든지 해야 하는 상황에 내몰렸다.

정치가, 세계은행, 초국적 기업이 '모두가 주인이면서 아무도 주인일 수 없는 물'을 놓고 마음대로 권리를 정하고 거래하자 사람들은 분노했다. 물세를 내지 않고 밥을 먹기를 선택했다. 물이 필요한 모든 생명, 사람 · 동물 · 식물 · 땅 · 돌 그리고 미래에 올 사람들을 살리기를 선택했다. "돈을 투자한 만큼 이득을 얻으려고 만년설, 산, 강, 지하수, 저수지, 호수까지 상품으로 만들" 초국적 기업에 맞서, 멋대로 결정을 내린 정부에 맞서 싸우기를 선택했다. 물은 땅에 흐르는 피이고, 어머니 대지가 준 선물이기 때문이다.

코차밤바 사람들은 어둠 속에서 체결한 계약과 물관리법안 내용이 무엇인지 '정보'를 찾아내어 사람들에게 '알렸다.' 다섯 명으로 시작한 물 사유화 반대 투쟁은 쉰, 백, 백만으로 늘었다. 모두가 대표이자 지도자였다. 거리로 '나오고', 십만 명이 한자리에 모여 '공동회의'를 하고, 서로 '조직'하고, 벡텔이 없어도 충분히 스스로 물 부족 문제를 해결하고 관리할 '대안'을 마련했다. 총구도 두려워하지 않고 정부와 벡텔을 '압박'해 마침내 2000년 4월 빼앗긴 물을 되찾았다. 물길은 제 길을 찾아 흘렀다.

[삶의 창] 조심하십시오/박수정(한겨레신문, 2007.12.07)

생각해 보기

세계화의 긍정적 측면과 부정적 측면에 대해 생각해 봅시다. (3)

[사설] 세계화 진영에서 나온 세계화 비판

노벨경제학상 수상자이자 전 세계은행 부총재 스티글리츠(Joseph E. Stiglitz)는 자신의 책 「세계화와 그 불만」에서 세계화 반대론자들의 가장 큰 불만은 민주적 절차를 무시하고 선진국들이 개도국에 대해 정책을 강요하고 있다는 사실이라고 지적했다. 그는 국제통화기금(IMF) 등은 빈국들의 이익보다 월스트리트와 선진국의 이익을 우선하고 있다면서 그 결과 세계화는 개발도상국 경제와 빈민층을 더욱 황폐화시켰다고 주장했다.

유럽 언론인 한스 피터 마르틴(Hans Peter Martin)과 하랄트 슈만(Harald Schumann)이 쓴 「세계화의 덫」(1997)은 훨씬 신랄하다. 책은 세계화의 과정이 사회의 안정된 삶과 민주주의를 파괴하고 있음을 예시하고 있다. 세계화는 '범지구적인 경쟁의 격화'를 부른다. 이것은 노동력이 20%만 필요하고 나머지 80%는 배제되는 상황을 의미한다. 노동자들의 실질임금은 계속 내려가고 중산층이 감소한다. 결국 세계화는 자신을 파괴하는 덫이다.

물론 이런 반세계화론을 반박하는 세계화론도 있다. 『뉴욕타임스』 칼럼니스트 토머스 프리드먼(Tomas L. Friedman)이 대표적이다. 그는 맥도날드 햄버거가 들어설 정도로 세계화가 이뤄지고 중산층이 두터워진 두 나라 사이에는 전쟁이 벌어진 적이 없다는 '골든 아치 이론'을 제시하며 세계화의 앞날을 낙관했다.

이같이 세계화와 반세계화론이 상반된 입장을 내세우고 있는 가운데 미국이 주도하는 세계화론 진영 내부에서 세계화의 궤도 수정을 촉구하는 목소리들이 나와 주목된다. 벤 버냉키(Ben S. Bernanke) 미국 연방준비제도이사회(FRB) 의장은 "지난 30년간 벌어진 양극화로 미국 경제의 주 성장 동력인 역동성이 위기에 처했다"고 경고했다. 그의 양극화에 대한 언급은 성장과 효율을 중시하는 미국식 세계화에 대한 경고음처럼 들린다. 또 세계은행이 주최한 '세계화, 정점을 지났는가'란 세미나에서도 기존의 세계화에 대한 회의론이 심각하게 제기됐다고 한다.

이런 흐름들은 브레이크 없이 달려온 세계화의 부작용이 방치할 수 없을 정도로 심각해졌으며, 대안 모색의 필요성이 절실해지고 있음을 보여 준다. 여기에는 신자유주의적 세계화의 파고에 고스란히 노출돼 있는 한국도 예외일 수 없다.

(경향신문, 2007.02.08)

Chapter

15 정보화와 행정

제 1 절 지식정보사회의 의의

1. 지식정보사회

지식정보사회는 정치 · 경제 · 사회 등 모든 분야에서 정보화가 진전되고, 정보와 지식의 가치가 상대적으로 높아진 사회를 말한다. 정보(information)는 자료(data)가 사용자에게 의미 있는 형태로 가공된 것을 말한다. 그리고 지식(knowledge)은 정보가 의사 결정이나 문제 해결에 사용될 수 있도록 사용자에게 내부화된 상태를 말한다. 벨(Bell, 1973: 115)은 지식을 "사리에 맞는 판단과 실험 결과를 제시하는, 사실 또는 아이디어에 대한 조직화된 진술(a set of organized statements of facts or ideas)"로 정의한다.

자료는 사물이나 사실이 기호, 문자, 이미지 등으로 표시된 것으로, 가공되기 이전의 자료는 그 자체로 사용자에게 특정한 의미를 주지 못한다. 자료는 요약, 여과 등 가공의 과정을 거쳐 정보가 된다. 정보는 사용자에게 내부화됨으로써 비로소 지식이 된다. 내부화된다고 하는 것은 사용자가 정보를 완전히 이해해서 자신의 것으로 만드는 것을 말한다. 내부화 과정을 통해 정보는 새로운 지식으로 축적되거나 기존의 지식구조를 수정하게 된다. 이러한 지식을 가지고 사람들은 문제 해결과 가치 창출을 위한 의사결정을 하고 행동을 선택한다(이종수 외, 2005: 577－578). 지식은 정보의 상위 개념으로, 정보를 창출케 하는 근원이 되기도 한다.

20세기 들어 정보통신기술의 급격한 발전은 산업사회를 정보사회(information society)로 바꿨다. 정보사회는 탈산업사회(post－industrial society), 지식사회(knowledge society), 지식기반 사회(knowledge－based society) 등 강조점에 따라 다양한 용어로 불린다. 논자에 따라서는 정보사회와 지식사회를 굳이 구분하기도 하나,[1] 일반적으로는 정보사회와 지식사회를 엄격하게 구분하지 않고 혼용하거나 또는 두 용어를 통합해 지식정보사회라는 용어를 사용한다.

인류사회는 그동안 수렵사회, 농경사회, 산업사회를 거쳐 정보사회로 변천해 왔다. 지식정보사회는 기술적·경제적·사회적 속성을 지닌 복합적인 개념이다. 정보사회는 기술공학적 관점·경제학적 관점·사회문화적 관점에서 각기 규정될 수 있다(최동수, 1999: 30－34; 전석호, 2004 참조).

기술공학적 관점에서 본 정보사회는 정보통신기술(IT)의 획기적 발전으로 인해 정치·경제·산업·문화 등 인간생활의 모든 부문에서 정보통신기술이 폭넓게 활용되는 사회를 말한다. 정보통신기술의 발달로 인한 정보 교류의 다양화 및 고도화는 국가 간의 시간적·거리적 장애를 극복해 줌으로써 경제·사회·문화 등 각 분야의 교류를 촉진시키게 된다. 모든 정보가 실시간 네트워크상에서 공유되고 IT 기술이 인간의 모든 삶 속으로 체화되는 유비쿼터스 사회는 기술공학적 관점에서 본 정보사회라 할 수 있을 것이다. 이러한 관점은 정보사회에 대한 가장 일반적 관점이다.

경제학적 관점에서 본 정보사회는 지식과 정보의 경제적 가치와 비중이 상대적으

---

1) 이때 정보사회는 정보의 생산, 유통, 저장 증대를 강조하며 지식의 실천적 함의에 무게를 두는 개념으로 구분될 수 있다. 여기서 암묵지는 내재적 지식으로 구성원들이 갖고 있으나 명시적으로 표현되지 않은 지식을 말하며, 이에 대비되는 명시적 지식은 문서 등의 형태로 표시된 지식을 의미한다. 폴라니(Michael Polanyi)는 특히 암묵적 지식의 중요성을 강조했는데, 대부분의 사람은 말로 표현하는 것보다 더 많은 암묵적 지식을 보유하고 있다는 것이다.

로 커지는 사회를 말한다. 이러한 경제학적 관점은 둘로 나눠 볼 수 있다. 그 하나는 산업구조면에서 다른 전통적 산업에 비해 정보산업의 비중이 상대적으로 커진다는 의미이며, 다른 하나는 생산 요소로서의 지식·정보의 가치가 전통적 생산 요소로서의 토지·노동·자본에 앞서는 가장 중요한 생산 요소로 부각된다는 점이다. 즉, 정보사회는 정보의 생산, 유통, 소비가 대폭적으로 증가하고, 지식과 정보의 가치가 중시되는 사회라고 할 수 있다.

경영학의 대부 드러커(Peter Drucker)는 21세기를 지식기반 경제(knowledge-based economy)의 시대로 규정했다. 그리고 미래학자 토플러(Alvin & Heidi Toffler)는 저서 『부의 미래(*Revolutionary Wealth*)』(2006)에서 "21세기의 부는 고객가치를 창출할 수 있는 차별적인 지식을 먼저 확보한 개인이나 기업, 국가가 차지하게 될 것"이라고 예측했다. 지식기반 산업에서 성패(成敗)는 시장의 표준이 될 수 있는 가치 있는 지식 재화를 누가 먼저 창출하느냐에 따라 갈린다고 하겠다. 지식경제 시대는 지식기반 산업뿐 아니라 전통산업의 경쟁 패러다임도 급속히 변화시키고 있다. 전통산업도 지식 기반을 고도화하지 않을 경우 날로 치열해져 가는 글로벌 경쟁에서 생존하기 어려운 상황이 돼 가고 있는 것이다.

사회문화적 관점에서는 정보통신기술의 기술적 특성이나 기술 하부구조의 혁신 그 자체보다도 그것이 사회구조와 정치권력구조, 인간의 일상생활과 문화적 삶에 미치는 영향에 초점을 두고 정보사회를 규정하고자 한다. 이와 같은 관점에서 본 정보사회는 사회의 내적·외적 확장에 따른 복잡성과 변화로 인한 불확실성을 극복하기 위해 정보 수요가 급격히 증가하고, 이에 따라 정보의 생산과 유통이 기하급수적으로 증가하면서, 이들을 수용하기 위해 새로운 정보통신 기기와 정보통신기술이 빠르게 발달·확산되는 사회를 말한다.

문명사적 관점에서 앞으로 정보사회의 전개가 불가피하다는 점은 공통적으로 받아들여지고 있으나, 정보사회의 실체가 무엇이며 정보사회가 어떻게 발전해 나갈 것인가 하는 전망과 관련해서는 논점이 갈리고 있다. 정보사회와 산업사회의 관계에 관한 기존 학자들의 시각은 전환론적 관점, 지속론적 관점, 구조론적 관점 등 크게 세 가지로 나뉜다(Miles, Turner, & Bessant, 1988: 3-8; 권기헌, 2000: 57; 전석호,

2004: 54-55).

벨, 토플러 등의 전환론자들(transformists)은 정보사회는 산업사회와는 분명히 구별되는 새로운 시대라고 주장한다. 산업혁명에서는 기계기술이 인간의 근육을 확대시켰지만, 정보사회에서는 전자기술이 근육뿐 아니라 인간 지능의 강화와 확대에 비약적인 진보를 가져온다는 것이다. 이러한 관점을 지닌 사람들은 대개 정보사회에 대해 낙관적 견해를 갖고 있다. 즉, 고도 정보망사회(wired society)는 생산성의 증대를 가져올 뿐만 아니라 삶의 질 향상을 가져오고, 국제적으로도 국가 상호간의 이해를 증진시키고, 나아가 인간의 의식, 사고, 창조력, 가치관, 사회제도 등을 근본적으로 변혁시킬 수 있다고 주장한다.

이에 반해 지속론자들(continuists)은 정보기술의 발전을 기존의 과학기술 발전상의 연장선상에서 파악함으로써, 정보사회는 표면적인 변화가 있을지라도 그 기본적 성격은 산업사회와 다르지 않다고 주장한다(Simon, 1987; Giddens, 1989). 정보기술의 발전은 과학기술의 자본화 과정에서 꾸준히 전개돼 온 사회기술 변동의 한 사례에 불과하며, 정보기술로 인한 사회구조의 새로운 변혁을 기대하는 것은 허구라는 것이다.

대표적인 학자 가운데 한 사람인 쉬멘트(Schement, 1989)는 정보사회의 실체가 과연 존재하는가 하는 근본적인 문제를 제기하면서, 정보사회는 정보라는 상품에 기반을 두고, 자본주의와 산업주의를 근본 속성으로 하는 '또 다른 산업사회'라는 주장을 편다. 또한 스미드(Smythe, 1985: 14)와 같은 학자는 정보사회에 관한 논의는 근본적으로 중심부 국가의 정보통신 하드웨어와 소프트웨어의 판매를 증진시키고, 나아가 국가 패권을 장악하기 위한 미사여구에 불과하다고 지적한다.

제3의 중도적 입장을 취하는 구조론자들(structuralists)은 정보기술의 혁명적 성격을 인정하면서도, 그것이 사회적 수용 과정에서 이전 사회와의 근본적인 단절을 가져오지는 않을 것으로 본다. 즉, 현대의 고도 정보기술에 대해서는 혁명적이라 할 만큼 그 기능과 효과를 인정하지만, 전환론자들이 주장하는 것처럼 사회 전반적인 구조적 변화를 초래할 것으로는 보지 않는다.

2. 지식정보사회의 특징

지식정보사회의 특징으로는 (1) 시·공간적, 인식적 거리의 소멸, (2) 지식경제화, (3) 공장 노동력의 종말 등 직업구조의 변화, (4) 포스트포디즘적 생산양식, (5) 분산적·네트워크적 시스템, (6) 개성화·다양화·소프트화, (7) 국가 간 교류 활성화 및 상호 의존 관계의 심화 등을 들 수 있다(Bell, 1979; Rifkin, 1996, 2007; 최동수, 1999: 51－65; 권기헌, 2000).

1) 시·공간적, 인식적 거리의 소멸

정보사회에서는 시·공간적 거리뿐만 아니라, 인식적 차원에서의 거리도 좁아진다. 정보사회는 또한 영역 간 경계가 허물어진 열린 사회다.

먼저 정보사회는 시간적·공간적 소멸이 가능한 사회다. 산업과 물류를 생산 기반으로 하던 사회가 정보와 정보 유통으로 그 중심축을 이동하면서 '시간과 공간의 극복'이 이뤄지고 있다. 정보기술과 정보고속도로의 구축은 시간과 공간의 제약을 극복하고 정부·기업·개인 간뿐만 아니라 거의 모든 지구인을 다양한 통신 네트워크로 연결시켜 준다. 시·공간의 소멸은 인터넷, 원격교육, 원격의료, 원격회의, 원격금융거래 등의 형태로 이미 현실화되고 있다.

정보사회에서는 인식적 차원에서도 거리의 소멸 현상이 나타난다. 책이라는 매체를 통한 인식에서는 책 속의 장면 등이 '반영(reflection)'을 통해 재생되는 과정을 거친다. 즉, 인식 대상과 인식 주체 사이에는 일정한 거리가 존재한다. 그러나 정보사회에서는 멀티미디어, 심지어 가상현실까지 동원됨으로써 매체가 주는 이미지가 직접 들어온다. 즉, 인식 대상이 주체 안으로 바로 들어오게 됨으로써 인식 대상과 인식 주체 사이의 거리가 소멸되는 것이다(최동수, 1999: 59－60).

정보사회는 시간적·공간적 거리의 소멸뿐만 아니라, 또한 영역 간 경계가 허물어지는 특성을 지닌다. 즉, 정보사회는 사회의 모든 영역 간·조직 간 경계가 모호해지는 무경계사회(borderless society)가 된다. 전자문서교환(Electronic Data Interchange: EDI), 전자상거래(Electronic Commerce: EC) 등의 도입·응용은 부문 간·조직

간・산업 간 경계를 무너뜨리고 있으며, 디지털기술의 발달은 정보전달 매체 간의 융합을 가능하게 한다(권기헌, 2000: 58-59).

2) 지식경제화

지식정보사회는 지식과 정보의 경제적 가치와 비중이 상대적으로 커지는 지식경제사회다. 정보사회에서는 생산 요소로서의 지식・정보의 가치가 전통적 생산 요소로서의 토지・노동・자본에 앞서는 가장 중요한 생산 요소로 부각될 뿐 아니라, 산업구조면에서 다른 전통적 산업에 비해 정보산업의 비중이 상대적으로 커지게 된다.

지식정보사회의 가장 중요한 함의 가운데 하나는 생산 요소로서의 지식과 정보의 가치가 전통적 생산 요소로서의 토지・노동・자본에 앞서는 가장 중요한 생산 요소가 된다는 점이다. 정보사회에서는 지식노동자(knowledge workers)가 지식기술(knowledge technology)을 이용하는 지식기업(knowledge enterprise)이 중심산업으로 부상할 것으로 예측된다. 전통 경제학에서는 상품으로서 정보의 효용성이 크게 인정되지 않았으나, 지식정보사회에서 지식과 정보는 다른 경제재와 같이 상업적 가치(commercial value)를 가지는 정보재(information goods)로 취급된다. 지식정보사회에서는 산업사회에서의 노동가치설이 사라지고, 지식가치설이 새로운 이론적 기반으로 대두된다. 노동가치설은 상품의 가치가 그것을 생산하는 데 투입된 노동의 양에 따라 결정된다는 이론이다. 그러나 정보사회에서 상품의 가치와 근로자의 몸값을 결정하는 것은 노동의 양이 아니라 생산에 투입된 지식의 질과 양이다. 벨(Daniel Bell)은 「탈산업사회의 도래(*The Coming of the Post-Industrial Society*)」(1973)에서 정보사회에서는 제조업 중심의 산업구조가 서비스업 중심의 산업구조로 이행하게 될 것이며, 지식이 가장 중요한 생산 요소가 되고 권력의 원천이 될 것이라는 점을 지적한 바 있다.

지식정보사회에서는 지식산업 또는 정보산업의 비중이 다른 산업부문에 비해 상대적으로 증가하게 된다. 포라(M. U. Porat)가 분석 결과를 통해 제시했듯이, 오늘날 비정보산업의 종사자 비율이 급격히 감소하는 데 비해, 정보산업 종사자의 비율은 크게 증가되고 있다. 오늘날 세계 각국의 산업 생산에서 자동차・기계・섬유 등 전통적 산업의 생산 비중에 비해 IT산업의 생산 비중이 크게 늘어나고 IT산업 분야에 많은 인력이 고용되고 있다는 점에서 정보사회가 이미 구현되고 있다고 할 수 있다.

3) 공장노동력의 종말 등 직업구조의 변화

리프킨(Jeremy Rifkin)은 『노동의 종말(*The end of work*)』(1996)에서 "노동자 없는 세계로 열린 길이 시야에 들어오고 있다"고 예언했다. 그는 역사적 전환의 중심에는 정교한 컴퓨터, 로봇, 원격통신(telecommunications), 그 밖의 정보기술이 자리하고 있는 바, 이들 정보통신 기기 및 로봇들이 제조업 분야에서 급격하게 인간을 대체하고 있다고 주장한다. 미국은 오늘날 세계 제일의 제조업 국가의 위치를 유지하면서 제조업 생산량을 지속적으로 늘려 왔음에도 불구하고, 미국의 공장 노동자들은 지난 30년간 33%에서 17%로 축소됐다고 주장한다. 리프킨이 말하는 '노동자 없는 세계'는 새로운 기술의 등장으로 설 자리를 잃은 노동자들이 서서히 몰락해 가는 상황을 일컫는 말이다. 그는 자동화 기술의 발달 등으로 향후 4반세기 안에 육체노동자들이 대량생산 조립 라인에서 사라지게 될 것이라고 내다봤다.

한편 벨(Bell, 1973)은 정보사회에서는 2차 산업, 즉 제조업 부문에서 노동자가 계속 방출되고, 이들이 새로 창출되는 3차 서비스업 부문으로 흡수되는 산업의 구조적 변동이 일어날 것으로 내다봤다. 벨에 의하면, 산업사회에서는 기계와의 연계 속에서 이뤄지는 '제조 노동'이 지배적인 유형이었다면, 탈산업사회에서는 서비스 노동이 지배적인 유형이 된다. 그리고 서비스 노동은 사람들 사이의 접촉 속에서 이뤄지는 것이기 때문에, 기본적으로 정보가 기본적 자원이 되는 노동이다. 따라서 벨에 따르면, 서비스 노동은 정보노동이며, 탈산업사회에서 지배적인 직업집단은 정보노동자로 구성된다는 것이다(Bell, 1979: 183). 벨은 나아가 서비스부문에서도 의료, 교육, 연구 등에 종사하는 전문기술직이 증대된다고 지적한다. 그는 탈산업사회를 주도해 나갈 핵심적 집단은 과학자와 엔지니어들이라고 주장한다(Bell, 1973: 17).

리프킨은 또한 정보사회에서는 정보통신 분야 및 서비스 분야에서 새로운 일자리가 창출됨으로써 제조업 부문에서 방출된 노동자들을 흡수하게 될 것이라는 일부 경제학자와 정치학자들의 낙관적 주장에 대해서도 동의하지 않는다. 그는 정보통신기술의 발달로 은행, 보험, 도소매 등 서비스 분야에서도 이미 자동화가 이뤄짐으로써 대규모의 사무직 노동자들이 고도의 전문성을 지닌 소규모 전문가집단으로 대체되고 있다고 주장한다. 그는 신기술이 인간의 노동력을 대체함으로써 블루 칼라의 일자리는 궁극적으로 소멸될 것이며, 새로 출현할 일자리도 기껏해야 컴퓨터 프로그래머, 컨설턴트, 교육자 등 소수 엘리트로 구성된 몇몇 지식노동에 불과할 것으로 예측한다.

리프킨은 자신이 처음 『노동의 종말』을 출판했던 1995년 8억 명에 달했던 실업자 및 준실업자(underemployed)의 수가 5년 뒤인 2000년에 10억 명으로 늘어났다고 밝히면서 전 세계적인 구조적 실업(structural unemployment)은 점점 심각해지고 있다고 주장한다. 리프킨은 단지 미국에서만 실업률이 4%로 크게 낮아진 것으로 발표되고 있으나, 이는 당국이 통계 기준을 바꿔 구조적 실업문제를 감추기 때문이라고 말한다. 예를 들어 실업수당의 수혜 기간이 끝난 사람 가운데 새로운 직장을 구하지 않는 사람을 '단념한 노동자(discouraged workers)'로 재분류해서 실업자에 포함시키지 않는다는 것이다(Rifkin, 2007).

정보혁명으로 인한 고용 불안에 대한 대처 방안으로 리프킨은 두 가지를 처방한다. 그 하나는 노동 시간을 단축해 일 나누기를 하는 것이고, 다른 하나는 제3섹터로서의 시민사회에서 일자리를 창출하는 것이다.

4) 포스트포디즘적 생산양식

산업사회의 특징은 흔히 포드주의(Fordism)로 규정된다. 포드주의는 대량생산 체제와 여기에 대응하는 대량소비 체제를 포괄하는 개념이다. 대량소비 사회를 유지하기 위해서는 먼저 표준화된 저렴한 제품들을 끊임없이 공급할 수 있는 대량생산 체제가 전제돼야 한다. 포드주의 생산체제의 특징은 반자동화된 조립라인 위에서 표준화된 제품이 대량생산된다는 점이다.

포드주의 생산체제는 1960년대 후반부터 선진국의 경기 침체가 지속되는 과정에서 한계를 드러내기 시작했다. 포드주의의 가장 큰 맹점은 생산 방식 자체가 경직적이라는 데 있다. 즉, 포드주의 생산체제는 본질적으로 대규모 생산설비와 거대한 관료조직으로 운영되기 때문에 국제시장 환경의 급변 및 소비자 기호의 변화, 그리고 제품의 고급화·다양화 추세 등에 발맞춰 효과적·신축적으로 대응하지 못한다는 것이다.

정보사회에서는 포드주의의 한계를 극복하고 경쟁력을 확보하기 위해 '신축적 전문화(flexible specialization) 생산 방식' 즉 '포스트포드주의(post-Fordism) 생산 방식'이 등장하게 된다. '포스트포드주의 생산 방식'의 가장 특징적인 점은 '다품종 소량생산'과 같이 시장환경에 좀 더 신축적·즉각적으로 대응할 수 있는 생산에서의 '유연성'이다. 정보사회에서의 정보통신기술의 급격한 발전은 생산체제의 유연성을 뒷받침해 준다. 특히 CAD·CAM 생산체제와 작업의 로봇화, LAN·VAN의 도입, 적시 생산 방식(Just-In-Time)의 실시 등은 생산체제의 유연성을 강화하고 있다. 이와 같이 기업은 '필요한 것을 필요한 만큼만 생산'함으로써 과잉 생산과 재고를 방지하며 고질의 다품종 소량 생산을 통해 시장점유율을 높일 수 있게 됐다(이재원·유민우 외, 1995: 221-226). 개성화·다양화를 주요 가치로 추구하는 정보사회에서는 '다품종 소량생산'을 지향하는 '포스트포드주의 생산 방식'이 훨씬 효율적이라 할 수 있다.

포디즘으로 상징되는 산업사회의 조직 원리가 표준화(standardization), 집중화(concentration), 집권화(centralization), 대형화(maximization)라면, 정보사회의 조직 원리는 비표준화 또는 탈대중화(demassification), 분산화(deconcentration), 분권화(decentralization), 소규모화(minimization)라 할 수 있다(최동수, 1999: 52).

5) 분산적·네트워크적 시스템

정보사회에서의 사회 시스템은 다양한 쌍방향 미디어의 출현으로 산업사회의 일방적·집권적 시스템으로부터 분산적·네트워크적 시스템으로 이행된다. 산업사회의 중앙집권화된 대량생산 체제에서는 계서적인 관료제 조직이 효율적이었으나, 정보사회의 다품종 소량생산 체제에서는 분권화된 네트워크 조직이 더 효율적이다.

정보사회는 네트워크 사회다. 나이스빗(Naisbitt, 1982)은 네트워크를 계서제(hierarchy)와 대비되는 개념으로 제시한다. 네트워크 사회는 네트워크의 규모가 확장되는 사회를 의미한다. 좀 더 엄밀하게 말하면, 각종 네트워크를 타고 흐르는 정보의 통합이 이뤄지는 현상을 뜻한다. 네트워크 사회의 특징은 다음과 같다(최동수, 1999: 63-64).

첫째, 네트워크 사회는 정보의 분산 처리 사회다. 종래의 단일 시스템 내에서 이뤄지던 일들이 많은 독립적 시스템의 협력체제에 의해 이뤄진다. 따라서 네트워크 사회는 다원화·수평화된 사회라 할 수 있다. 여기서 네트워크는 협력과 조정의 채널이다. 이 채널을 통해 흐르는 것이 정보이기 때문에 사회가 네트워크화될수록 정보의 중요성은 커진다.

둘째, 네트워크 사회에서 개인은 조직의 구성원이라는 정체성을 상실하게 된다. 특정 조직이 필요로 하는 능력을 갖추고 있으면 고용되고, 자신의 능력이 더 이상 조직에 도움이 되지 않는다고 판단될 때 조직을 떠난다. 네트워크 사회에서는 조직이 자신의 평생을 보장해 준다는 생각도 희박해지지만 조직을 위해 희생하고 조직에 복종해야 한다는 사고방식도 동시에 희박해진다.

셋째, 네트워크 사회는 근본적으로 커다란 외부경제 효과를 갖는 사회다. 전화망이나 컴퓨터망과 같은 네트워크는 네트워크에 가입하는 사람이 늘어날수록 망 자체의 가치가 커진다. 즉, 사회적 네트워크의 규모가 커짐에 따라 부가가치가 높아진다. 네트워크의 확장은 정보의 공유가능성을 확장시키고 정보를 공유할수록 더 높은 부가가치를 창출하게 한다.

6) 개성화 · 다양화 · 소프트화

정보사회에서는 생활 수단이 고도화됨에 따라 국민의 욕구(needs)가 다양화해서 획일적인 생활양식으로부터 개성적인 생활양식으로 이행한다. 정보사회의 두드러진 특징 가운데 하나는 대중에서 개체로 전환돼 분자화(moleculization)된다는 점이다.

정보사회는 또한 소프트화된 사회다. 소프트화란 고정돼 있지 않은 유연함을 의미한다. 정보사회에서는 시간적으로 변화가 빠르게 일어나기 때문에 필연적으로 불확실성을 증가시킨다. 정보사회에서는 그 불확실성으로 인해 미래를 예측하고 대비하기에 어려움이 있기에 예기치 못한 사태 발생에 대응할 수 있는 유연성을 길러야 한다. 유연성의 증가는 정보활동의 증가와 불가분의 관계를 맺는다. 유연성을 확보하기 위해서는 우선 정보를 수집하고 평가·판단하는 능력을 길러야 한다. 따라서 정보사회에서는 소프트화와 함께 정보화가 일어나는 것이다(최동수, 1999: 62-63).

7) 국가 간 교류 활성화 및 상호 의존 관계의 심화

정보사회에서는 국가 간 정보 유통의 원활화로 국가 간의 정치적·경제적·문화적 의존 관계가 심화된다. 국가 간 교류 활성화 및 상호 의존 관계의 심화는 세계화로 상징된다. 세계화는 세계 경제의 통합과 사회·문화적 관계의 상호의존성과 상호침투의 증가를 의미한다. 세계화는 시장·화폐·기업조직의 통합과 같은 경제적 부문의 변화는 물론 사회적·문화적 교류의 증대 그리고 환경오염과 같은 전 세계적 문제에 대한 공동 대처 등을 포함한다.

3. 지식정보사회의 역기능

정보통신기술의 급격한 발전은 '정보의 사회화'를 통해 정치·경제·사회·문화·가치관·일상생활 등 사회 전반에 걸쳐 이른바 문명사적 대전환을 가져오고 있다.

정보사회의 사회적 영향에 대해서는 비관론과 낙관론이 맞선다. 비관론은 첨단정보통신기술이나 정보를 정치 권력이 대중을 통제하거나 혹은 기업이나 자본가가 이윤 축적을 극대화하는 도구로 이용하기 때문에 정치적 지배구조 혹은 경제적 계층구조의 고질적인 불평등성을 심화시키는 결과를 초래한다고 본다. 그 밖에도 비판적 견집들은 프라이버시의 침해, 정보통제와 컴퓨터 범죄 등 정보사회에서 발생하는 특수한 사회문제에도 주목한다. 이에 반해 정보사회에 대한 낙관론자들은 정보통신기술이 정치와 경제, 그리고 일상생활 전반에 걸쳐 사회구성원으로 하여금 좀 더 능동적이고 창의적인 활동을 할 수 있도록 하는 원동력으로 작용하며, 그 결과 산업사회의 수직적·관료제적·계층제적 사회체제가 수평적이고 다원화된 사회체제로 변화하게 된다고 본다.

지식정보화사회의 역기능은 다음과 같이 요약할 수 있다(권기헌, 2000; 최동수, 1999; 이종수 외, 2005).

첫째, 정보통신기술의 발전은, 적절히 통제되지 않을 경우, 사회구성원을 통제하는 수단으로 오용될 수 있다. 정보통신기술의 발전은 사회구성원 개개인의 자산 상태, 금융거래 상황, 병력(病歷), 교유 관계, 가족 관계는 물론 통신 내용과 이동 상황 및 집안에서의 대화 내용까지 실시간으로 파악할 수 있게 해 줌으로써 이러한 개인 정보들이 한 곳에 집적돼 활용될 경우, 가공할 통제사회가 초래될 수 있다. 개인 정보의 사적인 오용은 다른 측면에서는 개인의 사생활을 침해하는 것이 된다.

둘째, 정보사회는 정치적 문맹을 초래할 수 있다. 정치정보가 과잉 공급될 경우 정보의 활용도가 오히려 떨어지고, 그 결과 정치적 문맹 상태를 유발할 우려가 있다. 특히 정보통신 기기의 지배자들에 의해 조작된 정보가 유통될 경우, 일반적인 사회구성원들은 왜곡된 정보와 그렇지 않은 정보를 식별하기가 쉽지 않다. 이러한 상황에 놓이게 되는 사회공동체 구성원들은 정치정보의 활용을 통한 정치 과정에의 참여를 포기하게 된다. 특히 정보통신 기기의 장악자가 정책 결정에 필요한 정보를 공급하지 않은 채 정치적 무관심과 정치적 이탈을 유도하기 위한 정보를 생산・공급하게 되는 경우 정치적 문맹 상태는 더욱 심화될 수 있다.

셋째, 정보사회에서는 정보 격차(digital divide)에 의한 사회경제적 불평등이 초래될 우려가 있다. 산업사회에서 가장 큰 문제는 자본의 편재와 불평등이었다. 정보사회에서는 정보 공유에 의한 삶의 질 향상과 평등이 보장될 것이라는 유토피아적 견해가 피력되기도 하나, 현실적으로는 정보의 사유화와 상품화에 따른 경제적 격차, 정보를 처리하고 습득・이해하는 정보해득력의 차이로 인해 정보 격차가 발생할 것으로 우려된다. 정보화 과정에서 정보의 불평등은 사회경제적 불평등과 연결된다.

넷째, 정보사회는 문화정체성의 상실과 인간 소외를 초래할 우려가 있다. 정보통신서비스의 개방화는 외래문화의 유입에 의한 문화적 정체성의 상실을 초래하고, 정보의 범람은 인간 소외를 초래하게 된다. 특히 국제정보 질서의 서구 중심적 편향성은 문화 제국주의(cultural imperialism) 논란을 불러일으키고 있다.

다섯째, 정보사회에서는 정보 과잉(information overflow) 현상이 초래될 우려가 있다. 정보통신기술의 급격한 발전은 기존의 제한된 유선 및 무선 미디어의 한계를 무너뜨리고 거의 무한대에 가까운 정보를 제공함으로써 정보 과잉 현상을 초래한다. 이러한 정보 과잉은 수용자의 선택의 폭을 넓혀 준다는 측면에서 긍정적인 효과를 지니기도 하나, 과잉 생산돼 소비되지 않는 정보가 누적적으로 늘어날 경우 환경오염 등 사회 전체적인 측면에서 자원 낭비를 초래하게 된다.

여섯째, 정보사회는 다양한 컴퓨터 범죄를 발생시킨다. 정보화의 역기능에는 불법적인 변조·위조를 통한 각종 컴퓨터 범죄행위와, 도청 등 정보의 오·남용, 정보 시스템 파괴에 의한 사회 혼란, 사이버 테러, 청소년 유해정보의 유통 등이 포함된다.

제 2 절 지식정보화의 행정적 함의

20세기 후반 이후 비약적인 발전을 거듭한 정보통신기술(IT)은 정치·경제·사회 등 여러 부문에 걸쳐서 혁명적인 변화를 가져오고 있다. 정보통신기술의 발전은 행정에서도 패러다임의 변화를 초래하고 있다. 즉, 정보사회에서는 국민의 기대와 수요가 변화함에 따라 정부의 기능도 변하고 있으며, 사회구조가 네트워크 시스템으로 바뀜에 따라 공공부문과 민간부문 그리고 중앙정부와 지방정부 간의 관계도 변화하게 되고, 정보통신기술의 발달에 따라 행정서비스의 공급 방식도 변화되고 있다. 그리고 계층제로 상징되는 전통적 관료제조직이 수평적·임시적 조직으로 바뀌고 있으며, 관료들의 관리 행태도 정보사회 구성원들의 성격 특성에 부합하도록 변화되고 있다.

다음에서는 정보사회의 행정적 함의를 (1) 참여민주주의 구현, (2) 정부 기능의 축소와 분권화, (3) 전자적 행정서비스의 제공, (4) 행정관리의 전자화·효율화, (5) 지식행정의 구현, (6) 수평화된 네트워크형 조직구조, (7) 사명감과 가치 창조를 강조하는 동기부여로 나눠 고찰하고자 한다(이종수 외, 2005; 박우순, 2002; 권기헌, 2000).

1) 참여민주주의 구현

정보사회의 정치적 함의 가운데 하나는 대의민주주의(representative democracy)를 넘어 참여민주주의(participatory democracy)와 직접민주정치(direct democracy)가 구현될 수 있다는 점이다. 적지 않은 사람이 정보사회가 정보통신기술을 이용해 전자민주주의(e-democracy)를 구현하는 등 민주주의를 꽃피워 줄 것으로 기대한다. 정보화는 일반 국민의 정치적 참여 폭을 넓혀 준다. 컴퓨터의 자유게시판이 좋은 사례가 된다. 정보사회에서 국민들은 중요한 정치적 현안이 발생할 때마다 자유토론장에 수많은 의견을 즉각적으로 올린다.

나이스빗(Naisbitt, 1982)은 '대의민주주의에서 참여민주주의로'의 변화를 1980년대를 휩쓴 10대 변화 중의 하나로 꼽았다. 토플러(Toffler, 1980)도 『제3의 물결』에서 정보사회는 의사결정의 분산화를 통해 직접민주주의 형태로 나갈 것임을 예견한다. 아터튼(Arterton, 1987: 197)은 텔레데모크라시(teledemocracy)의 개념을 소개하면서 정부의 각종 정책 입안 과정에서 구성원들의 참여의 폭을 획기적으로 넓힌 뉴미디어를 강조한 바 있다. 또한 아브람슨과 그의 동료들(Abramson, et al., 1988: 165)은 민주주의의 평민정치이론(plebiscitary theory)을 제시하면서 이상적인 국민의 직접적인 정치 참여의 속성을 언급했다.

정보사회에 대한 낙관론자들은 디지털 혁명이 대의정부의 투명성 · 반응성 · 대표성 · 책임성을 강화하고 시민의 정치 참여를 활성화시킬 수 있을 것으로 기대한다. 정보화가 진전되면 전자투표와 같은 일종의 직접민주주의가 가능할 것이라는 주장은 일찍부터 제기된 바 있다. 특히 컴퓨터를 매개로 하는 의사소통 방식(computer-mediated communication)은 그 속도나 쌍방향성의 측면에서 직접민주주의를 불가능하게 했던 시공(時空)의 물리적 제약을 해체한다. 일반 시민은 또한 과거 정부나 엘리트에 의해 독점됐던 많은 정보에 접근할 수 있게 된 것이다. 정보의 생산과 유통이라는 면에서 일반 시민은 더 이상 수동적 존재가 아니다. 기존의 매체와 비교할 때 사이버 공간은 누구나 정보를 생산하고 유통시킬 수 있다는 점에서 탈중심적 · 개방적 · 수평적 관계망을 형성한다. 전자공간상에서는 시민 상호간의, 시민과 정치인들 사이에 좀 더 직접적인 의사소통이 이뤄지고, 다양한 결사체와 공론장도 활발히 형성되고 있다. 디지털 혁명은 시민을 능동적인 행위자로 변화시키고 있으며, 직접민주주의 또는 숙의민주주의의 실현 가능성을 높이고 있다(김세균, 2005: 68-69).

그러나 다른 한편 정보사회가 민주주의의 위기를 초래할 수 있다는 비관론도 존재한다. 첫째, 고도의 정보통신기술을 이용한 교묘한 대중 조작과 감시 체제의 위험성이 상존한다는 것이다. 특히 정보통신망의 통합은 사회구성원 모두의 일거수일투족을 파악·통제할 수 있는, 오웰(George Orwell)이 「1984년」에서 묘사한 이른바 대형(大兄, Big Brother)이 지배하는 통제사회를 초래할 수 있다는 것이다. 둘째, 정보사회에서는 전통적으로 민주주의의 틀이 무너지면서, 국민을 통합하고 가치를 합리적으로 배분하는 정치 고유의 기능이 위협받게 된다는 것이다. 즉, 정보사회에서 비록 대중의 참여가 이뤄진다 해도 국지화·분절화돼 전통적인 정치적 기능을 이어받기 어려울 뿐 아니라, 기대와 달리 대부분의 대중이 정치 참여에 관심을 보이지 않는 탈정치화와 개인주의화 경향이 극대화될 가능성도 크다는 것이다(최동수, 1999: 89-90).

2) 정부 기능의 축소와 분권화

정보사회에서는 정보통신기술의 발달로 세계화가 추진되면서 개별 국가의 주권과 정책 기능이 약화된다. 특히 정부가 특정 산업의 성장을 위해 추진하는 국민국가적 재정·금융정책과 규제 기능 등이 크게 제약된다. 김광웅(1995)은 정보사회에서는 지금까지와는 다른 스타일의 정부가 요구된다고 하면서, 기존의 정부 스타일의 특징을 다음과 같이 여섯 가지로 요약한다. (1) 사회에 대한 직접적 통제, (2) 인위적인 자원 배분, (3) 불필요한 부문에서의 독점적 지위 유지, (4) 중앙집권적 권한 배분, (5) 공식 부문 위주의 행정 처리, (6) 규격화와 획일화의 원리.

정보사회에서는 또한 사회 각 부문의 네트워크화가 가속화됨으로써 분권화가 촉진됨과 동시에 연결성(connectivity)이 강화된다. 디지털사회에서의 분권화는 세계기구와 개별 국가, 개별 국가 내의 공공부문과 민간부문 그리고 중앙정부와 지방정부 간에 일어난다. 이와 같이 사회 각 부문 간의 분권화를 통한 역할 분담이 촉진되는 것은 바로 디지털사회의 특성 때문이다.

3) 전자적 행정서비스의 제공

행정의 궁극적인 존재 이유는 국민에게 좀 더 높은 질의 행정서비스를 제공하는 것이다. 정보사회의 행정적 함의 가운데 하나는 행정서비스가 전자적 방식으로 생산·제공됨으로써 민원인의 편익이 크게 제고된다는 점이다. 정보통신기술의 발전에 따라 국민은 이때까지 행정기관을 직접 방문하는 등 오랜 시간과 노력을 들여 제공받던 서비스를, 인터넷을 통해 가정이나 직장에서 직접 제공받을 수 있게 된 것이다.

1980년대까지는 정부기관에서의 정보기술 활용이 일부 업무에 대한 자동화를 지원해 주는 수준에 머물렀으나, 1990년 초에 들어와서 미국을 중심으로 키오스크(Kiosk) 등을 이용해 행정서비스의 전달이 전자적으로 이뤄지게 됐다. 최근에는 정보통신기술의 획기적 발전으로 많은 공공기관에서 기존의 행정서비스 전달 방식을 탈피해 질적으로 향상된 행정서비스를 제공하고 있다. 정보통신의 기술 패러다임은 인터넷에서 모바일로, 모바일에서 다시 유비쿼터스 컴퓨팅·네트워크 기술로 급속하게 진화하고 있다. 이러한 정보통신기술의 발전에 맞춰 정부의 서비스 수준이 획기적으로 개선되고 있는 것이다. 이러한 노력들은 전자정부의 구현을 통해 나타나고 있다.

4) 행정관리의 전자화·효율화

정보사회의 또 다른 행정적 함의는 행정정보화 사업을 통해 전자적 정보관리, 전자적 업무 처리를 통해 행정관리의 효율성이 크게 증대된다는 것이다. 행정기관 내의 정보 시스템 구축을 통해 행정정보의 생산·유통·보존이 전자적으로 이뤄짐으로써 '종이 없는 행정'이 구현되고, 기존의 대면적 결재가 전자결재로 대체되며, 원거리 기관 간에 화상회의 개최가 가능하게 되는 등 행정의 효율성이 크게 신장될 수 있다.

5) 지식행정의 구현

지식기반 경제(knowledge-based economy)가 확산됨에 따라 정부는 지식과 정보의 창출, 활용, 공유, 확산을 위한 지식관리 활동을 강화해야 한다. 지식정부는 개인과 기업을 비롯한 사회가 더 많은 지식을 창출하고 활용할 수 있도록 지식을 확산시키는 정부라고 할 수 있다. 지식정부는 그러나 정부가 직접적으로 지식의 창출과 활용을 주도하는 것이 아니라, 개인과 기업이 지식활동을 잘 할 수 있도록 지원하는 시스템을 구축하는 데 그쳐야 한다. 이러한 점에서 정보지식의 창출, 저장, 공유, 확산, 활용 등을 위해서는 이를 지원하는 조직문화가 대단히 중요하다. 지식 지향적 조직문화에는 지식에 대한 가치 인식, 지식이 시장에서 거래될 수 있다는 신념, 지식 창출과 공유를 위한 조직화된 노력 등이 포함된다. 특히 즉시 거래할 수 있는 지식을 결여한 조직에서는 지식 창출에 우호적인 조직문화를 확립해야 한다. 조직문화는 지식 창출을 위한 선제 조건이 된다. 이러한 점에서 지식의 창출, 공유, 확산은 하나의 문화 현상이라 할 수 있다(Brooking, 1996; 박우순, 2002; 이종수 외, 2005).

6) 수평화된 네트워크형 조직구조

정보사회의 조직구조는 탈관료제를 지향한다. 내적 통제성과 효율성의 장점을 지니는 전통적 관료제는 산업국가 시기에는 가장 효과적인 조직 형태 가운데 하나라고 할 수 있다. 그러나 환경이 급변하는 정보사회에서는 항구성을 조직구조 형성의 기본 원리로 삼고 있는 관료제 조직은 그 한계를 드러내게 된다. 따라서 탈관료제론자들은 관료제의 항구적 구조 대신에 임시구조(temporary structure)를 처방하고, 계층제 대신에 수평화된 탈계층제 구조를 처방하며, 전임직 대신에 임시직을 처방한다. 디지털화는 이와 같이 전통적 관료제의 계층제를 수평화시킬 뿐만 아니라, 정부조직 내부는 물론 외부와의 관계도 네트워크 구조로 전환시킨다. 수평화된 조직구조는 의사 결정 단계의 단축, 관리비용의 단축, 조직 세분화에 따른 낭비를 제거해 줌으로써 조직의 생산성을 제고할 수 있다. 조직이론가들은 지식정보화 시대의 전형적인 탈관료제 모형으로 학습조직(learning organization)[2])을 제시한다(Senge, 1990).

7) 사명감과 가치 창조를 강조하는 동기부여

지식의 창출 및 활용을 강조하는 정보사회에서의 동기부여는 복종과 근면보다는 상상력과 유연성, 그리고 그 결과에 대한 책임과 몰입이 이뤄지는 방향이어야 한다(드러커 외, 1997). 정보사회의 동기부여는 산업사회에서와는 달리 (1) 사명감, (2) 계획의 조정, (3) 학습, (4) 평판, (5) 가치 창조 활동에의 참여 등을 강조한다.

정보사회에서 관리자는 구성원들이 사명감을 가질 수 있도록 도와주어야 하며, 조직구성원들이 스스로 그들의 계획을 작성하고 조정할 수 있도록 의사결정을 위임해야 한다. 불확실성이 높은 정보사회에서는 또한 새로운 기술을 배우고 적용하는 학습이 중요한 동기부여 수단이 되는 바, 조직관리자는 구성원들에게 학습과 경험을 제공해야 한다. 그리고 정보사회에서는 구성원들에게 평판을 높일 수 있는 기회를 부여하는 것이 주요 동기부여 수단이 되는 바, 조직구성원의 전문성을 대내적으로 홍보하고, 보상을 제공하며, 혁신의 주체로 인정하는 것이 중요하다. 그리고 정보사회에서는 무엇보다 가치창조 활동에의 참여가 중요한 동기부여 수단이 되는 바, 창의력을 발휘해서 핵심적 성과를 달성하고 예산을 절감한 구성원 등에게 보상을 제공하는 등의 유인책을 활용해야 한다(이종수 외, 2005).

제 3 절 행정정보화와 전자정부

1. 행정정보화

행정정보화는 정보화를 통해 행정 업무의 처리 방식을 혁신하고, 행정서비스의 질을 향상시키며, 국가사회의 정보 기반을 구축하는 것을 말한다. 행정정보화는 기존

2) 학습조직은 조직구성원에 의해 지식이 창출되고, 이에 기초해서 조직혁신이 이뤄지며, 조직의 환경적응력과 경쟁력이 증대돼 나가는 조직을 말한다. 즉, 조직구성원이 스스로 새로운 지식의 창조·획득·공유 등의 활동을 통해 새로운 환경에 적응할 수 있도록 끊임없이 자기 변신을 할 수 있는 조직을 의미한다.

의 업무를 단순히 전산화하는 행정전산화보다 포괄적인 개념으로, 행정기관 내부적으로는 행정의 효율화와 간소화를 추진하면서 동시에 고도화되는 국민의 행정서비스 욕구를 충족시켜 줄 수 있는 행정을 추구하는 것을 의미한다.

행정정보화는 행정 업무, 사업 및 조직을 개혁하기 위한 중요한 수단이며, 국민의 입장에서 효율적이고 효과적인 행정 실현을 목적으로 한다. 달리 말하면, 정보 시스템을 이용해 행정 업무를 수행하는 것으로 정의할 수 있다. 정보 시스템은 컴퓨터, 통신, 데이터베이스 그리고 이것을 이용하는 사람을 하위 시스템으로 하는 시스템을 말한다. 정보 시스템은 행정 내부의 커뮤니케이션 원활화, 정보 공유에 따른 정책 결정의 신속화 등을 통해 행정관리의 효율화를 도모해 준다.

특정 국가의 특정 시점에서의 행정정보화는 정보 시스템 및 하위 시스템의 기술적 상태와 그 국가의 경제 규모, 정치 체제 그리고 정보화에 대한 사회적 통념 등에 따라 영향을 받는다. 우리나라의 행정정보화 사업은 1978년의 행정전산화를 필두로 해서, 1987년 행정전산망 사업, 1994년 초고속 정보통신망 사업으로 진행됐다. 1996년 6월 11일에는 정보화촉진기본계획을 확정하고 '작지만 효율적인 전자정부의 구현'을 포함하는 정보화 촉진 10대 중점 과제를 선정했다. 그리고 1998년에는 '사이버코리아 21'계획이 수립돼 전자정부 구현을 위한 구체적인 사업이 추진됐다(이종수 외, 2005).

2. 전자정부

전자정부(e-government)는 정부조직 내외의 지식과 정보를 전자적으로 체계화해서 정부조직을 능률적으로 관리하고 국민에게 신속하고 능률적인 행정서비스를 제공하는 정부를 말한다. 다시 말하면 전자정부는 정보기술을 이용해서 행정 업무를 혁신하고 국민에 대해 양질의 행정서비스를 효율적으로 제공하는 지식정보사회의 정부라고 할 수 있다. 전자정부의 과제로는 (1) 정부서비스의 전자적 처리, 즉 정부-국민, 정부-기업 간 업무(G2C 와 G2B)의 전자적 처리, (2) 정부 내 업무 처리의 전자화, 즉 정부기관 내부 및 정부 상호간 업무(G2G)의 전자화, 그리고 (3) 정부 정보화의 기반 구축 등을 들 수 있다.

전자정부는 정보통신기술 패러다임이 인터넷에서 모바일로, 모바일에서 다시 유비쿼터스 컴퓨팅 · 네트워크 기술로 진화함에 따라 전자정부(e-government)에서 유비쿼터스 정부(u-government)로 진화해 가고 있다. 전자정부는 그 밖에도 디지털정부(digital government), 지식정부(knowledge government), 온라인정부(on-line government), 이동정부(mobile government) 등의 별칭을 지닌다.

전자정부 구현은 국가경쟁력의 기본틀이 된다는 점에서 21세기의 선진국에서는 반드시 추진해야 할 사업으로 인식되고 있다. 미국은 1993년부터 '정보기술을 이용한 행정 업무 재설계' 계획을 수립 · 추진해 PC나 키오스크 등을 이용한 전자적 행정서비스를 제공한다. 영국은 1996년에 '전자정부 구현 정책'을 발표해 전자 간이 합동민원실을 설치했고, 정부서비스의 온라인 목표를 2001년까지 25%, 2005년까지 50%, 2008년까지 100%로 설정해 단계적 전자정부 구현을 추진하고 있다. 일본의 경우에도 1995년에 '행정정보화 추진 기본계획'을 수립해 2003년까지 행정 업무의 전자화를 완료한다는 목표 아래 전자정부 구현을 추진하고 있다(이종수 외, 2005).

우리나라의 경우에는 1996년 확정된 '정보화 촉진 기본계획', 1998년의 '사이버코리아 21' 계획, 2001년 7월부터 시행된 '전자정부 구현을 위한 행정 업무 등의 전자화 촉진에 관한 법률'(약칭 전자정부법) 등을 통해 전자정부 구축 노력이 전개되고 있다. 전자정부법에서는 다른 법령에서 종이 문서로 민원을 신청하도록 하거나 종이 문서로 고지서 · 통지서를 보내도록 규정하고 있는 경우에도 이를 전자문서로 신청하거나 고지 · 통지할 수 있도록 했다. 세금 · 수수료 등을 현금 · 수입인지로만 납부하도록 규정한 경우도 전자화폐나 전자결재 등 전자적 수단을 통해 납부할 수 있게 된 것이다. 이처럼 전자정부법이 정착되면 안방 전자민원 서비스가 제도적으로 가능해질 전망이다.

전자정부의 목표는 정보기술을 활용해 국민에게 질 높은 행정서비스를 제공하는 데 있다. 그동안 전자정부 종합실천계획에서 제시된 우리나라의 전자정부 비전은 정보기술을 활용해 국민 위주의 질 높은 행정서비스를 제공하는 21세기 지식정보사회형 전자정부를 구현하는 데 있다. 행정자치부가 1998년 9월 발표한 '전자정부의 비전과 전략'은 우리나라 전자정부 구현 사업의 핵심 목표를 제시했다. 이 보고서에서 행정자치부는 전자정부의 구현 과제를 6개 분야 18개 과제로 체계화했는데, 그 구체적 내용은 다음과 같다.

첫째 분야는 국민 지향적 행정서비스 혁신이다. 이는 전자정부를 통해 국민 누구나 언제 어디서나 원하는 방법으로 행성서비스를 받을 수 있도록 하는 것을 말하며, 원스톱, 논스톱 서비스 추진, 민원서비스 전달 수단의 다양화를 추구한다.

둘째 분야는 행정 업무의 효율적 재설계이다. 행정 업무의 처리 절차를 자동화, 최소화, 네트워크화해서 종이문서 없는 환경으로 재설계하고, 전자결재제도의 전면 시행, 전자문서 유통 체계의 확립, 행정 업무의 자동화 확대 등을 통해 행정의 효율성을 제고하고자 한다.

셋째 분야는 행정정보 공동 이용의 활성화다. 정보 공동 이용은 특정 기관의 보유 정보를 다른 기관에서 다시 수집, 가공, 보관하는 비효율성을 없애 줌으로써 행정의 효율성 제고를 가능케 한다. 이를 위해 가치 있는 정보의 DB 구축, 공유, 및 연계가 필요하다.

넷째 분야는 공무원 개인의 사무생산성 제고다. 정보기술을 이용해 공무원의 사무처리 능력을 향상시킴으로써 업무의 효율성을 구현한다. 공무원에게 PC 및 전자우편 주소를 보급하고, 공무원의 정보화 교육을 강화한다.

다섯째 분야는 행정서비스 정보 기반 구축이다. 여기에는 정보자원의 효과적 이용과 행정서비스의 효율적 제공을 위한 정보기술 기반의 구축을 위해 정부 고속망을 중심으로 부처 인트라넷을 연계하고, 정보 시스템 및 전자 문서 등의 표준화를 정립하며, 시스템의 안전성, 신뢰성을 확보하기 위한 대책과 컴퓨터 범죄 방지 대책 등이 포함된다.

여섯째 분야는 법 · 제도의 개선이다. 전자정부 구현을 방해하는 불합리한 행정 관행, 제도 및 법의 개선, 전자인증 및 수수료 납부제 도입, 정보화 책임관(CIO)제 도입, 효율적 정보자원 관리와 아웃소싱 도입, 그리고 전자정부의 성과평가 등을 포함한다.

3. 지식정부

지식정부(knowledge government)는 개인과 기업을 비롯한 사회가 더 많은 지식을 창출하고 활용할 수 있도록 지식을 확산시키는 정부를 말한다. 오늘날 정보사회의 패러다임은 정보의 상위 개념으로서의 지식을 중시하는 지식사회 패러다임으로 전환됐다. 전자정부는 정보기술의 활용에 초점을 두고 있는 반면에 지식정부는 지식의 창출과 활용을 강조한다는 점에서 양자는 구분될 수 있다. 그러나 지식정부와 전자정부는 양자 모두 정부의 효율적 행정서비스의 생산과 공급을 위한 수단 또는 방법이라는 점에서 공통점을 지닌다.

지식정부는 기업의 지식경영(knowledge management)에서 비롯됐다. 지식경영의 핵심은 기업이 이윤의 목적을 달성하기 위한 수단으로 조직이 소유한 지식을 체계적으로 활용하고 새로운 지식을 창출하는 데 있다. 지식은 무형적인 성격을 띠고 있지만 조직의 모든 활동에 필요한 자원이다. 따라서 조직 내의 지식을 활용할 수 있게 하기 위해서는 지식에 가치를 부여하고 지식을 소유하고 있는 사람에게 여러 가지 유인을 제공해야 한다. 이것은 지식이 전통적인 상품 및 서비스와 같이 거래되고 유통될 수 있는 조건이 구비돼야 한다는 것을 의미한다. 또한 지식이 거래되고 유통되기 위해서는 시장이 필요한데, 이것을 지식시장(knowledge market)이라고 한다(Davenport & Prusak, 1998: 25－51; 박우순, 2002: 254－255).

지식정보사회에서 요구되는 바람직한 정부의 요건으로 경제협력개발기구(OECD는 조직의 슬림화와 기존 행정관리 및 운영 패러다임의 전면적 수정을 제시하면서 앞으로의 행정은 지식을 바탕으로 이뤄져야 한다고 강조하고 있다. 즉, 정보통신기술(IT)을 사용해 지식정보의 산출, 확산, 이용 및 관리와 행정인의 창조적이고 혁신적인 능력의 통합을 통해 부가가치를 창출하는 행정이 돼야 한다는 것이다.

행정조직의 지식관리란 공무원이나 조직 차원에서 지식을 적극적으로 창출하고, 이를 조직 내 다른 구성원과 효율적으로 공유하며, 조직 내 지식창고에 체계적으로 저장해 지식 기반 행정을 가능케 하는 일련의 과정으로 정의할 수 있다. 여기서 요구되는 지식은 학문적 지식의 범위를 넘어 현장에서 사용될 수 있는 실천적 지식

(working knowledge)으로서의 현장 지식으로 불린다(Davenport, 1998). 그 개념은 자신의 일을 개선, 개발, 혁신해서 끊임없이 부가가치를 창출할 수 있는 능력으로 정의되기도 한다(Drucker, 1993). 이렇듯 실천적 지식이 강조되면서 지식의 범위도 확장되고 있다(이종수 외, 2005: 602).

지식사회의 행정모형으로서의 '지식행정'은 지식사회를 설계하고, 지식 창출·형식화·전파·활용 등 지식관리를 통해 가치를 창출하고 극대화하는 행정을 말한다. 지식행정의 외연적 모습은 지식정부로 나타난다. 지식행정은 장래의 기회와 위협 요소에 대응하기 위해 행정활동의 프로세스를 끊임없이 개선하는 학습 과정으로서 조직 프로세스를 급격히 변화시키는 리엔지니어링과 구분된다. 이에 따라 행정조직은 창조력을 지닌 유기체로 기능하도록 스스로 인도하는 자기 지시적(self-guiding) 능력을 발휘하며, 여기서 자신의 행위 과정을 결정하고 변화시키는 능력을 갖게 된다. 아울러 전문화된 행정으로서 지식의 창출·전달·응용 과정에서 반응적 양상을 보여준다(한세억, 1999; 이종수 외, 2005: 602).

지식의 창출·저장·공유·확산·활용 등을 위해서는 이를 지원하는 조직문화가 중요하다. 사회문화 또는 조직문화로서 지식의 유통을 제약하는 요인에는 폐쇄성, 경직성, 정의성(情誼性), 비협조성, 과거지향성, 구전성(口傳性), 권력지향성 등이 있다(박우순, 1999). 지식 또는 정보의 효율적 관리를 위해서는 정부에 내재하는 조직문화가 지식 및 정보사회에 도움이 될 수 있도록 변화돼야 한다(박우순, 2002: 258-259).

Chapter 16

민주화와 행정

제 1 절 시민사회의 등장과 민주화

1. 근대 시민사회의 형성 과정

인류의 역사는 인간의 가치와 존엄성 그리고 자유의 확대를 향해 진보해 왔다. 근대국가 성립 이전의 개인은 그러나 국가에 대한 단순한 복종의 대상일 뿐이었다. 그러나 문예부흥기(Renaissance)를 거치면서 서양 사회에서 인간은 태어나면서 기본적 인격과 권리를 갖는다는 천부인권설(天賦人權說)이 새로운 인간관으로 전파되기 시작했다. 그 결과 18세기에는 개인은 국가에 대해 복종의 의무를 질 뿐만 아니라 동시에 권리를 지닌다는 사회계약설(social contract theory)[1]이 대두하게 된 것이다. 사회계약설은 합리적 개인은 생명과 재산을 위협하는 내외의 적으로부터 자신을 보

1) 근대국가 성립에 크게 기여한 사회계약론은 국가의 기원을 사회구성원 개개인의 묵시적 계약에 두려는 학설을 말한다. 즉, 사회구성원들이 '만인 대 만인의 투쟁'을 야기하는 '자연 상태'를 벗어나 안전을 확보하기 위해 묵시적 계약에 의해 국가를 성립시켰다는 국가기원설이 사회계약설인 것이다.

호하고 사회 공동의 목적을 달성하기 위해 '묵시적' 계약에 따라 국가와 정부를 형성하게 된다는 것이다. 이러한 개인의 발견으로 정치사회의 주된 관심은 국가의 침해로부터 개인의 자유를 어떻게 보호하느냐 하는 문제로 옮아가게 된 것이다.

근대국가는 봉건적 토지소유제를 바탕으로 한 중세 농업사회의 해체를 딛고 형성·발전된 것이다. 근대국가의 성립 과정에 주요 역할을 담당한 사회 세력은 르네상스 이후 새로운 경제 세력으로 등장한 상공인 집단과 중산층 도시민으로 구성된 이른바 부르주아 계층이다. 서구 사회의 역사적 발전 과정에서 십자군전쟁 이후 새로운 경제 세력으로 떠오른 상공인 집단은 절대군주의 비호 아래 부를 축적하게 된다. 그러나 이들 상공계급과 새로운 사회 형태로서 '도시' 속에서 성장한 시민계급이 시간이 지나면서 절대군주를 그들 자신의 경제저 성장과 자유로운 시민생활의 장애요인으로 간주하게 됨으로써, 절대군주국가적 지배 질서를 폭력적 방법으로 타파하기 위해 시민혁명을 추진하게 된 것이다. 시민혁명의 주도 세력이 신흥 상공 세력이었다는 관점에서 학자들은 17~18세기의 시민혁명을 부르주아 혁명으로 규정하고 있다. 영국의 명예혁명(1688), 프랑스대혁명(1789)으로 대표되는 시민혁명은 본질적으로 부르주아 혁명(bourgeois revolution)의 성격을 지닌다.

이들 부르주아 계층은 시민의 자유를 지키기 위해 국가의 간섭을 배제하려고 노력했다. 당시 개인의 권리와 자유의 영역을 확대시키기 위해 등장한 이데올로기가 바로 고전적 자유주의 사상으로, 자유주의 사상가들은 국가 기능의 축소를 지향하는 야경국가론을 주창하기에 이르렀다. 이들은 국가사회 전체를, 국가를 중심으로 한 공공 영역과 시민사회로 구성된 민간 영역으로 이원화하는 관점을 정립했다(구영록 외, 2001: 376－377 참조).

시민혁명은 그 시기와 전개 과정이 각국의 상황에 따라 다양하게 나타났다. 서구 사회의 시민혁명이 궁극적으로 경제생활과 시민생활에서의 국가 권력의 간섭을 배제하고 자유를 확대하기 위해 자유방임주의적(laissez faire) 입장을 취하게 됨으로써 개인의 자유를 중시한 근대 시민사회가 도래하게 된 것이다. 이러한 근대 시민사회는 정치적으로는 민주주의 정치체제를, 그리고 경제적으로는 자본주의 경제체제 발전의 바탕을 마련하게 된다.

당시의 시민혁명을 이론적으로 뒷받침한 사상은 로크의 『시민정부론(*Two Treaties in Civil Government*)』에 등장하는 주권재민론(popular sovereignty), 몽테스키외의 『법의 정신(*De l'esprit des lois*)』에서 제시된 권력분립론(separation of power), 그리고 루소의 『사회계약론(*Du contrat social*)』에 있는 법치주의(rule of law) 등이라 하겠다.

정치권력이 사회 각 부문에 대해 절대적 영향력을 행사했던 전근대적 사회에서는 국가 활동의 영역과 사회의 영역이 명백하게 구분되지 않았다. 그러나 근대 사회에 들어서면서 사회구성원들의 자발적인 의사에 따라 조직되는 사적 활동 영역이 조직화되면서 정부의 공적 활동 영역(public sector)과 민간활동이 이뤄지는 사적 영역(private sector)으로 구분하게 됐다. 킨(Keane, 1989)과 헬드(Held, 1984)는 국가 이외의 전 사회 영역을 시민사회(civil society)라는 개념으로 포괄하고 있다. 물론 논자(Cohen & Arato, 1992)에 따라서는 국가와 경제를 매개하는 사회 영역만을 '시민사회'로 간주하는 사람들도 없지 않으나, 여기에서는 '시민사회'를 '경제적 시민사회'와 '비경제적 시민사회'를 포괄하는 총체적 의미로 사용하고자 한다.

정부에 대해 시민사회가 어느 정도의 자율성을 지니느냐 하는 문제는 민주화와 관련해 커다란 중요성을 지닌다.

2. 시민사회의 의의

시민사회(civil society)의 개념은 시대적 · 사상적 배경에 따라 다양하게 규정된다. 여기서는 시민사회를 "사적 시민들이 국가의 통제를 받지 않고 스스로 다양한 조직을 창출해 상호 작용하는 사회적 생활의 영역"으로 규정하고자 한다.

시민사회 개념은 풍요로운 역사적 · 이념적 배경을 지닌다. 역사적으로 시민사회(civil society, bürgerliche Gesellschaft)는 17~18세기에 걸쳐 봉건사회와 절대주의 국가에 대립되는, 경제적 · 정치적 · 문화적 자주 세력군으로 통일된 시민계층(Bürgertum), 즉 시민의 총체로 나타났다(Kraiker, 1990: 331; 배동인, 1992: 36).

시민(Bürger, citoyen, bourgeois)은 원래 고대 도시국가인 폴리스(polis)에서 출

생 신분에 따라 부여된 정치적 결정권의 담지자(擔持者)를 뜻했다(Bayer, 1980: 69f). 민주정치의 원형은 고대 그리스의 직접민주정치에서 찾을 수 있다. 그러나 이 당시 민주정치는 노예를 제외한 자유민(전체 인구의 1/10~1/20에 불과함)만이 정치에 참여할 수 있는 제한된 직접민주정치였다. 시민의 개념 규정은 17세기에 하나의 전환점을 맞게 된다. 이때의 시민이론가들은 절대군주에 의한 국가권력의 독점화로 말미암아 정치적 의미를 박탈당한 부르주아에게 국가권력의 통제와 행사에 참여토록 해야 한다고 주장한 것이다.

그리스 시대 이래의 '고전사상'에서 시민사회와 국가는 구분되지 않는 것으로 인식됐다. 아리스토텔레스의 폴리스는 시민들이 스스로 지배하는 동시에 지배를 받는 덕스러운 임무를 공유하도록 규정한 '결사체들의 결사체'였다. 시민사회에 대한 생각들이 근본적인 전환을 맞게 된 것은 산업혁명기인 18~19세기의 일이다. 스코틀랜드의 계몽주의 사상가들은 아리스토텔레스, 플라톤, 홉스와 내조석으로 자발적인 결사체들을 통해 새롭게 실현된 개인의 권리와 자유를 국가의 부당한 침입으로부터 방어하기 위한 방어책으로 시민사회를 봤다.

물론 계몽주의 사상가에서도 국가와 사회의 구분과 관련해 미묘한 차이를 찾아볼 수 있다. 홉스(Thomas Hobbes)와 로크(John Locke)가 시민사회를 국가(commonwealth)의 동의어로 간주한 것과는 달리, 밀(John S. Mill)과 스미스(Adam Smith)가 관찰했던 시민사회는 국가의 해악으로부터 자유로운 개인과 경제의 자유 영역이었다(주성수, 2006: 142). 시민사회는 홉스의 『리바이어던(*Leviathan*)』에서, 로크의 『시민정부론』에서 국가(commonwealth)와 거의 동의어로 제시된다(김상준, 2003: 11-2). 계약론자인 로크는 시민사회를 시민정부와 거의 동의어로 나누면서 원시사회나 자연 상태와 구분하기 위해 사용했다. 물론 계약론자들이 사용하는 시민사회의 개념은 절대왕정이라는 국가제도로부터 자유를 쟁취하는 측면이 없는 것이 아니나, 전체적 흐름으로 볼 때 시민사회 개념은 절대왕정이라는 국가 개념에 대비되는 개념이라기보다는 자연 상태에 대비되면서 제기된 개념이었다.

다시 말하면, 18세기까지는 시민사회와 정치사회는 시민 영역(Bürgergemeinde, civitas)과 공공 영역(res publica)으로서 아직 개념상으로 분리되지 않았다. 19세기 말까지 자주 사용돼 온 '국가사회(Staatsgesellschaft)'라는 개념이 이러한 불확실성을 표현해 준다. 사회와 국가의 개념은 19세기 들어 헤겔(Georg W. F. Hegel) 등에 의해 명확하게 구분돼 사용되기 시작했다(배동인, 1992: 36－44). 이들에 따르면, 시민사회는 국가와는 별개의 사회경제적인 제도이며, 정부로부터 아무런 지도나 간섭 없이 개개인이 그들의 공동 이익을 추구할 수 있도록 해 주는 모든 제도(institutions)를 의미하는 용어로 쓰이기 시작했다.

18~19세기 유럽에서 풍미했던 '시민사회' 개념의 공통적인 특징은 다음과 같이 요약할 수 있다. 즉, 시민사회는 (1) 국가로부터의 독립적인 영역, (2) 개인의 권리, 특히 재산권을 부여하는 사회, 그리고 (3) 국가로부터 독립적이고 상호 경쟁하는 무수한 자치적인 경제단체 혹은 기업을 망라한다(Shils, 1997: 324－5; 주성수, 2006: 142－143).

오늘날 시민사회는 국가나 정부와는 독립적으로 존재하는 사회구성원 간의 연결망(network)을 의미하게 되는데, 국가와 시민사회의 관계를 바라보는 시각과 관련해서 관점들이 다양하게 나뉜다.

3. 시민사회를 보는 관점의 다양성

시민사회의 개념은 오늘날 상이한 이념적 관점에 따라, 그리고 정치적 시각과 경제적 시각 등에 따라 다양하게 해석된다.

시민사회의 개념은 일반적으로 경제적 관점에서 국가와 시장과의 관계에서 나타나는 특징을 중심으로 정의된다. 시민사회를 국가와 대비해서 '자유로운 개인과 경제의 자유 영역'으로 규정한 고전적 자유주의자와, 민영화와 감축관리 등을 통해 공공부문을 축소하고 시장의 영역을 넓힐 것을 주창하는 신자유주의자의 개념 정의가 이러한 예에 속한다. 신자유주의자는 시민사회를 "사회에 대한 국가 역할의 최소화를 의미하는 것으로, 국가권력을 제한시키는 메커니즘이자 국가의 많은 기능에 대한 대안"으로 간주한다는 것이다(Anheier, et al., 2001: 11).

다른 한편 시민사회의 발전은 공공정책의 확대와 밀접하게 관련된다. 시민사회의 활성화에 따른 정부 프로그램의 확대는 NGO의 참여를 필요로 하고 또 NGO는 정부에 대해 새로운 프로그램을 요청하게 됨으로써 결과적으로 정부 기능이 확대된다. 이러한 관점에서 볼 때 포스트모던 국가의 한 특징은 '정부의 확대'라고 할 수 있다. '삶의 질'에 대한 시민의 요구가 급증하고 환경과 소비자 영역에서의 각종 규제정책의 수용을 압박하는 사회적 요구가 늘어남에 따라, 이를 수용해서 공공정책으로 추진한 결과 정부의 확대라는 의도하지 않은 결과가 초래되는 것이다(주성수, 2006: 160).

정치적 시각에서 보는 시민사회의 의미도 정치·사회문화적 차이에 따라 각기 다르게 해석된다. 서구에서 보는 시민사회의 관점은 시민성의 회복과 시민 참여의 전통을 복구하려는 비정치적이고 문화적인 특성이 강한데 반해, 비서구권에서는 권위주의적·전제적 정권과 통치에 대한 저항과 투쟁에서 발전돼 정치화된 모습이 부각된다(Barber, 1998: 14; EC, 2000: 2). 따라서 전자를 '시민사회 Ⅰ' 유형, 후자를' 시민사회 Ⅱ' 유형으로 구분하기도 한다(Foley & Edwards, 1996: 39).

한편 사회주의적 시각은 시민사회를 자본주의와 산업화 과정에서 태동된 비국가 영역으로 간주한다. 마르크스에게는 시민사회가 무산계급이 유산계급에 의해 착취되는 자본주의 사회에 다름 아니었으며, 그곳은 '착취, 소외 및 사회적 불의(不義)'가 지배하는 사회였다. 그는 시민사회를 자본주의 하에서 지배계급의 이익을 증대하기 위한 또 다른 수단으로 봤다.

다른 한편 에치오니(Etzioni, 2001: 1)와 같은 공동체주의(communitarianism)의 주창자들은 개인의 자유를 중시하는 전통적인 자유주의와 개인의 책임을 강조하는 보수주의의 입장을 절충한 새로운 '중도의 길'을 제시한다. 그리고 후기 마르크시스트 좌파는 시민사회를 폭넓고 깊이 있는 민주주의를 지향하는 개혁의 길로 인도하는 수단으로 간주, 시민사회에 특별한 의미를 부여한다(주성수, 2006: 14-40).

결론적으로, 오늘날 시민사회의 개념은 자유주의를 주창하는 우파 측에서도, 사회적 책임을 강조하는 좌파 측에서도, 그리고 두 관점의 조화를 모색하는 제3의 관점에서도 선호되는 개념 가운데 하나다. 이러한 관점 뒤에는 각기 상이한 이념적 지향이 놓여 있다.

제 2 절 시민사회 등장의 행정적 함의

오늘날 현대적 의미의 시민사회가 새롭게 활성화된 것은 불과 20~30년에 지나지 않으나 사회 각 분야에 커다란 영향을 미치고 있다. 다음에서는 시민사회의 활성화가 정치 · 행정에 미치는 영향에 대해 고찰해 보고자 한다.

1) 참여행정의 활성화

지난 수십 년간 시민사회의 활성화가 초래한 정치적 변동의 특징 가운데 하나는 직접민주주의(direct democracy) 제도의 확산이라 하겠다. 이러한 상황은 18~19세기 대의민주주의(representative democracy) 제도의 도입에 버금가는 역사적 중요성을 지닌다. 시민사회의 활성화로 직접민주주의적 절차가 확산됨에 따라 자발적 결사체들의 정치적 역할은 계속 커져 가고 있다.

참여민주적 행정활동의 핵심은 시민생활에 직접적인 영향을 미치는 중요한 의사결정에 대한 시민 참여다. 시민 참여의 방식으로는 공청회, 각종 자문위원회에의 참여 등 여러 가지가 있으며, 이슈 네트워크(issue network)나 정책공동체(policy community) 등도 담론적 정책 결정의 중요한 도구가 된다. 최근 도입이 확산되고 있는 특정 사안에 대한 주민투표제도, 주민소환제도, 주민감사청구제도, 주민제안제도, 민원모니터제도, 주민 옴부즈맨제도 등 각종 주민 참여(citizen participation)제도는 참여민주주의(participatory democracy) 확산의 구체적 증거다.

2) 신자유주의와 '사회적 경제'의 공존

에벌리(Eberly, 1998: 221)가 "시민사회라는 용어는 로르샤흐 검사(Rorschach test)[2]에서와 같이 누구든 자신이 원하는 대로의 의미를 가질 수 있다"고 했듯이, 시민사회의 이념적 시각은 다양하다. 시민사회에 관한 논의에는 이념 측면에서 좌파, 우파,

2) 잉크의 얼룩과 같이 무의미한 무늬를 해석시켜 사람의 성격 등을 알아내는 검사를 말한다.

중도파 할 것 없이 진지하고 폭넓게 참여하고 있다.

우파 측에서는 시민사회의 존재 이유와 필요성으로 국가권력에 대한 견제와 비판을 꼽으면서 공공부문의 감축을 주창하는 신자유주의적 경제정책을 강조한다. 서구사회에서 현대적 시민사회는 1970년대에 특히 복지국가에 대한 비판을 통해 재등장했다. 이 당시의 시민사회 개념은 서구 우파의 반국가주의(antistatist) 어젠다를 보충해 주는 용어로 사용되기도 했으며, 경제학에서는 신자유주의(neoliberalism)의 재기와 관련된 것으로 볼 수 있다(Edwards & Foley, 1998: 5–6; 주성수, 2006: 14).

한편 좌파 측에서는 1990년대 이후 신자유주의적 세계화와 불평등에 도전하는 NGO운동을 전개하고 있다. 좌파는 그 밖에도 인권운동, 평화운동, 반전·반핵운동 등 다양한 사회적 활동을 펴고 있다. 그리고 앞서 살펴봤듯이, 시민사회의 발전은, 신자유주의적 경제정책과는 정반대로, 정부 기능과 공공정책의 확대를 초래하기도 한다. 즉, '삶의 질'에 대한 시민의 급증하는 요구를 수용함으로써 정부의 확대라는 의도하지 않은 결과가 초래되는 것이다.

다른 한편 유럽의 많은 국가에서 '시민사회'는 '사회적 경제(social economy)'로 널리 이해되며, 정부의 사회정책으로 제도화돼 있는 것이 특징이다. 사회적 경제는 시민연대를 강조하면서 조합, 상조모임, 결사체, 재단 등 사회적 경제 섹터의 확대 발전을 통한 일자리 창출 등을 강조한다(주성수, 2006: 38–55).

이와 같이 오늘날 시민사회의 개념은 특정 사회의 사회경제적 특성과 이념에 따라 다양한 의미로 해석·사용된다.

3) 민주행정의 요구 증대

시민사회의 활성화는 행정에서 국민의 기본권과 시민권의 존중 및 민주성의 제고를 요구한다. 민주성은 국민의 요구에 부응하는 행정이 이뤄져야 한다는 의미의 대외적 민주성과 조직 내부의 참여적 관리를 의미하는 대내적 민주성으로 나뉜다. 민주성은 또한 절차적 민주성과 내용적(substantive) 민주성으로 나눠 볼 수도 있다. 이러한 민주행정의 이념은 '대응성(responsiveness)'과 '고객중심주의'의 개념으로 이해될 수 있다.

4) 분권화의 촉진

시민사회의 활성화는 분권화를 촉진한다. 시민사회의 활성화로 민주화가 심화되면 분권화에 대한 요구가 증대된다. 분권화는 두 가지로 나눠 볼 수 있다. 그 하나는 공공부문과 민간부문 그리고 중앙정부와 지방정부 간에 일어난다. 이는 이때까지 국가 또는 중앙정부에서 독점해 온 정치적 의사결정권과 공공서비스의 생산 기능을 시민사회와 지방정부가 나눠 갖는다는 것을 의미한다. 다른 하나의 분권화는 행정조직 내부의 의사결정 및 관리에 있어 하급관리자들의 참여가 늘어난다는 것을 의미한다.

5) 책임성, 투명성에 대한 요구 증대

시민사회가 활성화되면 행정의 책임성과 투명성에 대한 요구가 증대된다. 20세기 행정개혁의 주요 초점 가운데 하나는 국민의 손에 의해 직접 선출되지 않은 행정관료의 책임성을 어떻게 확보할 것인가에 두어졌다. 시민사회가 활성화되면서 대의민주 체제의 느슨하고 비효율적인 행정통제를 보완·대체하기 위해 주민소환제도, 주민감사청구제도와 같은 참여민주적 제도가 확산되고 있다. 정책 과정에서 시민의 발언권이 강화됨에 따라 행정의 투명성에 관한 요구도 증대되고 있다. 투명성은 이때까지 관료에 의해 독점됐던 정책정보에 대한 시민의 접근성을 확대하는 것을 의미한다. 세계 각국은 오늘날 행정정보공개법, 투명성확보법(sun-shine law) 등의 제정을 통해 행정의 투명성을 제고하기 위한 노력을 기울이고 있다.

6) 시민단체에 의한 국가권력의 감시 강화

시민사회와 NGO의 존재 이유 가운데 하나는 국가권력으로부터 시민의 자유와 권리를 보호하는 것이라고 할 수 있다. 물론 시민사회는 시장의 횡포로부터 소비자를 보호하기 위한 여러 활동도 수행하고 있으나, 시민사회단체의 일차적인 목표는 국가권력으로부터 시민의 기본권을 보호하고 회복하는 데 있다. 시민단체는 또한 정책과정에서 다양한 정책정보를 생산해 정책의제를 형성하고 정책을 비판·감시하는 역할을 수행한다.

제 3 절 정부와 NGO

1. NGO의 의의

오늘날 비정부조직(nongovernmental organization: NGO)[3]은 세계 각국에서 빠른 속도로 성장, 국가사회 및 국제사회의 여러 부문에 커다란 영향을 미치고 있다. NGO는 특히 20세기 말에 이르러 시민 참여의 확대와 사회의 다원화 그리고 공공서비스의 수요 증가 등 행정환경의 변화에 따라 환경 보호, 인권, 소비자 권익 보호, 경제 정의 구현, 사회복지, 주거, 교육, 의료, 아동, 평화, 경제 원조 등 여러 분야에서 그 역할이 크게 증가하고 있다. 이와 같은 현상은 세계적인 추세로, 샐러먼(Salamon, 1995)은 이를 '세계적 결사체 혁명(global associational revolution)의 시대'라 부른다.

NGO는 특히 시장－정부－시민사회 간 관계 변화를 강조하는 뉴거버넌스(new governance) 시대를 맞아 정부의 파트너로서 다양한 역할을 수행한다. NGO는 공공서비스 생산, 국가권력 견제 등 공익활동을 통해 정부와 상호 작용을 한다. NGO는 정부와의 상호 작용 과정에서 정부권력에 대해 정당성을 부여하기도 하고 정부와 협력해 공공서비스를 생산·제공하기도 하며, 정부정책에 대한 감시와 비판을 통해 견제의 기능을 수행하기도 한다. 샐러먼(Salamon, 1995)은 미국의 다원적 복지사회에서 비영리단체(nonprofit organization)가 국가를 대신하거나 국가와 협력해 각종 공공서비스를 제공하는 제3자 정부(third－party government) 이론을 소개한다. 제3자 정부는 그동안 정부 고유의 기능으로 간주됐던 각종 사회 및 복지서비스 생산에서 정부는 자원을 공급하고 정책을 결정하며, 제3섹터 기관들이 공공재의 생산 및 서비스를 조직화하는 형태를 가리킨다.

다음에서는 NGO의 개념과 특성, 등장 배경 그리고 행정적 함의를 고찰하고자 한다.

---

3) NGO란 용어가 가장 널리 사용되고 있으나, 그 밖에 NPO(Non－Profit Organization), VO(Voluntary Organization), CSO(Civil Society Organization) 등의 용어가 미국, 유럽 등지에서 사용된다.

1) NGO의 개념

NGO란 개념은 다양하게 정의된다. UN공보국(UNDPI, 2002; 주성수, 2006: 68)은 "NGO는 지방과 국가 또는 국제 차원에서 조직된 자발적인 시민들의 비영리단체다"라고 정의한다. UN공보국은 또한 NGO의 역할을 다음과 같이 설명한다. "NGO는 임무를 지향하며 공동의 이해를 가진 사람들에 의해 운영되며 다양한 서비스와 인도주의적 기능을 수행하고, 시민들의 관심을 정부에 전달하고 정책모니터링을 하며 지역사회에서 정치 참여를 촉진한다."

NGO란 용어는 본래 유럽에서 사용된 개념으로 제1차 세계대전 당시 영국에서 설립된 아동구제기금과 로마 가톨릭에서 1915년 설립한 'Caritas'라는 네트워크가 NGO 형태로 이뤄지면서 이 용어가 등장하기 시작했다. 그 후 제2차 세계대전 시 전쟁 희생자를 위한 구제활동에서 더욱 NGO가 알려지기 시작했으며, 이후 1970~80년대에 유럽에서 광범위하게 사용됐다.

NGO란 용어는 1945년 국제연합이 창설되면서 공식적으로 사용되기 시작했다. 초기에는 국제연합 산하기관들과 결부된 비정부기구나 단체들을 지칭하는 것으로 사용되다가, 국제연합의 경제사회이사회에 의해 UN헌장 제71조에 협의적 지위(consultative status)[4]가 부여됨으로써 국제사회의 공식적인 용어로 사용되기 시작했다. 국제연합에서는 이런 관점에서 비정부조직을 비정부적 · 비국가적 조직체로서 자발성을 기초로 해서 비영리를 추구하는 집단이나 조직 또는 결사체 기구나 단체 그리고 운동 세력으로 규정하고 있다. 이후 비정부조직은 넓은 의미에서 법인격의 유무에 상관없이 공공의 이익을 추구하기 위해, 민간이 자발적으로 만들어 자주적으로 운영하면서 영리를 추구하지 않는 민간조직으로 보려는 경향을 띠고 있다(이종수 외, 2005: 105).

---

4) 여기서 '협의(consultation)'라는 표현에 주목할 필요가 있다. 당시만 해도 국가주권의 절대성에 의문의 여지가 없던 시절이라 감히 NGO에게 어떤 권한을 줄 분위기가 아니었다. 따라서 아무런 결정권, 구속력이 없는 중립적인 용어인 '협의'를 택한 것이다. 그러나 이 조항이 지니는 의미를 과소 평가할 수는 없다. 예컨대 우리나라 헌법에 시민단체와의 협의를 명시한 조항이 있다고 상상해 보라(조효제, 2000).

2) NGO의 특징

NGO의 특성은 논자의 관점에 따라 다양하게 제시된다. 로만(Lohmann, 1992)은 제3섹터, 즉 NGO의 특징으로 공공선을 위한 목적, 조직화된 참여, 자원의 공유, 상호 호혜적 관계의 네 가지를 들고 있다. 그 밖에 '비정부적' 혹은 '독립적', '공식적', '비영리적', '자율적' 특성을 NGO의 특성으로 꼽는 연구자들도 있다. 주성수(2006: 91-97)는 NGO의 특성으로 (1) 비정부적 특성, (2) 비영리적 특성, (3) 공익적 특성, (4) 공식적 특성, (5) 자치적, 자원적(自願的) 특성, (6) 비종교적, 비정치적 특성의 여섯 가지를 들고 있다.

(1) 비정부적 특성

NGO의 제일의 특성은 '비정부적' 특성이다. 정부의 간섭을 받지 않는다는 의미에서 '독립적' 혹은 '사적' 특성으로 볼 수 있다. NGO는 시민사회 영역의 주요한 행위자로서 공공 영역(국가 또는 정부)과 사적 영역(기업 및 시민사회) 사이에 존재하면서 상대적인 자발성과 자율성을 가지는 중간 매체로서의 특징을 가진다. NGO는 정부로부터 자율적이면서 동시에 정부와의 긴장 관계를 통해 상호 견제함으로써 사회 구성원의 이익과 존엄을 유지한다. UN은 NGO를 "정부기관 혹은 정부 간 협약에 의해 설립되지 않은 조직"이라고 공식적으로 규정하고 있다.

(2) 비영리적 특성

NGO의 두 번째 특성은 '비영리성(non-profit)'이라고 할 수 있다. NGO가 특히 미국 등지에서 NPO로 정의되는 이유이기도 하다. 캐나다 연구자(Rutherford, 1997)에 따르면, "NGO는 국가로부터 독립적으로 설립돼 사회적 목표를 달성하는 활동을 하는 비영리조직"으로 규정된다. NGO는 영리를 목적으로 하거나 이윤을 추구하지 않는 비영리성을 원칙으로 하기 때문에 구성원들의 자율적인 회비를 기초로 해서 활동한다. 따라서 정부로부터 자율성을 갖는 독자적인 영역을 확보할 수 있다. 그러나 일부 학자들은 NGO의 '비영리성'의 특성에 이의를 제기하기도 한다. 예를 들어 UN경제사회이사회가 규정하는 '일반적 협의'의 지위를 누리는 국제상공회의소(ICC)와 많은 기업주협회와 산업체연맹들은 분명 비정부, 비영리적 기관이지만 상업적 이해를 추구하는 기업들을 위해 로비활동을 하는 조직이다(Murphy & Bendell, 1999: 5).

(3) 공익적 특성

NGO는 회원들의 사적 이익을 추구하는 이익집단이 아니라, 공동선과 일반 시민 전체를 위한 공익 추구적 단체라는 특징을 지닌다. '시민단체(citizen group)'의 개념을 미국식 NGO 개념으로 이해하는 베리(Berry, 1999: 190)는 "공익단체는 목표가 달성되면 단체의 회원들이나 활동가에게 선별적으로 물질적인 이해를 가져다주지 않는 집합적인 재화를 추구하는 단체"로 정의한다.

(4) 공식적 특성

샐러먼과 앤아이어(Salamon & Anheier, 1996)는 NGO의 제일의 특성으로 공식적 또는 제도적 특성을 들고 있다. 그 의미는 정기적 회의와 사업계획을 갖고 정관 혹은 회칙을 갖춘 조직들이라는 것이다. 「국제공공정책 및 행정백과사전」에 소개돼 있는 NGO의 개념 정의는 "공통의 목표를 갖고 기본적인 조직적 구조를 갖추고 설립에서나 지속적인 존속에 필요한 대부분의 자원에서 정부에 의존하지 않으며, 또 이윤 추구가 목표가 아닌 집단이다"라고 소개되고 있다(Archer, 1998: 1504).

(5) 자치적, 자원적 특성

NGO는 시민의 자발적·자원적(voluntary) 참여를 통해 구성되기 때문에 '자치적(self-governing)' 특성을 지닌다. 샐러먼과 앤아이어에 따르면, '자치적' 특성은 조직을 관리하고 정책을 결정하는 등 모든 절차가 내부 정관 혹은 규율에 따라 시행되며 외부의 간섭이나 압력을 받지 않는 특성이다. 또 '자원적' 특성은 NGO가 조직의 주요 사업, 활동, 조직행정에 자원봉사자가 중심 역할을 하는 조직으로 조직의 운영자금의 상당 부분이 자선, 개인 기부, 기업 및 정부의 지원에 의존하는 특성을 말한다.

(6) 비종교적, 비정치적 특성

'비종교적(nonreligious)' 특성은 조직의 주요 사업이 종교적 서비스와 종교교육을 위한 목적이 아니어야 한다는 것을 의미한다. 그리고 '비정치적(nonpolitical)' 특성이란 조직의 목적이 특정 정치인 혹은 정당을 지원하거나 선거 관련 정치활동을 하지 않는 점을 지적한 것이다(Salamon & Anheier, 1996: 15). 그럼에도 인권, 사회 정의, 환경에 대한 공공정책에 압력을 행사하거나 로비활동을 하며 시민의 참여를 유도하는 역할은 NGO의 주요 정치활동으로 간주된다.

3) NGO에 대한 평가

NGO에 대한 평가는 논자에 따라 상반된다. 일부 논자들은 NGO가 대의민주정치의 결함을 보완하고 정부에 의해 보호받지 못하는 소외된 이익을 대변하는, 21세기의 복음으로 칭송하는가 하면, 다른 한편에서는 국가주권에 도전, 민주적 정책 과정에 혼란을 초래하는 무책임한 집단이라고 비판한다.

NGO에 대해 긍정적 평가를 하는 사람들 가운데는 NGO가 세계의 양심이며(Willetts, 1996), 민주주의와 정의의 원천이어서(van Tuijl, 1999), 주권국가와 대등한 세력으로 성장하고 있다(Matthews, 1997)고 찬양한다.

그러나 NGO에 대한 비판도 만만치 않다. 우파는 NGO가 국가주권에 도전하며 대의민주주의를 약화시키고 사익을 추구하면서 책무성도 없는 집단이라고 비난한다(Carothers, 1999-2000; *Economist*, 2000). 이에 비해 좌파는 NGO가 무늬만 진보이며 실제로는 진정한 사회정치 변혁을 가로막고(Petras, 1999), 민주주의를 민영화하는 철부지 집단(Rieff, 1999)이라고 맹공한다. 국내의 한 NGO 관계자는 이 같은 딜레마를 다음과 같이 표현한다. "진보 좌파에서는 '자본가의 앞잡이 노릇'이라고 비난을 퍼붓고 재벌들과 우파에서는 '빨갱이가 하는 짓'이라고 매도한다"(장하성, 2000; 조효제, 2000).

어떻든 NGO는 지난 20세기의 지배적 정치체제로 기능했던 대의정치 체제의 결함을 보정할 수 있는 21세기의 대안적 국정모형의 중요한 한 축으로 인식되고 있다. 즉, NGO는 정부와 시장, 그리고 시민단체의 삼자가 상호 협력하는 새로운 국정운영 체제에서 정부실패와 시장실패를 교정하는 중요한 역할을 수행할 수 있을 것으로 많은 학자가 기대하고 있다. 새로운 국정운영 체제에서 NGO는 과거 정부가 독점하고 있던 공공서비스의 생산 및 배분 업무의 일정 부분을 정부와 공동으로 해결하는 기능을 수행하며, 또한 정부와 시장을 감시하고, 사회적 약자집단을 위해 그들의 이익을 정치체제에 투입하는 기능을 수행한다.

2. NGO의 등장 배경

지난 수십 년간 사회제도 가운데 가장 빠른 성장을 보인 것은 비영리적 부문인 NGO다. 시민운동의 활성화와 사회의 다원화 현상에 따른 공공서비스 수요 증가, 그리고 민영화와 민간위탁 등 민간조직을 통한 전 지구적 정부의 역할 변화는 비정부 비영리조직인 NGO의 역할을 증가시키고 있다.

NGO가 전 지구적 현상으로 발전된 원인으로는 복지국가의 위기, 발전의 위기, 환경의 위기 등을 들 수 있다. 이러한 위기를 극복하고 변화되는 사회적 욕구를 충족시키는 데 정부가 지니고 있는 한계에 대한 하나의 대안으로 등장한 것이 NGO라고 볼 수 있다. 즉, NGO는 공공 영역으로서의 정부조직이 지니고 있는 한계와 사적 영역이 지니고 있는 지나친 경쟁 원리와 이윤 추구 속성을 극복하는 제3의 영역으로서 대두된 것이다.

NGO의 등장 배경은 다음과 같이 요약할 수 있다(박상필, 2002).

1) 정부실패

20세기 중반 이후 맞닥뜨린 복지국가의 위기는 정부실패(government failure)의 한 예로 일컬어진다. 정부실패는 시장에 대한 정부의 개입이 자원의 최적 배분 등 본래 의도한 결과를 가져오지 못하거나 기존의 상태를 오히려 악화시키는 경우를 말한다.

그러나 정부가 각종 사회문제를 해결하지 못하고 다양화된 시민의 욕구를 충족시키지 못하는 것도 정부실패로 볼 수 있다. 이러한 정부의 한계를 보완하기 위한 메커니즘으로 NGO가 등장한 것이다. 즉, 시민사회의 성숙에 따라 다양해진 시민의 욕구를 신축적으로 충족시키기 위해 NGO가 등장했다.

2) 시장실패

시장기구의 가장 중요한 장점은 가격 메커니즘에 의해 경제적 자원을 효율적으로 분배한다는 것이다. 시장실패는 불완전한 경쟁으로 인해 시장에 의한 자원 배분의 효율성이 확보되지 못한 상태를 말한다. 가장 보편적인 예가 독점으로, 독점력에 의해 효율적 자원의 배분이 손상받게 되는 것이다. 시장기구는 또한 공공재의 과소 공급과 소득분포의 불평등을 초래하기 쉽다는 관점에서 단점이 지적되기도 한다. 오늘날 NGO에 대해 독점기업과 같은 시장의 강자를 감시·견제하고 소비자와 경쟁의 낙오자 등 사회적 약자를 보호하는 사회적 역할이 기대되고 있다.

3) 국가권력에 대한 통제 기대

시민사회가 성숙함에 따라 국민의 기본권 보호에 대한 인식 수준이 획기적으로 제고됐다. 국가권력에 의한 국민의 자유와 권리의 침해 방지, 관료의 부패 방지, 인권 침해에 대한 감시 등 사회 각 부문에서의 국가권력에 대한 감시와 비판을 위한 활동이 NGO에 기대되고 있다.

4) 다원주의 사회의 등장

다원주의 사회는 다양한 선호가 표출돼 경쟁하는 사회다. 다원사회의 등장은 정부 및 시장이 충족시킬 수 없는 선호와 욕구를 잔존하게 만들었는데, 정부와 시장을 통해 충족되지 않는 이들 선호와 욕구는 NGO를 통해서 해소될 것으로 기대되고 있다.

5) 복지국가의 위기

1970년대 이후 복지국가가 위기에 봉착하게 되면서 그동안 정부가 주도적으로 수행해 왔던 복지 기능이 NGO 등과 같은 자발적 단체에 의해 수행될 것으로 기대되고 있다. 서구 복지국가, 특히 미국과 같은 복지다원주의(welfare pluralism) 사회에서 NGO는 정부와 협력해 복지서비스를 제공하는 중요한 역할을 수행한다.

3. NGO의 행정적 함의

1) NGO와 정부의 관계 유형

정부와 NGO간 관계의 유형화 시도는 유형화의 기준과 연구의 목적에 따라 다양하게 제시될 수 있다. 실제로 양자 간의 관계의 유형은 매우 다양하다. 예를 들어, 양자 간의 관계를 제도적 다원주의 수용성 여부, 관계의 공식화 정도, 양자 간 관계에서 권력의 대칭성 여부에 따라 여덟 가지로 세분한 연구(Coston, 1998)가 있는가 하면, 양자 간의 관계를 영화적(零和的) 대체적(supplementary) 관계, 보완적(complementary) 협력 관계, 대립적(adversarial) 갈등 관계 등 세 유형으로 나눈 연구도 있고(Young, 1999), 단순히 양자 간의 관계를 갈등(conflict)과 협력(partnership)의 관계로 파악하는 연구(Salamon, 1995)도 있다(김태영, 2002).

영(Young, 1998)은 정부와 NPO의 관계를 다음과 같이 세 범주로 유형화했다. 즉 (1) 보완적(complementary), (2) 대체적(supplementary), (3) 대립적(adversarial) 관계가 그것이다. 보완적 관계는 정부와 비영리단체가 상호 긴밀한 협조 관계에 있는 것을 말한다. 이 경우에는 비영리단체에 의한 공공재·집합재 생산을 위해 정부가 재정 지원을 하게 된다. 따라서 이때 비영리단체의 활동 수준은 그 활동 영역에 대한 국가의 재정 지출과 정(+)의 관계가 있다. 대체적 관계는, 국가가 다양한 정치적·기술적 한계로 인해 제공에 실패한 공공재 또는 집합재의 공급 역할을 비영리단체가 맡게 된다는 와이스브로드(Weisbrod, 1998)의 모델과 유사하다. 이에 따르면, 비영리단체에 배정되는 국가보조금은 사적 영역에서의 재정 충당과는 부(−)의 관계에 있게 된다. 마지막으로 대립적 관계 모델은 정부와 비영리단체가 각각 상대방으로 하여금 좀 더 투명하고 생산적이 되도록 상호 감시하는 관계를 말한다. 비영리단체, 특히 창도적(advocacy) 조직은 시민이 정책 결정 및 집행 과정에서 좀 더 큰 영향력을 행사할 수 있도록 정부로 하여금 이를 공개할 것을 요구하고 있다.

한편 코스턴(Coston, 1998; 주성수, 2006: 153−160)은 정부의 제도적 다원주의(institutional pluralism)의 수용 여부, 관계의 공식화 여부, 권력 관계의 대칭성 여부

등 세 기준에 따라, 정부와 NGO의 관계를 (1) 억압(repression), (2) 대항(rivalry), (3) 경쟁(competition), (4) 계약(contracting), (5) 제3자정부(third party government), (6) 협력(cooperation), (7) 보완(complementary), 그리고 (8) 공조(collaboration) 관계 등 여덟 가지 유형으로 나누고 있다.

여덟 가지 유형 가운데 억압형·대항형·경쟁형은 정부가 제도적 다원주의를 수용하지 않는 경우에 속하며, 나머지 다섯 가지 모형은 수용하는 경우에 속한다. 권력 관계에서는 억압형이 정부에 의한 일방적·비대칭적 권력 행사가 가장 큰 경우에 해당되며, 공조형으로 갈수록 대칭적인 권력 행사가 늘어난다. 즉, 억압형이 가장 비대칭적이며, 공조형이 가장 대칭적인 권력 관계를 보여 준다. 공식성에서는 공조형이 유일한 공식 모형에 속한다. 경쟁형과 협력형은 명백한 비공식 모형으로 이 모형들은 정부가 법률, 제도로 공식화된 관계를 맺기보다 관행 혹은 일시적 필요에 따라 수시로 경쟁하거나 협력하는 모형이라고 할 수 있다.

억압형은 제3섹터(NGO)가 정부로부터 일방적으로 억압당해 합법화되지 않은 활동을 하며, 법률이 규정하는 각종 지원을 정부가 일방적으로 거부하는 관계를 말한다. 대항형은 정부에 대한 비판으로 쌍방적인 관계가 이뤄지면서 정부가 상황에 따라 법률이 규정하는 제3섹터에 지원서비스를 제공하는 경우가 있는 관계를 말한다. 대항형에서는 정부의 각종 규제정책에 따라 제3섹터 기관들의 등록, 보고 등이 법에 따라 규제돼 있고, 활동 제약도 뒤따른다. 경쟁형은 정부와 제3섹터가 정치적·경제적으로 경쟁하는 관계를 말한다. 정치적으로 제3섹터가 정부정책을 비판하고 정치권력을 견제하면서 국민의 신뢰와 지지를 놓고 상호 경쟁하는 관계에 놓이게 된다. 경제적으로는 개발지원금 등 해외 지원금을 둘러싸고 정부와 제3섹터 간에 경합이 이뤄지는 경우가 있다. 억압형·대항형·경쟁형 모두는 제도적 다원주의에 대한 정부의 거부가 특징적이다.

계약형은 공공서비스의 생산·전달 등 정부활동이 계약에 의해 제3섹터 기관들에 위임되는 관계를 말한다. 제3섹터는 이 관계에서 정부가 책임을 맡고 있는 복지 수혜자들에게 사회서비스를 전달하는 역할을 맡는다. 제3자 정부형은 계약형과 마찬가지로 정부－제3섹터가 공공서비스 생산에서 역할 분담을 하는 관계로, 정부가 정책을 결정하고 자원을 공급하며, 제3섹터는 공공재와 서비스의 생산을 조직화한다. 다만 계약형과 다른 점은 제3자 정부형에서는 공공기금의 사용과 정책 결정 및 법 집행 측면에서 정부가 제3섹터 기관들과 상당한 수준의 자율권을 공유한다는 점이다. 협력형은 정부와 NGO가 상호 협력하는 관계를 말하며, 많은 국가의 사례 연구는 정부와 NGO가 상호 대립·갈등하기보다 협력하는 관계를 나타내고 있는 것으로 보고하고 있다. 이때 협력은 정보 공유(information sharing), 자원 공유(resource sharing), 공동 행동(joint action) 등의 형태로 이뤄진다. 보완형은 상호 이익과 상호 이용 차원에서 정부와 NGO가 공존을 추구하는 관계라고 할 수 있다. 그리고 공조형은 정부－제3섹터 간의 관계가 공식적인 규율에 따라 설정된 가장 명백한 파트너십 관계다. 즉 정보 공유, 자원 공유, 공동 행동 등 모든 측면에서 양자의 관계가 공식적으로 설정되는 관계다. 보완형과 공조형의 차이는 보완형이 비교적 비공식적인 관계인 데 반해, 공조형은 양자 간의 관계가 대단히 공식적이라는 데 있다.

2) 정책 과정에서 NGO의 역할

시민사회가 성숙함에 따라 NGO는 오늘날 국내에서건, 국제 무대에서건 전통적인 통치의 양상을 크게 바꿔놓고 있다. 특히 공익적 결사체의 네트워크들은 기득권적 이익에 대한 평형추 역할을 수행하며, 국가와 시장의 제도적 책임성을 감시하고 새로운 사회적 어젠다를 창출해 정치 과정에 투입하는 등의 다양한 역할을 수행한다. 다음에서는 정책 과정에서의 NGO의 역할을 단계적으로 고찰해 보고자 한다.

첫째, NGO는 정책의제 설정 단계에서 정책창도자의 역할을 수행한다. 시민사회의 발전 역사가 짧은 한국 사회에서 NGO는 그동안 사회적 이슈를 제기하고 정책문제를 정의하는 정책의제 설정 단계에서 가장 참여가 빈번한 것으로 밝혀지고 있다(박상필, 2002: 159).

둘째, NGO는 정책 결정 단계에서 다양한 정책정보를 생산, 정치 과정에 투입하는 역할을 수행한다. 이 단계에서 NGO는 특히 대의정치 과정에서 소외된, 조직화되지 않은 이익(unorganized interest)을 대변하는 기능을 수행한다. 정책 결정 단계에서 NGO는 정책 아이디어와 관련 자료를 제공하고 정책대안의 분석과 선택 과정에도 참여한다. NGO는 이 단계에서 공청회와 청문회 그리고 각종 정부위원회에 참여해 정책 결정에 관여하며 입법청원 등의 수단을 통해 개혁 법안을 스스로 제출하기도 한다.

NGO는 정책 결정 단계에서 경쟁적인 정책대안을 제시하는 등의 활동을 통해 정책 내용을 합리화하는 데 기여한다. 그러나 경우에 따라서는 사회적 갈등을 증폭시키고 정책을 표류시키는 부작용을 초래하기도 한다. 정책 결정 단계에서의 사회적 갈등은 의사결정 비용(decision cost)을 증대시키게 된다. 그러나 의사결정 비용의 증대는, 관점을 달리할 경우, 정책 집행 단계의 비용을 줄여 주고 정책의 합리성을 제고하는 순기능을 지닌 것으로 볼 수 있다.

셋째, NGO는 정책 집행 단계에서 특정 정책의 집행을 촉진하거나 저시하는 기능을 수행한다. 정책 집행 단계에서 NGO의 반대 활동은 사회 전체적으로 볼 때, 적지 않은 사회적 비용을 초래하기도 한다. 그러나 정책 결정 단계에서 사회구성원의 동의를 충분히 구할 경우, 비록 의사결정 비용은 높아질 수 있으나 집행비용을 줄일 수 있다.

정책 집행 단계에서 NGO는 또한 정부와 파트너십을 구축해 공공서비스를 직접 생산 · 제공하는 정책 집행 기능을 수행하기도 한다.

넷째, NGO는 정책 평가 단계에서 중립적 · 합리적 평가자로 기능한다. 그러나 정책 과정별 단계에서 볼 때, 한국의 NGO는 정책 평가 단계에서의 참여가 가장 적은 것으로 밝혀지고 있다

다섯째, NGO는 정책 과정의 총체적 감시자로 기능한다. NGO는 정부와 시장 양자에 대한 감시와 통제 기능을 수행하나, 특히 공공부문의 정책 과정 전반에 걸쳐 권력의 오남용, 예산 낭비, 부패, 조직 비대화 등을 감시하고, 행정의 책임성과 투명성의 제고를 요구하는 등 권력감시자의 역할을 수행한다.

여섯째, NGO는 정치적 · 사회적 융합을 위해 정책 과정에서 사회집단 간의 갈등을 중재하는 중재자 기능을 수행한다.

오늘날 정책 과정에서의 이와 같은 NGO 활동은 공익의 증진에 크게 이바지한다. 그러나 다른 한편 NGO의 이러한 활동은 일정한 한계를 지니고 있는 것도 사실이다.

20세기 말 새로운 사회제도로 등장한 NGO가 일정한 범위 안에서 정부 기능을 보완・대체하는 역할을 수행하나, 그것은 어디까지나 보완적 기능이지 정부의 역할을 전적으로 대체할 수는 없는 것이다. 그리고 NGO는 대의정치 체제의 기능을 저해하고 행정의 전문성과 능률성을 저해한다는 비판을 받기도 하며, 사회운동 방식으로 정책 과정에 관여함으로써 정책합리성을 제약하고 정책의 책임성을 확보할 수 없는 한계를 지닌다는 비판을 받기도 한다.

생각해 보기

민주화의 성숙을 위한 'active administrator'와 'active citizenship' 의 행동양식에 대해 생각해 봅시다.

Government Is Us: Public Administration in an Anti-Government Era.

Democratizing public administration means creating the conditions under which citizens and public servants can join in deliberating about, deciding, and implementing the work of public agencies. What we mean by Government Is Us, is a democratic public administration that involves active citizenship and active administration. By active administration we mean not an enhancement of administrative power, but the use of discretionary authority to foster collaborative work with citizens. The active administrator is one who acts creatively to direct administrative prerogatives toward active citizenship … Active citizenship is different from voting, paying taxes, or using government services … [I]n active citizenship, citizens rule and are ruled in turn … (King, Cheryl Simrell, et al. (1998). *Government Is Us: Public Administration in an Anti-Government Era*. Thousand Oaks, CA: Sage. pp. 195-96).

생각해 보기

정책 과정에서 NGO 활동의 긍정적 효과와 부정적 영향을 생각해 봅시다.

시민들의 예산감시

1984년 일본 도쿄 세타가야구(世田谷區)의 제과점 주인 고토 유이치가 가게에서 라디오를 듣고 있었다. 공무원들의 세금 낭비가 이만저만 아니라는 내용이었다. 그는 '지금 방학인데 우리 구 학교 급식 공무원들은 뭘 하고 있을까' 궁금해졌다. 확인해 보니 급식 공무원 1,000여 명은 1,400만 엔의 예산을 들여 1박2일 온천 연수를 가 있었다. 그러나 실제 연수는 4시간뿐이었고 파티와 노래방 여흥으로 채워진 관광여행이었다.

고토는 이 사실을 신문사에 알리고 예산 낭비 사례를 모으기 시작했다. 구청이 정보를 내놓지 않으면 소송을 냈다. 그는 신문에 끼워 돌리는 제과점 전단 한 구석에 '행정개혁 뉴스' 난을 만들어 세금이 줄줄 새는 실태를 이웃에 알렸다. 한 해 네 차례 '세타가야 행정개혁 110'이라는 개인 보고서도 냈다. 110은 우리 119 같은 화재 신고 번호다. 그만큼 화급한 문제라는 뜻이다.

미국 전화기 숫자판엔 알파벳이 함께 쓰여 있다. 'Be angry!'(분노하라)의 철자대로 다이얼을 누르면 시민단체 '정부 낭비에 반대하는 시민들(CAGW)'이 연결된다. 이 전화번호엔 사업가 피터 그레이스(J. Peter Grace)와 칼럼니스트 잭 앤더슨(Jack N. Anderson)이 1984년 이 단체를 만들 때의 심정이 그대로 녹아 있다. 두 사람은 예산실태조사위원회에 참여했다가 정부가 25센트짜리 나사를 91달러에, 7달러짜리 망치를 436달러에 사들이는 식의 숱한 사례들을 확인하고서 분노했다.

기획예산처가 지난 한 해 시민들로부터 2185건의 예산 낭비 신고를 받아 10건, 1,400억 원을 아꼈다고 밝혔다. 양평의 한 경찰관은 "여주~양평 국도 확장 구간 중 9.7km가 2010년 개통될 중부내륙고속도로와 겹친다"고 신고했다. 예산처는 이 구간의 타당성을 검토해 공사를 취소시켰다. 경찰관은 1,170억 원의 세금이 새는 것을 막아 3,900만 원의 사례금을 타게 됐다.

예산, 낭비를 누구보다 앞장서 감시해야 할 사람이 정치인이다. 그러나 국회의원들은 표얻을 생각에 필요도 없는 지역구 예산 따내느라 열심이다. 미국 시민단체 CAGW는 매년 의원들의 선심성 예산을 고발하는 회견장에 돼지 한 마리를 끌고 나온다. 이 보고서 이름도 'Pig Book'(돼지 장부)이나. 돼지가 누구를 가리키는지는 뻔하다. 우리나라에서라면 돼지 수십 마리는 끌고 나와야 할 것이다. 국민이 두 눈 부릅뜨는 수밖에 없다.

(조선일보 만물상, 2007.03.07)

PART

6

제3의 길 및 미래 행정의 모색

제17장 제3의 길이 모색
제18장 미래 행정의 모색

Chapter 17

제3의 길의 모색

제 1 절 정부실패와 시장실패의 경험

지난 반세기 동안 국가와 시장 그리고 시민사회에 대한 기본 관점은 의미 있는 변화를 보여 왔다. 1930년대의 대공황을 경험한 20세기 초중반까지는 국가에 기반을 둔 해결책이 강구됐으며, 1970년대 후반부터 1990년대까지는 시장에 기반을 둔 해결책들이 모색됐다. 그리고 1990년대 이후에는 국가와 시장의 실패 모두를 바로잡기 위한 제3의 길이 모색되고 있다.

전후 서구에서는 다양한 형태의 '시장실패'가 1930년대의 대공황을 불러일으켰으며, 이는 제2차 세계대전이라는 미증유의 파멸적 사건으로 이어졌다는 인식이 광범위하게 확산됐다(Freeman, 1989: 141). 따라서 반시장주의적 대안에 대한 사회민주적 합의(post-war social democratic consensus)가 자연스럽게 형성됐다. 반시장주의적 대안은 기본적으로 국가주의적 성격을 띠고 있다. 국가의 개입을 통해 시장의 비효율성과 비윤리성을 시정하자는 것이다.

케인스주의는 경제의 수요 측면에 대한 국가의 개입을 통해 완전고용과 경제 성장을 동시에 달성하려 한다는 점에서 시장의 '효율성 실패'에 대한 경제적 해결책이라고 할 수 있다. 베버리지주의는 시장의 파멸적 결과로부터 인간을 보호하기 위해 국가가 다양한 복지 형태로 사회적 임금을 제공해야 한다고 주장하고 있다는 점에서 시장의 '윤리적 실패'에 대한 사회적 해결책이라 할 수 있다(Mishra, 1984). 말하자면, 전후(戰後)의 사회적 합의로 등장한 케인스적 복지국가는 케인스주의와 베버리지주의의 결합이었다(임혁백, 1995: 117-118).

그러나 1970년대에 이르러 서구 자본주의가 위기를 맞게 되자 케인스주의적 복지국가는 다양한 공격에 직면했다. 1970년대에 들어서면서 높은 실업률, 인플레이션, 경기 후퇴라는 전반적 악조건에 직면하면서 수요를 조정하고 완전고용을 유지하기 위해 국가 개입이 필요하다는 케인스주의는 불신을 받게 됐다. 케인스주의가 빛을 잃게 되자 남은 것은 베버리지주의뿐이었으나 경제가 침체된 가운데 복지 지출의 계속은 경제에 더욱 부담을 주게 됐다. 베버리지주의는 케인스주의의 성공 위에서만 작동이 가능했다. 그러나 케인스주의의 실패로 사회적 복지의 지출과 경제 성장 간의 긍정적 관계가 무너지게 되면서 복지주의는 사회적 보편성을 상실하고 말았다. 국가의 경제와 복지관리 능력에 대한 신뢰가 무너지게 되자 다시 국가를 원상태로 되돌리고 시장이 역동성을 회복해야 된다는 주장이 드세졌다. 시장이 다시 갈채를 받기 시작한 것이다.

케인스주의적 복지국가의 해체 작업을 주도한 세력을 우리는 신보수주의 또는 신자유주의라 부른다. 신보수주의자들에게 시장은 효율적일 뿐만 아니라 도덕적으로 정당화된다. 시장에서 자기 자신의 이익을 추구하는 개인들은 궁극적으로 사회적 목표의 실현에 봉사할 것으로 상정된다. 신보수주의의 시장의 윤리성 주장은 18세기의 자유주의로 거슬러 올라갈 수 있다. 신보수주의자들은 시장은 자유를 촉진할 뿐만 아니라 평등의 원리도 충족시킨다고 주장한다. 그들에 따르면, 자유시장은 모든 사람에게 경쟁을 할 수 있도록 허용함으로써 평등의 조건을 충족시킨다는 것이다. 신보수주의자들은 적극적으로 평등을 추구하면 자유가 파괴되고 그 결과 평등마저 파괴된다는 논리로 시장에 의한 불평등을 정당화하는 데까지 나아간다. 신자유주의자들은 또한 시장이 자원을 배분하는 데 가장 효율적인 기구라고 믿고 있다(임혁백,

1995: 119-127).

시장이 정부를 대체할 수 있다고까지 생각하는 시장근본주의자들은 시장이 다른 사회제도들과 연계된 하나의 불완전한 제도에 불과하다는 점을 인정하지 않는다. 그들은 시장이 태초부터 존재한 자생적 질서(spontaneous order)로 인간 본성을 반영하고 있기 때문에 시장이 다른 사회제도보다 우선돼야 한다고 주장한다. 그러나 시장도 다른 사회적 제도들에 연결돼 작동하는 불완전한 제도로 독점, 정보비대칭성, 불확실성, 외부성, 공공재 등 다양한 시장실패 요인을 안고 있는 것이 사실이다. 물론 정부도 다양한 실패 요인을 지니는 바, 자원 배분의 비효율성, 관료주의, 과잉 규제, 부패, 공공부문 내부자 담합(insider collusion) 등 여러 가지 문제점을 지니고 있는 것이 사실이다(조영철, 2007).

세계 여러 나라가 20세기에 경험한, 지나친 국가 개입과 시장에 대한 과도한 의존이 초래한 부작용은 국가와 시장의 실패를 바로잡는 새로운 접근을 요구하게 됐다. 이 새로운 접근은 1990년대 이후 적극적으로 모색되기 시작했다. 물론 사회민주주의 또는 민주사회주의로 불리는 통합적 관점은, 비록 강조점에 다소의 차이가 있으나, 북유럽 국가들에 의해 오랫동안 모색·실험돼 온 사회 체제의 한 유형으로 볼 수 있을 것이다.

제3의 길을 주창하는 기든스(Anthony Giddens)와 바버(Benjamin Barber)와 같은 사상가는 시민사회는 여러 세대에 걸친 국가와 시장의 실패를 유연하게 시정함으로써 사회민주주의의 성공에 없어서는 안 될 접합점이 될 수 있다고 주장한다(Edwards, 2004).

제 2 절 제3의 길: 사회민주주의와 신자유주의의 변증법적 통합

스웨덴에는 "장님이 절름발이를 업고 가면, 두 사람은 똑바로 갈 수가 있다(When a blind man carries a lame man both go forward)"는 속담이 있다. 이 속담은, 반대로 절름발이가 장님을 업고 갈 때는 똑바로 갈 수가 없다는 의미를 담고 있다. 이 속담은 시장과 국가에 관한 논쟁의 측면에서 아주 적절한 속담이라고 할 수 있다(Sinha, 2004: 110).

경제 발전에서의 정부의 역할에 관한 논쟁은 경제학 자체만큼 오래된 논쟁거리다. 고전학자들은 정부의 권능 부여 역할(enabling role of government)의 중요성을 강조한다. 그러나 정부의 권능 부여 역할의 깊이와 정도를 둘러싸고 견해가 갈린다. 특히 정부가 무엇을 해야 하고 무엇을 하지 않아야 하는지에 관한 의견이 서로 다르다. 역사적으로 볼 때, 근대 산업화 과정에서 뒤늦게 출발한 국가는 앞선 산업화 국가보다 정부의 적극적인 역할을 추구했다. 20세기 들어 산업화에 성공한 일본과 다른 많은 아시아 국가는 경제 성장을 촉진하고 조직화하는 데 적극적인 관심을 가진 강력한 정부를 지니고 있었다. 그러나 그와 달리 정부가 자원을 통제·배분하고 투자의 유인구조를 만드는 중요한 역할을 수행했음에도 불구하고 산업화에 실패한 경우도 적지 않다.

20세기의 마지막 수십 년간 시장에 대한 신뢰가 꾸준히 부활하면서 경제전략가 및 기획자로서의 정부의 역할은 더욱 비판받고 있다. 경제 발전에 대한 인식은, 시장에 대한 정부의 간섭이 필수불가결하다는 기존의 관점에서 정부 역할이 최소화돼야 한다는 정반대의 극단적 관점으로 바뀌었다(Sinha, 2004: 110-111). 다시 말하면, 시장 중심의 신자유주의로 인해 정부의 역할은 대폭적으로 축소되고 있는 반면에 민간부문의 시장이 중요시되고 있다.

그러나 1990년대 이후 시장 우위적 신자유주의 이념은 중대한 도전에 직면하게 됐다. 영국의 사회학자 기든스(Giddens, 1998)는 세계를 휩쓴 신자유주의와 유럽의 사회민주주의를 절충한 제3의 길(the third way)을 대안으로 내놓았다. 제3의 길은 영국의 블레어리즘(Blairism)을 비롯한 서유럽의 독일, 프랑스, 이탈리아 등의 집권 세력의 이론적 기초를 제공한 이념이다. 제3의 길의 핵심은 보호와 책임의 균형, 생산적 복지, 소외와의 투쟁, 개인의 창의성 존중, 사회 세력 간의 합의에 근거한 발전 등에 있다(Giddens, 1998; 박우순, 2002: 34).

제3의 길에 대한 아이디어는 1980년대 미국 및 영국의 중도 좌파적 재사고

(centre－left rethinking)에서 나왔으며, 유럽의 다른 나라에서도 발화됐다. 여기서 제1의 길은 구(舊)사회민주주의를 말하며, 제2의 길은 신자유주의를 말한다(Martell, 2004: 92). 이와 같은 관점에서 볼 때, 제3의 길은 사회민주주의와 신자유주의의 변증법적 통합이라고 할 수 있다. 영국의 신노동당(New Labour)1)은 제3의 길을 '구좌파와 신우파를 넘어서(beyond old left and new right)'라는 구호로 요약한다(Blair, 1998). 한편 제3의 길은 사회주의와 자본주의 사이의 '인간의 얼굴을 지닌 자본주의(capitalism with a human face)'로 단순하게 규정되기도 한다(Lal, 2006).2)

'구좌파'는 전후 혼합경제 체제에서의 케인스식 평등주의 및 조합주의적 경제 · 복지 거버넌스를 의미한다. '제3의 길' 주창자들은 '구좌파'에 대해 지나치게 국가주의(statist)적이며, '부의 창조(creation of wealth)'에 큰 관심을 가지지 않으면서 재분배와 '조세 그리고 지출정책(tax－and－spend policies)'에 지나치게 의존하고, 자유에 대한 대가로서의 책임을 요구하지 않으면서 기꺼이 자유를 부여하려 하며, 사회적 행동에 대해 지나치게 진보적(liberal)이라고 비판한다. 국가에 의한 서비스 공급(state provision)과 정부통제에 대한 대안으로서 제3의 길은 불평등의 수용 및 재정적 신중성(fiscally 'prudent')을 통해 부의 창조를 촉진하고 권리에 대한 대가로서의 책임을 요구할 것을 처방한다.

'신우파'는 신자유주의적인 대처식 보수주의(Thatcherite conservatism)를 말한다. 신노동당은 신우파적 보수정부가 국가 개입보다 시장적 해결을 기계적으로 선호하고 광범한 사회적 가치보다 개인적 이익(individual gain)에 더 가치를 부여하는 잘못을 저질렀다고 비판한다. 신노동당은 부의 창조와 사회적 정의, 시장과 공동체를

1) 1997년 블레어(Tony Blair)를 승리로 이끈 '신노동당'의 개념은 사회민주주의가 올바르다는 것을 입증해 주기는커녕 사회민주주의가 변형됐음을 확인해 줬다는 주장이 제기되기도 한다(IEA, 1998: 18－19).

2) 랠(Deepak Lal)은 이 책에서 19세기 영국에 의해 주진된 첫 번째 세계화, 즉 자유주의적 국제경제질서(the first liberal international economic order: LIEO)에 대한 반발은 시장 기반 경제와 대비되는 집산주의 계획경제(planned collectivist economy)로 나타났으며, 20세기의 지구적 자본주의(global capitalism)에 대한 비판은 '인간의 얼굴을 지닌 자본주의'를 건설하기 위한 새로운 통제경제정책(New Dirigisme)으로 나타났다고 주장하면서, 자신은 새로운 통제경제정책에도 반대할 뿐만 아니라 오늘날 자유방임(laissez faire)과 일방적 자유무역(unilateral free trade)의 두 원칙에 기반을 둔 미국의 노선에도 반대한다는 입장을 밝히고 있다.

다 같이 선호하는 제3의 길을 주창한다. 즉, 제3의 길은 사기업에 대해 긍정적이지만 항상 시장적 해결을 선호하는 것은 아니며, 정부의 적극적 역할도 인정한다. 예를 들면, 빈곤 퇴치를 위한 노동복지 전략(welfare to work strategies)에서 정부의 적극적 역할을 들 수 있다.

새로운 사회체제로서 제3의 길의 핵심 기조는 공공 영역, 사기업 영역, 시민 영역의 세 부문이 함께 협조하는 파트너십이 사회적 · 경제적 문제를 극복하는 최선책이라는 것이다. 결사적 삶으로서의 시민사회는 이 프로젝트 수행에 중심이 됐으며, 사회적 진보를 달성하는 새로운 방법으로서의 이 프로젝트는 '문명화된 사회'의 건설과 동일시됐다(Edwards, 2004).

제3의 길 주창자들은 중요한 사회적 변혁을 위해서는 정치가 대답해야 한다고 주장한다. 전후의 사회민주주의는 세계화에 의해 훼손됐다. 특히 완전고용을 달성하기 위한 케인스식 경제관리는 지구경제의 맥락에서 소용없는 것으로 보인다. 자본이 세계 어느 곳이든 자유롭게 이동할 수 있는 상황에서 정부는 그들의 정책을 친기업적으로 조정하고 자본의 유치를 촉진할 필요가 생긴 것이다. 소비자들은 상품을 전 세계에서 구입하게 됨으로써, 케인스식으로 수요를 촉진하기 위해 자국경제에 돈을 쏟아붓게 되면 그 돈은 자국 상품보다는 해외 상품의 구매를 자극하게 된다. 지구경제의 상호의존성이 증대됨으로써 각국 정부는 경제 성장을 자극하기 위해 보호무역 및 규제보다는 자유무역을 촉진하고, 투자를 유치하기 위해 기업을 우대하는 경제정책이 필요할 것이다(Martell, 2004: 92-93).

그러나 국가의 권한 축소 및 민영화와 같은 신자유주의와 세계화의 추세 속에서 증대된 사람과 자본의 이동, 지구적 시장 통합, 급속한 사회적 · 기술적 변화는 상당수 세계인의 개인적인 불안정성을 가속화시키고 있다. 이러한 문제점을 해결하기 위한 수단으로 제3의 길이 모색되고 있는바, 제3의 길에서는 좌파적 시각과 우파적 시각, 경제 성장과 사회 정의 간의 우선순위가 비슷한 비중으로 함께 고려돼야 할 것이다.

제3의 길은 결국 좌파적 목표와 우파적 목표, 구좌파의 시각과 신우파의 시각을 변증법적으로 통합한 것이라 할 수 있다.[3] 2007년 한국의 41개 경제학 관련 학회 합동학술대회의 화두가 '개방과 경쟁'이었듯이, 저성장과 양극화의 늪에 빠진 한국 경제의 새로운 성장 동력은 기본적으로 개방과 경쟁에서 찾아야 할 것이다. 그러나 그러한 개방과 경쟁 정책은, 장님이 절름발이를 업고 가듯, '사회적 가치'에 결코 눈감지 않는 따뜻한 제3의 길이어야 할 것이다.

생각해 보기

유럽 경제 시스템과 미국 경제 시스템의 장단점에 대해 생각해 봅시다.

미국의 길, 유럽의 길

1970년 이후 독일의 1인당 국내총생산(GDP)이 미국을 추월한 적이 세 번 있었다. 1992년과 94년, 96년이다. 1992년엔 미국을 100이라고 했을 때 106까지 가기도 했다. 프랑스도 1980년 한 차례 미국을 추월했다.

그러나 1990년대 이후 유럽 국가가 미국을 추월한다는 건 꿈도 못 꿀 일이 됐다. 독일·프랑스·이탈리아 등 유럽 국가와 미국과의 격차는 더욱 확대됐다. 2005년에는 미국이 100이라고 할 때 독일 81, 프랑스 82, 이탈리아 73에 머물고 있다. 그뿐만 아니라 이들 3국은 미국에 비해 생산성은 떨어지고 실업률은 높으며 근로자의 직무 만족도도 떨어진다. 전후에 눈부신 속도로 미국을 따라잡던 빅 3였는데, 왜 뒤처지고 말았을까?

지난해 노벨경제학상을 수상한 미국의 에드먼드 펠프스(Edmund S. Phelps) 교수의 결론은 단호하다. 유럽이 잘못된 경제 모델을 선택했기 때문이라는 것이다. 미국이 자본주의(capitalism)를 선택했다면 유럽은 조합주의(corporatism)를 선택했다. 조합주의란 기업이 정부나 노조 등 사회적 동반자(social partner)와 협상하고 협력을 도모하는 제도를 말한다. 펠프스 교수는 미국의 자본주의가 시장 주도의 혁신과 기업가정신, 경제적 실험에 개방적이었기 때문에 경제가 역동성을 발휘해 높은 경제적 성과를 달성할 수 있었다고 설명한다. 반면 큰 정부와 큰 노조로 특징지어지는 유럽의 조합주의는 혁신보다는 현상 유지에 치우쳐 경제가 역동성을 발휘하는 데 한계로 작용했다는 시석이다.

세계적 문화비평가인 프랑스의 기 소르망(Guy Sorman) 교수는 독일·프랑스·이탈리아도 자본주의 모델이지만 큰 정부와 사회보장제도 우선, 규제 중심이라는 점에서 미국·영국의 자본주의 모델과는 다르다고 평가한다.

물론 사회구성원이 지향하는 가치는 경제 성장에만 머무는 것은 아니며 다양하다. 따라서 유럽이 그 나름의 판단 기준을 가지고 선택한 시스템을 폄하할 수는 없다. 또 네덜란드와 아일랜드 등 소국(小國)의 경우 조합주의의 성공 사례가 없는 것도 아니다.

3) 유럽에서 제3의 길은 기존의 좌파 이데올로그들이 자신들의 과오를 반성하고 우파적 수단을 수용하기 위한 일종의 정치적 수사(修辭)로 사용되고 있다는 비판적 시각도 있다(IEA, 1998).

하지만 과거 수십 년간 적어도 효율성의 측면에서 볼 때 유럽이 미국에 비해 불리한 경제 시스템을 갖고 있었다고 봐도 무방할 것이다. 무엇보다 중요한 것은 유럽의 경제 시스템도 그동안의 부진에 대한 반성 위에서 좀 더 시장 중심적인 시스템으로 변화를 모색하고 있다는 점이다. 노동시장 유연화, 기업 규제 철폐, 공공부문 민영화 등을 추진하며 '독일병(病)' 치료에 나선 독일의 앙겔라 메르켈(Angela Merkel) 총리가 대표적 예다.

우리는 어떤가? 지난 수년간 미국식 자본주의를 '승자 독식(winner takes all)'이라고 비판해 오며 유럽의 경제 모델들을 찾아다니지 않았던가? 그렇게 해서 생긴 결과 중에는 더욱 커진 정부와 늘어난 규제, 수많은 위원회, 더욱 벌어진 빈부 격차 그리고 경제적 역동성의 저하가 있다. 유럽에서 이미 낯익은 풍경인데 이제 우리의 것이 됐다.

미국식이냐 유럽식이냐. 이제는 선택을 해야 할 때다. 글로벌 경쟁의 엄청난 스피드는 우리에게 더 시행착오를 해보고 선택하는 여유를 허락하지 않는다. 다가올 선거가 첫 선택의 장(場)이다. 대통령 후보들이 성장률 몇 퍼센트를 공약하는지는 중요하지 않다. 가장 중요한 것은 그들이 어떤 경제 모델을 옹호하고, 어떤 경제 철학을 가졌는가다. 리더도 유권자도 장기적이고 크게 보는 눈이 필요하다.

(조선데스크, 2007.03.14)

생각해 보기

시장경제 체제의 결함을 생각해 보고,
이를 보완하기 위한 국가 기능에 대해 생각해 봅시다.

[책과 삶] 국가가 개입… 진정한 경제는 인간의 '자유'에 토대 둬야

진정으로 바른 생각은 위기를 맞아서야 비로소 빛을 발한다. 요즘 들어 새삼 주목받는 비주류 경제학자 칼 폴라니(Karl Polanyi)가 그렇다. …… 폴라니의 대표작 『거대한 변환(*The Great Transformation*)』은 어느덧 카를 마르크스(Karl Marx)의 『자본론』, 존 메이너드 케인스(John Maynard Keynes)의 『고용·이자 및 화폐에 관한 일반이론』, 프리드리히 하이에크(Friedrich Hayek)의 『법·입법·자유』와 『노예의 길』에 버금가는 역작으로 평가받기에 이르렀다.

폴라니는 이 책에서 '자기조정 시장'은 어디에도 존재하지 않는 '완전한 유토피아'라고 일축한다. 그런 제도는 잠시도 존재할 수 없으며, 만에 하나 실현될 경우라도 사회를 이루는 인간과 자연은 아예 씨를 말려버리게 돼 있다는 것이다. '자기조정 시장'은 오로지 시장 가격에 의해서만 지배되는 경제다. 그는 애덤 스미스(Adam Smith)가 언급한 이윤을 추구하는 인간 '호모 에코노미쿠스'가 원시 시대부터 존재했다는 가설에도 반기를 든다. 폴라니는 스미스가 『국부론』을 쓴 1776년을 자본주의의 원년으로 보지 않는다. 1834년의 스피넘랜드법(빈민구제법)의 폐지에 따라 인민들이 먹고 살 길은 임금노동으로만 가능하게 되고

노동시장의 형성과 함께 '자기조정 시장'이 완성돼 현재의 자본주의가 도래했다고 여긴다.

그는 목가적인 공동체를 해체하고 만 시장경제를 영국 시인 윌리엄 블레이크(William Blake)의 말을 빌려 '사탄의 맷돌(satanic mill)'이라고 흥미롭게 표현한다. '사탄의 맷돌'은 산업혁명이 인간을 통째로 갈아서 바닥 모를 퇴락의 구렁텅이로 몰아넣는다는 공포의 상징이다. 폴라니는 자본주의 역사에서 시장 스스로 자유시장 영역을 만들지 않았으며 국가가 시장을 구축해 왔다고 주장한다. 물론 국가의 개입이 해결책은 아니다. 국가, 정부, 시장이 아닌 '사회'가 중심에 있어야 한다는 게 폴라니의 핵심 사상 가운데 하나다. '사회'에는 생활협동조합, 노동조합, 지방자치단체 등 다양한 집단이 포함된다.

65년 전인 1944년 초판이 나온 『거대한 전환』이 지금 조명을 받는 이유는 좌우의 이념에서 벗어나 치밀한 비판적 접근을 거쳐 독특한 해법을 펼쳐 보였기 때문이다. 폴라니는 하이에크나 마르크스를 모두 비판적으로 극복하고 그들이 발견하지 못한 경제 현상분석을 통해 세기가 바뀐 오늘날에도 유용할 수 있다는 점을 입증함으로써 위력을 발휘한다. 케인스주의로 돌아가자는 목소리도 들리는 가운데서 폴라니가 시장경제 자본주의 이후에 대한 완벽한 내안을 제시했다기보다 새로운 길을 찾는 논의의 실마리를 던진 것으로 받아들이면 좋을 듯하다.

(경향신문, 2009.07.10)

Chapter 18

미래 행정의 모색

제 1 절 행정환경의 변화와 도전

지난 20여 년간 전례 없이 급격한 변화와 도전을 겪은 우리 사회와 정부는 21세기의 변화된 환경 속에서 더욱 심각한 국내외의 여러 도전에 직면하게 될 것이다. 우리는 앞서 제6장에서 인간 사회의 생활 방식을 근본적으로 바꾸게 될 역사적 변화들을 세계화 · 정보화 · 민주화 · 지방화로 요약한 바 있다. 즉, 세계적 메가트렌드로서의 세계화와 정보화 그리고 우리 사회의 특정한 변화 추세로서의 민주화와 지방화가 행정에 큰 영향을 미치고 있다.

지난 수십 년간 전 세계적으로 확산된 세계화는 각국의 정치 · 경제 · 사회 및 행정에 큰 영향을 미치고 있다. 특히 경제적 측면에서 전 세계적 경제체제를 상호 의존적으로 만든 세계화는 국가와 국가, 국가와 시장, 국가와 사회 간의 관계를 근본적으로 변화시키고 있다. 정보화 혁명 또한 과학기술뿐만 아니라 경제적 기반은 물론 인간의 사회적 관계까지 근본적으로 바꾸고 있으며, 나아가 정부의 역할과 기능 그리고 조직구조도 변화시키고 있다. 그리고 오늘날의 대의정부(representative government) 체제가 대표성과 책임성 등의 문제점을 표출함에 따라 직접민주주의적 방식이 정치 · 행정 과정에 도입되고 시민사회의 영역이 활성화되는 변화를 겪고 있다. 또한 1991년 부활된 지방자치제도는 특히 우리 사회의 정치 · 경제 · 사회 · 문화생활에 적지 않은 변화를 초래하고 있다.

우리 사회에 특징해 지난 20여 년간 겪은 변화와 도전을 좀 더 구체적으로 살펴보면 다음과 같이 기술할 수 있을 것이다. 6 · 29선언을 기점으로 열린 이른바 1987년 체제는 정치적으로는 군부 권위주의 체제를 종식시키고 민주화 대장정의 길을 열었다. 경제적으로는 1998년 IMF 구제금융 위기와 2008년 세계적 금융 체제 붕괴의 위기를 겪으면서 성장이 정체되고 수많은 기업이 도산함으로써 실업자가 양산되는 고통을 겪고 있다. 그러나 다른 나라보다 좀 더 적극적으로 추구된 정보통신기술의 발달은 전 세계적 경제 위기 상황에서도 우리 경제의 든든한 받침목이 되고 있다. 그리고 사회적으로는 구체제를 녹이고 새 질서를 만들기 위한 민주화 도정에서 우리 사회가 이념적 · 지역적 · 집단적으로 분열되고 양극화가 심화되는 고통을 겪고 있다. 또한 북핵문제로 야기된 한반도 및 동북아시아의 불안정한 안보 상황도 중대한 도전이 되고 있다.

향후 우리 사회의 발전에 영향을 미칠 메가트렌드는 다음과 같이 예측할 수 있다. 먼저 경제적 측면에서는 2008년 미국 월가(Wall Street)의 금융 시스템 붕괴로 전 세계적 경기 후퇴가 초래된 것과 같이 지구화된 경제체제는 세계 경제의 불안정성을 더욱 증대시킬 것으로 전망할 수 있다. 또한 경제 · 산업 측면에서 국제 경쟁(global mega competition)이 더욱 심화되고 자국의 기술과 산업을 보호하기 위한 국가 간 대립이 본격화되며 다국적 기업의 세계시장에 대한 영향력이 증대될 것으로 예측할 수 있다. 그리고 WTO 체제에도 불구하고 경제 블록 간 보호주의가 강화되고 개발도상국의 에너지 수요 급증으로 에너지 자원을 둘러싼 갈등이 증대될 것으로 전망된다. 이러한 상황에서 국가경쟁력의 원천이 되는 과학기술의 육성과 창의성 있는 인적 자원의 개발이 한층 더 중요한 국가적 과제로 대두될 것이다.

사회적 측면에서는 '삶의 질'이 중시됨으로써 분배와 형평을 중시하는 사회적 요구가 증대될 것으로 전망된다. 특히 구조적 실업과 사회 양극화 현상이 중요한 도전으로 부상할 것으로 예측된다. 산업구조의 고도화로 경제 규모는 비록 커진다 하더라도 '일자리 없는 성장(jobless growth)'이 지속되고, 리프킨(Rifkin, 1996)이 예언했듯이 로봇과 정보통신 기기들이 인간의 노동력을 급격하게 대체함으로써 '노동자 없는 세계'가 눈앞에 다가오고 있다. 사회구성원의 80%가 불안정한 고용 상태에 놓이게 되는 20% 대 80%의 양극화 사회에 대비, 경제적 부를 나누는 새로운 분배 방식을 모색하는 것이 중요한 사회적 과제로 대두될 것이다.

국제정치적 측면에서는 미국의 경제적 · 군사적 단일 헤게모니가 약화되고 중국 · EU · 러시아 · 인도 등이 부상, 미국의 독주를 부분적으로 견제할 것으로 전망된다. 그리고 한반도 주변 정세와 관련해서는 북핵문제를 해결하고 동북아 안정을 위한 집단안보 체제의 구축이 시급하고 중요한 과제로 대두될 전망이다. 또한 전 지구적 측면에서 물 부족 현상과 지구온난화 현상 등 환경문제가 심각한 문제로 부상될 것으로 전망된다.

이러한 국내외적 도전을 성공적으로 극복, 21세기의 일류 선진국으로 도약하기 위해서는 공사 부문을 망라한 국가혁신 체제(national systems of innovation)를 구축하는 것이 시급한 과제가 될 것이다. 그 가운데서도 특히 공공부문의 혁신은 더욱 중요하다. 정부혁신이 중요성을 지니는 것은 공공부문 그 자체의 능률성 제고를 위해서도 중요하지만, 공공부문의 혁신이 전체 사회에 미치는 영향이 크기 때문이다.

제 2 절 자본주의 체제의 진화 및 국제기구와 다국적 기업의 역할 강화에 따른 개별국가 행정의 약화

2012년 세계경제포럼(World Economic Forum: WEF, 일명 Davos Forum)[1)]의 주

---

1) 세계경제포럼(WEF)은 국제적으로 이름 있는 기업인 · 경제학자 · 저널리스트 · 정치인 등이 매년 1월에서 2월 사이 스위스 다보스에 모여 세계 경제에 대해 토론하고 연구하는 국제민간회의다. '세계경제올림픽'으로 불릴 만큼 영향력 있는 국제기구로 세계무역기구(WTO)나 서방 선진 7개국(G7) 회담 등에 막강한 영향력을 행사하고 있다. 1971년 미국 하버드대학의 클라우스 슈밥(Klaus Schwab) 교수가 창설한 '유럽경영포럼(European Management Forum)'으로 출범했으며, 1987년

요 의제 가운데 하나는 '고장 난 자본주의 시스템'이었다. 이 포럼에 참석한 글로벌 리더와 석학들은 오늘날의 자본주의 시스템이 고장 났다고 진단하면서, 재편되고 있는 세계 질서에 대응하기 위한 다양한 해법을 제안했다.

이 포럼의 일부 참석자들은 지난 십수 년간, 전 세계적으로 요란하게 추구됐던 세계화가 종언을 고했다고 선언하면서, 향후 나타나게 될 개별 국가 행정에 대한 다양한 도전을 진단했다.

개별적인 국민국가 행정이 앞으로 맞닥뜨리게 될 주요 도전 가운데 하나는, 자본주의 체제의 진화 및 세계무역기구(WTO), 국제통화기금(IMF) 등 국제기구와 다국적 기업의 역할 강화에 따른 개별 국가 행정의 약화로 요약할 수 있다. 지난 세기 자본주의 체제는 물리력에 의존해 식민지 국가를 정복하는 제국주의와 결합했으나, 20세기 말에는 '세계화'의 형태를 띠게 됐다. 이후 국제 무역에서 재화, 용역 등의 상품교역에 대한 정부 간섭이 최소화를 주창하는 '세계화'가 한계를 드러내자, 자본주의 체제는 세계무역기구, 국제통화기금 등 국제기구와 다국적 기업(multinational corporation 혹은 transnational corporation; MNC 혹은 TNC)의 개별 국가 행정에 대한 간섭의 증대 형태로 변형 · 진화하게 된 것으로 필자는 생각한다.

한 · 미 자유무역협정(FTA) 등에서 보듯이, 특히 다국적 기업은 특정 국가의 의무위반으로 인해 이익이 침해당했을 때, '투자자-국가 소송제도(投資者-國家 訴訟制度, Investor-State Dispute Settlement: ISDS 또는 ISD)' 등의 수단으로 개별 국민국가를 압박하게 된다. 예측컨대, 향후 국제 거래에서 '다국적 기업-특정 국가 간의 분쟁'이 '거래 당사국 간 분쟁' 못지않게 특정 국민국가를 빈번하게 압박하게 될 것이며, 대기업들이 특정 국가의 경계를 넘어 다국적 기업화하는 추세 또한 가속화될 것으로 보인다.

마무리하자면, 21세기에는 다국적 기업에 대한 개별 국민국가의 제어력이 약화될 것으로 보이는데, 특정 국가의 행정이 '변형된 세계화', 즉 다국적 기업의 횡포에 맞서 자국의 국가 이익을 어떻게 효과적으로 지킬 수 있을 것인가가 주요 과제가 될 것으로 보인다.

'세계경제포럼(World Economic Forum)'으로 명칭을 변경했다.

제 3 절 미래 정부의 과제와 모습

지난 20여 년간 공공관리 패러다임의 새로운 변화를 주도해 온 OECD 국가들은 정부 패러다임이 20세기 후반의 급격한 기술 진보와 경제 성장 그리고 사회 발전의 변화를 따라가지 못하고 있는 것으로 인식, 다양한 개혁 조치를 취해 왔다. 이에 따라 OECD 국가의 공공행정은 좀 더 효율적이고, 투명하며, 고객 지향적으로 변화했고, 좀 더 탄력적이고 성과 중심의 조직으로 전환됐다. 그럼에도 불구하고 여러 국가는 아직 변화된 사회가 정부에 대해 제기하는 근본적이고도 다양한 도전에 성공적으로 대응하지 못하고 있는 것이 사실이다.

OECD 공공거버넌스위원회(Public Governance Committee)에서는 2003년과 2004년 개최한 심포지엄 등을 통해 지난 20년간 OECD 국가들이 추진한 공공부문 개혁의 성과와 한계를 살펴본 뒤, 공공부문 혁신의 주요 과제로 개방형 정부, 공공부문의 성과 향상, 책임과 통제의 현대화, 기능 재배분 및 조직 재구성, 시장형 메커니즘의 활용, 인적자원 관리의 현대화 등을 제시했다(OECD정부혁신아세아센터, 2006: 10-17).

한편 IBM 정부연구센터(IBM Center for The Business of Government)에서는 정부혁신에 관한 일련의 전문가 포럼을 거친 뒤, 「미국의 차기 정부: 21세기의 성과를 위한 도전(*The Next Government of the United States: Challenges for Performance in the 21st Century*)」이라는 보고서를 펴냈다. 케틀(Kettl, 2005)이 펴낸 이 보고서는 정부 지도자들이 일상적 긴급 사항을 넘어 장기적 관점에서 국가가 앞으로 직면하게 될 중요한 도전에 대비하도록 상상력을 자극하기 위해 작성됐다. 9·11 테러 공격, 허리케인 카트리나(Hurricane Katrina) 같은 전례 없는 재앙은 정부의 긴급 대응 체제와 사회적 필수 서비스의 공급 역량을 재평가하도록 했다. 2008년 전 세계 경제를 위기로 몰아넣은 월가(Wall Street)의 금융 시스템 붕괴, 수시로 변종이 나타나는 조류독감(avian flu), 2009년 전 세계에 확산된 신종 인플루엔자도 각국 정부에 중대한 도전이 되고 있으며, 한반도의 경우 권력 승계를 둘러싸고 야기될 북한의 급변 사태도 심각한 도전으로 작용할 것이다.

IBM보고서는 또한 21세기 미국 정부의 성과를 위한 다섯 가지 절대명령(imperatives)을 다음과 같이 제시한다.

- 구조보다는 문제에 초점을 두는 정책의제(A policy agenda that focuses more *on problems than on structures*)
- 과정보다는 결과에 의한 정치적 책임(Political accountability that works more through *results than on processes*)
- 경직적인 계서제 구조보다는 유기적으로 기능하는 수평지배 구조[2)]에 의한 행정(Public administration that functions more organically, through heterarchy, than *rigidly* through hierarchy)
- 의사결정권에 단순히 의존하기보다는 행동을 유도하는 정치적 리더십(Political leadership that works more by leveraging action than simply by *making decisions*)
- 격리(隔離)보다 개입을 추구하는 시민정신(Citizenship that works more through *engagement than remoteness*)

이러한 절대명령은 국가가 당면한 심각한 도전을 다루기 위한 미국 정부의 현재의 대처가 미흡하다는 인식에서 추론된 것이다. 21세기의 시민의 요구를 만족시키기 위해서는 정부는 누가 무엇을 어떻게 해야 하는지에 관한 영역의 틀을 스스로 바꿔 지식 의존적 학습조직(knowledge-driven learning organizations)이 이뤄져야 할 것이다.

IBM 정부연구센터에서는 또한 2005년 6월 정부관리, 학자, 비정부기구, 기업체 간

---

2) 계서제(hierarchy)와 대비되는 수평지배 구조(heterarchy)는 관계 유형(patterns of relation)이 중첩되고, 혼합적으로 주도되며, 분기(分岐)와 공존이 뒤섞여 있는 조직 체계를 말한다. 그리스어 hetero(the other)와 archein (to govern)의 합성어인 이 용어는 사회과학 분야에서는 동일한 '수평적' 권한을 공유하고 각자가 공평한 역할을 수행하는 원소(elements)들의 망(網)이라는 의미로 사용된다. 맥컬록(Warren Sturgis McCulloch)에 의해 60년 전에 도입된 이 용어는 그러나 아직 주류 학문 세계에서 널리 사용되지 않고 있다.

부 등이 참여한 포럼에서 미국의 '다음 정부'와 관련해 제기된 주요 논점을 검토한 뒤, 차후 정부혁신에서 근본적 변혁을 필요로 하는 세 가지 큰 과제를 추출해 냈다. 세 가지 과제는 다음과 같다.

- 정부의 일상적·비일상적 관리문제의 해결을 위한 네트워크의 활용(Using networks to organize for both routine and non-routine problems of government management)
- 기본 정책을 결정하고 그것을 가장 잘 집행할 수 있도록 일선 운영자에게 상당한 융통성을 부여하는 네트워크들의 네트워크를 관리하는 '중심-주변' 접근의 활용(Using a 'center-edge' approach to govern through a network of networks that sets basic policy but gives frontline operators considerable flexibility in how best to implement it)
- 공공문제 해결을 위한 새로운 역할에 시민 끌어들이기(Engaging citizens in new roles to solve public problems)

이상의 논의를 바탕으로 우리는 미래 정부의 모습을 다음과 같이 그려 볼 수 있을 것이다.

1) 뉴거버넌스적 네트워크형 정부

오늘날의 각국 정부는 다양한 분야에서 일방적·계층제적 통치보다 민관이 협력해서 공공서비스를 함께 생산하는 네트워크식 국정관리 체계로서 뉴거버넌스의 도입을 시도하고 있다. 비록 일부 학자들은 네트워크형 국정관리 체제가 전통적 행정을 완전히 대체할 수 없을 뿐만 아니라 정부와 민간부문이 수평적 관계를 유지하는 것이 한계가 있을 것으로 전망하고 있으나, 공공문제 해결에서 정부에 전적으로 의존하기보다는 정부와 민간부문 및 비영리부문 간의 협력적 네트워크의 활용이 점차 확대되고 있는 것이 사실이다. 이는 앞서 살펴본 수평지배 구조(heterarchy)에 의한 행정과 맥을 같이한다.

미래의 정부는 그 명칭이 대리정부(government by proxy)[3] 형태가 됐건, 제3자정부(third party government)[4]가 됐건, 또는 그림자 국가(shadow state)[5]가 됐건 네트워크식 국정관리 체계를 많이 활용하게 될 것이며, 시민은 공공문제 해결로부터 떨어져 있기(remoteness)보다는 적극적으로 개입(engagement)하는 공민(public)이 돼야 할 것이다.

2) 신공공관리적 성과지향형 정부

미래의 정부는 가격 메커니즘과 경쟁 원리를 활용한 공공서비스 제공, 그리고 고객 지향적 서비스 제공을 중시하며, 기업의 경영 원리와 관리 기법을 행정에 도입·접목해 정부의 성과 향상과 관리의 효율성을 제고하고자 하는 신공공관리적 성과지향형 정부가 돼야 할 것이다. 물론 공공부문은 민간부문과 다르기 때문에 민간부문의 관리기법을 공공부문에 적용하는 데는 한계가 있으며, 신공공관리적 운영 방식이 형평성과 같은 중요한 공공 가치를 희생시킬 우려가 있다는 등의 비판이 제기되고 있는 것은 사실이나, 공공부문의 방만한 운영과 예산 낭비 행태를 개선하기 위해서는 신공공관리적 운영 방식의 도입이 불가피한 측면이 있다.

지난 20여 년간 OECD 국가의 정부들은 성과관리제도와 성과예산제도를 도입하는 등, 성과 지향적 정부로 바뀌어 왔다. 앞으로도 각국 정부는 성과 향상을 위한 계획과 보고 그리고 통제를 더욱 공식화하고, 조직 내부의 행태와 문화도 성과 지향적으로 바꾸기 위한 노력을 지속적으로 기울여야 할 것이다.

3) 지식 의존적 학습조직형 정부

오늘날의 사회는 지식정보화 사회다. 정보사회에서는 정부의 효과성 제고를 위한

---

3) 중앙정부의 재정적 지원을 토대로 하여 정책 집행을 민관협력(public-private partnership), 계약(contracting out) 등의 방식을 통해 외부기관에 재량권과 함께 위임하는 정부 운영 형태를 말한다.
4) 전통적으로 정부 고유의 기능으로 간주돼 온 각종 사회 및 복지서비스 생산에서 정부는 정책을 결정하고 자원을 공급하며 제3섹터 기관들이 공공재의 생산 및 서비스를 조직화하는 정부 운영 형태를 가리킨다.
5) 그림자 정부는 비영리기관 등 민간부문과 정부기관 간의 다양한 협력적 상호 작용을 가리키는 개념이다.

학습 관련 정보를 관리할 수 있는 지식 의존적 학습조직(knowledge-driven learning organizations)이 긴요하다. 학습조직은 모든 구성원이 문제 인지와 해결에 관여하면서 조직 역량의 제고를 위해 시행착오를 거치면서 지속적으로 실험할 수 있는 조직을 말한다. 9·11테러와 같은 전례 없는 비일상적 사태에 효과적으로 대응하기 위해서는 유형화된 업무를 일상적으로 처리하는 관료제 조직구조보다는 학습조직이 유효할 것이다.

4) 투명한 개방형 정부

OECD 국가들은 지난 20여 년간 정보공개법과 옴부즈만 제도, 그리고 서비스 표준제도 등의 도입을 통해 점점 개방적이고 투명하며, 접근이 쉽고 서비스 수준이 높은 정부로 변해 왔다. 미래의 정부도 시민이 쉽게 접근할 수 있고, 품질 높은 서비스를 제공하며, 시민의 증가하는 욕구에 부응하는 대응성 있는 개방형 정부가 돼야 할 것이다. 개방형 정부에서는 투명성의 가치가 중요시돼야 한다. 즉, 정부의 의사결정과 집행 과정 등 다양한 공적 활동이 정부 바깥으로 명확하게 드러나야 한다. 정부 안의 정보가 정부 바깥에 존재하는 사람들에게 투명하게 개방된다는 것은 행정의 형평성과 공정성을 확보하기 위해 그리고 부패를 방지하기 위해 중요하다.

5) 사명 지향적 책임 정부

미래의 정부는 법규나 규정에 의해 운영되는 전통적 관료제형 정부보다는 목표와 임무를 중심으로 조직을 운영하고 결과를 중시하는 사명 지향적 책임정부가 돼야 할 것이다. 다시 말하면, 법규와 규정을 준수한다면 결과적 책임에서 해제될 수 있다는 관료제적 무책임성에서 탈피해 결과를 중시하는 사명 지향적 정부가 돼야 할 것이다.

오늘날 정부의 역할이 확장·강화되고 공무원의 재량권이 확대됨에 따라 행정기관과 공무원은 국민을 위한 책임 있는 행정을 하는 것이 더욱 중요해졌다. 지난 수십 년간 정부구조와 규모의 변화, 기술혁신 등으로 정부 내 통제 방식은 끊임없이 변해 왔다. 그러나 행정도구의 점증하는 복잡성은 누가 무엇에 대해 어떻게 책임을 져야 하는지를 결정하는 것을 더욱 어렵게 한다. 최근 OECD 국가들은 직접적인 통제 방식에서 간접적인 통제 방식으로 변화하고 있다. 즉, 분권화된 시스템, 자율적인 조직 운영, 그리고 제3의 서비스 제공자들이 함께 통제하는 방식으로 변화하는 것이다(OECD 정부혁신아시아센터, 2006: 13).

어떻든 21세기의 미래 정부는 투입과 과정에 대한 통제를 강조하는 관료제적 운영 방식에 의존하기보다는 결과와 성과에 대한 책임을 강조하는 사명 지향적 책임 정부가 돼야 할 것이다.

참고 문헌

[국내 문헌]

강신택(2002). 포스트모더니티의 행정이론. 윤영진 · 김태룡 외. 『새행정이론』. 서울: 대영문화사.

______(1999). 한국행정에 있어 행정과 경영. 『한국행정학회 하계학술대회 논문집』.

강인재 외(1998). 『한국행정론』. 서울: 대영문화사.

공병호(1997). 『시장경제란 무엇인가』 서울: 한국경제연구원.

구영록 외(2001). 『정치학개론』. 서울: 박영사.

권기헌(2000). 『정보사회의 논리: 지식정보사회와 국가경영 논리』. 서울: (주)나남출판.

김광웅(1999). 제2차 정부개혁의 모순과 한계. 『한국행정학회 특별세미나 논문집』.

______(1995). 『방법론강의: 기초 · 원리 · 응용』. 서울: 박영사.

김규정(1997). 『신판 행정학원론』. 서울: 법문사.

김대환(1981). 1950년대 한국 경제의 연구: 공업을 중심으로. 진덕규 외 10인. 『1950년대의 인식』. 서울: 한길사.

김동건(1988). 『현대재정학: 공공경제의 이론과 정책』. 서울: 박영사.

김동원(2005). 행정학의 규범이론을 위한 포스트모더니즘의 인식론적 함의. 『한국행정학보』. 39(3): 1－20.

______(2003). 블랙스버그 선언(Blacksburg Manifesto): 행정의 정당성과 권력 분립을 위한 행정가의 역할. 『한국행정학회 춘계학술대회 논문집』.

김명(1995). 『국가학』. 서울: 박영사.

김번웅 외(1997). 『한국행정개혁론』. 서울: 법문사.

김명섭(1996). 기업가적 정부혁신의 길: 그 의미와 한계. 『한국정책학회보』 5(2).

김상준(2003). 시민사회 그리고 NGO－NPO 개념－공공성을 중심으로. 한국NGO학회 · 한국비영리학회 춘계 공동학술회의. 발제문: 9－22.

김석준 외(2000). 『뉴거버넌스연구』. 서울: 대영문화사.

김세균 · 백창제 · 임경훈 편(2005). 『현대정치의 이해』. 서울: 도서출판 인간사랑.

김순은(2006). 지방분권 개혁과 도시 거버넌스. 『한국행정학회 춘계학술대회 논문집』.

김운태(1992). 『정치학원론』. 서울: 형설출판사.

김종술(1999). 포스트모더니즘을 통해서 본 행정학의 이해. 『정부학연구』, 5(1).

김철수(1992). 『한국헌법』. 서울: 법영사.
김태룡(2010). 『행정이론: 행정사와 이론을 중심으로』(개정판). 서울: 대영문화사.
______(2000). 행정학의 신패러다임으로서 신공공관리모형의 적실성에 관한 연구. 『한국행정학보』 34(1).
______(1999). 한국과 미국의 행정개혁에 대한 비교. 『한국행정학보』 33(1).
______외(2002). 『새행정이론』. 서울: 대영문화사.
김태수(2007). '좋은 사회'론의 개념적 토대: A. 에치오니를 중심으로. 서울행정학회 『좋은 사회, 좋은 거버넌스: 지방분권과 균형발전정책의 평가』(동계학술대회논문집).
김태영(2002). 정부-NGO 간 파트너십의 정치경제학. 한국행정학회. 『춘계학술대회 발표논문집』.
드러커 외(1997). 『미래의 조직』. 서울: 한국경제신문사.
박경효(1996). Herbert Kaufman의 관료제를 위한 변론. 오석홍 편. 『행정학의 주요이론』. 서울: 경세원.
박광주(1987). 집정관적 신중상주의국가론. 한국정치학회 편. 『현대정치와 국가』. 서울: 법문사.
박동서(1998). 행정개혁의 연구와 개혁-궤도 수정. 『한국행정학보』 32(1).
______(1997). 『한국행정론』. 서울: 법문사.
박상필(2002). 『NGO와 정부 그리고 정책』. 서울: 도서출판 아르케.
______(1999). 시민단체와 정부의 관계 유형과 지원 체제. 『한국행정학보』 33(1).
박세일(2000). 『법경제학(개정판)』. 서울: 박영사.
______(1989). 아담 스미스의 도덕철학 체계. 조순 외 7인. 『아담 스미스 연구』. 서울: 민음사.
박세정(2000). 경영의 논리: 행정개혁의 이념으로서의 기여와 한계. 『한국행정학회 춘계학술대회 발표논문집』.
박우순(2002). 『행정학의 새로운 패러다임』. 서울: 법문사.
______(1999). 한국의 행정문화와 지식정부의 가능성. 한국외국어대학교 사회과학연구소. 『사회과학논집』 17(1): 77-108.
박종민 · 김서용(2001). 신자유주의 정부개혁의 문화적 분석. 정부개혁과 행정학연구. 한국행정학회 『춘계학술대회 발표논문집』.
배동인(1992). 시민사회의 개념: 사상사적 접근. 한국사회학회 · 한국정치학회 편. 『한국의 국가와 시민사회』. 서울: 한울.
배용수(2000). 신관리주의의 한국적 적실성. 『한국행정학보』 34(2).
서순복(1999). 신공공관리에 관한 보완적 접근: 정보 기술을 활용한 행정개혁. 『한국사회와 행정연구』 10(2).
소병희(1993). 『공공선택의 정치경제학』. 서울: 박영사.

송인상(1970). 경제개발 시동기의 경제정책. 서울대학교 행정대학원.『행정논총』 8(2).
신희영(2002). 신공공관리론에 대한 비판적 고찰: 비판적 실재론적 접근. 한국행정학회. 『동계학술대회 발표논문집』.
안병영(2000). 21세기 국가 역할의 변화와 국정관리. 사회과학원.『계간사상』. 봄호.
OECD정부혁신아시아센터 편(2006).『정부혁신 패러다임, 어떻게 변하고 있는가』. 서울: (주)도서출판 삶과꿈.
오석홍(2004).『신판 행정론』. 서울: 박영사.
______(1998).『행정학』. 서울: 나남.
오재록(2009). 성과주의 인사제도의 본질과 한계. 서울행정학회『동계학술대회 논문집』.
유재원 · 소순창(2005). 정부인가 거버넌스인가? 계층제인가 네트워크인가?.『한국행정학보』 39(1): 41-63.
유훈 (1993).『공기업론』. 서울: 법문사.
윤건영(1997). 공공부문 생산성 제고를 위한 개념 틀과 현실적 과제. 최광 · 임주형 편.『공공부문 생산성 제고를 위한 연구(I)』. 서울: 한국조세연구원.
윤성식(1999). 세천년 국가행정의 새로운 패러다임. 정책기획위원회.『정책포럼』 제26호. 가을호.
윤은기(2003). 캐나다 정부혁신과 특별운영기관의 분석을 통한 신공공관리론의 적실성에 관한 연구. 한국행정학회.『추계학술대회 발표논문집』.
이명석(2002). 신공공관리론, 신거버넌스론, 그리고 김대중 정부의 행정개혁. 한국행정학회. 『춘계학술대회 발표논문집』.
이연호(1999). 김대중 정부의 경제개혁과 신자유주의적 국가 등장의 한계: 동아시아 개발도상국의 한 사례.『한국정치학회보』 33(4).
이영선(1997).『민주주의와 경제정책: 경제정책론에 대한 새로운 접근』. 서울: 박영사.
이재원 · 류민우 외(1995).『지방정부와 지방정치: 해석과 비판』. 서울: 장원출판사.
이재율(1995).『경제윤리』. 서울: 민음사.
이종범(1995). 기업형 정부의 구축 방안.『한국행정연구』. 4(1).
이종수(2018). 저자에게 듣다. 한국행정학회 동계학술대회 특별세션 발표문.
______(2009a). 한국의 정치-행정 맥락의 분석.『한국사회와 행정연구』 20(3).
______(2009b). 한국적 Post-NPM 전략의 모색. 가톨릭대학교 정부혁신생산성연구소, 서울행정학회 공동학술대회 자료집.
______(2009c).『행정학사전』. 서울: 대영문화사.
______(1999). 행정개혁의 준거로서의 Governance유형에 대한 비판적 고찰, 한성대학교, 『사회과학논집』, 13.
______ 외(2008 및 2005).『새행정학』. 서울: 대영문화사.

이종원(2005). 거버넌스 논의의 이론과 실제, 참여민주주의의 이상. 한국행정학회.『동계학술대회 발표논문집』.
임도빈(2002). 지방자치단체 행정서비스헌장제의 비판적 이해: 신공공관리론적 개혁방법을 중심으로. 한국행정학회.『춘계학술대회 발표논문집』.
_____(2000). 신공공관리론과 베버 관료제이론의 비교.『행정논총』 38(1).
_____(1996). 정치와 행정의 관계에 관한 비교연구: 영국, 프랑스, 독일의 제도를 중심으로.『한국행정학보』 30(1): 129-142.
임혁백(1995).『시장 · 국가 · 민주주의: 한국민주화와 정치경제이론』. 서울: 사회비평사.
장하성(2000). 레드 컴플렉스를 벗자.『참여사회』 7: 8-9.
전석호(2004).『정보화와 뉴미디어』. 서울: 태영출판사.
_____(1996).『정보사회론』. 서울: 나남.
전영평(1996). H. Brinton Milward와 Hal G. Rainey의 관료제를 위한 변명. 오석홍 편.『행정학의 주요 이론』. 서울: 경세원.
정무권(2000). 새로운 국정관리 능력과 민주적 책임성. 대통령자문정책기획위원회.『새 천년의 한국정치와 행정』.
정승건(2000). 발전주의와 신자유주의를 넘어서: 한국행정개혁이론의 모색.『한국행정학보』 34(2).
_____(1994). 한국의 행정개혁과 변동: 정치권력과 관료정치.『한국행정학보』 28(1).
정용덕(2002).『현대국가의 행정학』. 서울: 법문사.
정정길(2000). 새로운 시대의 행정관리.『한국행정연구』 9(2).
조만형(1999). 포스트모더니즘과 행정이론. 서울행정학회.『1999년도 하계학술대회 발표논문집』.
조성한(2005). 거버넌스 개념의 재정립. 한국행정학회.『동계학술대회 발표 논문집』.
_____(2000). 경영혁신의 허와 실: 이론적 모순과 비합리적 과정.『한국정책학회보』. 9(1).
조순 · 정운찬(1990).『경제학원론』. 서울: 법문사.
조영철(2007). 시장경제와 민주주의, 건강한 긴장관계를. (다산포럼: 2007-11-13).
조창현(2006). 포스트모더니즘, 패러다임, 합리화 그리고 정부혁신: 포괄적 가치규범체계의 가능성을 중심으로. 한국행정학회.『추계학술대회 발표논문집』.
조효제(2000). 연대의 과학과 참여의 예술: NGO學의 정립을 위하여. 한국행정학회.『정부와 NGO』.
주성수(2006).『NGO와 시민사회: 이론, 모델, 정책』. 서울: 한양대학교출판부.
총무처 직무분석기획단(1997).『신정부혁신론』. 서울: 동명사.
최광 · 이창환(1997). 정치적 · 정책적 과정과 공공부문 생산성. 최광 · 임주형 편,『공공부문 생산성 제고를 위한 연구(I)』. 서울: 한국조세연구원.

최동수(1999). 『정보사회의 이해』. 서울: 법문사.
허철행(2000). 김대중정부 신자유주의 정부혁신의 비판적 검토. 한국행정학회 춘계학술대회 발표논문집. 『행정개혁 2년: 성과와 반성』: 1-26.

[국외 문헌]

Aberbach, J. D., R. D. Putnam, and B. A. Rockman(1981). *Bureaucrats and Politicians in Western Democracies*. Cambridge, Mass.: Harvard University Press.

Abramson, J. B., F. C. Arterton, and G. R. Orren(1988). *The Electronic Commonwealth: The Impact of New Media Technology on Democratic Politics*. NY: Basic Books.

Ackoff, R. L. et al.(1981). *A Prologue to National Development*. Philadelphia: University of Pennsylvania Social Systems Sciences Department.

Adler, M. and S. Asquith(1981). *Discretion and Power*, London: Heinemann.

Alford, Robert R. and Roger Friedland(1985). *Powers of Theory*. Cambridge: Cambridge University Press.

Ames, E.(1965). *Soviet Economic Processes*. Homewood: Irwin.

Angermann, E.(1976). Das Auseinandertreten von 'Staat' und 'Gesellschaft' im Denken des 18. Jahrhunderts. In E.-W. Böckenförde (ed.). *Staat und Gesellschaft*. Darmstadt: Wissenschaftliche Buchgesellschaft.

Anheier, Helmut, M. Glasius and M. Kaldor(2001). Introducing Global Civil Society. in Anheier, H. et al. (eds.). *Global Civil Society*: 3-22. Oxford: Oxford University Press.

Archer, C.(1998). Nongovernmental Organization. In Schafritz, A. ed. *International Encyclopedia of Public Policy and Administration*: 1504-6. Boulder, CO: Westview Press.

Araújo, Joaquim Filipe Ferraz Esteves de.(2001). Improving Public Service Delivery: The Crossroads between NPM and Traditional Bureaucracy. *Public Administration* 79(4): 915-932.

Arterton, F. Christopher(1987). *Teledemocracy: Can Technology Protect Democracy?* Newburry Park, CA: Sage.

Baber, B.(1998). *A Place for Us: How to Make Society Civil and Democracy Strong*. NY: Hill and Wang.

Badelt, C.(1990). Institutional Choice and the Nonprofit Sector. In H. K. Anheier & W. Seibel(eds.). *The Third Sector: Comparative Studies of Nonprofit Organization*. NY: Walter de Gruyter: 53-63.

Bailey, Stephen(1980). Ethics and the Public Service: The Concept of Moral Ambiguities of

Public Choice. In Richard J. Stillman (ed.). *Public Administration: Cases and Concepts*. Boston: Houghton Mifflin.

Ball, George(1967). Cosmocorporations: The Importance of Being Stateless. *Columbia Journal of World Business* 2(6).

Barber, Benjamin(1984). *Strong Democracy: Participatory Politics for a New Age*. Berkeley, CA: University of California Press.

Barzelay, Michael(1992). *Breaking through Bureaucracy*. Berkeley: University of California Press.

Bator, Francis(1988). The Anatomy of Market Failure. reprinted in Tyler Cowen (ed.). *The Theory of Market Failure*. Fairfax, VA: George Mason University Press. 35–66.

Bayer, E.(1980). *Wörterbuch zur Geschichte*. Stuttgart: Kröner.

Beetham, D.(1996). *Bureaucracy* (2nd edition). Buckingham: Open University Press.

Bell, Daniel(1979). The social framework of the information society. In Dertouzos, M. L. and J. Moses (eds). *The computer age : A twenty–year view*, Cambridge, MA: MIT Press.

______(1973). *The Coming of the Post–Industrial Society*. N.Y.: Basic Books.

Bellah, Robert et al.(1991). *The Good Society*. NY: Knopf.

______(1985). *Habits of the Heart. Berkeley*, CA: University of California Press.

Bellone, Carl and G. Goerl(1992). Reconciling Public Entrepreneurship and Democracy. *Public Administration Review* 52(2): 130–145.

Bendix, Reinhard(1952). Bureaucracy and the Problem of Power. In R. T. Merton et al., *Reader in Bureaucracy*. NY: The Free Press.

Bent, Greve (ed.)(2000). *What Constitutes a Good Society?*. NY: St. Martin's Press.

Bernstein, M.(1961). The Regulatory Process: A Framework for Analysis. *Law and Contemporary Problems* 26: 329–346.

Berry, J.(1999). *The New Liberalism: The Rising Power of Citizen Groups*. Washington D.C.: Brookings Institution.

Blair, Tony(1998). *The Third Way: New Politics for the New Century*. London. The Fabian Society.

Bosworth, Barry P. and Jack E. Triplett(2003). *Productivity Measurement Issues in Services Industries: "Baumol's Disease" Has been Cured*. The Brookings Institution. http://www.brook.edu/views/articles/bosworth/200309.htm.

Boyer, Robert, and Daniel Drache (eds.)(1996). *States Against Markets: The Limits of Globalization*. London: Routledge.

Brennan, Geoffrey and James M. Buchanan(1980). *The Power to Tax*. Cambridge: Cambridge University Press.

Brooking, A.(1996). *Intellectual Capital: Core Asset for the Third Millennium Enterprise*. London: International Thomson Business Press.

Brown, Seyom(1992). *International Relations in a Changing Global System: Toward a Theory of World Polity*. Boulder, CO: Westview Press.

Bryner, G. C.(1987). *Bureaucratic Discretion*, NY: Pergamon.

Buchanan, James M., R. D. Tollison, and G. Tullock(1980). *Toward a Theory of the Rent-Seeking Society*. College Station: Texas A & M University Press.

Caiden, Gerald E.(1994). Globalizing the Theory and Practice of Public Administration. In Jean-Claude Garcia-Zamor and Renu Khator, eds. *Public Administration in the Global Village*. Westport, CT: Praeger, 45-59.

Cameron, David R.(1978). The Expansion of the Public Economy: A Comparative Analysis. *The American Political Science Review* 72(4): 1243-1261.

Carothers, Thomas(1999-2000). Civil society. *Foreign Policy*, 117: 44-57.

Carroll, J.(1995). The Rhetoric of Reform and Political Reality in the National Performance Review. *Public Administration Review* 55(3): 302-312.

Castells, Manuel(1996). *The Rise of the Network Society*. Oxford: Blackwell Publishers Ltd.

Chan, Jonathan(1996). Challenging the New Imperial Authority: The World Bank and the Democratization of Development. *Harvard Human Rights Journal* 6.

Chia, Robert(1995). From Modern to Postmodern Organizational Analysis. *Organization Studies* 16(4): 579-604.

Christensen, Tom, Amund Lie and Per Lægreid(2008). Beyond New Public Management: Agencification and Regulatory Reform in Norway. *Financial Accountability & Management* 24(1), February: 0267-4424.

Christensen, Tom and Per Lægreid eds.(2007). *Transcending New Public Management: the Transformation of Public Sector Reforms*. Burlington, VT: Ashgate Publishing Company.

______(eds.)(2006). *Autonomy and Regulation.: Coping with Agencies in the Modern State*. Northampton, Massachuetts: Edward Elgar Publishing, Inc.

______(eds.)(2001). *New Public Management. The Transformation of Ideas and Practice*. Aldershot: Ashgate.

Cleveland, Harlan(1993). *Birth of a New World: An Open Moment fir International Leadership*. San Francisco, CA: Jossey-Bass Publishers.

Clor, Harry M.(1996). *Public Morality and Liberal Society: Essays on Decency, Law, and Pornography.* IN: University of Notre Dame Press.

Coase, Ronald H.(1960). The Problem of Social Cost. *Journal of Law and Economics* 3: 1−44.

Cohen, Jean and A. Arato(1992). *Civil Society and Political Theory.* Cambridge: The MIT Press.

Cook, Brian J.(1992). Subordination or Independence for Administrators? The Decisions of 1789 Reexamined. *Public Administration Review* 52(5).

Coston, Jennifer M.(1998). A Model and Typology of Government−NGO Relationships. *Nonprofit and Voluntary Sector Quarterly* 27(3): 358−382.

Cox, R. W.(1993). Structural Issues of Global Governance. In S. Gill (ed.). *Gramci, Historical Materialism, and International Relations.* Cambridge: Cambridge University Press.

Daly, Harman and John Cobb(1989). *For the Common Good: Redirecting the Economy toward Commitment, the Environment, and the Sustainable Future.* Boston: Beacon Press.

Davenport, T. H. and L. Prusak(1998). *Working Knowledge: How Organizations Manage What They Know.* Boston, Mass.: Harvard Business School Press.

Denhardt, Robert B.(1999). *Public Administration: An Action Orientation*(3rd ed.). NY: Harcourt Brace College Publishers.

______(1981). *In the Shadow of Organization.* Lawrence, KS: Regents Press of Kansas.

Denhardt, Janet V. and Robert B. Denhardt(2003). *The New Public Service: Serving, Not Steering.* Armonk, NY: M. E. Sharpe.

Dertouzos, M. L. & J. Moses(eds.). (1979). *The Computer Age: A Twenty−Year View.* Cambridge, MA: MIT Press.

Deutsch, Karl W.(1980). *Politics and Government: How People Decide Their Fate*(3rd ed.). Boston: Houghton Mifflin Co.

Dewey, John(1927). *The Public and Its Problem.* Athens: Swallow Press.

Dimock, Marshall E.(1936). The Criteria and Objectives of Public Administration. In J. M. Gaus, L. D. White, & M. E. Dimock (eds.). *The Frontiers of Public Administration.* Chicago: University of Chicago Press.

Donaldson, L.(1990). The Ethereal Hand: Organizational Economics and Management Theory. *Academy of Management Review* 15(3): 369−381.

Downs, Anthony(1957). An economic theory of political action in a democracy. *The Journal of Political Economy* 65: 135–50.

Drucker, Peter(1993). *Post–Capitalist Society*. NY: Harper Business.

Dubnick, Melvin J.(1979). Making Regulations Regulate. Paper presented at the annual meeting of ASPA. Baltimore, Maryland.

Duchacek, Ivo D.(1973). *Power Maps: Comparative Politics of Constitutions*. Santa Barbara: American Political Center–Clio Press.

Duesenberry, James S.(1949). *Income, Savings and the Theory of Consumer Behavior*. Cambridge: The Harvard University Press.

Dunleavy, Patrick, Helen Margetts, Simon Bastow, and Jane Tinkler(2006). *Digital Era Governance: IT Corporations, The State, and E–Government*. Oxford: Oxford University Press.

Durkheim, Emile(1975). *Textes*, vol. III. Paris: Ed. de Minuit.

Easton, David(1965). *A Framework for Political Analysis*, Chicago: The University of Chicago Press.

EC(2001). Social Economy on the European Agenda. In(http://europa.eu.int/comm/entreprise/entrepreneurship/coop).

Economist(2000). NGOs: Sins of the secular missionaries. *The Economist*(29 January): 25–26.

______(1999). Citizens' groups: The non–governmental order. *The Economist*(11 December): 18–19.

Edwards, Bob and Michael W. Foley(1998). Civil Society and Social Capital beyond Putnam. *The American Behavioral Scientist* 42/1: 5–20.

Etzioni, Amitai(2001). *Next: The Road to the Good Society*. NY: Basic Books.

______(2000). Law in Civil Society, Good Society, and the Prescriptive State. *Chicago Kent Law Review* 75(2): 355–377.

______(1995). *The New Communitarian Thinking*. *Charlottesville*. VA: University of Virginia Press.

______(1988). *The Moral Dimension*. NY: The Free Press.

Etzioni–Halevy, Eva(1983). *Bureaucracy and Democracy: A Political Dilemma*. London: Routledge & Kegan Paul.

Everly, D.(1998). *America's Promise: Civil Society and the Renewal of American Culture*. Lanham: Rowman & Littlefield.

Falk, Richard(1997). States of Siege: Will Globalization Win Out? *International Affairs* 73(1): 123–136.

Farazmand, Ali(1999). Globalization and Public Administration. *Public Administration Review* 59.

Farmer, David J.(1995). *The Language of Public Administration: Bureaucracy, Modernity, and Postmodernity*. Tuscaloosa, Alabama: The University of Alabama Press; 강신택 옮김(1999). 『행정학의 언어』. 서울: 박영사.

Flinders, Matthew V.(1999). Quangos: Why Do Governments Love Them?. In Matthew V. Flinders and Martin J. Smith (eds.). *Quangos, Accountability and Reform*. London: Macmillan Press Ltd.

Foley, Michael W. and Bob Edwards(1996). The Paradox of Civil Society. *Journal of Democracy* 7(3): 38－52.

Fox, Charles(1996). Reinventing Government As Postmodern Symbolic Politics. *Public Administration Review* 56(3): 256－61.

Fox, Charles J. and Hugh T. Miller(1998). Discourse. *The International Encyclopedia of Public Policy and Administration*. Boulder, Colorado: Westview Press.

______(1995). *Postmodern Public Administration: Toward Discourse*. Thousand Oaks, CA: Sage Publications.

Frederickson, H. George(1996). Comparing the Reinventing Government Movement with the New Public Administration. *Public Administration Review* 56(3): 263－9.

______(1989). *Finding the public in public administration*. Department of Public Administration, University of Kansas.

Freeman, Chris(1989). Comments. In Joseph E. Stiglitz et al., *The Economic Role of the State*. Oxford: Basil Blackwell.

Friedman, Milton(1962). *Capitalism and Freedom*. 서재명 옮김(1982). 『자본주의와 자유』. 서울: 협동출판사.

Friedman, Milton & Rose Friedman(1984). *Tyranny of the Status Quo*. San Diego: Harcourt Brace Jovanovich. 김기실 옮김(1985). 『현상유지의 폭군』. 서울: 정음사.

Friedman, Thomas L.(2000). *The Lexus and the Olive Tree*. 신동욱 옮김(2000). 『렉서스와 올리브나무: 세계화는 덫인가, 기회인가?』. 서울: 창해.

Friedrich, Carl J.(1952). Some Observations on Weber's Analysis of Bureaucracy. in Robert K. Merton et al. (eds.). *Reader in Bureaucracy*. Glencoe: Free Press.

Galbraith, John K.(1967). *The New Industrial State*. Boston: Houghton Mifflin.

______(1958). *The Affluent Society*. NY: Houghton Mifflin.

Galnoor, I, D. Rosenbloom and A. Yaroni(1998). Creating New Public Management Reforms: Lessons from Israel. *Administration and Society* 30(4): 393－420.

Garcia-Zamor, Jean-Claude, and Renu Khator(1994). *Public Administration in the Global Village*. Westport, CT: Praeger.

Gardner, John(1991). *Building Community*. Washington, DC: Independent Sector.

Gates, Bill(1995). *The Road Ahead*. London: Viking.

Gergen, Kenneth J. and Tojo Joseph Thatchenkery(1996). Organization Science as Social Construction: Postmodern Potentials. *Journal of Applied Behavioral Science* 32(4): 356-377.

Gerth, H. H. and C. Wright Mills(1958). *From Max Weber: Essays in Sociology*. NY: Oxford University Press.

Giddens, Anthony(2006). *Sociology*(5th Edition). Cambridge: Polity.

______(1998). *The Third Way: The Renewal of Social Democracy*. 한상진 · 박찬욱 옮김(1999). 『제3의 길』. 서울: 생각의나무.

Goodsell, Charles T.(1983). *The Case for Bureaucracy: A Public Administration Polemic*. Chatham, NJ: Chatham House Publishers, Inc.

Goss, S.(2001). *Making Local Governance Work: Networks, Relationships and the Management of Change*(5th Edition). Houndmills: Palgrave.

Groot, Tom and Tjerk Budding(2008). New Public Management's Current Issues and Future Prospects. *Financial Accountability & Management* 24(1).

Habermas, Jürgen(1974). The Public Sphere. *New Government Critique* 3: 49-55.

Hammerschmid, Gerhard and Renate E. Meyer(2005). New Public Management in Austria: Local Variation on a Global Theme? *Public Administration* 83(3): 709-733.

Harmon, Michael(1981). *Action Theory for Public Administration*. NY: Longman.

Harrow, Jenny(2002). New Public Management and Social Justice, In Kate McLaughlin, Stephen P. Osborne and Ewan Ferilie eds. *New Public Management: Current trends and future prospects*. London: Routledge.

Hassard, John(1996). Exploring the Terrain of Modernism and Postmodernism in Organization Theory. In David M. Boje, Robert P. Gephart, Jr. and Tojo Joseph Thatchenkery(eds.). *Postmodern Management and Organization Theory*. Thousand Oaks, CA: Sage Publications.

Heady, Ferrel(1998). Comparative and International Public Administration: Building Intellectual Bridges. *Public Administration Review* 58(1): 32-39.

Held, David(1984). *Political Theory and the Modern State*. Stanford, California: Stanford University Press.

Held, David, Anthony McGrew, David Goldblatt, and Jonathan Parraton(1999). *Global*

Transformations: Politics, Economics and Culture, Cambridge: Polity.

Hintze, Otto(1968). The State in Historical Perspective. In Reinhard Bendix, et al. (eds.). *State and Society*. Berkeley: University of California Press.

Hirst, P. and G. Thompson(1996). *Globalization in Question: The International Economy and the Possibilities of Governance*. Cambridge: Polity.

Hodgkinson, Christopher(1978). *Towards a Philosophy of Administration*. NY: St. Martin's Press.

Hood, Christopher(1991). A Public Management for All Seasons?. *Public Administration* 69(1).

Hoover, Herbert C. et al.(1955). *Commission on Organization of the Executive Branch of the Government－Task Force Report on Personnel and Civil Service*. Washington, D. C.

Hughes, Owen E.(2003). *Public Management & Administration: An Introduction*(3rd ed.). Macmillan.

______(1998). *Public Management and Administration－An Introduction*(2nd ed.). Basingstoke: Macmillan Press Ltd.

IEA(Institute of Economic Affairs)(1998). *Is There A Third Way?: Essays on the Changing Direction of Socialist Thought*. 자유기업센터 옮김(1999). 『제3의 길 이야기』.

Ingraham, Patricia W.(1997). Play It Again, Dam; It's Still Not Right: Searching for the Right Notes in Administrative Reform. *Public Administration Review* 57(4): 325－331.

Jansen, E. Pieter(2008). New Public Management: Perspectives on Performance and the Use of Performance Information. *Financial Accountability & Management* 24(2).

Jones, Charles O.(1977). *An Introduction to the Study of Public Policy*(2nd ed.). North Scituate, Mass.: Duxbury.

Jun, Jong S.(2009). The Limits of Post－New Public Management and Beyond. *Public Administration Review*, January/February.

Kaboolian, Linda(1998). The New Public Management: Challenging the Boundaries of the Management vs. Adminstration Debate. *PAR* 58(3).

Kamensky, J.(1996). Role of the "Reinventing Government" Movement in Federal Management Reform. *Public Administration Review* 56(3): 247－255.

Kaufman, Herbert(1981). Fear of Bureaucracy: A Raging Pandemic. *Public Administration Review* 41(1): 1－9.

______(1956). Emerging Conflicts in the Doctrines of Public Administration. *American Political Science Review* 50(4): 1057 - 73.

Keane, J.(1989). *Democracy and Civil Society*. NY: Verso.

Kelly, R.(1998). An Inclusive Democratic Polity, Representative Bureaucracies, and the New Public Management. *Public Administration Review* 58(8): 201-208.

Keraudren. Philippe and Hans van Mierlo(1998). Theories of Public Management Reform and their Practical Implication. Verheijen, Tony and David Coombes. *Innovations in Public Management: Perspectives from East and West Europe*. Cheltenham: Edward Elgar.

Kettl, Donald F.(2005). *The Next Government of the United States: Challenges for Performance in the 21st Century*. IBM Center for The Business of Government. in www.businessofgovernment.org 3.

Kickert, W.(1997). Public Governance in the Netherlands: An Alternative to Anglo-American 'Managerialism.' *Public Administration* 75: 731-752.

Kilduff, Martin and Ajay Mehra(1997). Postmodernism and Organizational Research. *Academy of Management Review* 22(2): 453-481.

Kim, Pan Suk(2000). Recent Administrative Reform in Korea: A Case Study of the Dae Jung Kim's Administration. *Reforms in Government and Business*. 2000 KAPA International Forum.

King, Cheryl and Camilla Stivers(1998a). *Government Is Us: Public Administration in an Anti-government Era*. Thousand Oaks, CA: Sage Publications.

______(1998b). *Public Administration in an Anti-Government Era*. 오수길 외 옮김(2001). 『반정부시대의 행정』. 서울: 대영문화사.

Klay, William Earle(1983). Fiscal Constraints, Trust, and the Need for a New Politics/Administration Dichotomy. *Review of Public Personnel Administration*, 4-44.

Kooiman, Jan(2003). *Governing as Governance*. London: Sage Publications.

______(ed.)(1993). *Modern Governance: New Government-Society Interactions*. London: Sage.

Korten, David(1995). *When Corporations Rule the World*. West Hartford, CT: Kumarian Press.

Kraiker, G.(1990). Bürger/citoyen/bourgeois. In Sandkühler, H. J. (Hrsg.). *Europäische Enziklopädie zu Philosophie und Wissenschaften*. Bd.1. S. 442-47. Hamburg: Meiner.

Krasner, Stephen D.(1993). Economic Independence and Interdependent Statehood. In R. Jackson and A. James(eds.). *States in A Changing World: A Contemporary Analysis*. Oxford: Clarendon.

Lal, Deepak(2006). *Reviving the Invisible Hand: The Case for Classical Liberalism in the*

Twenty-first Century. Princeton University Press.

Lapsley, Irvine(2008). The NPM Agenda: Back to the Future. *Financial Accountability & Management* 24(1): 0267-4424.

Laski, Harold J.(1957). *A Grammar of Politics*(4th ed.). London: Allen & Unwin.

Leach, R. and J. Percy-Smith(2001). *Local Governance in Britain*. Houndmills: Palgrave.

Leland, Suzanne and Olga Smirnova(2009). Reassessing Privatization Strategies 25 Years Later: Revisiting Perry and Babitsky's Comparative Performance Study of Urban Bus Transit Services. *Public Administration Review*, September/October.

Lindblom, Charles(1990). *Inquiry and Change*. New Haven: Yale University Press.

______(1977). *Politics and Markets: The World's Political-Economy Systems*. NY: Basic Books.

Lipsky, Michael(1980). *Street-level Bureaucracy*, NY: Russell Sage Foundation,

Lipson, Leslie(1965). The *Great Issues of Politics*. Englewood Cliffs. NJ: Prentice-Hall.

Lohmann, R.(1992). *The Commons: New Perspectives on Nonprofit Organizations and Voluntary Action*. San Francisco: Jossey-Bass.

Lynn, Jr., Lawrence E.(1998). The New Public Management: How to Translate a Theme into a Legacy. *Public Administration Review* 58(3): 231-238.

MacIver, Robert Morrison(1917). *Community: A Sociological Student*. London: Macmillan.

Mansbridge, Jane(ed.)(1992). Public Spirit in Political Systems. In *Values and Public Policy*, edited by Henry J. Aaron, Thomas Mann, and Timothy Taylor. Washington, DC: The Brookings Institution.

______(1990). *Beyond Self -Interest*. Chicago: University of Chicago Press.

March, James G. and John P. Olsen(1989). *Rediscovering Institutions*. NY: Free Press.

Martell, Luke(2004). National Differences and the Rethinking of Social Democracy: Third Ways in Europe. In Surendra Munshi, Biju Paul Abraham (eds.). *Good governance, democratic societies and globalisation*. London: Sage Publications Ltd.

Mathews, David(1988). Afterthoughts, *Kettering Review*, Fall Edition: 51-54.

Mathews, Jessica T.(1997). Power shift. *Foreign Affairs* 76(1): 50-66.

McCabe, Barbara, and Janet Vinzant(1999). Governance Lessons: The Case of Charter Schools. *Administration and Society* 31(3): 361-77.

McCurdy, Howard E.(1977). *Public Administration: A Synthesis*. Menlo Park, Calif.: Cummings.

McPherson, M. S.(1984). Limits on Self-Seeking-The Role of Morality in Economic Life. In D. C. Colander (eds.). *Neoclassical Political Economy: The Analysis of Rent-Seeking and DUP Activities*. Ballinger Publishing Company.

McSwite, O. C.(1997). *Legitimacy in Public Administration*. Thousand Oaks, CA: Sage Publications.

______(1996). Postmodernism, Public Administration, and the Public Interest. In Gary L. Wamsley and James F. Wolf(eds.). *Refounding Democratic Public Administration: Modern Paradoxes, Postmodern Challenges*, Thousand Oaks, CA: Sage Publications: 198–224.

Miles, R. Ian, Howard Rush, Kevin Turner, and John Bessant(1988). *Information Horizons: The Long Term Social Implication of New Information Technologies*. England: Elga.

Miller, Hugh and Charles Fox(1997). *Postmodern "Reality" and Public Administration*. Burke, VA: Chatelaine Press.

Milward, H. Brinton and Hal G. Rainey(1983). Don't Blame the Bureaucracy. *Journal of Public Policy* 3(2): 149–168.

Minogue, Martin, Charles Polidano, and David Hulme(eds.)(1998). *Beyond the New Public Management*. Northhampton, MA: Edward Elgar.

Mishra, Ramesh (1984). *The Welfare State in Crisis*. NY: St. Martin Press. 김한주 · 최경구 옮김(1990). 『복지국가위기론』. 서울: 법문사.

Mitchell, William C. and Randy T. Simmons(1994). *Beyond Politics: Markets, Welfares, and the Failure of Bureaucracy*. Westview Press, Inc.

Morin, Richard and Dan Balz(1996). American losing trust in each other and institutions. *Washington Post*. 1996, January 28. A1, A6–A7.

Murphy, D. and J. Bendell(1999). Partners in Time? Business, NGOs and Sustainable Development. *UNRISD Discussion Paper*, No. 109.(www.unrisd.org/unrisd/wevsite/document.nsf)

Musgrave, Richard A. and P. B. Musgrave(1989). *Public Finance in Theory and Practice*(5th ed.). New York, NY: McGraw–Hill.

Naisbitt, John(1994). *The Global Paradox: The Bigger the Worm Economy the More Powerful Its Smallest Players*. London: Brealey.

______(1982). *Megatrends: Ten New Directions Transforming Our Lives*. NY: Warner Communication Company.

Niskanen, William A. Jr.(1971). *Bureaucracy and Representative Government*. Chicago: Aldine Publishing Co.

North, Douglas C.(1993). Toward a Theory of Institutional Change. In W. A. Barnett, M. J. Hinich and N. J. Schofield (eds.). *Political Economy*. Cambridge University Press.

______(1990). *Institution, Institutional Change and Economic Performance*. Cambridge University Press.

______(1984). The Growth of Government in the United States: An Economic Historian's Perspective. mimeo. Washington University.

Novak, M.(1993). *The Catholic Ethic and the Spirit of Capitalism*. The Free Press. 허종열 옮김(1994). 『가톨릭 윤리와 자본주의 정신』. 서울: 한국경제신문사.

O'Donnell, Guillermo(1999). Horizontal Accountability in New Democracies. In Andreas Schedler, Larry Diamond, and Marc F. Plattner (eds.). *The Self-Restraining State*. Boulder: Lynne Rienner Publishers.

OECD(1994a). *Performance Management in Government: Performance Measurement and Result-oriented Management*, OECD Occasional Papers, No. 3, Paris.

______(1994b). *Performance Measurement in Government: Issues and Illustrations*, OECD Occasional Papers, No. 5. Paris.

______(1993). *Public Management Developments Survey*. Paris: OECD.

Offe, C.(1985). *Disorganized Capitalism*. Cambridge, MA: MIT Press.

Ohmae, Kenichi(1995). *The End of the Nation-State: The Rise of Regional Economies*. London: Harper-Collins.

______(1990). *The Borderless* World. London: Harper-Collins.

Okun, Arthur(1975). *Equality and Efficiency: The Big Tradeoff*. Washington, D.C.: Brookings Institution.

Olsen, John P.(2006). Maybe it is Time to Rediscover Bureaucracy?. *Journal of Public Administration Research and Theory* 16(1): 1-24.

Osborne, David and Ted Gaebler(1992). *Reinventing Government: How the Entrepreneurial Spirit is Transforming the Public Sector*. MA: Addison-Wesley Publishing Company, Inc.

Osborne, David and Peter Plastrik(1991). *Banishing Bureaucracy*. MA: Addison-Wesley.

Ostrom, Vincent(1989). *Intellectual Crisis in American Public Administration*. Tuscaloosa, AL: University of Alabama Press.

Overeem, Patrick(2005). The Value of the Dichotomy: Politics, Administration, and the Political Neutrality of Administrators. *Administrative Theory and Praxis* 27(2): 311-19.

Park, R. E.(1904). *The Crowd and the Public*, Chicago, Illinois: University of Chicago Press.

Parker, Martin(1992). Post-modern Organizations or Postmodern Organization Theory? *Organization Studies* 13(1): 1-17.

Parkinson, Cyril N.(1957). *Parkinson's Law*. Boston: Houghton Mifflin.

Parsons, Talcott(1966). The Political Aspect of Social Structure and Process. In David Easton.(ed.). *Varieties of Political Theory*. Englewood Cliffs. NJ: Prentice-Hall.

Pateman, Carole(1970). *Participation and Democratic Theory*. Cambridge, UK: Cambridge University Press.

Peacock, Alan R. and Jack Wiseman(1961). *The Growth of Public Expenditures in the United Kingdom*(2nd ed.). London: Allen and Unwin.

Perry, James L., Trent A. Engbers and So Yun Jun(2009). Back to the Future? Performance-Related Pay, Empirical Research, and the Perils of Persistence. *Public Administration Review*, January/February.

Peter, Lawrence J. and Raymond Hall(1969). *The Peter Principle*. NY: Bantam Books.

Peters, B. Guy(1996). *The Future of Governing: Four Emerging Models*. Lawrence: Kansas University Press.

______(1995). The Public Service, the Changing State, and Governance. In B. Guy Peters & Donald J. Savoie (eds.). *Governance in a Changing Environment*. Montreal: Canadian Centre for Management Development.

Peters, B. Guy and Donald Savoie(1996). Managing Incoherence: The Coordination and Empowerment Conundrum. *Public Administration Review* 56(3): 281-9.

Petras, James(1999). NGOs: In the service of imperialism. *Journal of Contemporary Asia* 29(4): 429-440.

Pfiffner, John and Robert Presthus(1955). *Public Administration* (3rd. ed.). Ronald Press.

Pierre, J. and G. Peters(2000). *Governance, Politics and the State*. NY: St. Martin's Press.

Pigou, Arthur C.(1920). *The Economics of Welfare*. London: Macmillan.

Pollitt, Christopher(2003). Public management reform: reliable knowledge and international experience. *OECD Journal on Budgeting* 3(3): 121-136.

______(1995). Justification by Works or by Faith: Evaluating the New Public Management. *Evaluation* 1(2), October.

______(1993). Occasional Excursions: A Brief History of Policy Evaluation in the UK. *Parliamentary Affairs* 46(3): 353-362.

______(1990). *Managerialism and the Public Services: The Anglo-American Experience*. Oxford: Basil Blackwell.

Pollitt, Christopher and G. Bouckaert(2004). *Public Management Reform. A Comparative Analysis*. Oxford University Press.

Poulantzas, Nicos(1973). *Political Power and Social Classes*. London: New Left Books.

Putnam, Robert(1995). Bowling Alone. *Journal of Democracy* 6(1): 65–78.

Reichard, C.(1996). Die New Public Management–Debatte im internationalen Kontext. In C. Reichard and H. Wollmann (eds.), *Kommunalverwaltung im Modernisierungsschub?* Basel: Birkhäuser Verlag: 214–74.

Rhodes, R. A. W.(1997). *Understanding Governance: Policy Networks, Governance, Reflexity and Accountability*. Bristrol, PA: Open University Press.

______(1996). The New Governance: Governing without Government. *Political Studies* 44: 652–667.

______(1988). *Beyond Westminster and Whitehall*. London: Unwin–Hyman.

Richards, D. and M. Smith(2002). *Governance and Public Policy in the United Kingdom*. NY: Oxford University Press.

Rieff, David(1999). The false dawn of civil society. *The Nation*, 22 February: 11–16.

Rifkin, Jeremy(2007). The End of Work: –Five Years Later. in(http://www.jobsletter.org.nz/art/rifkin05.htm)(07/02/09)

______(1996). *The end of work : the decline of global labor force and the dawn of the post–market era*. Washington: Jeremy P. Tarcher, Inc.

Rockman, Bert(1997). Honey: I Shrunk the State. In Ali Farazmand, ed. *Modern Systems of Government: Exploring the Role of Bureaucrats and Politicians*. Thousand Oaks, CA: Sage, 275294.

Romer, T. and H. Rosental(1979). Bureaucracies vs. Voters: On the Political Economy of Resource Allocation by Direct Democracy. *Quarterly Journal of Economics* 93: 563–587.

Rosenau, J.(1992). Citizenship in a Changing Global Order. In J. Rosenau and E–O Czempiel (eds). *Governance without Government: Order and Change in World Politics*. Cambridge: Cambridge University Press.

Rutherford, B.(1997). Civil (Dis)Obedience and Social Development in New Policy Agenda. International Development Center.(www.idrc.ca/socdev/pub/documents/civilsociety.html).

Saffo, P.(1999). The End of Government Monopoly.(http://www.gortech.net/publications/vision/saffor/saffo.shtm).

Saint–Martin, D.(1998). Management Consultants, the State, and the Politics of Administrative Reform in Britain and Canada. *Administration and Society* 30(5): 533–569.

Salamon, I.(1994). The Rise of the Nonprofit Sector. *Foreign Affairs* 73/4: 109–122.

Salamon, Lester M.(1995). *Partners in Public Service: Government–Nonprofit Relations in the Modern State*. Baltimore: The Johns Hopkins University Press.

Salamon, Lester & Helmut Anheir(1996). *The Emerging Nonprofit Sector: An Overview*, London: Manchester University Press.

Sandel, Michael(1996). *Democracy's Discontent.* Cambridge, MA: Belknap Press.

Savas, Emanuel S.(1982). *Privatizing the Public* Sector. Chatham: Chatham House.

Sayre, Wallace S.(1964). Bureaucracies: Some Contrasts in Systems. *Indian Journal of Public Administration*, 10.

Schachter, Hindy Lauer(1997). *Reinventing Government or Reinventing Ourselves.* Albany, NY: State University of New York Press.

______(1995). Reinventing Government or Reinventing Ourselves: Two Models for Improving Government Performance. *Public Administration Review* 55(6): 530–537.

Schedler, K. and I. Proeller(2002). The New Public Management: a Perspective from Mainland Europe. In K. McLaughlin, S. P. Osborne and E. Ferlie (eds.). *New Public Management: Current Trends and Future Prospects.* London and New York: Routledge: 163–80.

Schein, Edgar(1985). *Organizational Culture and Leadership.* San Francisco, CA: Jossey–Bass.

Schement, J. R.(1989). The Origins of the Information Society in the United States: Competing Visions. In J. L. Salvaggio (ed.). *The Information Society: Economic, Social & Structural Issues.* Hillsdale, NJ: Lawrence Erlbaum Associates, Publishers.

Scholte, J.(1997). Global Capitalism and the State. *International Affairs* 73(3): 427–52.

Schubert, Glendon(1957). "The Public Interest" in Administrative Decision–Making: Theorem, Theosophy, or Theory. *The American Political Science Review* 51(2): 346–68.

Schumpeter, Joseph(1918). The Crisis of the Tax State. *International Economic Papers* 4: 5–38.

Selznick, Phillip(1992). *The Moral Commonwealth.* Berkeley, CA. University of California Press

______(1949). *TVA and the Grass Roots.* Berkeley: University of California Press.

Senge, Peter(1990). *The Fifth Discipline: The Art and Practice of Learning Organizations.* NY: Doubleday/Currency.

Shils, E.(1997). *The Virtue of Civility: Selected Essays on Liberalism, Tradition, and Civil Society.* Edited by Steven Crosby. Indianapolis. IN: Liberty Fund.

Simon, Herbert A.(1987). The Steam Engine and Computer: What Makes Technology Revolutionary. *Computer and Society.*

Sinha, Anup(2004). Good Governance, Market-Friendly Globalization and the Changing Space of State Intervention: The Case of India. In Surendra Munshi, Biju Paul Abraham (eds). *Good governance, democratic societies and globalisation*. London: Sage Publications Ltd.

Skocpol, Theda(1985). Bringing the State Back In: Strategies of Analysis in Current Research. In P. Evans et al. (eds.). *Bringing the State Back In*. Cambridge Univeysity Press: 3-43.

Smith, Adam(1776). *An Inquiry into the Nature and Causes of the Wealth of Nations.*

Smythe, D.(1985). A Historical Perspective on Equity: National Policy on Public and Private Sector in the U.S.A. Paper presented to the Thirteenth Annual Telecommunications Policy Research Conference. VA: Airlie House.

Sorauf, F. J.(1962). The Conceptual Muddle. In C. J. Friedrich (ed.). *The Public Interest.* NY: Atherton.

Stepan, Alfred(1978). *The State and Society: Peru in Comparative Perspective.* Princeton: Princeton University Press.

Svara, James H.(2006). Introduction: Politicians and Administrators in the Political Process: A Review of Themes and Issues in the Literature. *International Journal of Public Administration* 29(12): 953-76.

______(1999). Complementarity of Politics and Administration as a Legitimate Alternative to the Dichotomy Model. *Administration & Society* 30(6): 676 - 705.

Sweezy, Paul(1997). More (or less) on Globalization. *Monthly Review* 49(4): 1-2.

Terry, Larry D.(1999). From Greek Mythology to the Real World of the New Public Management and Democratic Governance. *Public Administration Review* 59(3).

______(1998). Administrative Leadership, Neo-Managerialism, and the New Public Management. *Public Administration Review* 58(3): 194-200.

Thompson, G., J. Frances, R. Levacic, and J. Mitchell (eds.) (1991). *Markets, Hierarchies and Networks: The Coordination of Social Life*. London: Sage.

Toffler, Alvin(1980). *The Third Wave*. NY: Morrow.

Toffler, Alvin and Heidi Toffler(2006). *Revolutionary Wealth: How it will be created and how it will change our lives*. NY: Alfred A. Knopf.

Tolchin, Susan J.(1996). *The angry American: How voter rage is changing the nation.* Boulder, CO: Westview.

Tönnies, Ferdinand(1955). *Community and Association*, London: Routledge and Kegan Paul.

UNDPI(2002). NGO's and PUNDI. in (www.un.org/dpi/ngosecton).

van Tuijl, Peter(1999). NGOs and human rights: Sources of justice and democracy. *Journal of International Affairs* 52(2): 493–512.

Ventriss, Curtis(1994). The "Publicness" of Administrative Ethics. In Terry L. Cooper(ed.). *Handbook of Administrative Ethics.* NY: Marcel Dekker, Inc.

Vogelsang–Coombs, Vera A. and Larry A. Bakken(1988). The Conduct of Legislators. In James S. Bowman and Frederick A. Elliston (eds.). *Ethics, Government, and Public Policies: A Reference Guide.* NY: Greenwood Press.

Wagner, Adolf(1883). The Nature of the Fiscal Economy. In Richard A. Musgrave and Alan R. Peacock (eds.). *Classics in the Theory of Public Finance.* MacMillan: 1–8.

Waldo, Dwight(1974). Reflections on Public Morality. *Administration and Society* 6(3).

Wamsley, Gary L.(1990). Introduction. In G. L. Wamsley et al. (eds.) *Refounding Public Administration.* Newbury Park, CA: Sage.

Wamsley, Gary L. et al. (eds.)(1990). *Refounding Public Administration.* Newbury Park, CA: Sage.

______(1987). The Public Administration and the Governance Process: Refocusing the American Dialogue. In Ralph C. Chandler. *A Centennial History of the American Administrative State.* NY: The Free Press.

Weisbrod, Burton A.(1998). Guest Editor's Introduction: The Nonprofit Mission and Its Financing. *Journal of Policy Analysis and Management* 17(2): 165–174.

White, Leonard D.(1926). *Introduction to the Study of Public Administration.* Macmillan.

Wildavsky, Aaron B. (1975). *Budgeting: A Comparative Theory of Budgetary Processes.* Boston: Little, Brown.

Willetts, Peter (ed.)(1996). *The Conscience of the World: The Influence of Non–Governmental Organisations in the UN System*, Washington, D.C.: The Brookings Institution.

Williamson, Oliver(1985). *The Economic Institution of Capitalism: Firms, Markets, Relational Contracting.* NY: The Free Press.

Wilson, David(1994). Bureaucracy in International Organizations: Building Capacity and Credibility in a Newly Interdependent World. In Ali Farazmand (ed.). *Handbook of Bureaucracy.* NY: Marcel Dekker.

Wilson, James Q.(1989). *Bureaucracy*, NY: Free Press.

Wolf, Jr., Charles(1988). *Markets or Governments: Choosing between Imperfect Alternatives.* Cambridge, MA: MIT Press.

Wriston, Michael J.(1980). In Defense of Bureaucracy. *PAR* 40(2): 179–183.

Young, Dennis R.(1999). Complementary, supplementary, or adversarial: A theoretical and historical examination of nonprofit－government relations in the United states. In Boris, Elizabeth T. and C. Eugene Steuerle. (eds.). *Nonprofits and Government: Collaboration and Conflict*. Washington, D.C. The Urban Institute Press.

______(1998). Excerpt from "An Examination of Nonprofit－Government Relations in the U.S." Chapter 1 in *Nonprofits and Government*, Washington, DC: Urban Institute.

Zinsmeister, Karl(1995). Payday mayday. *The American Enterprise* 6(5): 44－48.

Zysman, J.(1996). The Myth of a 'Global' Economy: Enduring National Foundations and Emerging Regional Realities. *New Political Economy* 1: 157－184.

http://www.news.egov.go.kr.

http://www.knowledge.go.kr.

찾아보기

인 명

가드너(J. Gardner) 168
가우스(J. M. Gaus) 43
갈브레이스(J. K. Galbraith) 78, 80
거스(H. H. Gerth) 52
게블러(T. Gaebler) 21
게이츠(B. Gates) 228
굿셀(C. T. Goodsell) 137
그레이스(J. P. Grace) 279
그루트(T. Groot) 149
그린스펀(A. Greenspan) 202
기든스(A. Giddens) 238, 285, 286,
나이스빗(J. Naisbitt) 107, 243, 248
노박(M. Novak) 220
노스(D. C. North) 75, 209, 218
니스카넨(W. A. Niskanen) 26, 77, 117
다운스(A. Downs) 80
대번포트(T. H. Davenport) 256, 257
대처(M. Thatcher) 118
던리비(P. Dunleavy) 162
덴하트(J. V. & R. B. Denhardt) 160, 166, 169, 170, 225
돌바크(P. H. d'Holbach)) 88
듀이(J. Dewey) 62, 63
듀젠베리(J. S. Duesenberry) 81
드래치(D. Drache) 107
드러커(P. Drucker) 237, 252, 257
디목(M. E. Dimock) 43, 87
래그레이드(P. Lægreid) 159, 160, 162
래스키(H. J. Laski) 20, 51
랠(D. Lal) 287
랩슬리(I. Lapsley) 158
러더퍼드(B. Rutherford) 269
레이니(H. G. Rainey) 137
로만(R. Lohmann) 269
로머(T. Romer) 78
로위(T. Lowi) 138
로젠탈(H. Rosental) 78
로즈(R. A. W. Rhodes) 142, 143
로크(J. Locke) 24, 63, 260, 261
로크만(B. A. Rockman) 44, 231
루소(J. J. Rousseau) 24
리스턴(M. J. Wriston) 137
리처즈(D. Richards) 144
리프킨(J. Rifkin) 239, 241, 242, 294
린(L. Lynn, Jr.) 149, 155
린드블롬(C. Lindblom) 227
립슨(L. Lipson) 18, 21
마르크스(K. Marx) 63, 290
마틴(H. P. Martin) 234
마텔(L. Martell) 287, 288
매커디(H. E. McCurdy) 117
매키버(R. M. MacIver) 18

매튜스(D. Mathews) 62, 271
맥컬록(W. S. McCulloch) 297
맥케이브(B. McCabe) 167
맥퍼슨(M. S. McPherson) 219
머스그레이브(R. Musgrave) 80
몽테스키외(C. de Montesquieu) 260
미첼(W. C. Mitchell) 191, 195, 197, 200, 208, 211
밀(J. S. Mill) 25, 261
밀러(H. T. Miller) 111, 168, 176, 179, 180
밀워드(H. B. Milward) 137
밀스(C. W. Mills) 52
바버(B. Barber) 167, 263, 285
버냉키(B. S. Bernanke) 234
베른슈타인(E. Bernstein) 38
베리(J. Berry) 270
베버(M. Weber) 55, 112, 219
베이토르(F. Bator) 191
베일리(S. Bailey) 94, 95
벤딕스(R. Bendix) 52
벤트리스(C. Ventriss) 62
벨(D. Bell) 235, 238, 239, 240, 241
벨라(R. Bellah) 168
벨로네(C. Bellone) 154
보겔상-쿰즈(V. Vogelsang-Coombs) 93
보몰(W. J. Baumol) 79, 191
보웬(W. G. Bowen) 79
보이어(R. Boyer) 107
뷰캐넌(J. M. Buchanan) 78, 198
브레넌(G. Brennan) 78
블레어(T. Blair) 287
블레이크(W. Blake) 291
사바스(E. C. Savas) 71
샌들(M. Sandel) 167, 168
샐러먼(L. M. Salamon) 267, 270, 271, 274
샤인(E. Schein) 229
셀즈닉(P. Selznick) 168
소르망(Guy Sorman) 219, 289
쉬멘트(J. R. Schement) 238
슈베르트(G. Schubert) 168
슈밥(K. Schwab) 294
슘페터(G. J. Schumpeter) 74
스미드(D. Smythe) 238
스미스(A. Smith) 27, 98, 144, 187, 209, 219, 261, 290
스바라(J. H. Svara) 44
스타이버스(C. Stivers) 166, 168
스테판(A. Stepan) 22
스티글리츠(J. E. Stiglitz) 234
시몬스(R. T. Simmons) 191, 195, 197, 200, 208, 211
아라토(A. Arato) 185, 260
아로조(J. Araújo) 151
아리스토텔레스(Aristoteles) 63, 261
아버바크(J. D. Aberbach) 44, 46
아처(C. Archer) 270
아터튼(F. Arterton) 248
안게르만(E. Angermann) 19
애들러(M. Adler) 122
애플비(P. H. Appleby) 43
앤더슨(J. N. Anderson) 279
앤하이어(H. Anheier) 262, 270, 271
앨퍼드(R. Alford) 22
얀센(E. P. Jansen) 147
에드워즈(B. Edwards) 263, 265, 285, 288
에벌리(D. Eberly) 264
애스키스(S. Asquith) 122
에임즈(E. Ames) 78
에치오니(A. Etzioni) 20, 168, 263
영(D. R. Young) 274
오스본(D. Osborne) 21
오스트롬(V. Ostrom) 118, 149

오웰(G. Orwell) 249
오쿤(A. Okun) 197
올가(S. Olga) 157
와이스브로드(B. A. Weisbrod) 274
와이즈만(J. Wiseman) 79
왈도(D. Waldo) 92
웜슬리(G. L. Wamsley) 136, 138
윌다브스키(A. B. Wildavsky)) 79
윌리엄슨(O. Williamson) 199
윌슨(D. Wilson) 226
윌슨(J. Q. Wilson) 125
윌슨(T. Wilson) 44
이스턴(D. Easton) 91
제퍼슨(T. Jefferson) 24
존스(C. O. Jones) 64
차일드(Sir J. Child) 209
카메론(D. R. Cameron) 75, 78, 79
카멘스키(J. Kamensky) 152
카우프먼(H. Kaufman) 136, 171
캐롤(T. Carroll) 156
커러더즈(T. Carothers) 271
케이든(G. Caiden) 108, 156, 155
케인스(J. M. Keynes) 70, 76, 189, 198, 290
케틀(D. F. Kettl) 296
켈리(R. Kelly) 155
코스(R. H. Coase) 217
코스턴(J. M. Coston) 274
코헨(J. Cohen) 185, 260
크리스텐센(T. Christensen) 159, 160, 162
클로(H. M. Clor) 92
키케르트(W. Kickert) 150, 154, 156
킨(J. Keane) 185, 260
킹(C. King) 166, 168
터너(K. Turner) 237
토플러(A. Toffler) 40, 105, 237, 238, 248
톨친(S. J. Tolchin) 136
톰슨(G. Thompson) 107, 140, 143
퇴니스(F. Tönnies) 18
파머(D. J. Farmer) 111, 175, 176, 177, 178, 179
파슨스(T. Parsons) 18
파이너(H. Finer) 127
파커(M. Parker) 174
파킨슨(C. N. Parkinson) 77
팔크(R. Falk) 226
퍼트남(R. D. Putnam) 44, 168
페리(J. L. Perry) 158
페티(W. Petty) 209
펠프스(E. S. Phelps) 289
포라(M. U. Porat) 240
폭스(C. J. Fox) 104, 111, 176, 168, 180
폴라니(K. Polanyi) 290
폴라니(M. Polanyi) 236
폴릿(C. Pollitt) 151, 162
프레데릭슨(H. G. Frederickson) 61, 167
프리드리히(C. J. Friedrich) 112, 127
프리드먼(M. R. Friedman) 74, 208, 214, 215, 232, 234
프리들랜드(R. Friedland) 22
플라톤(Platon) 261
피구(A. C. Pigou) 191, 217
피콕(A. R. Peacock) 79
피터스(B. G. Peters) 114, 117, 132, 144, 150
하버마스(J. Habermas) 231
하이에크(F. A. von Hayek) 215, 290
해머슈미드(G. Hammerschmid) 147
허스트(P. Hirst) 107
헤겔(G. W. F. Hegel) 262
헬드(D. Held) 107, 108, 185, 260
호지킨슨(C. Hodgkinson) 35
홉스(T. Hobbes) 261
화이트(L. D. White) 43

후드(C. Hood) 152
휴즈(O. E. Hughes) 34, 35, 151, 162
힌츠(O. Hintze) 18

강신택 154, 174, 176, 177, 178, 181, 182
강인재 31
공병호 206, 211, 214, 218, 219
구영록 19, 22, 187, 259
권기헌 237, 239, 240, 246, 247
김광웅 154, 175, 249
김규정 113, 115, 117
김대환 30
김동건 27, 71, 191, 192, 194, 211, 215
김동원 138, 139, 174, 175, 176
김명 21
김번웅 152
김상준 261
김서용 155
김세균 63, 103, 106, 109
김순은 110
김태룡 154, 166
김태수 20
김태영 274
박경효 137
박광주 104
박동서 36, 113, 115, 154
박상필 272
박세일 32, 220
박세정 154
박우순 109, 247, 251, 256, 257, 286
박재완 150
박종민 155
배동인 260, 262
배용수 154
소병희 75, 78
소순창 144
송인상 31
송하중 150
신희영 154
오석홍 113
오재록 148
유재원 144
유훈 210
윤건영 133
윤성식 109
윤은기 152
이명석 150, 152, 154
이연호 155
이영선 78, 211, 214, 216
이재율 220
이종범 152
이종수 21, 32, 39, 52, 71, 77, 110, 113, 128, 147, 150, 157, 163, 211, 236, 246, 247, 251, 252, 253, 257
이창환 132, 133
임도빈 154
임혁백 284
장하성 271
전석호 236, 237
전종섭 151
정승건 52, 154
정용덕 36, 108, 113, 140, 143
정운찬 213
정정길 148
조성한 146, 154, 155
조순 213
조영철 285
조효제 268, 271
주성수 261, 262, 263, 265, 268, 269, 274
최광 132, 133
최동수 236, 239, 243, 244, 245, 246, 249
한세억 257

사 항

ㄱ

가산관료제 113
가산국가 113, 186
가상공간 105
가치중립적 방임 20
가치판단적 담론 20
간접민주정치 체제 102
감축관리 27, 29, 188
값싼 정부 27
값이 매겨지지 않은 공공재 118
강설지대 228
개발연대 31
개인주의적 국가관 19, 20, 63
개인중심주의 63
개입주의적 국가관 63
거대 설화의 부정 182
거대한 전환 291
거래비용 71, 149, 199
거래비용의 감축 217
거래비용이론 149
거버넌스(governance) 36, 140, 171
검은 상자(black box) 26
게마인샤프트(Gemeinschaft) 18
게젤샤프트(Gesellschaft) 18
결사 18
결사체 18
결합정부 159
경기순환 190, 198, 212
경기 하상 199
경쟁의 원리 114
경쟁적 시장 197
경쟁형 275
경제적 규제 38
경제적 시민사회 18, 185
경제적 하부구조 211
경제학 212
계몽주의 사상가 24, 261
계서제 126, 297
계약 206, 299
계약의 자유 208
계층제 113
계층제적 구조 112
계획예산제도 149
고객중심주의 265
고도 정보망사회 238
고전적 자유주의 187
공개경쟁시험 49
공공 36, 61, 86
공공 감시 51
공공관리 34
공공 기밀 51
공공기업가 153
공공문제 61, 64
공공 비윤리 92
공공부문 18, 187
공공부문 내부자 담합 285
공공서비스 66
공공선택론 81, 118, 148
공공성 61
공공 영역 261
공공윤리 92
공공 의지 90
공공재 66, 191
공공적 가치 86
공공적 결과 160

공공토목사업 27
공급 측면 경제학 213
공동 62
공동사회 18
공동선 86
공동체 92
공동체주의 20, 263
공동체중심주의 63
공동 행동 276
공무원 윤리헌장 95
공무원의 신분 보장 50
공무원의 정치적 중립 48
공민(public) 62
공유재 73
공유재의 비극 73
공익 86, 90
공익사업 196
공적인 대화 179
공정성 88
공중 35
공직부패 97
공치(共治) 21, 140
공행정 35
과정설 90, 91
과학적 관리론 87
과학주의 173
관료병리 115
관료적 권위주의 53, 104
관료적 대응성 49
관료적 비밀주의 51
관료제 112
관료제에 대한 정치우월성의 원칙 47
관료제의 비밀주의 51
관료제의 이념형 112
관료제의 자율성 52
관료제적 지배 113
관료주의 40, 285
관료지배 체제 45
관리 34
관리과학 149
관리무역 209
관리예산처 53
관리주의 37
광의의 정부 21
교차 기능 조직 160
구거버넌스 144
구공공관리론 149
구매자 천국 228
구(舊)사회민주주의 287
구(舊)서비스 162
구성주의 175, 179
구조적 실업 242
구조주의 174
구조화이론 179
구좌파 287
구체제 47
구(舊)행정 170
국가 17, 19
국가관료제 51
국가사회 262
국가재정법 84
국가주의 20
국가혁신 체제 294
국경 없는 세계 226
국민국가 108
국민기초생활보장제 26
『국부론』 63, 290
국정관리체계 140
국정 운영 양식 123
국제기구 295
국제상공회의소(ICC) 269
국제시정관리학회 94

국제적 표준 229
국제통화기금(IMF) 108
군부 권위주의 체제 293
권능 부여 286
권력분립론 260
권력이동 105
규모의 경제 195
규제 기능 38
규제 완화 152, 188
균형예산 199
그림자 국가 299
그림자 정부 299
근대성 173, 176
근대주의 174
근세사회 186
기계적 능률성 87
기술관료제 109
기술적 자격 114
기술주의 173
기업가정신 167, 170
기업적 거버넌스 142
기업친화적 정책 32
김대중 행정부 32

ㄴ

내부관리의 혁신 130
내부통제의 완화 125
내부화 194
네트워크 사회 244
네트워크식 국정관리 체계 140, 141, 298
네트워크조직 160
넥스트 스텝(Next Steps) 123
노동가치설 240
노동복지 288
『노동의 종말』 241, 242
노동자 없는 세계 241
노무현 행정부 32
노젓기 21, 166
논리적 겉치레 104
논증적 행위 181
농지 개혁 30
누진제도 215
뉴거버넌스(new governance) 29, 111, 140, 141, 143, 144, 298
뉴거버넌스의 시대 141
뉴딜정책 210, 213
뉴턴식·기계적 세계관 173

ㄷ

다국적 기업 227, 295
다보스 포럼(Davos Forum) 294
다수담론 180
다원화 105
다차원조직 160
다품종 소량 생산 243
담론이론 111, 167, 168, 176, 179
당파정치 49
대공황 76, 213
대규모 조직 112
대리인 문제 90, 103, 149
대리인 이론 103
대리정부 298
대립적 갈등 관계 274
대응성 43
대응적 관료 모형 44, 45
대의민주주의 102, 248, 264
대의정부 44, 47, 102, 292
대의정치 체제 102
대처리즘(Thatcherism) 204
대처식 보수주의 287

대체적 관계 274
대표 없이 세금 없다 54
대항형 275
대형(Big Brother) 249
대형화 243
도덕적 타인 178
독점 195
독점 금지 206
독점금지법 196
독점이윤 195
독점자본주의 227
동조과잉 115
동질적 세계문화 226
디지털정부 254

ㄹ

레이건 행정부 118
로르샤흐 검사 264
로퍼(Roper) 설문조사 136
르네상스(Renaissance) 173, 258
『리바이어던(*Leviathan*)』 261

ㅁ

매트릭스조직 160
명예혁명 24, 102, 186, 259
모더니즘(modernism) 173
모더니티 행정이론 182
목표 달성도 88
무경계사회 239
무능력자의 승진 116
무사안일주의 115
무임승차자 67, 69, 70, 192
문서주의 113
문예부흥기 258
문재인 행정부 32
문화제국주의 246
민간-공공부문의 파트너십 161
민간부문 18
민간위탁 142
민간재 191
민간화 188
민관 공동생산 29, 37
민관협력 299
민영화 29, 152, 188
민원모니터제도 264
민주적 시민이론 167
민주화 102, 110

ㅂ

바그너 법칙 77, 79
박근혜 행정부 32
반관료제론 111, 176
반국가주의 265
반시장주의적 283
반행정 178, 182
발전행정론자 43
방법론적 개체주의 22, 63, 91
방향잡기 21, 165, 166, 169
배려 62
배분의 왜곡 195
배제 원칙 68
번문욕례 115
『법의 정신』 260
법인세 197
법적 지배 113
법적·합리적 권한 113
법치(法治) 54
법치주의 260
베버리지주의 284

베버식 관료제 162
베버-윌슨식 행정관 43
변증법적 통합 188
변형된 세계화 295
보몰의 병리 79
보몰효과 79
보완적 협력 관계 274
보이는 손 188
보이지 않는 손 27, 187, 209
복지국가 25
복지국가관 20
복지국가론 63, 210
복지다원주의 273
본질적 가치 89
부가가치세 197
부르주아 혁명 186
부분이익 선택성 25
부(負)의 소득세 215
부정적 외부성 191
부하 배증의 법칙 77
북미자유무역협정(NAFTA) 101
분권화 105, 109, 266
분립 모형 46
분산화 243
분절화의 축소 160
불안전 경쟁 195
불완전 정보 196
불확정성 174
블랙스버그 선언 138
블레어리즘(Blairism) 286
비경제적 시민사회 18, 185
비경합적 소비 67, 68, 191
비공식적 네트워크 160
비교 우위 78
비당파성의 요새 53
비배제성 67, 68, 191, 192
비본질적 가치 89
비영리단체 267
비영리성 269
비이기적 공직자 94
비정부조직 267
비정의성 114
비판이론 168
빈곤으로부터의 자유 188

ㅅ

사다리 걷어차기 29
사명 지향적 책임 정부 300
사실/이익 모형 46
사유재산권 206, 208
사유재산제도 206
사이버코리아 21 253, 254
사익 90
사적 비용 194
사전적 거래비용 199
사탄의 맷돌 291
사행정 35
사회 17, 18
사회계약론 24, 258, 260
사회민주 체제 211
사회민주적 합의 283
사회민주주의 188, 286, 288
사회보장세 198
사회성 211
사회 양극화 293
사회적 가치 89
사회적 경제 265
사회적 구조물 177
사회적 규제 38, 39
사회적 능률성 87
사회적 동반자 289

사회적 문제 64
사회적 비용 190, 194
사회적 선 92
사회적 시장경제 29
사회적 약자 195
사회적 욕구 74
사회적 인공지능 체계 142, 143
사회적 장벽 192
사회적 함정 73
사회적 형평성 88
사회적 효용 23
사후적 거래비용 199
산업사회 188
삶의 질 263, 293
상근직 고용 123
상당수담론 180
상상 176
상위 설화 178
새로운 괴물 78
새로운 통제경제정책 287
생산적 복지 286
선택적 유인 81
설화 177, 182
성공 사례를 모방하는 방법론 155
성과관리제도 299
성과예산제도 299
세계경제포럼 294
세계무역기구 28
세계은행(IBRD) 108
세계자본주의 227
세계적 결사체 혁명 267
세계적 메가트렌드 102
세계적 상업주의 229
세계적 표준 108
세계적 행정 체제 226
세계정부 226
세계화 28, 102, 106, 110, 188, 225, 295
소득세 197
소득주도 성장 정책 32
소비자 보호 190
소비자의 만족 155
소비자의 주권 155
소비자주의 135
소수담론 180
소외된 관료 45
소유권 이론 149
수단의 목표화 115
수입 제한 190
수평조직 160
수평지배 구조 297, 298
수평화된 사회 244
숙의민주주의 103, 249
순수공공재 70, 192
순수민간재 71
순수 혼성 모형 46
스태그플레이션 213
스피넘랜드법(빈민구제법) 290
시민 260
시민공동체 62
시민권 165
시민 끌어들이기 298
시민단체 266, 270
시민사회 185, 260
시민사회 모형 167
시민사회단체 266
시민 영역 261
시민일반 93
『시민정부론』 24, 260
시민정신 297
시민헌장 135
시민혁명 259
시장 205

시장 만능 신화 201
시장경제 207
시장 메커니즘 165, 189
시장 모형 117, 118, 132, 135
시장 우위적 신자유주의 286
시장 원칙 30
시장 유인 195
시장신호 118
시장실패 28, 67, 68, 187, 273
시장의 불완전성 190
시장주의 142, 147
시장중심주의 국가론 63
신고전학파 212
신공공관리 142, 151, 162
신공공관리론 29, 35, 111, 118, 147, 149, 150, 165, 170
신공공관리적 개혁 158
신공공관리적 성과지향형 정부 299
신공공서비스론 165, 169, 170, 171
신관리주의 142, 147, 148, 167
신보수주의 284
신오스트리아학파 149
신우파 287
신의 섭리 209
신자유주의 29, 88, 188, 265, 284, 286, 287
신자유주의 국가관 20
신제도주의 경제학 149
신중상주의 경제정책 28
신축적 선문화 243
신흥 상공계층 186
실적제 48
실적주의 49
실증주의 168, 174, 175
신행정론 87, 88
실체설 90
십자군 원정 186

ㅇ

아세안(ASEAN) 101
악의 도구 138
안전규제 190
애드호크라시(adhocracy) 179
야경국가 24, 27
억압형 275
업무 배증의 법칙 77
에너지/균형 모형 46
에너지의 장 180
역바그너 법칙 79
역사적 결정론 79
역할 분리 모형 44
연결침 모형 160
연방공무원강령 95
연방인사관리처 125
연방준비제도(연준) 202
연방준비제도이사회 234
엽관주의 49
영국병 88
영기준예산제도 123
영토성 107
영혼 없는 공무원 55
영혼 없는 전문가 48
예비타당성조사 83
예산극대화 가설 26
예산극대화 모형 77
온라인정부 254
완전경쟁시장 196
완선한 시장 191
완전한 정보 196
외부경제 66, 193
외부불경제 66, 193
외부비용 193

외부성 190, 193, 216
외부효과 66, 193, 216
요금재 69, 72
원격통신 241
유럽경영포럼 294
유럽연합 101
유비쿼터스 사회 236
유비쿼터스 정부 254
유비쿼터스 컴퓨팅 250
유상몰수 · 유상분배의 원칙 30
유연정부 모형 117
유연조직 모형 122, 123
의무경쟁입찰 142
의사결정 비용 277
의존효과 80
이동정부 254
이론의 공진화 162
이명박 행정부 32, 55
이승만 행정부 30
이웃효과 193
이윤 축적 227
이익사회 18
이익집단 자유주의 138
이해 충돌 방지 95
이해 충돌 회피의 원칙 95
인간의 얼굴을 지닌 자본주의 287
인력 감축 152
인식론 174
인식적 타인 178
인치(人治) 54
인플레이션 199, 213
일선관료들에 대한 권한부여 120
일자리 없는 성장 294
임시구조 116, 251
임시작업반(task force) 116
임시조직 114
입법국가 27
입찰경쟁 142
입헌주의 179

ㅈ

자기교정 198
자기절제의 윤리 97
자기조직화 네트워크 142, 143
자료 235
『자본주의 종말과 새 세기』 219
자본주의적 민주주의 226
자산화 203
자연독점 195
자원 공유 276
『자유론(*On Liberty*)』 25
자유무역 287
자유방임주의(laissez-faire) 27, 186
자유방임주의 사상 210
자유방임주의적 국가관 64
자유시장의 원리 188
자유주의 19
자유주의적 국제경제 질서 188, 287
자유지향주의 25
자율적 관료 44
작업장민주주의 120
작은 정부 27, 29, 188
잘못 정의된 문제의 문제 156
재규제 159, 160
재분배 26, 287
재산세 197
재정적 신중성 287
재정지출 억제 152
재집권화 160
저통제정부 모형 117, 125, 132
적극국가 25, 70

적극정부론 24, 25, 28, 63
적응적 조직 160
전략적 합리성 165
전문성 114
전문직업적 가치 94
전문화로 인한 무능 115
전시효과 80, 81
전위효과 가설 79
전자결재 250
전자문서교환 239
전자민주주의 248
전자상거래 239
전자정부 106, 253, 254
전자정부법 254
전직성 114
전체주의적 국가관 20, 63
전통적 관료제 168
전통적 지배 113
절대군주 186
절대군주국가 186
절대명령 297
절대주의 국가관 20
정당정치 48
정당한 법절차 96
정무권 231
정보 235
정보 격차 246
정보 공유 276
정보 과잉 246
정보기술 105
정보노동자 241
정보비용 199
정보사회 236, 239, 246, 299
정보의 비대칭 90, 103, 220
정보의 사회화 245
정보재 240
정보통신기술(ICT) 236, 247
정보혁명 242
정보화 102, 105, 110
정보화 책임관 255
정부 17, 20
정부간섭주의 27
정부간 협동체제 179
정부 개입 원칙 30
정부규제 38
정부기능제한론 63
정부기업화 123
정부 독점의 종언 230
정부실패 29, 198
정부의 귀환 189
정부재창조 120
정부 적극주의 200
정직한 상거래 219
정책공동체 141, 264
정책 네트워크 141, 179
정책적 중립성 53, 54, 56
정책정치 49
정책/행정 모형 46
정치기능설 37
정치우위론 43
정치의 초국적화 108
정치적 영역 187
정치·행정 분립모형 43, 45
정치·행정 상보모형 44
정치행정이원론 36, 43, 87, 150
정치행정일원론 37, 38
정치화된 관료 45
제1의 길 287
제2의 길 287
제2의 물결 105
제3섹터 275
제3의 길 20, 27, 29, 189, 286, 287

제3의 물결 105
제3자 정부 267, 299
제국건설 43, 75, 77
제국주의 295
제도적 다원주의 274, 275
제도적 설명 78
조세저항 80
조작된 관료 45
조정 기제 140
조직인본주의 167, 168
조직화된 진술 235
조합주의 289
종이 없는 행정 250
종이 제도 104
종합부동산세 55, 56
좋은 거버넌스 142
좋은 사회 20
주민감사청구제도 264
주민소환제도 264
주민 옴부즈맨제도 264
주민제안제도 264
주민 참여 264
주민투표제도 264
주식백지신탁제도 95
주인-대리인 이론 51, 148, 149
준공공재 70, 212
준자율적 단일 목표 기관 158
중농주의 209
중도 좌파적 재사고 286
중립적 역량 49
중상주의 208, 209
중세 봉건사회 186
중심-주변 접근 298
중재제도 168
중첩 역할모형 44
중화학공업 육성정책 31
지구공동체 231
지구국가 227
지구적 경영 226
지구적 시장 통합 288
지구적 자본주의 107, 287
지구촌 226
지대추구행위 39, 198
지대통제 190
지방분권화 110
지방화 109, 110
지식경영 256
지식기반 경제 237, 251
지식기반 산업 237
지식기반 사회 106, 236
지식기술 240
지식기업 240
지식노동자 240
지식사회 236
지식시장 256
지식 의존적 학습조직 297, 300
지식정보화 사회 106, 240, 299
지식정부 254, 256
지역재투자법 203
지역화 109
지출정책 287
직접민주정치 102, 248
직접민주주의 264
진정한 담론 179, 182
집권화 243
집산주의 계획경제 287
집중화 243
집합재 73

ㅊ

참여민주주의 248, 264

참여적 공동체주의 179
참여정부 모형 117, 120, 121
참여행정 264
책임성의 환류고리 182
책임운영기관 163
책임집행기관 152
천부인권설 258
철의 삼각관계 180
『청교도 윤리와 자본주의 정신』 219
청렴성 97
초국적 기업 107, 227
초세계화론 107
촛불 시위 32
총괄경상비 163
총괄예산제도 125
총체적 정부 159
최소국가 142

ㅋ

카리스마적 지배 113
케인스 경제학 199, 210
케인스식 조작 199
케인스적 복지국가 284
케인스주의 198, 283, 284
케인스학파 213
큰 정부 29
클린턴 행정부 120

ㅌ

타자성 178, 182
탄핵 32
탈경험성 174
탈관료제 114, 122
탈관료제 모형 110, 116, 130, 131
탈구조주의 174
탈규격성 174
탈규제성 174
탈규제화 152
탈근대성 176
탈대중화 243
탈산업사회 105, 236
탈신공공관리 158, 160
탈실증주의 174
탈연속성 174
탈영역화 178
탈집중화 105
태스크포스(task force) 179
태양지대 228
텍스트(text) 177
텔레데모크라시(teledemocracy) 248
통신기술 105
통제비용 199
통화정책 202
통화주의 213
투명성 89
투명성확보법 266
투자자-국가 소송제도 295

ㅍ

파급효과 193
파레토 효율성 215
파킨슨의 법칙 77
판막효과 79
평민정치이론 248
평평한 조직 119
포드주의(Fordism) 114, 242
포스트모더니즘 111, 168, 173, 174
포스트모더니즘 행정이론 111, 181, 182
포스트포드주의 생산 방식 243

포식집단 93
포퓰리즘 48
포획행위 38
폴리스(polis) 260
표준화 243
풍요사회 80
프랑스대혁명 24, 102, 186, 259
프로이센 군대 112
피터의 원리 116

ㅎ

하위정부 180
학습조직 251, 252
할거주의 115
합리적 기대가설 213
합리적 무지의 가설 80
합체된 정부의 주도 160
항구성 114, 122
해방 175
해방주의 175
해석학 168
해체 175, 177
행정 34, 138
행정관리설 36
행정국가 25, 27
행정담론 181
행정우위론 43
행정전산망 253
행정정보공개법 266
행정정보화 252, 253
현상학 179
협의의 정부 21
협치(協治) 21, 140
형식주의 115
형이상학적 전체주의 22, 63, 91
형평성 87, 88, 215
혼합경제 체제 287
혼합자본주의 25
효과성 88
효율성 88, 215
후발산업국가 76

G2B 253
G2C 253
OECD 공공거버넌스위원회 296
Pig Book(돼지 장부) 279
SH공사 71
X비효율성 216
X효율성 216

저자 소개

박영수

- 연세대학교 대학원 행정학 석사
- 한성대학교 대학원 행정학 박사
- (현) 팍스코리아나 연구소 이사
- (현) 한국경찰연구학회 기획이사
- (현) 한국치안행정학회 이사
- (현) 한국중독범죄학회 이사
- (현) 중앙경찰학교 외래교수
- (현) 세명대학교 경찰행정학과 교수
- 저서: 행정학입문, 법학개론, 경찰수사론, 경찰관리론 외

구형회

- 경북대학교 정치외교학과 학사
- 경남대학교 경영대학원 석사
- 한성대학교 대학원 행정학과 정책학박사
- (현) 한국행정개혁학회 이사
- (현) 경인행정학회 이사
- (현) 팍스코리아나연구소 이사
- (현) 한성대학교 국방과학대학원 원장

김명환

- 한성대학교 대학원 행정학과 박사
- 한국노동조합총연맹 상임부위원장 역임
- 전국우정노동조합 위원장 역임
- 중앙노동위원회 근로자위원 역임
- 대통령소속 일자리위원회 공공부문 전문가위원 역임
- 공무원 및 교원 인사혁신기구 위원 역임
- 국회, 공무원연금 대타협기구 위원 역임
- (현) 팍스코리아나연구소 선임연구위원 겸 이사

김영옥

- 한성대학교 대학원 행정학과 박사
- 한성대학교 행정학과, 행정대학원 외래교수
- (현) KC대학교 외래교수
- (현) 팍스코리아나 연구소 이사
- 저서: 행정학입문 외

이종수

- 서울대학교에서 학사, 석사, 박사학위 취득
- UC. Berkeley Research Associate
- 日本 中央大學校 政策文化研究所 招聘研究員
- 한국행정학회 회장 역임
- 서울행정학회 회장 역임
- 한국행정사연구회 회장 역임
- 한국정치학회 이사
- 행정고시, 사법고시, 외무고시 출제위원
- 한성대학교 명예교수(현)
- 저서: 행정윤리론, 한국행정의 이해, 새인사행정론, 새행정학2.0, 행정학사전, 행정학 외래어사전, 정부혁신의 미래 비전, 정부혁신의 메커니즘과 전략, 일본의 행정개혁, 한국행정론, 지방자치 이렇게 해야 한다, 행정과 가치 외

개정판

새 미래의 행정

펴낸날 제1판 제1쇄 2010년 4월 20일
제2판 제1쇄 2019년 8월 10일
지은이 박영수 · 구형회 · 김명환 · 김영옥 · 이종수
펴낸이 임춘환
펴낸곳 도서출판 대영문화사
주소 (본사) 사무실: 경기도 고양시 일산서구 주화로 70
우신프라자 307호 (우 10387)
(본사) 물류센터: 경기도 고양시 일산서구 덕산로
107번길 68-50 (우 10205)
등록 1975년 12월 28일 제3-10호
전화 (031) 913-3062, (031) 914-3884~5
팩스 (031) 913-3839
홈페이지 http://www.dymbook.co.kr

ISBN 978-89-7644 746 3
값 20,000원